Sammlung Metzler
Band 179

Volker Neuhaus

Günter Grass

3., aktualisierte und erweiterte Auflage

Verlag J.B. Metzler Stuttgart · Weimar

Gewidmet dem Andenken von Gustav Stein (1903-1979), der einst in den *Hundejahren* Walter Matern »die vielen Gemeinsamkeiten zwischen Kulturträgern und Führungskräften der Wirtschaft« erläutert hat (5, 554)

Der Autor

Volker Neuhaus, Professor für Neuere deutsche und Vergleichende Literaturwissenschaft i. R. an der Universität zu Köln, gilt als »dean of Grass scholarship« (Richard E. Schade, University of Cincinnati). Er forscht und veröffentlicht zu Günter Grass seit 1970 und hat zahlreiche Monographien, Kommentar-, Material- und Sammelbände, Editionen und Aufsätze zu diesem Autor vorgelegt. Von 1987 bis 2007 war er Herausgeber aller Grass-Werkausgaben.

Bibliografische Information Der Deutschen Nationalbibliothek
Die Deutsche Nationalbibliothek verzeichnet diese Publikation in der Deutschen Nationalbibliografie; detaillierte bibliografische Daten sind im Internet über <http://dnb.d-nb.de> abrufbar.

ISBN 978-3-476-13179-9
ISBN 978-3-476-05086-1 (eBook)
DOI 10.1007/978-3-476-05086-1

© 2010 Springer-Verlag GmbH Deutschland
Ursprünglich erschienen bei J.B. Metzler'sche Verlagsbuchhandlung und Carl Ernst Poeschel Verlag GmbH in Stuttgart 2010
www.metzlerverlag.de
info@metzlerverlag.de

Vorwort zur dritten Auflage

Einunddreißig Jahre nach dem Erscheinen der ersten Ausgabe und siebzehn Jahre nach der zweiten eine dritte, völlig neu bearbeitete und bis zu diesem Jahr fortgeschriebene Auflage meiner Grass-Monographie vorlegen zu können, erfüllt mich mit Dankbarkeit und mit Stolz. Was sich 1979 bereits abzeichnete und 1993 zur Gewissheit geworden war, hat sich seitdem immer wieder bestätigt: Grass ist nach Goethe und Thomas Mann der dritte deutsche Autor, der sich mit seinem Erstlingsroman in jungen Jahren Weltruhm erschrieben hat und seitdem globaler Beachtung sicher sein kann. Grass wird nicht nur weltweit gelesen, er gilt auch vielen jüngeren Autoren, an ihrer Spitze John Irving und Salman Rushdie, als künstlerisches Vorbild und gleichsam als Meister einer Schreibschule des phantastischen Realismus.

Dass dieser globalen Präsenz im literarischen Leben ein ebensolches wissenschaftliches Interesse korrespondiert, haben nicht zuletzt die internationalen Kongresse zu Grass' 80. Geburtstag in Liverpool (vgl. Braun/Brunssen 2008), Gdansk (vgl. Brandt/Jaroszewski/Ossowski 2008) und Bremen (vgl. Kesting 2008) oder der aus demselben Anlass erschienene umfängliche Sammelband der Universität Wrocław, *Günter Grass. Bürger und Schriftsteller* (Honsza/Swiatlowska 2008) gezeigt. So kann die dritte Auflage des Bandes gleichermaßen den Spuren von Grass' nicht versiegender Produktivkraft bis zur jüngsten Veröffentlichung aus dem Jahr 2010 folgen wie die Konturen der internationalen Forschung zu seinem reichen Werk nachzeichnen.

Die Texte von Günter Grass werden nach der Werkausgabe von 2007 zitiert; Siglen und Bandnummern sowie weitere Werke von Grass außerhalb der Werkausgabe finden sich im Literaturverzeichnis.

Osnabrück, Sommer 2010   Volker Neuhaus

Inhaltsverzeichnis

Überblick und Phaseneinteilung 9 Absurdes Theater und Camus-Rezeption 10 *Beritten hin und zurück* 12 *Noch 10 Minuten bis Buffalo* 13 *Hochwasser* 14 *Onkel, Onkel* 15 *Die bösen Köche* 16 *Zweiunddreißig Zähne* 18 *POUM oder die Vergangenheit fliegt mit* 19 *Die Plebejer proben den Aufstand* 20 *Davor* 24

Erzählperspektive 25 Sprache und Stil 26 Sprachliche Besonderheiten 28 Rhetorische Figuren 30 Zitate 32 Dinglichkeit und Bildlichkeit 35 »Objektives Korrelat« 37 Inhalt und Form 40

Schauplatz Danzig 43 Das kleinbürgerliche Personal 44

Zur Entstehung 47 Zeitverhältnisse des Erzählens 49 Der Erzähler 51 *Die Blechtrommel* als Pikaroroman 54 *Die Blechtrommel* im Verhältnis zum Bildungsroman 58 *Die Blechtrommel* als Künstlerroman 59 Trommeln als Erzählen 62 Geschichte und Zeitgeschichte 63 Objektive Korrelate in der *Blechtrommel* 70 Spielkarten 71 »*Der weite Rock*« 72 Trommelstöcke und Verwandtes, Aale, Särge 73 Das »Dreieck« 74 Krankenschwester 75 »*Karfreitagskost*« 75 Die »Schwarze Köchin« 77 Mythologische und literarische Anspielungen 78 Zur Bewertung Oskars 82

1. Autobiographisches und Biographisches

Gerade auf dem Gebiet der Grass'schen Biographie hat sich die Material- und Forschungslage gegenüber den frühen 90er Jahren erheblich geändert. Bis dahin war die Neugier des Publikums, sei es nach entstehungsgeschichtlichen Details der Werke oder den Lebensumständen ihres Autors, auf sporadische autobiographische Mitteilungen in Aufsätzen, Reden und Interviews angewiesen. In der Werkausgabe von 1987 ermöglichten sie immerhin die Zusammenstellung einer 25-seitigen Vita aus Selbstaussagen (Bd. X). 1991 veröffentlichte Grass erstmals ein autobiographisches Werk: In *Vier Jahrzehnte. Ein Werkstattbericht*, 2004 fortgeschrieben zu *Fünf Jahrzehnte*, legte Grass eine annalistische Werkbiographie, eine Art reich bebilderter Version von Goethes Tag- und Jahresheften vor. In ihr werden die Werke und ihre Entstehungsumstände ausführlich behandelt, Privates wird höchstens gestreift. Anschaulich illustriert wird das Ganze mit Skizzen, Entwürfen, Fragmenten und generell bislang Unveröffentlichtem aus den Zeichen-, Manuskript- und Fotomappen. Gleichzeitig übergab Grass sein Berliner Privatarchiv der Akademie der Künste, wo seitdem die Materialien seit 1950 der Forschung zugänglich sind; weitere Archivalien zur Pariser Zeit 1956 bis 1960, vor allem maschinenschriftliche Vorstufen zu einzelnen Kapiteln der *Blechtrommel*, befinden sich, flankiert von der wichtigen Korrespondenz mit Walter Höllerer, zusammen mit dessen Nachlass im Literaturarchiv Sulzbach-Rosenberg. Eine weitere Arbeitsbiographie stellt die Video-Dokumentation *Lübecker Werkstattbericht. Sechs Vorlesungen an der Medizinischen Universität Lübeck* von 1998 dar.

2006 legte Grass nach den autobiographischen Skizzen in *Mein Jahrhundert*, in denen das Autor-Ich von sich erzählt (1927, 1937, 1953, 1959, 1965, 1975-77, 1987-90, 1996, 1998, s. S. 224) seine Autobiographie *Beim Häuten der Zwiebel* vor, eine äußere und innere Beschreibung seines Lebens bis Anfang 1960. Über dem Getöse des Medienechos, das die Offenlegung seiner Mitgliedschaft in der Waffen-SS auslöste, ging der Rang des Buchs als Grass' eigene Einführung in sein Leben und sein Werk unter (s. Kap. 21). 2008 legte Grass mit *Die Box. Dunkelkammergeschichten* einen weiteren, in vielfach prismatischer Brechung autobiographisch gefärbten Text vor, in dem sich, eingeleitet durch das »Es war einmal...« des Märchens, »ein Vater [...], weil alt geworden«, Gespräche seiner Kinder über das

Leben mit ihm ausdenkt: der vier Kinder aus erster Ehe mit Anna, der beiden außerehelichen Töchter und der beiden Söhne, die Ute Grunert 1979 mit in die Ehe gebracht hat. Während die Werkstattbände *Vier* bzw. *Fünf Jahrzehnte* die »vielen leiblichen Kinder« als »Werkstattprodukte begreifen« (5Jz, 203), erscheinen hier die Werke wie nebenbei als befremdliche Absonderungen eines für die Kinder meist abwesenden Vaters. An der titelgebenden Agfa Box, die der langjährigen Freundin Maria Rama (1911-1997) gehört und die, wunderbar aus dem im Krieg ausgebrannten Atelier gerettet, Gegenwärtiges, Vergangenes und Zukünftiges auf den Film bannen kann, verdeutlicht Grass zugleich seine Poetik der »Vergegenkunft« (s. S. 178). Einen eigentümlich komplementären Blick zur Beichte eines weitgehend abwesenden und daher eigentlich versagenden Vaters auf die Grass-Familie in den späten 60er Jahren werfen die 2007 erschienenen Erinnerungen der damaligen Haustochter Margarethe Amelung: *Fünf Grass'sche Jahreszeiten.*

Einzelheiten zur Entstehung von *Unkenrufe* und *Ein weites Feld* enthält, neben stellenweise überraschend intimen Einblicken in Grass' Privatleben, der 2009 erschienene Band *Unterwegs von Deutschland nach Deutschland. Tagebuch 1990*, in dem Grass seine scharfe – und anhaltende – Kritik an einer in seinen Augen übereilten Wiedervereinigung (s. S. 151ff.) aus der damaligen Nahsicht des Tagebuchschreibers dokumentiert. Ähnlich eindringliches Material zur Lebens- und Werkgeschichte bietet der Briefwechsel mit Helen Wolff 1959-1994 (Hermes 2003) und, in geringerem Maße, der von Anna und Günter Grass mit Uwe Johnson (Barnert 2007). Das auf Grass' Seiten nie freundliche, seit dem offenen Brief an Anna Seghers (14, 49f.) von 1961 und dem »deutschen Trauerspiel« *Die Plebejer proben den Aufstand* von 1966 aber völlig zerrüttete Verhältnis zur DDR dokumentiert Kai Schlüter 2010.

Eine Proto-Biographie auf der Grundlage eines Langzeitinterviews bietet Vormweg (1992/2002), eine Darstellung von Leben und Werk Neuhaus (1997). Eine auf Leben und politisches Wirken konzentrierte Biographie hat Jürgs (2002) vorgelegt, eine Leben und Werk berücksichtigende Bildbiographie Mayer-Iswandy (2002); eine Chronik der Grass'schen Werke und seiner öffentlichen Auftritte im Spiegel der veröffentlichten Meinung bietet Zimmermann (2006).

2. Die 50er Jahre – das Jahrzehnt des Bildhauerpoeten

Da aufgrund der Vertreibung der Familie aus Danzig nach Grass' eigenem Bekunden keine »Schulzeugnisse und Frühprodukte [...] kein Nachlaß aus Jugendjahren zur Hand ist« (*Zwiebel* 19, 58f.), wird für uns Grass' außerordentliche künstlerische und literarische Produktivität, die nach des Autors eigenen vielfältigen Aussagen schon dem Pennäler zu eigen war, erst durch die veröffentlichten Skulpturen, Bilder und Texte und vor allem durch die Archivalien der Akademie der Künste in Berlin aus den 50er Jahren greifbar.

Der Student und spätere Meisterschüler des Bildhauers Karl Hartung orientierte sich, wie Neuhaus mehrfach plausibel gemacht hat (zuletzt Neuhaus 2007), an den deutschsprachigen Maler- und Bildhauerdichtern der klassischen Moderne, Ernst Barlach (1870–1938), Alfred Kubin (1877–1959), Oskar Kokoschka (1886–1980) und Hans resp. Jean Arp (1886–1966). Sie alle verstanden sich – und gelten im öffentlichen Bewusstsein bis heute – als bildendende Künstler, die im Zuge des der Moderne eigenen Strebens zum gattungsüberschreitenden Gesamtkunstwerk auch literarische Texte schufen, in Teilhabe an spezifisch modernen Strömungen wie Symbolismus, Surrealismus, Dadaismus und Phantastik.

Wie bei den Genannten stehen in Grass' Frühwerk neben Werken der Bildenden Kunst skurrile Dramen, Ballettlibretti, experimentelle Prosa und spielerische bis hermetische Lyrik, in Grass' eigenen Worten »Prosa, die, von Kafka gespeist, an Magersucht krankte; Theaterszenen, in denen die Sprache sich ins Versteckspiel verliebte, Wortspiele, die lustvoll weitere Wortspiele heckten« (*Beim Häuten der Zwiebel*, 19, 426). Seine erste Buchveröffentlichung *Die Vorzüge der Windhühner* (1956) ist in ihrer Konzeption vom selbstgestalteten Umschlag über den lyrischen Klappentext bis zu den als selbständige Werke im Inhaltsverzeichnis zwischen den Gedichten und Prosaskizzen aufgeführten Zeichnungen wie Kokoschkas *Träumende Knaben* oder die Erstdrucke von Barlachs Dramen nur als Gesamtkunstwerk adäquat zu würdigen. In der Deutung des Grass'schen Frühwerks als Fortschreibung der frühen Moderne über den bis heute fortwirkenden Einschnitt des ›Dritten Reichs‹ hinweg bietet sich der zukünftigen Forschung noch ein weites Feld.

Wie bei seinen Vorbildern – hier vor allem Kokoschka und Arp – teilt dabei der bildkünstlerische Teil dem wortkünstlerischen seine

Eigenart in einem gleichsam autonomeren Verhältnis zu ›Sinn‹ und
›Bedeutung‹ mit: Jedes gemalte, gezeichnete oder plastisch gestaltete
Werk ist in erster Linie es selber, referiert auf den dargestellten Gegenstand, darüber hinaus aber höchstens sekundär auf einen ›Sinn‹.
Picasso hat einmal beklagt, dass man immer frage, was ein Kunstwerk bedeute – man frage doch auch nicht beim Lied eines Vogels,
was es bedeute. Diese Selbstgenügsamkeit des bildnerisch Dargestellten ist auch an den Texten Kokoschkas, Arps, Barlachs, Kubins und
eben auch des jungen Grass zu beobachten.

Aufgrund seiner frühen ausgeprägten Doppelbegabung im bild-
nerischen wie im sprachlichen Bereich mag Grass auch gar nicht
differenzieren – in beiden Bereichen hantiert er mit Zeichen, und »in
Praxis überschreitet die zeichenhafte Vorstellung die Grenzen künstlerischer Gattungsbestimmung, so irritierend verschieden jeweils das
Handwerk und seine Materialien sind« (15, 505). Hinzu kommt,
dass für Grass sprachliche Zeichen ebenso eindeutig sind wie graphische – die Erfahrung von Hofmannsthals Lord Chandos hat Grass
nie gemacht, ihm sind nie »die abstrakten Worte, deren sich die
Zunge naturgemäß bedienen muß, [...] im Munde wie modrige Pilze« zerfallen, stets repräsentierten sie für ihn die Dinge so ungefragt
und plastisch wie Zeichnung oder Skulptur.

Diese tiefe Ureinheit der Künste betont Grass schon für die
künstlerischen Anfänge der Menschheit. Das Ich im *Butt*, Künstler,
unsterblicher Märchenheld und Erzähler in Personalunion, muss von
Anfang an »zwanghaft überall Zeichen setzen«; »Aal und Reuse« werden ihm »als Wortpaar Begriff« und von ihm zugleich »mit scharfem
Muschelrand« »ins Bild gebracht« (8, 31). Und noch in *Beim Häuten
der Zwiebel* zwingt Grass den Gegenstand wie seine schriftliche oder
bildkünstlerische Repräsentation in eine Formel: »In ganz eigener
und dinglicher Weltsicht flossen Wort und Zeichen aus einer Tinte«
(19, 425).

Für diese »bildnerische Begabung, de[n] zwanghafte[n] Drang,
Zeichen, Ornamente, Figuren in den Sand zu ritzen« (8, 51), bietet das Altgriechische ein und dasselbe Wort an – *graphein*: ›ritzen‹,
und das heißt eben gleichermaßen ›zeichnen‹ wie ›schreiben‹. Auf
diese Urbedeutung scheint Grass zurückzugreifen, wenn er im Gespräch mit Klaus Stallbaum am 16. September 1990 erklärt, der
Ursprung seiner künstlerischen Bemühungen sei »der vitale und
vulgäre Wunsch« gewesen, »Künstler werden zu wollen, der nicht
differenziert, der nur eins im Sinn hat, mit den Händen etwas zu
tun« (Neuhaus/Hermes 1991, 12). In seiner Autobiographie nennt
Grass »diese Turnübung« zwischen »Tongeruch und Gipsstaub« einerseits und Satzfindungen andererseits »Spagat« – »Der Tänzer auf

zwei Hochzeiten« (19, 427; am ausführlichsten äußert sich Grass zu den Gemeinsamkeiten von Schreiben und Zeichnen in den Interviews mit Boie und Wertheimer in Wertheimer 1999).

Erst 1959 wurde mit dem Erscheinen der *Blechtrommel* aus dem Bildhauer, der auch skurrile Dichtungen schreibt, der Epiker, der auch Gedichte schreibt und zeichnet – Grass' Bild in der Öffentlichkeit bis heute. Der ungeheure epische Schub – in nur fünf Jahren entsteht die »Danziger Trilogie« mit weit über anderthalbtausend Seiten –, führt für zwei Jahrzehnte zur Aufgabe der bildhauerischen Arbeit; sie sei tagfüllend wie die Epik, hat Grass einmal gesagt.

Neuhaus (2007) entwirft eine Systematik der künstlerischen Dreifelderwirtschaft bei Grass: Immer wenn der Epiker verstummt, meldet sich der Graphiker, ab 1980 auch wieder der Bildhauer; beide assistieren dann dem Lyriker. Gedicht, Zeichnung und Skulptur werden für Grass in den fünfzig Jahren seit der »Danziger Trilogie« zu den Rückzugs- und Aufmarschräumen des Epikers. So liegt zwischen *Aus dem Tagbuch einer Schnecke* (1972) und dem *Butt* von 1977 eine graphische und lyrische Phase, zwischen *Kopfgeburten* (1980) und *Rättin* (1986) entstehen ausschließlich Zeichnungen, Tonskulpturen und später auch Gedichte, zwischen der *Rättin* (1986) einerseits und *Unkenrufe* und *Ein weites Feld* (1992/95) andererseits Zeichnungen, das indische Tagebuch und ein Langgedicht, zwischen dem *Weiten Feld* und *Mein Jahrhundert* (1999) Aquarelle und Gedichte, zwischen *Im Krebsgang* (2002) und *Beim Häuten der Zwiebel* (2006) Zeichnungen, Skulpturen und Gedichte. Vor dem unvorstellbaren internationalen Medienrummel um die Autobiographie (vgl. Kölbel 2007) flüchtet sich Grass in die Gedichte und Zeichnungen des *Dummen August* und die aus Zeichnungen und Dunkelkammergeschichten montierte *Box* (2008) und die aus Gedichten und Prosaerzählung bestehenden *Grimms Wörter. Eine Liebeserklärung* (2010).

Eine diese Abfolge darstellende Schautafel (Neuhaus 2007, 224) veranschaulicht so, dass zwar im Lebenswerk von Grass Bildende Kunst, Lyrik und Epik koexistieren, aber in klarer zeitlicher Differenzierung. Plastik, Graphik und Lyrik oder experimentelle Skizzen finden sich fast stets zur selben Zeit, und zwar in der Regel in Inkubationszeiten späterer Großwerke: 1954 bis 1959, 1972 bis 1977, 1980 bis 1986, 1987 bis 1991, 1990 bis 2000, 2006 bis 2010. Grass kennt keine Phasen des Verstummens, wie sie sonst fast allen großen Autoren zu eigen sind. Wo Grass dichterisch wortwörtlich verstummt, wird er regelmäßig künstlerisch beredt, greift zum Zeichenstift oder zur Tonerde, so lange, bis aus der Materie wieder Wörter erwachsen – Stillstand oder Leerlauf gibt es für ihn im Schöpferischen nicht.

3. Das lyrische Werk

Marcel Reich-Ranicki hat Grass einmal einen großen Lyriker genannt, der als Epiker immer wieder scheitere. Aber nur Große scheiterten, kleinen Geistern gelänge, was sie sich vornähmen (Neuhaus 1996, 224f.). In der Tat bildet die Lyrik in Günter Grass' Werk eine durchgehende Konstante. Sie ist nicht nur zusammen mit den Bildhauerarbeiten und der Graphik seine früheste künstlerische Ausdrucksform, Grass hat sie auch bis hin zu den jüngsten Gedichtbänden nie aufgegeben; entsprechend umfangreich ist sein lyrisches Œuvre. Neben Einzelveröffentlichungen und der Lyrik in epischen Texten wie *Aus dem Tagebuch einer Schnecke*, dem *Butt*, der *Rättin*, *Zunge zeigen*, *Grimms Wörter* und *Fünf Jahrzehnte* hat Grass 12 selbstständige Lyrikbände veröffentlicht: *Die Vorzüge der Windhühner* (1956), *Gleisdreieck* (1960), *Ausgefragt* (1967), *Mariazuehren* (1973), *Liebe geprüft* (1974), *Mit Sophie in die Pilze gegangen* (1976), *Ach Butt, dein Märchen geht böse aus* (1983), *Novemberland* 1993, *Fundsachen für Nichtleser*, *Letzte Tänze* (2003) und *Dummer August* (2007) sowie den Auswahlband *Lyrische Beute* (2004).

Zugleich ist die Lyrik für Günter Grass die Gattung, zu der er die engste Beziehung hat, sie ist die Keimzelle der Dramen und der epischen Werke. »Alles, was ich bisher geschrieben habe, ist aus lyrischen Momenten entstanden, gelegentlich [...] mit Ausweitungen bis zu 700 Seiten« (Rudolph 1971, 64). Für die Dramen hat Grass diese Entwicklung aus der Gedichtform direkt beschrieben (s. S. 9), für seine Romane hat er, ebenfalls im Gespräch mit Rudolph, auf die Gedichte »Polnische Fahne« (1, 31) und »Die Vogelscheuchen« (1, 78f.) als Komplexvorformen von *Blechtrommel* und *Hundejahren* hingewiesen, und die Mappe *Mit Sophie in die Pilze gegangen* enthält in den in die Lithographien eingeschriebenen Gedichten bereits alle Themen des *Butt* (Neuhaus 1995).

Lyrik wie Graphik sind dabei in ihrer Funktion zunächst ausschließlich auf ihren Urheber bezogen. Während das Drama ein Publikum voraussetzt, vor dem es abläuft, und das Erzählen einen Zuhörer fordert, den man erzählt – bei Grass wird das an der häufig miterzählten Kommunikationssituation deutlich –, sind die Gedichte in ihrer Mehrzahl nicht kommunikativ gemeint. Das Gedicht ist für Grass »immer noch das genaueste Instrument, mich neu kennenzulernen und neu zu vermessen« (WA X, 171). Für die Mehrzahl der

Grass-Gedichte gilt daher, dass sie im Grunde nur von ihrem Autor adäquat verstanden werden können. So hat Cunliffe (1969, 30) mit Recht von »a purely personal imagery« gesprochen.

Dem Leser und Interpreten erschließen sie sich nur in dem Maße, wie sich der Autor ihnen mehr und mehr erschließt. Im 1956 veröffentlichten Gedicht »Lamento bei Glatteis« (I, 35f.) wird der Passus »Der Duft um Kerne / aufgetan, das Bittre deutlich, / so als wär der Kern die Summe / und Beweis, daß Obst schon Sünde« über ein gewagtes Vermuten hinaus deutbar erst durch das 16 Jahre später erschienene *Aus dem Tagebuch einer Schnecke*: »Franz sagte: ›Magste Backpflaumen?‹ – Später knackte ich Kerne: diese gelinde Spur Blausäure ... Doch dann kam Bruno, und das Leben begann wieder« (7, 125, s. auch 174: »80 bittere Mandeln enthalten die tödliche Dosis von 60 mg Blausäure. (Die Mandel als Metapher: Celan-Zitate) [...] Bittermandelgeruch«). Der so entschlüsselte Hinweis auf den Tod ermöglicht es dann, eine Beziehung zu »Sünde« herzustellen über Römer 6, 23 »Der Tod ist der Sünde Sold« und zu Grass' Bildern vom Sündenfall als dem Ur-Sprung der gefallenen Schöpfung (s. S. 72).

Während die Gedichte in *Aus dem Tagebuch einer Schnecke* und *Der Butt* durch ihre Einbettung ins Prosawerk von vornherein in ihren eigenen Verständnishorizont eingezeichnet erscheinen, werden die früheren Gedichte erst dadurch verständlich, dass das, was sie als Komplexvorform enthalten, an anderer Stelle vom Autor diskursiv entfaltet wird. Geschieht dies nicht, bleiben die im Gedicht genannten Dinge vielfach völlig stumm. Der Kommentar in der »Werkausgabe« von 1987 sah deshalb eine wichtige Aufgabe im Nachweis von Parallelstellen bei Grass' Bildgebrauch und führt auch Bezüge zum graphischen Werk auf.

Leichter zugänglich sind die Gedichte, die den Bezug von der Bild- zur Sinnebene selbst herstellen, etwa das Gedicht »König Lear« durch den Namen Kortner (1, 160, vgl. die Interpretation von Hinderer 1978). Solche Gedichte, die den Weg vom Konkreten zum Abstrakten andeuten oder selbst gehen, haben bevorzugt Interpreten gefunden; wie beispielhaft die Interpretationen von Metzger-Hirt (»Askese«, 1965), Riha (»Annabel Lee«, 1965) und Forster (»Kirschen«, 1966) zeigen, sind auch solche Gedichte befriedigend nur zu interpretieren, wenn man die Bildlichkeit des Gesamtwerks einbezieht.

Es war für die weitere Forschung richtungweisend, dass Theodor Wieser 1968 in der Einleitung zu seiner Gedichtauswahl eine Zusammenstellung der für Grass wichtigsten Bildbereiche und Motivkomplexe unternommen hat. Ansätze bei Rothenberg 1976 (162ff.) wurden in der Folgezeit aufgegriffen und fortgeführt: Ange-

lika Hille-Sandvoß hat in ihrer Dissertation (1987) den Zusammenhang zwischen der graphischen und der sprachlichen »Bildlichkeit«
untersucht, Klaus Stallbaum 1989 die wichtigsten Bildkomplexe im
»Frühwerk« (bis zu den *Hundejahren*) gedeutet und durch Register
erschlossen, Dieter Arker 1989 eine materialreiche Studie zur Bildlichkeit im *Blechtrommel*-Umfeld vorgelegt. Als weitere Beispiele für
Interpretationen Grass'scher Gedichte unter Berücksichtigung der
spezifischen ›Ikonographie‹ dieses Autors seien die Aufsätze von Frizen 1992 und Neuhaus 1985 genannt. Eine äußerst umfängliche, die
bisherige Forschung aufgreifende und weiterführende Analyse des
gesamten lyrischen Werks bis hin zu *Ach Butt* bietet Stolz 1994, 23-
159. Zum Verhältnis von sprachlichen und bildkünstlerischen ›Zeichen‹ bei Grass vgl. auch Hoesterey 1988; Jensen in Arnold 1988,
58-72; Thompson in Hermes/Neuhaus 1990, 115-126; Mayer 1985,
179-195.

Alle diese Ansätze fasst in Fortschreibung der kommentierten
Werkausgabe von 1987 Frizen 2010 zusammen und bildet somit
die unerlässliche Grundlage für jede weitere Beschäftigung mit dem
Lyriker Grass: Eine ausführliche »Einführung« ›*Lyrische Beute‹ aus
fünf Jahrzehnten* stellt, zusammen mit vielen Einblicken in die Berliner Archivbestände, der Chronologie der Gedichtbände folgend das
Gesamtwerk vor; ein weit über 300-seitiger Stellenkommentar weist
neben Sacherläuterungen genau jene Parallelen nach, die uns letztlich das Grass'sche Bildlexikon erschließen. Der Band ist gleichzeitig
die beste Übersicht über Grass' Kurzprosa aus seinen Anfängen wie
über die *Geschichten*, die Grass als Mystifikation unter dem Namen
eines in Ersten Weltkrieg gefallenen Onkels, Artur Knoff, in einer
Edition des Literarischen Colloquiums Berlin 1968 vorlegte.

4. Das dramatische Werk als Gestaltung des Grass'schen Existenzialismus

Überblick und Phaseneinteilung

Wie bildende Kunst und Lyrik reichen auch Grass' Arbeiten für die Bühne weiter zurück als das erzählerische Werk, das ihn berühmt gemacht hat. Grass hat einmal mitgeteilt, der Weg

»von der Lyrik zum Theaterstück« habe sich »so vollzogen, daß Gedichte, die in Dialogform geschrieben waren, sich erweiterten. Das war kurz nach dem Krieg. Dann kamen langsam, nach und nach, Regieanweisungen dazu, und so habe ich nebenbei, neben meinem damaligen Hauptberuf, der Bildhauerei, das erste Theaterstück entwickelt. Darum habe ich in verhältnismäßig kurzer Zeit, von 1954 bis 1957, vier Theaterstücke und zwei Einakter geschrieben, die genau wie die Lyrik und die Prosa phantastische und realistische Elemente in sich haben, die sich aneinander reiben und kontrollieren [...]« (zit. bei Tank 1974, 35).

Dieter Stolz' Kommentar- und Materialienband (Stolz 2010) macht zusammen mit Weyers Ausführung zu *Grass und die Musik* (Weyer 2007, 114–144) deutlich, in welch stupendem Umfang Theaterentwürfe im weitesten Sinne Grass' literarisches Hauptgeschäft in den späteren 50er Jahren sind, kommen diese Dramenskizzen, Dramen, Ballettlibretti und -entwürfe doch seinem damaligen Konzept vom Gesamtkunstwerk am nächsten. Schon die von Stolz im Faksimile reproduzierten Skizzen aus damals geführten Arbeitstagebüchern verbinden Text und Bild, warten auf zukünftige Vertonung, Choreographie und tänzerische Verkörperung (Stolz 2010, 236f.).

Als »geistige Ahnen« nennt Grass »Büchner, Büchner, immer wieder Georg Büchner! Von ihm kommt alles her. Die Becketts, Ionescos, Adamovs haben alle von ihm gelernt« (X, 6, zum Büchner-Einfluss vgl. Stallbaum 1989, 45ff.). Grass hat die erste Phase seines dramatischen Schaffens, – *Beritten hin und zurück* (UA 1959, ED 1958), *Hochwasser* (UA 1961, ED 1960), *Onkel, Onkel* (UA 1958, ED 1965), *Noch 10 Minuten bis Buffalo* (UA 1959, ED 1958), *Die bösen Köche* (UA 1961, ED als Bühnenmanuskript 1957), *Zweiunddreißig Zähne* (UA als Hörspiel 1959 SR, ED als Bühnenmanuskript 1958), *Beton besichtigen* (auch *Mystisch barbarisch gelangweilt*) (UA 1963, ED in *Die Blechtrommel* (1959) – deutlich von einer zweiten Phase abgegrenzt, die mit dem Einakter in der hundertsten »Ma-

terniade« der *Hundejahre* (UA 1964, ED 1963) beginnt und über
Die Plebejer proben den Aufstand (UA und ED 1966) zu *Davor* (UA
und ED 1969) führt. Die erste Phase ordnet er selbst dem »absurden Theater« und dem »poetischen Theater« zu, die »neue Phase der
Theaterarbeit« steht im Zeichen einer neuen Dramaturgie, für die er
an Brechts Weg vom »epischen zum dialektischen Theater« anknüpft
(Rudolph 1971, 65f.),

> »weg von der dramatischen Handlung in die dialektische Auseinanderset-
> zung hinein, die Ambivalenz der Wahrheit zeigen, den Zwiespalt einer Si-
> tuation, und daraus eine Spannung ziehen. Das habe ich in zwei Stücken
> unternommen: ›Die Plebejer proben den Aufstand‹ und ›Davor‹. In bei-
> den Stücken wechselt dauernd die Position. Man fragt sich: Wer ist hier im
> Recht? Wer ist der eigentliche Motor des Geschehens? Die Handlung, die
> sonst ein Theaterstück bis zum dramatischen Höhepunkt treibt, erscheint
> dann sekundär« (X, 188).

Gemeinsam ist den Stücken beider Phasen ein Zug, den Schultheis
(1976) als »Drama der Verhinderung« bezeichnet hat: »Bis auf eine
Ausnahme (›Hochwasser‹) wird die Struktur in Grass' Dramen vom
Prinzip der Retardation bestimmt« (ebd., 881). »Vom Schaukelpferd
zum Zahnarztstuhl«, vom ersten bis zum letzten Stück leben die
dramatischen Arbeiten davon, dass letztlich nicht gehandelt wird.
Eine gründliche Darstellung des gesamten dramatischen Komplexes
bei Grass, die jedes Stück unter Diskussion der bisherigen Forschung
deutet, findet sich bei Stolz 1994, 160-252.

Absurdes Theater und Camus-Rezeption

Das absurde Theater, in dessen weiterem Zusammenhang die erste
Phase von Grass' Theaterschaffen steht, demonstriert mit dem »Fehlen jeglicher Aussage« ein Selbstverständnis, dem die Welt stumm
und bedeutungslos bleibt:

> »Das Leben sagt ja auch nichts aus.« »So wird das Theater des Absurden
> quasi zur Stätte eines symbolischen Zeremoniells, bei dem der Zuschauer
> die Rolle des Menschen übernimmt, der fragt, und das Stück die Welt dar-
> stellt, die vernunftwidrig schweigt, das heißt in diesem Falle: absurde Ersatz-
> antworten gibt, die nichts anderes zu besagen haben, als die schmerzliche
> Tatsache, daß es keine *wirkliche* Antwort gibt« (W. Hildesheimer: *Erlanger
> Rede über das absurde Theater*; vgl. dazu insgesamt Esslin 1964; Spycher in
> Geißler 1976, 62-65).

So entspringt Grass' Phase des absurden Theaters zwei Wurzeln:
Zum einen sind neben den frühen Gedichten die Lustspiele sicht-

barster Ausdruck seiner Lust am Spiel, seiner surrealistischen Spiel-
lust, zelebrieren nach Lautréamonts berühmter Formel »die zufällige
Begegnung einer Nähmaschine und eines Regenschirms auf einem
Seziertisch«. Gemäß dem Shakespeare-Motto, das Büchner *Leonce
und Lena* vorangestellt hat, geht der »Ehrgeiz« des Autors dabei auf
nichts Ernsteres oder Wichtigeres als »eine bunte Jacke«.

Zugleich aber verkündigen sie wie die Stücke Ionescos oder Hil-
desheimers als ernste Seite derselben Medaille die Botschaft von der
Absurdität der Welt. Spycher (Geißler 1976, 62) hat Camus' *Mythe
de Sisyphe* geradezu als ›Bibel‹ der absurden Bewegung bezeichnet.
Grass war nach eigenem Bekunden (Kg 10, 84) nach dem Totalver-
lust des katholischen Glaubens seiner Kindheit und der nationalsozialistischen Ideologie seiner Jugend für die Camus'sche Weltsicht
geradezu prädisponiert. Katholizismus und Nazismus hatten beim
jungen Grass wie bei vielen jungen Menschen seiner Generation
durchaus koexistiert: »Und aufgewachsen bin ich zwischen / dem
Heilgen Geist und Hitlers Bild« (1, 198). Der frühere Messdiener
muss sogar ein besonders fanatischer Jungnazi gewesen sein, sonst
wäre er wohl kaum trotz seiner ›slawischen Abstammung‹ und seines
nicht gerade sehr germanischen Aussehens in die engere Auswahl für
eine SS-Junkerschule für Führungsnachwuchs genommen worden
(*Zwiebel* 19, 181 f.). In dem Vakuum, das entstand, als ihm lange
nach dem 8. Mai 1945 das Verbrecherische des Nationalsozialismus
schmerzlich bewusst wurde, als »das Zweifeln« ihn »gründlich befä-
higte, jedweden Altar abzuräumen und [s]ich jenseits vom Glauben
zu entscheiden«, entzündeten sich ihm keine neuen »Hoffnungsfeu-
er«. Sein »unterkühltes Gemüt« wärmte weder wie bei Christa Wolf
der Marxismus als »das Verlangen nach dauerhaftem Frieden und
Gerechtigkeit für alle« noch, wie im Westen meist üblich, der banale
Zukunftsoptimismus und das »Konsumglück des ›American way of
life‹« (19, 86f.). Grass hielt dieses Vakuum aus, ohne jedoch dem
Absurdismus zu verfallen und zynisch zu werden. Die Lektüre von
Camus' *Mythos des Sisyphos* öffnete ihm nicht etwa die Augen – die
waren schon weit offen –, sondern half ihm eher, seine noch unklare
neue Sicht der Welt in Worte zu fassen. »Doch vorher schon, ohne
Kenntnis des sogenannten Absurden, dumm, wie mich der Krieg
entlassen hatte, war ich, der Zwanzigjährige, mit allen Seinsfragen
und also mit dem Existenzialismus auf du« (Kg 10, 84).

In Grass' sich damals formierendem Denken trifft ein um seine metaphysische Dimension, also den spezifischen ›Glauben‹,
verkürztes Christentum, dessen Ethik aber weiterhin gültig bleibt,
auf Camus' Gedanken, dass erst der Mensch im Daseinsvollzug Perspektiven ins Chaos bringt, und gibt ihm das Rüstzeug für seine

späteren Dichtungen wie für sein politisches Handeln ab 1961 (vgl.
Neuhaus in Arnold 1988). Diese Entwicklung einer Ethik vor dem
Hintergrund eines leeren Himmels machte ihn gleichzeitig bereit für
eine, wenn auch eher ironisch gebrochene, Rezeption der Benn'schen
Kunstmetaphysik.

Hensing 1992 unterscheidet in seiner grundlegenden Studie zur
Camus-Rezeption bei Grass in Auseinandersetzung mit der ganzen
bisherigen Forschung auf diesem Gebiet zwei Phasen der Camus-
Lektüre bei Grass. In der Frühphase empfand er das absurde Welt-
bild Camus' als Bestätigung eigener, in gelebter Erfahrung mit dem
Scheitern von Ideologien gewonnener Anschauungen. Ende der 70er
Jahre fand dann eine Relektüre statt, die vor allem in die *Kopfgeburten* Eingang fand (10, 84f.) Nach Hensing wird ihm erst dann
Sisyphos zum »Inbegriff des Mutes zu handeln, wo der Sinn des
Handelns in Frage steht« (Hensing 1992, 111). Dass die Nachzeichnung einer solchen Entwicklung so reinlich nicht möglich ist, zeigt
allerdings das Lob, das Grass schon 1972 seinem politischen Mentor
und Idol Willy Brandt (vgl. Weyer 2/2007) zollt und das in dem Satz
gipfelt: »Käme in nordischen Sagen ein Sisyphos vor, müßte er Willy
heißen« (Tb 7, 168).

Beritten hin und zurück

Beritten hin und zurück (1958, UA 1959) knüpft gleich an seinem
Beginn an das Spiegelungsverhältnis des absurden Theaters zur absurden Welt an, wenn der Clown deshalb auf der Bühne erscheint,
weil er im Zirkus überflüssig wurde: Die Wirklichkeit ist längst
komischer als er (2, 7). Schultheis hat das Stück, gemäß seinem Untertitel *Ein Vorspiel auf dem Theater*, als »das literarische Manifest
des jungen Grass« gedeutet, in dem er der aristotelischen Dramatik
wie der Behandlung zeitgenössischer Probleme gleichermaßen ab-
sagt. Sie werden ersetzt durch »mehr oder weniger lustige Episoden«
(2, 16) und das »Spiel um des Spieles willen«, wie es der »Kin-
dervorstellung« gemäß ist (Schultheis 1976, 883; ähnlich Cunliffe
1969, 43f.; zu diesem Spielcharakter der Kunst s. auch 45f.). Das
Schaukelpferd, dessen Bewegung auf der Stelle dem Stück den Titel
gegeben hat, ist dabei sozusagen die komische Entsprechung zum
tragischen Auf-der-Stelle-Treten des Sisyphos in Grass' damaligem
Verständnis. Das mit Hilfe dieses »modernen Pegasus« entstehende Stück demonstriert »the impossibility of writing a play in the
manner of Ludwig Tieck or Luigi Pirandello« (Cunliffe 1969, 44f.).
Cunliffe hat auch die Beziehungen zu Goethes Faust-Vorspiel zu-

sammengestellt, die vom Titel über die auftretenden Personen bis zum direkten Zitat »Greift nur hinein ins volle Menschenleben ...« (2, 14) reichen (43f.).

Jenseits solcher Rückbezüge auf die Dichtung selbst sind absurde Stücke per definitionem nicht ausdeutbar: »Der Versuch einer Interpretation absurder Dramatik erscheint selbst als absurd, ein Sinngefüge zu suchen als widersinnig« (Jahnke 1961, 27, zustimmend zit. bei Cepl-Kaufmann 1975, 143). Dieter Stolz, von dem die bisher reichsten Analysen Grass'scher Theaterstücke stammen, beschränkt sich deshalb in der Einleitung zu Stolz 2010 im Wesentlichen auf die Nachzeichnung innerer Strukturen, die der Sachkommentar zu jedem Stück dann noch verstärkt.

Noch 10 Minuten bis Buffalo

Dies gilt in stärkstem Maße von Grass anderem Einakter *Noch 10 Minuten bis Buffalo* (1958, UA 1959). Der Titel spielt auf Theodor Fontanes Ballade »John Maynard« an, deren Countdown von 30, 20, 15 auf 10 Minuten und endliches Erreichen Buffalos bei Grass mit einem überraschenden Stillstand kontrastiert wird, der sich am Ende ebenso überraschend auflöst. Schultheis hat das Stück im Ganzen »ein mit Überraschungen durchspicktes Kombinationsspiel« genannt (1976, 883), bei dem man »nach einem tieferen Sinn [...] vergeblich suchen« wird, das aber gerade deshalb dazu einlädt, sich an der »fröhlichen Antithetik« und den »tollpatschigen [!] Assoziationen« zu freuen. »Gegenstände und Personen repräsentieren nur sich selbst, sind ausschließlich das Material für ein antithetisches und assoziatives Bühnenwerk, das sich von Anfang an jeder symbolischen Deutung verschließt« (ebd., 884f.).

Neben dieser Freude am Spiel um des Spiels willen wächst Grass' Stücken wie den Bildern in seinen Gedichten am ehesten noch ›Sinn‹ dadurch zu, dass Motive an anderer Stelle wieder auftauchen. Peter Spycher (1976, 60, 71) hat auf die Rolle Buffalos in der *Blechtrommel* hingewiesen, wo die Stadt für Joseph Koljaiczek wie für Oskar das »angenommene Ziel« (3, 43, 764), so wie die Köche am Ende der *Bösen Köche* »einem angenommenen Ziel näher kommen« wollen (2, 205). Zwar erreicht Joseph Koljaiczek nach der phantastischen Version der *Rättin* das »angenommene Ziel«, Oskar aber findet mit der Menschheit den Tod – so wie ja »Buffalo« schon bei Fontane die Rettung für die Passagiere und den Tod für John Maynard bedeutet. Dieter Stolz (1994, 1973ff.) hat die Bezüge zu Melvilles *Moby Dick* mit großem Gewinn für seine Analyse nachgewiesen.

Auf eine andere Bedeutungsschicht weisen Parallelen zum Essay
»Der Inhalt als Widerstand« hin (14, 16-22), in dem Grass seine
Überlegungen zum Verhältnis von Form und Inhalt darstellt (s.
S. 40f.). In den Essay ist ein »mißtrauischer Dialog« eingelegt, den
die Eisenbahner-Seeleute Pempelfort und Krudewil diesmal als Dichter führen. Von dieser Personalunion her versucht Jurgensen (1973),
das Stück poetologisch zu deuten, eine Interpretation, die allerdings
dadurch relativiert wird, dass Stolz 2010 zwei längere Varianten zu
Noch zehn Minuten bis Buffalo mitteilt (*In der Mitte der Bühne steht*
... (201-210) und *Die Szene: Dünenlandschaft* (211-227), die nichts
anderes als eine dramatisierte Vorform des Kapitels »Am Atlantikwall oder: Es können die Bunker ihren Beton nicht loswerden« aus
der *Blechtrommel* sind, in der Lankes und Oskar ebenfalls Krudewil
und Pempelfort heißen). Stolz weist zu Recht daraufhin, dass »die
beiden äußerst widersprüchlichen und doch unzertrennlichen Protagonisten« in ihren wechselnden Rollen in dem frühen Lustspiel, dem
Essay und den Fragmenten stellvertretend für zahlreiche Doppelpor-
träts im Werk von Grass« stehen (ebd., 28).

Hochwasser

Im Stück *Hochwasser* (1960, UA 1961; zum Titel vgl. auch das
gleichnamige Gedicht 1, 16) korrespondiert die absurde Fabel mit
einem bestimmten Zug der absurden Welt; wie schon Ionescos späte *Rhinocéros von* 1959 (deutsch *Die Nashörner*, 1960) nähern sich
auch Grass' spätere absurde Stücke der allegorischen Parabel. Grass
nimmt als Gerüst die Sintflut-Geschichte von 1. Mose 6-9: Nicht
nur der Name des Helden Archibald Noah, die Taube mit dem »bißchen Unkraut im Schnabel« (2, 57), die Taube auf dem Ärmel des
»Prüfers« (2, 62), der Regenbogen (2, 55) spielen darauf an, Noah
zitiert am Ende des ersten Aktes direkt 1. Mose 7, 11 aus einem
»schwarzen Buch«. Die Sintflut ist jedoch bei Grass zum »Hochwasser« geworden, der Begriff der Einmaligkeit ist dem der periodischen
Wiederkehr gewichen, wie er für Grass' Geschichtsbild typisch ist (s.
S. 68 und S. 219). Der Mensch hat sich mit diesen Katastrophen
eingerichtet, er verwaltet sie (Prüfer), er sucht sie und delektiert sich
an ihnen (die beiden Fremdenlegionäre Leo und Kongo), er bereitet
sich rechtzeitig auf ihr Ende vor (die Sonnenschirmchen der Tante,
für die schon Cunliffe an Kittys ›Biedermeier‹-Lied in der *Blechtrom-*
mel (3, 444) erinnert hat (Cunliffe 1969, 74), er sammelt gegen die
Vernichtung an (Noahs Tintenfässer 2, 21ff., 60). ›Sammeln‹, das in
der Sammlung historischer Gläser des Erzählers im *Butt* eine Rolle

spielt und in den *Kopfgeburten* in Harms Sammlung von Muscheln und »Fundsachen« wieder auftaucht (10, 51, 227f.), wird in *Aus dem Tagebuch einer Schnecke* als »Antwort auf den Zustand der Zerstreuung« (7, 256), als Versuch, das Chaos stellvertretend zu ordnen, als tätiger Ausdruck der Melancholie bezeichnet. Statt aus der Geschichte zu lernen, ist Noahs und Tante Bettys Geschichtsbild »rauf die Treppe [...] wieder runter die Treppe«, wie Leo es auf den Punkt bringt, das ist ihr einziger Begriff von »Zukunft« (2, 42).

Erweisen sich die Menschen als unfähig, aus Katastrophen zu lernen, so sind ihnen die Ratten mit den dem Regen angepassten Namen ›Strich‹ und ›Perle‹ hierin überlegen, was die Tiere auch wissen: »So wie ich die kenne, stellen die jetzt schon Fallen und richten sich ein wie früher« (2, 56). Die Ratten verlassen am Ende das Haus und erklären damit gerade die Welt, in der sich alles normalisiert, in der es scheinbar wieder aufwärts geht, zum »sinkende[n] Schiff« (2; 57f.) und sprechen den Menschen so die Zukunft ab (vgl. Dixon 1971; Cunliffe 1969, 45-47; zum Motiv der Ratte und den vielen *Rättin*-Vorklängen vgl. Neuhaus 1999). Das Stück ist in seiner Botschaft und der Versetzung biblischer Motive und Namen in die Gegenwart stark von Thornton Wilders 1943 uraufgeführtem und in den 50er Jahren äußerst populärem *The Skin of our Teeth* (dt. *Wir sind noch einmal davongekommen*, 1944) beeinflusst.

Onkel, Onkel

In *Hochwasser* ist bereits eine Annäherung an eine gegenständliche Thematik zu beobachten, wenn beispielsweise die vom Clown noch verschmähte Dreiecksbeziehung wieder Eingang ins Stück gefunden hat (Jutta – Henn – Kongo). Im Stück *Onkel, Onkel* (1957, UA 1958) vollzieht sich dann Grass' Rückkehr zu einem strengen Dramenbau. Werner Schultheis hat darauf hingewiesen, dass dieser Bau gerade durch die Sprotte-Jannemann-Handlung – die beiden Großstadtgören sind in Sprache und Verhalten Nachfolger von Strich und Perle aus *Hochwasser* – getragen wird, die die Handlung als Exposition eröffnet, in der Försterszene ihre Mitte bildet und sie als Katastrophe abschließt. »Es herrscht in diesem Werk eine äußerst strenge Symmetrie« (Schultheis 1976, 887). Schultheis bemerkt, dass die Geschichte des systematischen Serienmörders, dem vor unseren Augen trotz aller früheren Erfolge und aller Bemühungen kein Mord gelingen will und der dann wie zufällig der zwei Kindern zum Opfer fällt, »zu einer symbolischen Deutung geradezu herausfordert« (ebd., 886, dort auch einige Deutungen aus der Tageskritik, vgl.

Loschütz 1968, 112-121). Cunliffe sieht den Ansatzpunkt für eine
Deutung in der von Bollin nachgeahmten »Stimme eines Offiziers«
(2, 83), der ihn bei seinen Mordübungen belobigt. Cunliffe deutet
daher das Stück als Parabel für den absurden Wechsel von Zeiten,
die den Mord fordern und fördern, und solchen, die ihn zu verhindern suchen (49). Cepl-Kaufmann hingegen sieht in dem Stück
»eine bemerkenswerte Vorform der Grass'schen Ideologiekritik: mit
dem Tod des Systematikers Bollin wird die Lebensunfähigkeit jeder
Ideologie bewiesen« (1975, 147). Dies geschieht durch die beiden
amoralischen Kinder. Cepl-Kaufmann zitiert in diesem Zusammenhang Völker: »Das Stück hat Modellcharakter. Das System wird von
den Erwachsenen geduldet und entschärft. Man wird sich mit ihm
einrichten: Frau Domke, der Förster und die Diva. Sprotte und Jan-
nemann leisten Widerstand, ihr Kindergemüt kennt nur die Anar-
chie« (ebd., 146).

Auf eine Stelle aus *Onkel, Onkel* geht das die *Hundejahre* durchziehende Spiel mit »Leitmotiven« und »Mordmotiven« zurück:
»Wenn ich bereit war aufzugeben [das Morden] [...], dann waren es
seine [i.e. Richard Wagners – V.N.] Leitmotive, die mich der Unbill
des Alltags enthoben« (2, 110).

Die bösen Köche

Noch stärker als bei *Onkel, Onkel* hat sich die Forschung um eine
Ausdeutung der *Bösen Köche* (1957 als Bühnenmanuskript gedruckt,
UA 1961) bemüht. Schon von den Titelgestalten her führt das
Stück in einen für Grass bis hin zum *Butt* wichtigen Themen- und
Metaphernkomplex ein. In der »grauen Suppe« des »Graf« Herbert
Schymanski z.B. klingt nicht nur Grass' Lieblingsfarbe an; die
Aschenbeigabe (2, 153) wird im Gedicht »Askese« (1, 90; Metzger-
Hirt 1965) und vor allem in Dorotheas Fastenküche im *Butt* (8, 194,
196) wieder aufgenommen. Die bösen Köche nehmen als »etwas
zu hell geratene Raben« (2, 197) die Farbambivalenz von Weiß
und Schwarz bei Grass vorweg, womit zugleich entfernt schon die
»Schwarze Köchin« vorklingt. Marianne Kesting zieht es vor, das
Stück ganz in der Sphäre des absurden Theaters zu belassen. »Da [...]
der Graf bei der Berliner Uraufführung in Grass-Maske auftauchte,
bietet sich die Interpretation an, es sei Grass um das Rezept seiner
eigenen Bühnendichtung zu tun« (Kesting 1962, 301). Ebenso
deutet Cunliffe die Verwendung der Grass-Maske: »This created
an absurd circular structure by making the incommunicable recipe
correspond to the meaning of the play« (1969, 50).

Eine andere Deutung hat Grass selbst angeboten: »Er habe sein
Thema, ›das Verfolgungs- und Verhör-Prinzip nicht an eine Staatsak-
tion aufhängen‹ wollen, weil er, ›die blank servierte These im Thea-
ter‹ ohnehin nicht schätze« (Cepl-Kaufmann 1975, 148). In diesem
Sinne deutet auch Schultheis das Stück: Die Hauptaktionen des
»Gegenspiels« beruhen auf »Gewaltanwendung, Intimidation und
Bestechung« (1976, 892), der Graf händigt das Rezept nicht aus als
Symbol für »die Ablehnung gewaltsamer und demagogischer Methoden zur Verwirklichung eines Ideals. Die Position des Widerstandes,
die der Graf den Köchen gegenüber einnimmt, gilt [...] nicht der
Bewahrung des Geheimnisses, sondern ausschließlich den Methoden, deren sich die Köche bedienen« (ebd., 893). Martin Esslin,
dem Tank zustimmt (1974, 44), hat das Stück von den Parallelen
zwischen Schymanski und Jesus her gedeutet und es »einen ehrgei-
zigen Versuch« genannt, »aus einem religiösen Vorwurf eine poetische
Tragikomödie zu machen« (1964, 216).

Die ausführlichste Deutung des Stücks stammt von Peter Spycher
(1976). Er zeichnet nicht nur die Bilder, Motive und Personen des
Stücks in den Horizont von Grass' Gesamtwerk ein; es gelingt ihm
auch, seine Position am Ende der ersten Phase von Grass' Theater-
arbeiten deutlich werden zu lassen, indem er sowohl die absurden
Elemente des Stücks zusammenstellt wie andererseits überzeugend
seine Beziehungen zum klassischen Theater im Bau oder in den
»beinahe in Schillerscher Manier wirkungsvoll gestalteten Akt- und
Szenenschlüssen« (ebd., 65) nachweist. Spycher sieht zwei Gestalten
als zentral an: den »dichterischen Menschen Herbert Schymanski«,
den »seine tiefsitzende Lebens- und Todesangst«, sein »Ekel«, seine
»Bitterkeit« zum Dichter machten – ›Koch‹ ist für Grass identisch
mit Künstler, Kochen eine ›Kunst‹ im strengen Sinne – und den die
Liebe von dieser Lebenserfahrung erlöst hat, so dass er sie vergessen hat. Mit dieser Beinahe-Erlösung deutet Spycher die gegenüber
Esslin noch vermehrt nachgewiesenen »verwischten« Christus-Parallelen (ebd., 59). Der Graf wäre dann in Grass' Werk die Gestalt,
die einer Erlösung, hier im Idyll der Liebe, am nächsten käme –
Spycher nennt Schymanski »einsichtiger, bescheidener, reifer« als die
Christus-Kontrafakturen Oskar und Mahlke. Der »Graf« scheitert
nicht an sich, sondern an den Nachstellungen der »bösen Köche«,
die meinen, sein Dichtertum sei ein übertragbares Rezept.

Die andere Gestalt, die Spycher als wichtig ansieht, ist Vasco, der
wie der »Graf« sein möchte, »sich aber in seiner Unreife zwischen den
Mächten hin- und hergerissen« sieht (ebd., 61). Spycher deutet die
Möglichkeit an, dass gerade in Vasco »ein Selbstporträt des Autors«
zu sehen sei (ebd., 62f.) – eine Vermutung, die durch die Wieder-

aufnahme des »Entdecker[s], Indienfahrer[s], Gewürzfetischist[en]«
(2, 160) als Verkörperung des Erzähler-Ich im *Butt* wahrscheinlich
wird. Spychers Interpretation wird in ihrer Mischung aus Ausdeutung der Bildbezüge und Andeutung des Sinngehalts dem Drama
noch am ehesten gerecht, desgleichen die auf der gesamten früheren
Forschung aufbauende Deutung von Stolz 1994, 184-199, der auf
den Einfluss Dürrenmatts hinweist (197). Gisela Schneider deutet
das gesamte Stück konsequent einerseits von der Bildlichkeit des Kochens, andererseits von der Kunst her – Grass' »kulinarischer Diskurs
ist somit gleichzeitig ein Beitrag zu einem ganz anderen Diskurs,
dem der Kunst« (Schneider 2007, 73).

»Ob dieses Parabelstück nun als Gratwanderung des Koch- bzw. Wortkünstlers
interpretiert wird, als Bildinszenierung eines exemplarischen Lebenslaufs oder
als ehrgeiziger, von parodistischen Elementen bestimmter Versuch, aus dem
Leidensweg Jesu eine poetische Tragikomödie zu machen, überzeugend nachzuweisen ist, daß die [...] Passionsgeschichte nach einer an Adamovs ›Theater
der Verfolgung‹ und Dürrenmatts ›Besuch der alten Dame‹ orientierten Dra-
menstruktur entworfen wurde«, resümiert Stolz 2010, 38f. und schließt mit
einem Grass-Zitat: »Ich kenne das Rezept auch nicht« (WA X, 57).

Zweiunddreißig Zähne

Grass' letzter Versuch im absurden und zugleich symbolischen Theater, sieht man vom Einakter *Beton besichtigen* in der *Blechtrommel*
ab, war diese »mit Klassikerzitaten gespickte« (Stolz 2010, 39) *Farce
in fünf Akten* (1958 als Bühnenmanuskript, UA als Hörspiel 1959).
Schultheis (1976, 889f.) hat das Stück in seiner »Symbolsprache« als
Bekehrung zur Gesellschaft zu entschlüsseln versucht, die Zahnbürs-
te, die der Gegenspieler Purucker dauernd mit dem Helden Fribö-
se teilen will, als »Symbol für Gemeinsamkeit«, mit der Purucker
schließlich erfolgreich ist. Eine sehr überzeugende und ausführliche
Analyse der offenen und verdeckten intertextuellen Bezüge zu anderen Autoren, aber auch zum übrigen Grass-Kosmos bietet Stolz 1994
und 2010. Er deutet das Werk »als ein mit ästhetischen Konstruk-
tionsschwächen behaftetes Plädoyer für die Einheit der Gegensätze
im selbstverantwortlichen Individuum« (Stolz 1994, 199-221, hier
221; 2010, 45) und sieht darin eine »theatralische Idealismuskritik«
(2010, 39).
    Grass hat das Stück, ebenso wie »Beritten hin und zurück«, nicht
in die erste Sammlung seiner »Theaterspiele« aufgenommen – offensichtlich, weil er selbst nicht zufrieden damit war. Fruchtbar für sein
weiteres Schaffen ist im Stück vor allem sein Experiment mit den

›zwei Seelen‹ in Friböses Brust, die als zwei Gestalten auftreten, ein Prinzip, das Grass bereits in den Krudewil-und-Pempelfort-Szenen erprobt und dann in *Hundejahre, örtlich betäubt, Davor* und vor allem in *Ein weites Feld* weiter ausgebaut hat.

POUM oder die Vergangenheit fliegt mit

Dieses kleine, für den Pro-SPD-Wahlaufruf deutscher Schriftsteller *Plädoyer für eine neue Regierung oder Keine Alternative* (hg. von Hans Werner Richter 1965) verfasste »wenig bedeutende Nebenwerk« (Stolz 2010, 46) nimmt eine eigentümliche Zwischenstellung zwischen dem absurden und dem politischen Theater von Grass ein. Es gestaltet einen Flug von Berlin nach Heilbronn zu einer Wahlkampfveranstaltung, auf dem Grass als der »Schriftsteller« den Regierenden Bürgermeister von Berlin und Kanzlerkandidaten der SPD 1961, Willy Brandt, im Stück der »Kandidat« genannt, begleitet und Einblick in seine frühen Hilfsarbeiten für Brandt gibt. Zugleich bricht in surrealen Szenen beider Vergangenheit in die Gegenwart ein, beim »Schriftsteller« in Form seiner Schülerzeit, in der man ›Falange gegen Brigaden‹ spielte und selbstverständlich mit Franco hielt, beim »Kandidaten« in einem realen Bürgerkriegsszenario. Die Schulhofepisode hat Grass dann 35 Jahre später in *Mein Jahrhundert* unter dem Jahr 1937 erneut erzählt.

Außer an der nach der Landung zu haltenden Rede arbeitet der »Kandidat« an der Widerlegung der gegen ihn laufenden privaten wie politischen Verleumdungskampagne – der Brandt'sche Originaltext, um den es im Stück geht, sowie die vom »Schriftsteller« überarbeitete Rede sind bei Stolz 2010, 267-277 abgedruckt. Die Verschmelzung der 30er mit den frühen 60er Jahren in der Bühnensimultanzeit gestaltet dramatisch das, was Grass später für seine Epik die »Vergegenkunft« nennen sollte (s. S. 178). Deshalb »muß« der Politiker »immerzu unsere Vergangenheit« erklären, (2, 353), denn »mit dieser Vergangenheit leben wir heute noch Tür an Tür« (2, 355). »Geschichtsunterricht« und »Gegenwartskunde« sind eins (ebd., 350).

Den Titel erläutert Grass in einer »Nachbemerkung«: »Die POUM (Partido Obrero de Unificación Marxista) war eine spanische linkssozialistische Arbeiterpartei, die, innerhalb des republikanischen Lagers, von den Kommunisten bekämpft und mit stalinistischen Methoden als Trotzkisten-Partei verfolgt wurde« – für Grass eine Parallele zur von rechts bekriegten und von links angefeindeten Stellung der SPD in der linken Mitte (zu den politischen Aspekten in POUM vgl. Cepl-Kaufmann 1975, 149).

Die Plebejer proben den Aufstand

Als typisch für die zweite Phase seiner Arbeit für das Theater bezeichnet Grass den Schritt »weg von der dramatischen Handlung in die dialektische Auseinandersetzung hinein« (X, 188). In »Eine öffentliche Diskussion« aus den *Hundejahren* (5, 618-664), die Grass als Fingerübung für die neue Theaterform ansieht, fallen Handlung und dialektische Auseinandersetzung zusammen, die Diskussion selbst ist das Geschehen.

In *Die Plebejer proben den Aufstand* (Erstdruck und UA 1966) gibt es neben der verbalen Auseinandersetzung noch eine äußere Handlung, die in Botenberichten dargestellt wird. Das Bühnengeschehen aber ist auf eine Bühne konzentriert, die eine Bühne darstellt. *Davor* (1969) geht in solcher Reduzierung der äußeren Wirklichkeit noch einen Schritt weiter, wenn es am Ende der Szenenanweisung heißt: »Die Wirklichkeit ist die Wirklichkeit der Bühne« (2, 433).

Den Untertitel des Plebejer-Stückes *Ein deutsches Trauerspiel* hat schon Volker Klotz (1968) unmittelbar nach der Uraufführung in seinen verschiedenen Dimensionen entfaltet. Einmal meint diese Bezeichnung wie schon bei Hebbels *Agnes Bernauer* »einen tragischen Stoff aus der deutschen Geschichte« – zugleich ist aber schon der historische Vorwurf »einer deutschen, also einer gescheiterten Revolution« (Klappentext der Originalausgabe) »ein deutsches Trauerspiel«: »Grass schrieb ein Trauerspiel über ein Trauerspiel, dessen Vorhang noch nicht gefallen ist« (ebd.). Für seinen Trauerspiel-Begriff beruft sich Grass auf W. Benjamins *Ursprung des deutschen Trauerspiels*: »Es geht auf die Benjaminsche Fassung zurück [...]. Im Gegensatz zur Tragödie, wo es den tragischen Einzelfall gibt, gibt es im Trauerspiel das schuldhafte und verstrickte Verhalten von mehreren Gruppen und einzelnen Personen. Das ist hier in den ›Plebejern‹ schon im Titel drin im Plural« (zu Brown 1965, 10).

Grass hat in seiner Rede zum Shakespeare-Jahr 1964 »Vor- und Nachgeschichte der Tragödie des Coriolanus von Livius und Plutarch über Shakespeare bis zu Brecht und mir« (14, 58-84) eine ausführliche Vorschau auf das knapp zwei Jahre später uraufgeführte Stück gegeben. Gemäß der Grass'schen Arbeitsweise, bei der die Dichtung im Entstehungsprozess ihr Eigenrecht geltend macht, ist die Rede als Selbstkommentar zum Stück nur bedingt brauchbar. Die »ungetrübte Theaternatur«, deren Bild Grass im Vortrag skizziert – »alles wird ihm zur Szene [...] alles wird ihm zur ästhetischen Frage« (14, 84) –, findet sich im Stück nicht wieder; die Überlegungen, »ob und wie sich Panzer auf der Bühne verwenden lassen« (ebd.), sind z.B.

vom Chef auf dessen Assistenten Podulla übergegangen, der damit provozieren will (2, 419).

Das Stück ist als Grass' Auseinandersetzung mit Brecht verstanden und »als Anti-Brecht-Stück dumm eingestuft worden« (Grass in Ingen/Labroisse 1976, 268; als Beispiel vgl. Kuczinsky 1969). Dies hängt mit seiner Rezeption im Horizont des »Dokumentartheaters« der 60er Jahre zusammen, etwa in Analogie zu Hochhuths Drama *Der Stellvertreter* von 1963, das im Untertitel *Ein christliches Trauerspiel* heißt (vgl. z.B. Baumgart 1968, 151). Grass hat diesen Bezug abgelehnt (zu Brown 1973); er sah im Chef »eine fiktive Figur«, »deren teilweise Bestandteile man aber gar nicht besser erfinden könne« (zit. bei Kux 1980, 40; ebd., 28f. eine Zusammenstellung der »aus der Wirklichkeit gestohlenen« [40] Brecht-Züge). Indem diese Figur »eine Position« einnimmt, »die vielen marxistischen Intellektuellen gemein ist«, steht sie auch für den marxistischen Intellektuellen Brecht (zit. ebd., 39). Manfred Kux hat betont, dass die verallgemeinernden Züge, etwa in der Stilisierung der Namen, das modellhaft Allgemeine betonen, während die konkreten historischen Details einem Entgleiten in die Unverbindlichkeit entgegenstehen (ebd., 41). In Forschung und Kritik wurde jedoch zu Recht darauf hingewiesen, dass »die unnötig zahlreichen Brechtbiographica« (Klotz 1968, 134) den Modellcharakter stören. Grimm spricht deshalb sogar von einer »höchst zwieschlächtigen Schlüsselparabel« (1970, 67).

Für das zweite historische Moment des »Trauerspiels«, den Aufstand vom 17. Juni 1953, in dem Grass stets einen Arbeiteraufstand, nicht einen Volksaufstand sah (vgl. z.B. 14, 107f., 117; 15, 170-172) hat Grass selbst als Quelle wiederholt das Buch von Baring *Der 17. Juni 1953*, Köln 1965, genannt, Kux hat darüber hinaus als Quellen Brant: *Der Aufstand*, Stuttgart 1954 und Leithäuser: *Der Aufstand im Juni* (in: *Der Monat* Jg. 5, H. 60, 1953 und Jg. 6, H. 61, 1953) nachgewiesen (1980, 30). Auszüge aus einer weiteren Quelle von Grass reproduziert Stolz (2010, 282-286). Für Brechts Proben am 17. Juni hatte Grass »die Gesprächsprotokolle von Brecht und seinen Assistenten aus der Zeit des 17. Juni vom Suhrkamp Verlag bekommen. Manche Passagen in meinem Stück gehen sogar bis zum Zitat« (Grass in Schlüter 2010, 68).

Grass hat schon in seiner Rede betont, »daß Bertolt Brecht, während der Aufstand in Ost-Berlin und jenen Provinzen lief [...], seine Probenarbeit nicht unterbrochen hat. Doch probte er nicht ›Coriolan‹, sondern Strittmatters ›Katzgraben‹« (14, 82). Indem er Brecht am 17. Juni an der Fragment gebliebenen Coriolanus-Bearbeitung proben lässt, stiftet Grass die Beziehung zwischen beiden Bereichen: Die auf ihr Stichwort hin auf die Bühne kommenden

Plebejer berichten vom Berliner Aufstand so, dass Wirklichkeit und
Rolle, Berlin und Rom ineinander übergehen. Der Chef betont die-
ses Ineinander noch: »Wissen möchte ich, wer am Ende die besseren
Noten nach Hause trägt: die Natur oder mein Theater!« (2, 372).
Erst im Laufe des Geschehens geht ihm auf, dass der ungeprobte,
dilettantische Aufstand zugleich sein Theater und dessen Anspruch
in Frage stellt: Er wollte gegen den Koloss Coriolan mit »bewußte[n]
Revolutionäre [n]« (2, 359), mit »geschulten Volkstribunen« ein
Gegengewicht aufbauen, zeigen, wie »macht man Revolution, wie
macht man keine« (2, 364). Dass nun der wirkliche Aufstand für
»den Sozialismus [...] wie wir ihn wollen« (2, 387), für den der Chef
mit seinem Theater wirken wollte, ungeschult und planlos verläuft,
demonstriert ihm die Wirkungslosigkeit seines Theaters und des da-
hinterstehenden Programms. Die Arbeiter, für die er zu schreiben
meint, die er »klüger machen« (2, 364) wollte, verstehen ihn nicht
einmal verbal, die einzige, die auf sein Theater gehört hat, ist die
Friseuse im dritten Aufzug, und die hat ihn missverstanden und will
seine Stücke unvermittelt auf die Straße tragen (2, 416f.). Der Chef
war davon ausgegangen, Shakespeare zu ändern, »weil wir ihn ändern
können« (2, 359; bei Brecht vorsichtiger »wenn wir ihn ändern können«). Der dilettantische Verlauf ihres Aufstands allen Lehrstücken
und aller Schulung zum Trotz konfrontiert nun ihn, der mit Brecht
von der Veränderbarkeit des Menschen und der Verhältnisse ausgegangen war, mit der Grass-Einsicht in dessen Unwandelbarkeit: Die
Arbeiter verhalten sich »wie Shakespeares Plebejer« (2, 385), d.h. wie
ihre Standesgenossen vor 350 und 2500 Jahren, selbst das »Ammen-
märchen« des Menenius Agrippa wirkt – ein symbolischer Zug – gegen alle Wahrscheinlichkeit auch heute noch (2, 407ff. gegen 362).
    »Erst ihre Niederlage überzeugte mich [...], daß wir, zum Bei-
spiel, den Shakespeare nicht ändern können, solange wir uns nicht
ändern« (2, 424). Sein ganzes bisheriges Wirken wird fragwürdig:
»Wo eben noch fester Boden, grinsen sich schnell vermehrende Ris-
se« (2, 424). Die ästhetische Gegenposition zum lehrhaften Theater
bildet die private Lyrik. In der endgültigen Hinwendung zu ihr am
Schluss im »Bedürfnis nach lyrisch genauer Benennung, auch nach
Ausflucht in Lyrik, Rückzug in Lyrik«, das das Stück »wie eine Art
Leitmotiv« durchzieht (Grass zu Brown 1973, 7), wird die »Abkehr vom politischen Engagement [...] Programm« (Kux 1980, 81):
»Schreiben wie früher. Als wenig mich kümmerte« (2, 429).
    Gegenüber der Shakespeare-Rede ist die Person des Chefs um
entscheidende Dimensionen bereichert worden (vgl. Kux 1980). Er
ist nicht mehr nur »die ungetrübte Theaternatur«, die über die Bühne die Wirklichkeit versäumt. Er ist zugleich der nüchterne Realist,

der die Chancen des Aufstands von vorneherein richtig beurteilt:
Kux hat gezeigt, wie die einzelnen Voraussagen des Chefs noch im
Stück in Erfüllung gehen (1980, 74). Diesen Zug verstärkt Grass
noch dadurch, dass er dem Chef eine ›vaticinatio ex eventu‹ in den
Mund legt, von deren Eintreffen erst die Zuschauer wissen können
– der 17. Juni als »Sedanstag« der Bundesrepublik (2, 427f.).

Zudem ist der Chef im Stück ein konsequenter Revolutionstheo-
retiker (s. z.B. 2, 374f.), der aber sein Wissen nicht vermittelt, genau
wie die Studenten der Humboldt-Universität (2, 383f.). Ist er als
Ästhet gescheitert, weil seine Ästhetik des schulenden und belehren-
den Theaters sich als Fiktion herausgestellt hat, so scheitert er damit
zugleich als Intellektueller, dem die Mitteilung seiner Einsichten
an die Arbeiter nicht gelungen ist. Dieses theoretische Wissen des
Chefs verhindert auch von vornherein, dass er – oder Grass – sich
etwas von einem Manifest oder Aufruf aus seiner Feder verspräche:
»Glaubst du an Amulette gegen den Schnupfen?« (2, 372; vgl. das
Schicksal des Manifests im *Treffen in Telgte* (s. S. 172), sagt er gleich
zu Anfang. Grass geht keineswegs von der Prämisse aus, die ihm
Baumgart eingeschränkt (1968, 152) als denkbar und Grathoff als
fraglos unterstellen (1971, 179), »eine einzige hohe Figur könnte
durch ihr Votum eine geschichtliche Situation verändern« (Baumgart 1968, 152; richtig z.B. Cepl-Kaufmann 1975, 151; Leonard
1974, 62). Schon die Anbindung des modellhaften Ereignisses an
den konkreten 17. Juni mit seinem bekannten Ausgang schließt eine
solche Annahme aus (vgl. Kux 1980, 78). Das Scheitern des Chefs
liegt nicht darin, dass er ein solches Manifest verweigert, sondern
schon darin, dass es von ihm gegen alle revolutionäre Vernunft mit
soviel Hoffnungen erwartet wird. Er ist damit als Wissender gescheitert, der seine nützlichen Erkenntnisse nicht weitergeben konnte.
Gerade dass er allein im Stück intellektuell Recht behält, wird ihm
zum moralischen Unrecht, die Unwissenheit der anderen wird zu
seiner Schuld. Der Brechts Gedicht »Böser Morgen« abwandelnde
Schlusssatz des einsam auf der Bühne Zurückgebliebenen fasst diesen
Aspekt wie in einer Formel zusammen: »Unwissende. Ihr Unwissen-
den! Schuldbewußt klag ich euch an« (2, 429).

Mason (1976, 111) hat *Die Plebejer* treffend »a Lehrstück about
Lehrstücke« genannt. Wie das »Protestgedicht [...] gegen das Pro-
testgedicht« (1, 175) (s. S. 144) ist auch das Drama »a literary equi-
valent of Grass's polemical Princeton speech« »Vom mangelnden
Selbstvertrauen der schreibenden Hofnarren« (Leonard 1974, 64f.).
Weil der Chef die Rollen nicht in der dort von Grass entwickelten
Weise trennt, kommt es zu seinem doppelten Versagen. Indem er als
Dichter an die politischen Möglichkeiten seines Theaters glaubte,

hat er es unterlassen, sich als Bürger für das als richtig Erkannte zu
engagieren (zur Aufführung des Stückes, das Grass nach dem Fall
der Mauer bevorzugt in der DDR vorgelesen hat, durch bengalische
Schauspieler in Calcutta vgl. *Zunge zeigen* 85, 102, 105ff., zu seiner
aktuellen Einschätzung durch den Autor 16, 250-252).

Davor

Grass' bisher letztes Drama *Davor* (Erstdruck und UA 1969) entspricht mit einigen Erweiterungen dem Mittelteil von *örtlich betäubt*
(s. S. 129f.), in dem nicht Starusch, sondern Philipp Scherbaum und
sein Plan, aus Protest gegen den Vietnam-Krieg öffentlich seinen Dackel zu verbrennen, die Handlung bestimmt. Sein Versuch, sich an
verschiedenen ihm angebotenen Verhaltensmodellen zu orientieren
und sich mit ihrer Hilfe zu entscheiden, macht »diese hörspielartige
Szenenfolge« (Stolz 2010, 59) aus. Im Stück erfährt das für das Verständnis entscheidende Komplementärverhältnis von Starusch und
dem Zahnarzt (s. S. 131f.) noch eine weitere Bestätigung dadurch,
dass bisweilen Argumentationsfolgen zwischen ihnen ausgetauscht
werden (z.B. 2, 482 und 6, 203).
    Wie *Die Plebejer proben den Aufstand* wurde auch *Davor* als di-
rekte Spiegelung der historischen Wirklichkeit missverstanden. In
beiden Fällen kann dazu der Ort der Uraufführung beigetragen haben. Hatte man in dem einen Fall das Gefühl, die führende Bühne
in Westberlin spiele ein Stück über die führende Bühne der andern
Stadthälfte, so wurde *Davor* als unmittelbare Umsetzung der aktuellen Berliner Studentenproteste angesehen und von daher als unzu-
länglich und unzutreffend kritisiert (vgl. die rezeptionsästhetischen
Überlegungen von Durzak 1971). Hier hat allein schon die größere
historische Distanz zum damaligen Geschehen, die das Stück von
den direkten Zeitbezügen und den durch sie bedingten Missver-
ständnissen entfernte, zur Klärung beigetragen.

5. Das epische Werk

Erzählperspektive

Die wohl grundlegendste Schwierigkeit vieler früher Interpretationsansätze, aber auch noch vieler Kritiken an *Ein weites Feld* lag darin, dass alle Grass-Werke von fiktiven Erzählern mit mehr oder weniger deutlich ausgeprägten Eigenheiten erzählt werden, die Teile der »Danziger Trilogie« dazu noch aus oft großer zeitlicher Distanz. Grass hat wiederholt darüber geklagt, dass es offenbar ein eingefahrener Ritus der Kritiker und auch der Universitätsleute, die es besser wissen müssten, ist, den Ich-Erzähler immer mit dem Autor zu verwechseln. Das traf auf die *Blechtrommel* zu, das traf auf *Katz und Maus* und auf *örtlich betäubt* zu (in Arnold 1978, 6f., vgl. Grass' Statement in Ritter 1977, 140ff.), gilt aber auch für die Autor-Erzähler der späteren Werke (s. S. 135); und noch in der schrillen Diskussion um *Ein weites Feld* entzündete die politische Kritik sich ausschließlich an Äußerungen, die ein fiktives Erzählerkollektiv aus der alten DDR einem Stasi-Führungsoffizier und seinem IM in den Mund legte. Durch die von Grass in seiner Epik ausschließlich verwandte Form der ›Rollenprosa‹ kommen wir, ähnlich wie grundsätzlich im Drama, nie durch die ›Rollen‹ hindurch zur Sicht des Autors, können nie sein Sprachrohr dingfest machen.

Grass tut zusätzlich alles, um diese Ich-Erzähler, die den einzigen Zugang zur erzählten Wirklichkeit bilden, zu diskreditieren. Sie weisen nicht nur häufig selbst auf ihre Unzuverlässigkeit hin (s. z.B. S. 51f.) oder lassen sich bei Widersprüchen ertappen (s. S. 162 zum *Butt*), sie werden zusätzlich noch von Grass in Frage gestellt, indem ihr fiktiver Charakter miterzählt wird. Zusätzlich korrigieren spätere Werke frühere, so der *Butt* Oskars Version der Tribünen-Episode in der *Blechtrommel* (8, 569) oder Oskar in der *Rättin* seinen Autor, wenn er ihm einerseits rät, »nicht alles zu glauben, was da geschrieben steht«, andererseits seine »frühe Zeit einfallsreicher« nennt, »als sich gewisse Skribenten vorstellen« (11, 160). Selbst in einem autobiographischen Text wie *Beim Häuten der Zwiebel* behält sich Grass einen kreativen Umgang mit den Fakten vor, etwa wenn er mit dem späteren Benedikt XVI. um die Zukunft gewürfelt und mit Louis Armstrong im Lokal »Czikos« in einer privaten Jazz-Session gespielt haben will.

Sprache und Stil

Dieser Zug wird nun noch verstärkt durch ein von der gewählten
Erzählperspektive direkt abhängiges Phänomen. Der Ich-Erzähler ist
in seiner Sicht festgelegt: Er sieht sich von innen und seine Umwelt
von außen. Grass weist auf diese Festlegung direkt hin: Wenn Oskar
sich selbst, seine äußere Erscheinung darstellen will, muss er ein Foto
von sich zu Hilfe nehmen (3, 70f.) oder den Pfleger Bruno Müns-
terberg bitten, ihn zu beschreiben (3, 563). Den dazu komplementären Aspekt formuliert Pilenz in *Katz und Maus*: »Und seine Seele
wurde mir nie vorgestellt. Nie hörte ich, was er dachte« (4, 31). Die
Anweisungen des an den Autor selbst gemahnenden »Alten« an den
von ihm beauftragten Erzähler von *Im Krebsgang* könnten als »Ver-
botstafel, die von Beginn an stand«, über Grass' Gesamtwerk stehen:
»Strikt hat er mir untersagt, mit Konnys Gedanken zu spekulieren,
das, was er denken mochte, als Gedankenspiel in Szene zu setzen,
womöglich aufzuschreiben, was im Kopf meines Sohnes zu Wort
kommen und zitierbar werden könnte. Er sagt: ›Niemand weiß, was
er dachte und weiterhin denkt. Jede Stirn hält dicht, nicht nur seine
[...] Nichts schließt besser als ein Kopf.‹« (18, 189).
   So bleibt Grass und allen seinen Erzählern nur die radikale
Einschränkung auf das konkret Beobachtbare, auf die Dinge, von
Mahlke bleiben nur »am Ende [...] sein Hals und seine vielen Gegengewichte« (4, 32). Unabhängig von den Eigentümlichkeiten der
vorgeschobenen Ich-Erzähler ist dieser Zug eine Konstante in Grass'
Werk, den er in verschiedensten Äußerungen immer wieder umkreist, auf verschiedenste Einflüsse zurückführt, die aber immer ins
selbe Zentrum münden: ob er »die Sucht zum Gegenstand« auf Melvilles Vorbild zurückführt (Tank 1974, 47) oder es der »ehemalige
Bildhauer« ist, der »auf Oberfläche angewiesen« ist, »vom Betastba-
ren, Fühlbaren, Riechbaren« (zu Hartlaub in Durzak 1985, 214)
ausgeht, ob er es als Tugend »Askese« nennt – immer meint er damit:
»daß ich allem, was ich nicht anfassen kann, was ich nicht riechen
kann, was ich nicht schmecke, allem, was mit Idee behangen ist,
von vornherein mißtrauisch gegenüberstehe« (Grass 1961, 43). Im
Gedicht »Diana oder die Gegenstände« heißt es 1960: »Zumeist sind
es ruhende Gegenstände, / an denen sich montags / mein Knie auf-
schlägt. //...// Immer lehnte ich ab, / von einer schattenlosen Idee/
meinen schattenwerfenden Körper verletzen zu lassen« (1, 104). Fast
wörtlich genauso heißt es 46 Jahre später zum Erinnerungsprozess in
Beim Häuten der Zwiebel: » Zumeist sind es Gegenstände, an denen
sich meine Erinnerung reibt, das Knie wundstößt oder die mich Ekel
nachschmecken lassen: Der Kachelofen... Die Teppichklopfstangen

auf den Hinterhöfen… Das Klo in der Zwischenetage… (19, 10).
Auf der Suche nach »Stichwörtern« stolpert das Ich noch in *Grimms
Wörter* »über Gasmaskenbüchsen und durchlöcherte Stahlhelme«,
ist es »versucht, Patronenhülsen und Uniformknöpfe zu sammeln«,
stößt es sein »Knie an einer Geschützlafette wund« (331).

In *Unkenrufe* stellt Grass seinen Erzähler vor die schwierige Aufgabe, allein aus solchem ›anfassbarem‹ Material, aus einem Wust von
Briefen, Archivalien, Fotografien, Ton- und Videokassetten, eine »Erzählung« zu machen. Es scheint, dass der sehr genau und sehr viel
lesende Günter Grass (vgl. z.B. das Interview in Rudolph 1971) die
Weltliteratur auf Vorbilder und Anregungen für dieses Verfahren hin
abgesucht hat, wobei es ihm ausdrücklich um das äußere Vorgehen
als Erzähler geht: »Es hat für mich eine fruchtbare Auseinandersetzung mit dem nouveau roman gegeben, besonders was die Gegen-
ständlichkeit betrifft, das Beschreiben von toter Oberfläche und die
daraus zu ziehenden Schlüsse, wobei mir nur die Ideologie des nouveau roman nicht paßte« (X, 158). Auch zu Alfred Döblin hat er sich
in diesem Sinne als seinem Lehrer bekannt und ihm später in einem
Lesebuch (Grass 2009) ein Denkmal aus dessen eigenen Schriften
errichtet. In seinem vielbeachteten Essay »Über meinen Lehrer Döblin« zitiert Grass dessen Maxime, dass »überhaupt an allen Stellen die
höchste Exaktheit in suggestiven Wendungen zu erreichen gesucht
werden muss. Das Ganze darf nicht erscheinen wie gesprochen, sondern wie vorhanden« (14, 274).

Dass Grass dabei nicht den ganzen Döblin erfasst hat (vgl. Kellermann in Jurgensen 1973) ist bezeichnend: Grass befindet sich,
wie er ja auch selbst beim nouveau roman betont, dabei in einem
produktiven Verhältnis zu seinen Vorbildern, dem auch das Miss-
verstehen, das Kappen um entscheidende ideologische Dimensionen
noch fruchtbar wird. Böschenstein (1971) hat die Linie verfolgt, die
von Grass über Döblin zurück zu dem von beiden gleichermaßen
geschätzten Jean Paul führt. Beide übernehmen dabei von ihrem
Vorbild lediglich die Verfahren, eine »verzerrte Realität« darzustellen, ohne deren göttliches Gegenüber. Bei beider direktem Verhältnis
zum Vorbild weist Böschenstein auf eine »wichtige Vermittlerfunkti-
on« Döblins hin: Neben die auf Jean Paul zurückgehende Distanzie-
rung »von allem, was er schildert«, tritt bei Grass, von Döblin her,
»eine Solidarität mit diesem lebendigen Unrat« – »die Kraft, jeglicher
Idealisierung zu widerstehen und die Kreatur ernst zu nehmen, hat
Döblin seinem Schüler zeitweilig mitgeteilt« (ebd., 94).

Sprachliche Besonderheiten

Vermittelt durch Döblin ist auch ein Einfluss, auf den Durzak hingewiesen hat: Arno Holz' Versuche im *Phantasus*, die »Wirklichkeit gleichsam in der Sprache einzuholen. Das führte im Fortgang von Fassung zu Fassung zu immer größeren Wortschwellungen, Riesensätzen und besonders – was das vielleicht auffälligste Stilmerkmal bei Holz ist (zu immensen Adjektivketten, die sich über mehrere Seiten erstrecken können« (1971a, 166, vgl. Durzak 1972). Hier ist vermutlich ein Vorbild für Grass' Neigung zu finden, Adjektive adverbial oder prädikativ zu reihen oder aus ihnen, aus Partizipien, aus Substantiven Komposita zu schaffen, um das Ding, die Sache, um die es geht, möglichst genau einzufangen, sie »wie vorhanden« wirken zu lassen (vgl. Büscher 1968, 469f.; Harscheidt 1975, 98-100 mit Beispielen aus den *Hundejahren*).

Döblins Maxime, dass »die höchste Exaktheit in suggestiven Wendungen zu erreichen gesucht werden muß«, befolgt Grass auch bei seinen »Verbmetaphern«, wie sie etwa Just (1972, 109) und Büscher (1968, 470) beschreiben. Das vergleichende ›wie‹ ist ausgelassen, wenn aus »Er klappte bei der Verbeugung zusammen wie ein Klappmesser« wird: »Er klappmesserte eine Verbeugung« (3, 123) oder wenn es heißt: »jene Sündenschnur dem Priesterohr einzufädeln« (3, 175), »wodurch implizit [...] das Ohr des Pastor Wiehnke zu einem Nadelöhr umgedeutet wird« (Just 1972, 110; vgl. Harscheidt 1975, 101f. mit Beispielen aus den *Hundejahren*). Das im Vergleich evozierte ›Ding‹ geht dabei sprachlich in die Bewegung ein und konkretisiert sich in ihr. Dasselbe gilt, wenn Grass zwei Bewegungen in eine zusammenzieht und es statt »[...] ging ich mit meiner Trommel hoch und wieder treppab« heißt: »trommelte ich mich hoch und wieder treppab (3, 75). Beides sind Verfahren, die Grass benutzt, um »die deutsche Sprache etwas zu verkürzen« durch ein »Reduzieren [...] der Sprache auf die Dinglichkeit hin« (»Schulklassengespräch«, X, 9).

Außer zu den schon erwähnten Autoren hat Grass sich auch wiederholt zu anderen Autoren als Vorbildern und Lehrmeistern bekannt: Für sein episches Werk nennt er Rabelais in Fischarts deutscher Bearbeitung und in der Übersetzung von Gottlob Regis, Grimmelshausen, Sterne (*Tristram Shandy*, vgl. dazu das Gedicht »Ich lese«, 1, 407-409), Lichtenberg, Goethe (*Wilhelm Meisters Lehrjahre*), Keller (*Der grüne Heinrich*), James Joyce, Dos Passos (Rudolph 1971, 66; Arnold 1978, 6), für die frühe Lyrik Apollinaire (X, 110), für die frühen Dramen Büchner und Grabbe, für die späten Brechts Lehrstücke (Rudolph 1971, 66). Vergleichende

Studien könnten hier noch genauere Ergebnisse erbringen – etwa zu Melville, Schopenhauer, Nietzsche und Camus vgl. Stolz 1994 –, ebenso Untersuchungen zu Grass' Quellen im engeren Sinne, wie sie für die *Hundejahre* Harscheidt (1975, s. S. 122f.) vorgelegt hat und wie sie jetzt durch die ab 2010 erscheinenden »Kommentar und Materialien«-Bändchen fortgeführt werden.

Klaus Wagenbach hat beschrieben, wie sich die »Sucht zum Gegenstand« in der Syntax verwirklicht: »Der Stil vermeidet die besitzanzeigenden und hinweisenden Pronomina und den bestimmten Artikel, mit denen auf Gegenstände als bestimmten, toten Besitz hingewiesen wird [...] Selbst Abstrakte können zu Figuren mit Handlungsvollmacht werden (sein Beispiel 3, 250: »Der Nachmittag kroch über die blaßbunte Museumsfassade« usw.). Die Objekte werden mit immer neuen Verben, quasi durch ein Objekt regiert. Dadurch entfällt jede Diskriminierung des Objekts durch ein Subjekt; die Dinge bleiben unter sich« (Wagenbach 1963, 124). Just hat diese Beobachtung noch präzisiert und drei Möglichkeiten unterschieden:

a) Der Mensch wirkt auf die ›Dinge‹ wie auf Subjekte ein: »als hätte alles, was da steif auf vier Füßen oder Beinen an den Wänden stand, erst das Geschrei und danach das hohe Wimmern der Lina Greff nötig gehabt, um zu neuem, erschreckend kaltem Glanz zu kommen« (3, 410); »[...] vermochte ihr dünnes hohes Wimmern den Andrang unter die Eisblumen zu einer stummen, verlegen scharrenden Masse zu machen« (3, 409); »[...] da Oskar die Bücherei der Heil- und Pflegeanstalt bildungsbeflissen nach und nach in sein Zimmer lockt« (3, 112).

b) Die Dinge wirken auf den Menschen ein: »[...] daß mich damals der aufdringliche Ruf des Unfallwagens aus den Betrachtungen [...] weckte« (3, 414); »Stufen, Türdrücker und Schaufenster verführten Oskar zu jener Zeit« (3, 180).

c) Die Dinge bleiben unter sich: »Es war ein früher, reinlicher Oktobermorgen, wie ihn nur der Nordostwind frei vors Haus liefert« (3, 406). Es wurden bewusst Beispiele gewählt, die zeigen, dass auch Begriffe, Naturphänomene, Abstrakta in diesem Sinne agieren können, sofern man sie spüren (Oktobermorgen), hören (aufdringlicher Ruf) oder sehen (Andrang) kann (vgl. Just 1972, 119).

Das Verfahren, semantische Selektionsbeschränkungen zu missachten wie in »aufbauwilliges Elbsandsteingebirge« (*Hundejahre* 4, 674) oder wenn es von Uwe Johnson heißt, er käme manchmal vorbei, »um hier zu sitzen und merkwürdig zu sein« (7, 137), Grass auf dem Stuttgarter Kirchentag »bei gerecht verteilter Hitze gegen den ritualisierten Protest« anspricht (7, 169) oder Willy Brandt so »unerbittlich geliebt wird« (7, 269), der Erzähler des *Butt* beklagt,

dass ihm »die Liebe keine Freiheit, nur langhaariges Unglück gebracht« habe (8, 334), dient über das Bestreben hinaus, die Dinge wie vorhanden erscheinen zu lassen, vor allem einer originellen
Sprachverwendung, die stets eine ironische Distanz zum Erzählten
vermittelt und den Leser zu einem aufmerksamen Lesen veranlasst
(vgl. Angenendt 1993, 22-36).

Rhetorische Figuren

Vielfältige rhetorische Figuren und spezifische Konstruktionen kennzeichnen in ihrer Gesamtheit den Sprachstil der Grass'schen Erzähler.
Harscheidt (1975, 107-130) hat für die *Hundejahre* Beispiele für die
allgemein als wichtigste Figur angesehene Ellipse oder Aposiopese
(vgl. Holthusen 1966, 72; Raddatz 1973, 195) zusammengestellt,
dazu asyndetische Reihung und Iteratio. Sie werden gedeutet als
Versuch, »die ›Dinglichkeit eines Gegenstandes‹ oder Vorgangs in-
tensiver zu erfassen« (118). Just (1972, 102-108) weist an der *Blechtrommel* Anapher, Darstellung ex negatione (Litotes), rhetorische
Frage, Repetitio und Variatio nach und setzt sie zu seiner wirkungsästhetischen Interpretation von der Appellstruktur her in Beziehung:
Er sieht ihre Funktion darin, dass sie den Leser auf das »Erzählte«
des Vorgangs stärker achten lassen als auf den Vorgang selbst. Beide
Betrachtungsweisen ergänzen sich und treffen sich in der Zerstörung
übergreifender Zusammenhänge, seien es die gewohnten, im Leser
immer schon vorhandenen, seien es die vom unzuverlässigen Erzähler neu gestifteten. Diesen gleichsam negativen Aspekt beim Ge-
brauch rhetorischer Formeln betont Grass für sein Werk. Sie zwingen
»den Leser zu stutzen, innezuhalten, eine Sekunde lang nochmals zu
überfliegen [...] Das ist also dieses Unterhalten, den Leser unterha-
ken, aber ihn dabei gleichzeitig aktiv halten, damit er sich nicht von
der Prosa wegtragen läßt und die Seite frißt als handlungsfördernden
Stoff, sondern damit er wach bleibt, oder wenn er ermüdet wird,
innehalten und einen neuen Anlauf nehmen muß« (X, 8).
    Zu den beliebtesten Figuren im gesamten Werk zählt neben dem
Parallelismus die Antithese, die als stilistisches Phänomen einem
Wirklichkeitsverständnis korrespondiert, das eine widersprüchliche
Realität nicht zu harmonisieren bestrebt, sondern nicht zuletzt im
Paradoxon bereits den Zusammenhang erkennt und toleriert (vgl.
Angenendt 1993, 205).
    Typisch ist auch die kunstvolle Verwendung von umfangreichen
Satzperioden. Sie bilden in sprachlicher Analogie für den Erzähl-
verlauf herausragende Momente nach, so z.B. Oskars ununterbro-

chenen Aufstieg auf den Stockturm (3, 128f.), Zweifels Flucht aus
Danzig (7, 130) oder die in der syntaktischen Komplexität zum Ausdruck gebrachte schwierige Gründungssituation der Wählerinitiative
(Tb 7, 3 2; vgl. Angenendt 1993, 135-149), Zugleich zeugen solche
Satzmuster als äußerst kompakte Formen ebenso wie die Reihung
von Adjektivphrasen und die spezifische Verwendung von parenthe-
tischen Zusätzen und Ellipsen von einem redundanzvermeidenden
»komprimierenden Stil [...], bei dem ein phänomenales Maximum
durch ein strukturelles Minimum zum Ausdruck gebracht wird«
(Angenendt 1993, 239).

So bündelt in der *Rättin* eine einzige Konstruktion die im *Butt*
umfassend erzählte Geschlechtergeschichte, die immer »gleiche Geschichte, in der es um abgelegte, zermürbte, um harte und müde,
zugreifende, versagende, um zeitweilig liebenswerte, nun abgedro-
schene, um vergangene Männer geht« (11, 149; vgl. Angenendt
1993, 114). Grass ist stets bestrebt, die erzählte Wirklichkeit bereits
in der Sprachform in ikonischer Weise darzustellen. So treten in der
Rättin, dem »Rückschritt der Märchenfiguren in die Vergangenheit
entsprechend, (wie im rückwärtslaufenden Film) [...] die agenshaften
Satzglieder an das Satzende. Hingegen werden die zurückweisenden
Lokalangaben an den Satzanfang gestellt« (vgl. Angenendt 1993,
108): »Nach rückwärts wandern singend die Handwerksburschen.
In den Stall zurück treiben die Gänse die Magd. Hinter sich betteln
will fortan der Bub« (11, 454). Das schlagendste Beispiel ist natürlich der sprachliche ›Krebs‹ am Schluss von *Im Krebsgang*: »Das hört
nicht auf. Nie hört das auf« (vgl. Weyer 2007, 40ff.).

In *Aus dem Tagebuch einer Schnecke* verbindet sich der ›Krebs‹ mit
der Aposiopese, der bei Grass so beliebten Sonderform der Ellipse,
bei der gerade das wichtigste, die eigentliche Aussage, weggelassen
wird. Auch diese Figur dient bei Grass zum Aufbrechen von Klischees: Indem der Leser merkt, dass er die Lücken ohne Schwierigkeit selbst ausfüllen kann, wird ihm das Eingefahrene, Vorgeprägte
der Wendungen bewusst: »‹...und haben nach nunmehr fünfund-
zwanzig Jahren. Haben aus Schutt und Asche. Haben wir aus dem
Nichts. Und sind heute wieder. Ohne unbescheiden zu sein. Was
auch überall in der Welt. Hat keiner erwartet. Sich sehen lassen kann
[...]‹ Jadochja. Steht vielstöckig und hat gekostet [...] Und warten
auf das Echo. Es möge rückläufig reden und gnädig sein: Sind, wieder sind, wieder sind wir [...]«‹ (7, 119f.). Die Spiegelung des Satzes
»Wir sind wieder wer« bricht elliptisch ab, bevor das »wer« einbezogen wird, das auf diese Weise gerade besonders betont wird und
die bedeutungsschwere Frage evoziert: »Wer sind wir wieder?«. Auch
in *Katz und Maus* bedient sich Grass an markanter Stelle in Pilenz'

Variation über das Ritterkreuz (s. S. 99) der Aposiopese, indem hier ausgerechnet der Begriff »Ritterkreuz« weggelassen wird.

Solch sorgfältige sprachliche Formung zeigt sich ebenfalls dort, wo Grass Personenbeziehungen in der Syntax sichtbar werden lässt, wie u.a. zwischen Matzerath, Agnes und Jan und zwischen Grass, Anna und Vladimir (vgl. Angenendt 1993, 97) oder auch in der Beziehung zwischen Katze, Pilenz und Maus (Hermes 1991, 174f.).

Wortstellungsfreiheiten nutzt Grass zu stilistischen Zwecken auch, wenn er das Temporaladverb »schon« an bedeutsamen Stellen ins fokussierende syntaktische Vorfeld stellt und damit zum jeweiligen Referenzzeitpunkt aktuell werdende, zumeist negative Veränderungen wie in dem Gedicht »Vorgeträumt« antizipiert: »Schon ist Gefühl zu haben, das irgendwie ist« (1, 219; *Butt* 8, 54; vgl. Angenendt 1993, 92).

Die durchgehend reflektierende sprachliche Gestaltung von Grass' gesamter Prosa, die alle stilistischen Möglichkeiten, Neologismen, Wortstellungsfreiheiten, selbst die Interpunktion, einzusetzen weiß, ist bewusst darauf angelegt, Lesegewohnheiten zu deautomatisieren und den Leser zur permanenten Konzentration anzuhalten (Angenendt 1993, 240).

Zitate

Dem Verfahren, die Dinge »wie vorhanden« (Döblin) erscheinen zu lassen, entspricht im Falle der Sprache das direkte Zitat. In der Tat setzt Grass die direkte Rede immer in der Form des Zitats ein, das das geschilderte Milieu auch in seiner Sprache vergegenwärtigt. Auch dieser Zug ist untrennbar verbunden mit der Ich-Erzählung aus der zeitlichen Distanz. Nach ihrer Logik kann der Ich-Erzähler längere Unterhaltungen nicht mehr wörtlich wiedergeben, weshalb sie ja auch z.B. in Autobiographien meistens fehlen. Grass beachtet diese Logik in der *Blechtrommel* und in *Katz und Maus* streng und beschränkt seine wörtlichen Reden auf Schlagworte und kurze Sätze, die sich durch ihre ständige Wiederholung oder durch die Prägnanz, ihre besonderen Umstände eingeprägt haben: »Dienst ist Dienst [...] und Schnaps ist Schnaps« (3, 146). »Das war nun aber nicht nötich jewesen Muttchen. Ich freu mich auch, wenn de nix bringst und trotzdem kommst« (3, 394). »Auf dem [Friedhof] mecht ich mal liegen, wenner noch in Betrieb war (3, 188, vgl. Just 1972, 176). Heiko Büscher hat darauf hingewiesen, dass Ähnliches für die Sondersprachen, etwa aus Schule, Kirche, Marine in *Katz und Maus*, allgemein für Begriffe der NS-Zeit in der »Danziger Trilogie« gilt (1968, 468, vgl. Tiesler 1971, 57f.).

Werden hier bestimmte Floskeln und Stereotypen kommentarlos angewendet oder zitiert, so bedeutet das von Grass und seinen Erzählern gewählte Zusammenschreiben – »ohtannenbaumohtannenbaumwiegrünsinddeineklingglöckchenklingelingelingallejahrewieder« (3, 337), »jenedienachunskommen«, »undindieserstunde« (KuM 4, 55) – schon eine Kritik: Die Weihnachtsfeier wird als immer gleiches Ritual, Klohses Phrasen werden als fertige, jederzeit abrufbare Versatzstücke entlarvt (Beispiele aus den *Hundejahren* sind zitiert bei Harscheidt 1975, 102f.).

Die sich hier abzeichnende Kritik allein von der Form her wird im Sprachlichen noch gesteigert, wenn Oskar z.b. in dem vielzitierten Kapitel »Glaube Hoffnung Liebe« mit diesen Begriffen umgeht »wie ein Jongleur mit Flaschen« (3, 261). Sprachlich-klanglichen Assoziationen nachgehend, reiht er Stichworte aneinander: »Leichtgläubig, Hoffmannstropfen, Liebesperlen, Gutehoffnungshütte, Liebfrauenmilch, Gläubigerversammlung« (3, 261). Diese im Klang- und Assoziationsspiel gewonnenen Begriffe setzen nun zugleich Inhalte frei, die einmal den banalen Verschleiß der Begriffe im Alltagsgebrauch aufweisen (dies auch z.b. in den »Kreuz«-Variationen, 3, 178f.), zum anderen aber auch Kommentare enthalten, teils direkt (»leichtgläubig«), teils über Assoziationen: ›Kleinbürgers Leid und Freud‹ ›Großindustrie‹, ›Rausch und Religion‹ und endlich ›Konkurs‹. So zerschlägt Oskar das religiöse Klischee und öffnet es für eine vielschichtige Wirklichkeit.

Grass verwendet nicht nur Idiome und Sprichwörter in sprachspielerischer Weise, worauf Schweizer 1978 hinweist, sondern jegliche bestehenden Sprachmuster (Angenendt 1993, 73f.). Durch die Abwandlung sprachlicher Klischees wird Sprache zum »Hohlspiegel« (Büscher 1968, 476), so dass »sich die so beschriebene Wirklichkeit in ihrer sprachlichen Darstellung von selbst entlarvt« (Koopmann 1977, 173). So wie die Erzähler der »Danziger Trilogie« aus der Rückschau durch die Abwandlung phraseologischer Wendungen Sprachklischees der Nazis und kleinbürgerliche Denkweisen evident werden lassen, führt Grass die Auseinandersetzung mit der Neuen Linken in *Aus dem Tagebuch einer Schnecke* nicht diskursiv, sondern indem er deren Schlagwörter kontextuell verfremdet und auf diese Weise die gesamte Ideologie zu diskreditieren sucht (vgl. Angenendt 1993, 73); eine vergleichbare Sprachkritik als Ideologiekritik findet sich in den Heidegger-Parodien und in der ritualisierten Diskussionsrunde der hundertsten »Materniade« in den *Hundejahren*, im Jargon der ›Revolution‹ in *örtlich betäubt*, im ›linken‹ Feministenjargon des Tribunals in *Der Butt*. Die kritische Intention wird deutlich gemacht, indem der Jargon mit der Wirklichkeit, in den *Hunde-*

jahren etwa der des Knochenbergs, konfrontiert wird: »Störtebekers
Antwort lag, obgleich frisch ausgesprochen, schon seit Wochen
bereit. ›Wir müssen das Zuhaufliegen in der Offenheit des Seins,
das Austragen der Sorge und das Ausdauern zum Tode als das volle
Wesen der Existenz denken [...] Hier ist Sein in Unverborgenheit
angekommen [...] Das ist der Wesensraum aller Geschichte‹« (5, 398;
zum kritischen Impetus solcher Zitate und Parodien vgl. z.B. Holthusen 1966, zum inhaltlichen Aspekt s. S. 187).

Der hier besonders offen zutage tretenden ideologiekritischen
Intention zuliebe bietet Grass alle sprachlichen Mittel auf, für sie
beruft er sich – zu Unrecht, wie Kellermann 1973 meint– auf Döblin: »Döblin sieht Geschichte als absurden Prozeß« (14, 271). Um
diese seine Sicht dem Leser zu vermitteln, »zerschlägt Döblin mehrmals und bewußt« Schillers Sinngebungsversuche gegenüber der
Geschichte »zu Scherben, damit Wirklichkeit entsteht« (14, 278).
Er zitiert Döblin selbst: »Der Gegenstand des Romans ist die ent-
fesselte Realität, der Leser in voller Unabhängigkeit einem gestalteten gewordenen Ablauf gegenübergestellt; er mag urteilen, nicht
der Autor« 14, 274). Auch wenn Grass sein formales Instrumen-
tarium so ausbaut und einsetzt, dass Wertungen nach Möglichkeit
unterbleiben (vgl. Richter 1977, 93), wird mit »sparsamen formalen
Mitteln dennoch eine spezifisch wertende Rezeption kontrolliert«
(Angenendt 1993, 189).

Grass' Wirklichkeitsbegriff wird hier deutlich – Wirklichkeit begegnet im ohne übergreifendes System wahrgenommenen einzelnen
Gegenstand, dem Gegenstand, der aller ihn interpretierenden und
damit verzerrenden ideologischen Bezüge -»allem, was mit Idee behangen ist« (»Diskussionsbeiträge« 1961, 43) – entkleidet ist. Richter
(1977, 79) hat die erkenntnistheoretische Position, die dahintersteht,
als »sensualistisch« bezeichnet und auf deren Verwandtschaft mit
dem Empirismus hingewiesen. Dass auch darin eine Ideologie im
Sinne einer Gesamtheit von Ideen, die sich zum Weltbild zusam-
menschließen, steht, ist klar; wenn Grass sich dennoch als ideologie-
frei bezeichnet, dann liegt das daran, dass er Ideologie stets im Sinne
von ›Heilslehre‹ verwendet.

Walter Hinderer hat im Zusammenhang mit der Lyrik auf eine
weitere Prämisse hingewiesen, von der Grass ausgeht: Grass ruft die
Namen der Objekte so, »als sei das Sprachzeichen noch mit dem Ding
identisch« (1972, 127). Diese Beobachtung wird dadurch bestätigt,
dass beides austauschbar werden kann. Grass lässt die Sprachzeichen
gelegentlich auf die bezeichneten Dinge zurückweisen, z.B. in von
ihm verwendeten Palindromen: Im Gedicht »Gasag« (I, 39) erwächst
aus der Firma des Energieunternehmens eine »Kröte«, die vor- wie

rückwärts, ein- wie ausatmend, Gas abgibt. In der *Blechtrommel* entsteht so die Zeile »grün ist der *Sarg*, in dem ich *grase*« (3, 200) – ein
Grass von seinem Namen her geläufiges Palindrom –, »Lamento« bei
Regen (I, 72f.) spielt auf das bekannte ›Regen Neger‹ an und auch
der Vers des Gedichtes »Ja« (1, 137) »Zwischen Anna und Anna/
entscheide ich mich für Anna« bezieht seinen Witz aus dieser Figur.

Die konstitutive Bedeutung der Sprache für das Prosawerk Grass'
zeigt sich in *Aus dem Tagebuch einer Schnecke*, wo einzelne Begriffe, aber auch semantisch ›schwache‹ Ausdrücke erzähltektonische
Funktion besitzen. Wenn »Wille« (und die korrespondierenden
Modalverben »wollen« und »müssen«), »planen«, »nämlich« etc. in
signifikanter Häufung auf allen Erzählebenen verwendet werden,
wird innerhalb von Kapitelgrenzen allein durch die Sprache eine
übergeordnete, einheitsstiftende Bezugsdomäne geschaffen, die selbst
kleinste Assoziationssplitter zu integrieren vermag (vgl. Angenendt
1993, 245).

Dinglichkeit und Bildlichkeit

Somit sind in Grass' Werk die kleinsten Bausteine die vom erfun-
denen, vom Autor selbst in Frage gestellten Erzähler sprachlich vermittelten Einzeldinge. Dieser in Atome zerschlagenen Wirklichkeit
(Richter 1977) steht der Leser zunächst hilflos gegenüber, vor allem
in den häufig auf solche einzelne Begriffe reduzierten Gedichten.
Baier hat darauf hingewiesen, dass die Gedichte in *Vorzüge der Windhühner*, dem ersten Lyrikband von Grass, auffallen durch einen »Verzicht auf Bilder und Metaphern in der Form sprachlich erkennbarer
Beziehungen, sei es im wie-Vergleich, in der Verbindung durch Ko-
pulae oder in der Genetivmetapher. Der Gegenstand des Gedichtes
ist immer schon Gegenstand und Metapher zugleich« (71, 68). Das
bedeutet aber, dass der Leser sich mit diesem Gegenstand zufrieden
geben muss, dass er ihn »als notwendige Repräsentanz einer (oder
der) Wirklichkeit« (ebd.) zu nehmen hat – darüber hinaus sagt das
Gedicht nichts. Wieser hat von den »Wegweisern zum Sinn« gesprochen, die man vermisst (1968, 35), Geißler nennt Grass' Metaphern
»im Grunde ideolektisch« (1976, 174).

Grass selbst hat zu diesem eigentümlich verständnishemmen-
den Aspekt seiner Bilder den Schlüssel geliefert, indem er auf seine
Zeichnungen hinweist: »Das, was um mich herum gruppiert ist,
womit ich täglich Umgang habe«, erfährt »in geschriebenen wie in
gezeichneten Bildmetaphern sein Eigenleben«. Schuh, Fischkopf,
Kerze, Schweinskopf, Schnecke – das »sind Dinge, die bei verengtem

Begriff von Realität absurd erscheinen mögen. Für mich aber, so ins
Bild gebracht, verhelfen sie unserer Realität, die wir so vielschichtig
erleben, zum Ausdruck« (X, 183). Grass' Herkunft und bleibende
Verwurzelung in der Graphik (s. S. 3f.) zeigt sich eben nicht nur
darin, dass er die Dinge oft mit den Augen des Graphikers sieht, der
seine Hände gleich mit einbezieht und nicht den ›Vorwurf‹, sondern
seine Wiedergabe auf dem Papier beschreibt. So spricht Oskar von der
»Schraffur eines Oktoberregens« (3, 23), ebenso wie Grass »Dürers
Schraffuren als Dauerregen den Horizont« verhängen lässt (7, 12),
eine Landschaft »getuscht« (Arnold 1978, 12) erscheint oder Starusch
das Abstraktum »Wut« sich in zeichnerischer Realisation vorstellt (6,
123f.). Die Beziehung des Wortkünstlers zum Bildkünstler in Grass
ist noch viel enger. Dies wird an den Gedichten besonders deutlich,
die in den Originalausgaben stets zusammen mit Zeichnungen des
Autors veröffentlicht wurden. Im Inhaltsverzeichnis von *Vorzüge der
Windhühner* werden diese Zeichnungen mit Seitenangaben zwischen
den Gedichten aufgeführt: »Gerade bei den Gedichten wird das deutlich, daß [...] innerhalb einer solchen Reihe auch der zeichnerische
Prozeß mitspielt, daß oft am Anfang eines Gedichts die Zeichnung
steht und sich aus der Zeichnung der erste Wortansatz ergibt oder
umgekehrt« (Arnold 1975, 20). Grass spricht geradezu davon, dass
»eine Skizze, eine Zeichnung nicht zu Ende kommt, sondern weiter-
geschrieben wird«, dass umgekehrt »die geschriebene Metapher« von
ihm »zeichnerisch überprüft« wird. »Und so sind für mich beide Disziplinen, [...] eben Disziplinen, die einander korrigieren, die einander
auch ins Wort fallen, die sich ergänzen oder abstoßen« (X, 183).
    Bei diesem Austauschverhältnis, dieser Entstehung mit-, an- und
ineinander teilt das künstlerische Bild etwas von seinen Eigenschaften
seinen Eigenschaften mit. Der Gegenstand oder die Gegenstände
einer Zeichnung, einer Graphik bedeuten ja zunächst nur sich selber.
Nicht irgendeine Verweisung auf einen außerhalb des Bildes bleibenden Sinn macht sie bedeutsam, sondern die Art, wie sie gemalt,
gezeichnet sind, der Farbauftrag, die Strichlagen, die Farbgebung,
sodann der Beitrag des Einzelgegenstandes zum Aufbau der höheren
Einheit Bild, zu deren Komposition, deren Ausbalancierung. Grass
weist selbst darauf hin, dass er von dieser Tektonik bei der Bildhau-
erarbeit gelernt hat, »daß, wenn ich am Knie etwas ändere, ich dem-
nächst am Ohr etwas ändern muß, weil die Proportionen zusam-
menhängen« (Arnold 1978, 19). Sogar bei einem so ›literarischen‹
Blatt wie Dürers *Melencolia I* weist Grass auf diesen ›auf die Dinge
selbst abzielenden Aspekt hin, wenn er von Melencolias Schlüsseln
bemerkt: »Dürer hatte Spaß an den krausen Bärten; und wir dürfen
jetzt raten, welche Türen und Kästchen gemeint sind« (Tb 7, 182).

»Objektives Korrelat«

Diese Parallele zur bildenden Kunst vermag aber nicht nur die bei Grass zu beobachtende auffallende Selbstgenügsamkeit des sprachlich dargestellten Dings, des »Sprachbildes« zu erläutern, sondern auch, wie die einzelnen Dinge dann wieder mit Bedeutung verbunden werden. In der bildenden Kunst geschieht dies dadurch, dass zur primären Bedeutung des Gegenstands als Gegenstand eine sekundäre, ikonographische hinzutritt und mit ihm durch Setzung der Tradition oder auch auf Grund historischer oder legendärer Umstände verbunden wird. Grass erwähnt in *örtlich betäubt* die heilige Apollonia, die überall »mit Zange und Molar« abgebildet ist (6, 7). Zange und Molar kennzeichnen mithin diese Heilige, machen eine Frauenfigur als Apollonia kenntlich – aber eben nicht auf Grund einer symbolischen oder allegorischen Beziehung zwischen Person und Gegenstand, sondern auf Grund der Tatsache, dass die Gegenstände historisch bei ihrem Martyrium eine entscheidende Rolle spielten.

Damit lässt sich durchaus das Verfahren vergleichen, das Grass benutzt, um die Einzeldinge als Trümmer der »zerschlagenen Wirklichkeit« wieder mit Bedeutung zu versehen. Wagenbach hat geradezu von »motivischem Schutt« gesprochen, auf den der Autor »häufig unvermutet« zurückgreife (1963, 123). Tank hat denselben Sachverhalt für Grass' frühe Theaterstücke knapp skizziert, wenn er sagt: »Der Inhalt, gerinnend im Gegenstand, im Requisit der Bühne, ist für Grass weder Allegorie noch Symbol im alten Sinne. Dennoch ist der Gegenstand Bedeutungs- oder Formträger, genauer gesagt: er wird es im Verlauf des Stückes« (1974, 43). Auch in der Lyrik zeigt sich, dass die zunächst für sich bleibenden Gegenstände ›sprechend‹ werden dadurch, dass ihr Wiederauftauchen in späteren Gedichten oder in Romanen ihnen nach und nach auch für den Leser die Bedeutung zuwachsen lässt, die zunächst nur Grass privat mit ihnen verband (s. S. 6f.)

Grass' entsprechendes Vorgehen auf epischem Gebiet ist vor allem von Just, Cepl-Kaufmann und Richter gründlich analysiert worden. Just nennt, unter Aufnahme und Abänderung eines Begriffs bei T.S. Eliot, die bei Grass zu beobachtende allmähliche Aufladung eines Dings mit einer festen Bedeutung »objektives Korrelat«, um den missverständlichen Symbolbegriff zu vermeiden (1972, 110f.). Er analysiert am Beispiel der Aale im *Blechtrommel*-Kapitel »Karfreitagskost«, des Brausepulvers und des Kokosläufers, wie diese Dinge sich so unlösbar mit einem psychischem Erlebnis verknüpfen, dass das Ding schließlich direkt für den gemeinten seelischen Vorgang eintreten kann, wenn Oskar z.B. davon spricht, dass »die Aale nach

Mama verlangten und meine arme Mama nach den Aalen« (3, 778).
»Der Unterschied zwischen realem und mentalem Geschehen ist aufgehoben«, Just spricht von der »für Grass typischen Materialisation
des Psychischen« (1972, 126f.). Zwei Voraussetzungen müssen nach
Just gegeben sein, damit ein Ding zum objektiven Korrelat wird:
»ein primäres, sehr eindrückliches sinnliches Attribut« und »andererseits die Tatsache, daß der Gegenstand eine aktive Rolle im erzählten
Geschehen spielt« (ebd., 128). Indem diese Korrelate dann wieder
zu Reihen zusammentreten, tragen sie wesentlich zur Tektonik bei
(ebd., 115, 141, zum ganzen 110-149).

Diesen Gesichtspunkt untersucht vor allem Richter. Während
Grass zunächst einmal die Wirklichkeit zerschlägt, wie Döblin es für
den Roman gefordert hatte, und so Episoden entstehen, gewinnt er
gleichzeitig den einzelnen Episoden die Motive ab, die innerhalb der
»zerschlagenen Wirklichkeit« neue Bezüge stiften (1977, vor allem
51-67).

Für die *Hundejahre* hat Cepl-Kaufmann den Aufbau eines sol-
chen ›Dingsymbols‹ am Beispiel von »Schnee« und »Krähen« in ihrer
Gegensätzlichkeit beschrieben. Während die Schnee die Morde an
Amsel und Jenny gleichermaßen bedeckt, sind die Krähen bei beiden
Taten anwesend, »vergleichen« sie und »bezeugen« sie (Hj 5, 279).
Wenn die Krähen dann später am Knochenberg ebenfalls anwesend
sind (Hj 5, 388, 398ff.), stellen sie die Verbindung zwischen den
Einzelmorden und der späteren Massenvernichtung her und beschwören bei jeder späteren Nennung beide herauf. Das die *Hundejahre* durchziehende Spiel mit »Leitmotiv« und »Mordmotiv« (s. S.
16) hat hier seine Erklärung, die in leitmotivischer Wiederholung
mit unterschiedlicher ›Zeugenschaft‹ aufgeladenen Dinge können
zum »Mordmotiv« werden, indem sie als »objektives Korrelat« für
das psychische Phänomen des Hasses und der Rache für Hass und
Rache direkt einstehen (vgl. Goetze 1972, 69-92). Die Grundlage
dafür, dass das Einzelding derart mit Bedeutung aufgeladen werden
kann, formuliert Oskar in der *Blechtrommel* für das gesamte Werk:
»Heute weiß ich, daß alles zuguckt, daß nichts unbesehen bleibt, daß
selbst Tapeten ein besseres Gedächtnis als die Menschen haben. Es
ist nicht etwa der liebe Gott, der alles sieht! Ein Küchenstuhl, Klei-
derbügel, halbvoller Aschenbecher oder das hölzerne Abbild einer
Frau, genannt Niobe, reichen aus, um jeder Tat den unvergeßlichen
Zeugen liefern zu können« (3, 247).

Diese Beobachtungen werfen auch Licht auf die Kontroverse zwischen Grass und seinen amerikanischen Kritikern. Seinen Ausspruch:
»Symbols are nonsense – when I write about potatoes, I mean potatoes« (*Life* LVIII, 22, 51) nahm man ihm sehr übel und tat ihn als

»Schabernack« ab (Enderstein 1974/75, 5). Immer wieder sind Versuche unternommen worden, etwa Oskars Trommel über das hinaus, was ihr in Oskars Erzählung nach und nach an Bedeutung zuwächst, symbolisch zu deuten und sie so in eine angeblich› gemeinte Wirklichkeit‹ zu übersetzen. Wie wenig das bei Grass möglich ist, kann am besten an *Aus dem Tagebuch einer Schnecke* gezeigt werden, weil wir hier neben Zweifels Geschichte den Autorkommentar als ›Roman eines Romans‹ besitzen. Grass bezeichnet gleich zu Anfang scheinbar eindeutig, was er mit dem Symbol »Schnecke« meint: »Die Schnecke, das ist der Fortschritt« (7, 9), ebenso wie er Hermann Ott als »Zweifel« allegorisiert. Im Folgenden können wir diesen Prozess verfolgen und sehen, wie die Schnecke als Tier wie als Symbol sich entwickelt, wie Zweifel als Mensch Kontur gewinnt und dabei in seiner allegorischen Funktion zurücktritt, wie Grass Dinge rein assoziativ miteinander verknüpft, wie Wehner zu Moses wird (7, 73), die Juden zu Schnecken (7, 89) und Schnecken zugleich Züge der SPD annehmen (7, 46). Unter völligem Absehen von der historischen und politischen Wirklichkeit, wie sie aus anderen Quellen und aus eigener Erfahrung bekannt ist, wäre es durchaus möglich, auf Grund solcher Beobachtungen am Text zu einer halbwegs stringenten Interpretation zu kommen, die gleichwohl das Buch letztlich verfehlen würde – wie es von einigen Interpretationen zur *Blechtrommel* gilt (s. S 84f.). Die bloße »Schlüssigkeit« solcher »Deutungsversuche« ist, wie Geißler ausdrücklich betont, kein Kriterium der ausschließlichen »Richtigkeit« (1976, 178). Grass lässt Zweifel in *Aus dem Tagebuch einer Schnecke* unter der »Melencolia«-Reproduktion ein Gegenstilleben mit Waage, Rasiermesser, Uhr, Lupe und Schnecken gegen »Melencolias Hausrat« aus Sanduhr, Zahlenquadrat, Zirkel, Glocke und Schwert aufbauen: »Bezüge freihaus« schließt die Passage (7, 255).

Die Schwierigkeiten verstärken sich noch, wenn die Dinge nicht statisch, sondern dynamisch sind, sich weiterentwickeln, wie Oskars Trommel, Amsels Scheuchen, Schnecke und Zweifel im *Tagebuch*. Dies aber ist gerade das wesentliche Charakteristikum der meisten Werke von Grass. Leonard hat daraufhingewiesen, dass diese »dynamic quality« der gewählten Bilder Grass' Erzählen vorantreibt. Nur in *örtlich betäubt* sind diese Bilder – (Zahn)-Stein, Trass, Zement – statisch, ihre Funktion ist »intellectually predetermined, they are static cyphers, neither evolving with, nor propelling characters and plot« (1974, 91). Diese Eigendynamik gilt es ebenfalls zu respektieren, Grass' ›Dinge‹ wollen beim vieldeutigen Wort genommen sein, zu dem sie im Laufe des Gestaltungsprozesses werden, und sperren sich gegen die einfache Übersetzung.

Inhalt und Form

Im Prozess des Schreibens entstehen so Inhalt und Form gleichzeitig, mit- und aneinander. Grass betont immer wieder, dass es einen Gegensatz, ja nur eine Möglichkeit der Trennung, nicht gibt: »Für mich gibt es diesen Gegensatz nicht: es entwickelt sich eins aus dem andern: jede Form produziert ihren Inhalt und umgekehrt (X, 184, ähnlich Rudolph 1971, 63; Tank 1974, 48; X, 113; grundlegend dazu der frühe Essay von 1957 »Der Inhalt als Widerstand« (14, 16-22)).

Über den Prozess, in dem das geschieht, ist Grass nicht bereit, Auskunft zu geben. Er fährt in dem zitierten Gespräch mit Rudolph fort:

»Mir kommt es – und das nicht nur in der Prosa – darauf an, das Formale verschwinden zu lassen, das Gerüst zum Schluß wegzuschlagen, das mir beim Arbeiten behilflich sein mußte, das auch oft als Krücke diente. Was mühsam erreichtes Ergebnis ist, muß leicht erscheinen; die Anstrengung darf nicht spürbar sein. Das mag den einen oder anderen Kritiker zu der Ansicht verführen, mir sei die Form lästig oder etwas, was mir nicht liege. Im Grunde bin ich ganz froh darüber, wenn das nicht bemerkt wird; das liegt in meiner Absicht« (X, 184).

Bei aller Auskunft- und Interviewbereitschaft verweigert Grass Auskünfte über seinen Arbeitsprozess, lässt er sich nicht in seine Werkstatt blicken. Auf Grund solch »meisterhaften Verhaltens« (Arnold 1975, 15f.) erhält der Interpret auch nicht Auskunft, ob seine Interpretation ›richtig‹ ist, wie es Harscheidt ergangen ist, als Grass ihm antwortete:

»Leider werde ich Ihnen nicht ausführlich antworten können, obgleich ich Lust hätte [...]. Nur soviel über meine Arbeitsweise: Selbstverständlich entstehen meine Bücher mit entsprechender Vorarbeit; besonders die sogenannten ›phantastischen‹ Passagen setzen Akribie und Sammelfleiß voraus. Nur – und nun beginnt die Sache problematisch zu werden – werfe ich nach Manukriptschluß alles Vormaterial weg und streiche quasi die Vorbedingungen meiner Arbeit aus dem Gedächtnis; [...]. Also wäre ich Ihnen ein unzuverlässiger bis ungenauer Gesprächspartner« (19.6.1972, zit. bei Harscheidt 1975, 254).

Diese Formulierung kehrt leicht abgewandelt 1973 wieder, programmatisch als Überschrift gesetzt und hier auf die *Blechtrommel* bezogen: »Der Autor als fragwürdiger Zeuge«, wo eine Blockade der Erinnerung gleich zu Beginn behauptet wird (15, 328); dasselbe ›Sperren‹ auch in einem Interview zum *Butt*, wo Grass sagt, dass

»der Autor eigentlich der letzte ist, der in der Lage sein kann, über so etwas Kompliziertes wie einen jahrelang anhaltenden Arbeitsvorgang Bericht zu geben [...]. Nicht einmal verblüfft stelle ich fest, daß das Buch klüger ist als der Autor. Er ist eigentlich nur noch in der Lage, Dummheiten darüber zu sagen oder Peripheres« (zu Raddatz 1975). Auch hierin ist Grass Döblins Schüler, von dem er sagt: »Döblin wußte, daß ein Buch mehr sein muß als der Autor, daß der Autor nur Mittel zum Zweck eines Buches ist, und daß ein Autor Verstecke pflegen muß, die er verläßt, um sein Manifest zu sprechen, die er aufsucht, um hinter dem Buch Zuflucht zu finden« (14, 273.).

6. Die »Danziger Trilogie«

Grass hat wiederholt den Zusammenhang betont, der für ihn zwischen *Blechtrommel*, *Katz und Maus* und *Hundejahren* besteht und dem auch Sammelausgaben unter dem Titel »Danziger Trilogie 1-3« Rechnung tragen. Der durch Schauplatz und Personal gegebene Zusammenhang ist evident. Reddick, der diese Bezeichnung geprägt hat, hat zusätzlich nachgewiesen, dass die »Danziger Trilogie« eine einheitliche Entwicklungsphase im Werk des Autors repräsentiert (Reddick 1974 und 1975). Gegenüber diesem klaren Befund haben sich verwandte Bildungen wie »Das Danzig-Sextett, Sechs Romane in zwei Bänden: *Die Blechtrommel – Katz und Maus – Hundejahre – Der Butt – Unkenrufe – Im Krebsgang*« (Steidl Verlag 2006) oder »Danzig Quintet« (Hall 2007) bisher zumindest nicht behaupten können.

Das Problem wird ohnehin obsolet, wenn man Reddicks Etikett in Parallele zum während der Arbeit an der »Danziger Trilogie« 1957-1960 (deutsch 1958-61) erschienenen *Alexandria Quartet* von Lawrence Durrell sieht, das der britische Autor analog zu Einsteins Raum-Zeit-Kontinuum als »word continuum« verfasst hat und auf das Oskar in seiner Romanpoetik zu Beginn der *Blechtrommel* ausdrücklich eingeht (s.S. 53): Als älteste Position zitiert er Horaz' Vorschrift, »medias in res« zu springen, und als modernste Durrells Anspruch, »man habe endlich und in letzter Stunde das Raum-Zeit-Problem gelöst« (3, 12). In der Tat kann man die Danzig-Werke von Grass als »word continuum« auffassen, in dem es laut Durrell keine »sequels«, sondern nur »siblings« mit unterschiedlichen Erzählerpositionen in Raum und Zeit gibt (vgl. Neuhaus 1971, 150-159). *Blechtrommel*, *Katz und Maus* und *Hundejahre* wären solche durch ihre Erzähler Oskar, Pilenz, Brauxel, Liebenau und Matern bestimmten »siblings«, die n-fach durch Erzähler mit anderen Raum-Zeit-Koordinaten zu ergänzen wären, Starusch in *örtlich betäubt*, Mutter, Sohn und Enkel Pokriefke in *Im Krebsgang* oder den Ich-Erzähler als Zeitgenossen von Oskar in *Der Butt* (8, 569), und dabei doch im selben »word continuum« blieben (Neuhaus 2011).

Schauplatz Danzig

Kritik und Forschung haben schon früh auf die große Bedeutung des Ortes Danzig für Grass' Werk hingewiesen und ihn in diesem Zusammenhang mit Joyces Dublin und mit Faulkners Yoknapatawpha County verglichen (z.B. Cunliffe 1969, 25, 134). Grass selbst hat die zentrale Stellung Danzigs in seinem Werk immer wieder hervorgehoben und in der »Laudatio auf Yasar Kemal«, den Träger des Frankfurter Friedenspreises von 1997, selbst den Vergleich mit »Faulkner, Aitmatow oder auch Joyce« gezogen. »Zwischen der Weichselniederung und den Hügeln der Kaschubei, in der Stadt Danzig und deren Vorort Langfuhr, an den Stränden der Ostsee [...] liegen meine amerikanischen Südstaaten, dort habe ich mein Dublin verloren und weitet sich meine kirgisische Steppe, und dort liegt meine Çukurova«, die der Friedenspreisträger Kemal immer wieder beschworen hat (20, 14, wieder aufgenommen in *Grimms Wörter*, 145).

Gegenüber Kurt Lothar Tank hat Grass Danzig und seinen Vorort Langfuhr geradezu als »Hauptstadt und Mittelpunkt der Welt« beschrieben (Tank 1974, 12). Begründet hat er das mit dem Repräsentativcharakter, den er innerhalb des Werkes selbst einmal von Harry Liebenau beschreiben lässt: »Es war einmal eine Stadt, die hatte neben den Vororten Ohra, Schidlitz, Oliva, Emaus, Praus, St. Albrecht, Schellmühl und dem Hafenvorort Neufahrwasser einen Vorort, der hieß Langfuhr. Langfuhr war so groß und so klein, dass alles, was sich auf dieser Welt ereignet oder ereignen könnte, sich auch in Langfuhr ereignete oder hätte ereignen können« (Hj 5, 405). Grass hat diese Erklärung Liebenaus fast wörtlich gegenüber Eckehard Rudolph (X, 180) wiederholt und weiter erläutert: einmal, dass »gerade sich in der Provinz all das spiegelt und bricht, was weltweit – mit den verschiedenen Einfärbungen natürlich – sich auch ereignen könnte oder ereignet hat«. Zum anderen weist er darauf hin, warum gerade Danzig »besonders prädestiniert dafür« war: »das Zusammentreffen von Deutschen und Polen, die weltoffene Lage der Stadt, die wechselvolle Geschichte. Ein weiterer Grund, warum ich mich so auf Danzig und seine Umgebung konzentriere, mag wohl darin liegen, daß ich diese Stadt verloren habe.« »Es war einmal eine Stadt« – »Sie ruht wie Vineta auf dem Meeresgrund« (Tank 1974, 54, s. S. 191). Grass hat betont, »daß ich erst einmal für mich versucht habe, ein Stück endgültig verlorener Heimat, aus politischen, geschichtlichen Gründen verlorene Heimat festzuhalten [...] Das heutige Danzig hat einen ganz anderen Bezug, ein ganz anderes Herkommen« (zu Arnold 1975, 11).

»So ist mir die verlorene Heimat zum andauernden Anlaß für zwanghaftes Erinnern, das heißt für das Schreiben aus Obsession geworden. Etwas, das endgültig verloren ist und ein Vakuum hinterlassen hat, das mit dem Surrogat der einen oder anderen Ersatzheimat nicht aufgefüllt werden konnte, sollte auf weißem Papier Blatt für Blatt erinnert, beschworen, gebannt werden, und sei es verzerrt, wie auf Spiegelscherben eingefangen« (19, 87).

Nach *örtlich betäubt*, das nur Staruschs Herkunft und eine Reise dorthin mit Danzig verbindet, ist Grass in späteren Büchern immer wieder nach Danzig zurückgekehrt. In *Aus dem Tagebuch einer Schnecke* betont Grass erneut, wie wichtig Danzig für ihn als Ort war, an dem er in der »Danziger Trilogie« und im *Tagebuch* das Aufkommen und die Auswirkungen des Nationalsozialismus beschreiben konnte: »Jetzt erzähle ich euch, [...] wie es bei mir zu Hause langsam und umständlich am hellen Tage dazu kam. Die Vorbereitung des allgemeinen Verbrechens begann an vielen Orten gleichzeitig, wenn auch nicht gleichmäßig schnell; in Danzig, das vor Kriegsbeginn nicht zum Deutschen Reich gehörte, verzögerten sich die Vorgänge: zum Mitschreiben für später« (7, 16). Irene Leonard hat in ihrem Grass-Buch diese Bemerkung mit einem Zitat aus einem historischen Werk belegt (H. L. Leonhardt: *Nazi-Conquest of Danzig*, 1942), das Grass vielleicht als Quelle gedient hat: »Danzig was a German microcosm. In Danzig events in the Reich were repeated in slow motion« (Leonard 1974, 2). In *Butt* und *Rättin* vollzieht sich in Danzig Menschheitsgeschichte und Menschheitsdämmerung, in *Unkenrufe* wird es zum beispielhaften Ort für eine neue deutsche Landnahme im Zeichen der »Deutschmark« und in *Im Krebsgang* kehrt die Stadt als Kriegshafen der »Wilhelm Gustloff« und in Rückgriffen auf das Personal und die Ereignisse der *Hundejahre* wieder (s. S. 229f.)

Das kleinbürgerliche Personal

Die »Danziger Trilogie« beschränkt sich auf die Kleinbürgerwelt. Zu ihr gehören, zumindest von der Herkunft her, auch alle fünf Erzähler: der Händlersohn Oskar Matzerath, der Kolpinghaussekretär Pilenz, der Kaufmannssohn Eduard Amsel, der Tischlersohn Harry Liebenau, der Müllerssohn Walter Matern. Oskar spricht selbst von der »muffig-kleinbürgerlichen Umgebung«, in der er aufwächst, »zwischen einem Kolonialwarengeschäft, einer Bäckerei und einer Gemüsehandlung« (3, 401). Postbeamte des unteren Dienstes, Spielzeughändler, Berufsmusiker, bäuerliche Verwandte ergänzen das Bild (vgl. Just 1972, 50-58), das sich auch in *Katz und Maus* und in den *Hundejahren* nicht ändert. Wie sehr Grass dabei fast im Verhältnis

1:1 auf seine Langfuhrer Kindheit zurückgreift, zeigt der Aufsatz von Miroslaw Orlowski (2008)»Danzig-Langfuhr bei Günter Grass im biographischen Kontext«, aber auch Grass' eigene Bemerkungen zu den minimalen Veränderungen, mit denen die Steinmetzwelt am Werstener Friedhof in die Romanwelt der *Blechtrommel* transponiert wurde (Zwiebel 19, 459-462). »Objektives Korrelat« zur Kleinbürgerwelt und ihrer falschen Behaglichkeit sind bei Grass die »Butzenscheiben« (s. z.B. 3, 140, 672, 687, 755; Hj 5, 558, 570; 15, 245-247).

Wie präzise diese Kleinbürger in knappsten Bemerkungen der Erzähler, in wenigen sprechenden Details erfasst sind, zeigen die ausführlichen Porträts, die Ingrid Tiesler aus *Katz und Maus* zusammengestellt hat (1971, 63ff.). Auf diese Schicht hat Grass auch später seine Darstellung konzentriert: Es ist auffallend, dass Störtebeker, der sowohl in der *Blechtrommel* (3, 500) wie in den *Hundejahren* (5, 426) als Sohn des Danziger Polizeipräsidenten erwähnt wird, in dem Moment, wo er Held eines eigenen Romans wird, zum Lotsensohn ›verkleinbürgerlicht‹. Auch die »Zeitweilen« im *Butt*, für die solche soziologischen Begriffe in Frage kommen, spielen an den »Nahtstellen und Überlappungen zwischen proletarischem Herkommen und kleinbürgerlicher Anpassung« (zu H. Loetscher vgl. Durzak 1985, 100). »Ich bin selbst in kleinbürgerlichen Verhältnissen aufgewachsen. Ich schildere, was ich weiß und was ich gesehen habe, mit literarischen Mitteln, d.h., die Dinge stellen sich selbst dar« (Arnold/ Görtz 1971, 47).

Diese Schicht der Kleinbürger ist nun aber zugleich eine den Nationalsozialismus tragende Schicht gewesen. Indem Grass sie in der Zeit zwischen Erstem und Zweitem Weltkrieg schildert, schildert er das Aufkommen und das Festsetzen der Naziherrschaft und erfasst umgekehrt dieses System in seinem »kleinbürgerlichen Detail« (Grass im *Spiegel*, Heft 33, 1969). Wie Cepl-Kaufmann festgestellt hat, liegt Grass' Darstellung nicht die Rezeption und Applikation einer der bekannten Faschismustheorien zugrunde (s. dazu jedoch S. 153f.). Feststellbar dagegen ist die Dominanz der realen Erscheinungsformen vor kausaler Erklärung.

»Genauso wenig wird es gelingen, aus der Darstellung des Kleinbürgertums in allen drei Werken dessen ökonomische Krise und soziale Deklassierungen herauszulesen. Als Begründung kleinbürgerlich aggressiven Verhaltens gilt weder der Prozess der Industrialisierung und Modernisierung, die eben die wirtschaftliche Basis kleinbürgerlicher Existenz bedrohte und zur Flucht vor der Freiheit ins Irrationale führte, noch die negative Identifizierung mit der nationalen Niederlage« (Cepl-Kaufmann 1975, 101).

Grass verzichtet auf solche Erklärungsmechanismen, die letztlich
den einzelnen entmündigen, ihn vom Täter konkreter Verbrechen
zum Opfer seiner Verhältnisse werden lassen. Sie gehören zu den
Konstruktionen, die Grass in seinem Werk bewusst zerschlägt, um
»Wirklichkeit« zu zeigen (s. S. 34). Er dividiert die »Kollektivschuld«
(Bt 3, 570) durch die von ihm so konkret gezeichneten Individuen
und stellt jedem unerbittlich seinen Anteil zu: dem Bäcker Scheffler, der einen Juden, weil er Jude ist, vom Friedhof weist (3, 213.);
dem Lebensmittelhändler Matzerath, der »seine Finger und seine
Gefühle« an den Feuern der Kristallnacht wärmt (3, 259); dem Ge-
müsehändler Greff, den seine homosexuellen Neigungen (3, 380f.),
und dem Schreinermeister Liebenau, den der Vaterstolz seines Schä-
ferhundes (Hj 5, 199) zum Mitläufer werden lässt; dem Musiker
Meyn, der eine Synagoge in Brand steckt, um so das Ehrengericht
»wegen unmenschlicher Tierquälerei« vor seinem SA-Sturm milder
zu stimmen (3, 258f.).

In diesem ganz Konkreten erscheint für Grass das Allgemeinste,
eine Schicht, die politisch versagt, weil sie sich als unpolitisch versteht:

»Literatur hat ihre Chance gerade darin [...], vom Detail her größere Zusammenhänge zu belegen; Detail ist in dem Falle eben auch die Provinzstadt und
der Vorort einer Provinzstadt [...] Für mich war die Überraschung [...], daß
z.B. ein Roman wie ›Die Blechtrommel‹ nicht nur in Deutschland Interesse
und Leser fand, sondern auch im Ausland. Damit hatte ich überhaupt nicht
gerechnet, daß sich jemand im Mittleren Westen der Vereinigten Staaten
oder in Südfrankreich oder in Skandinavien für kleinbürgerlichen Mief im
Übergang der Weimarer Republik zum Nationalsozialismus etc. interessieren
könnte. Für mich ist es eine unvermutete Bestätigung gewesen, daß sich dieses geduckte Verhalten des Kleinbürgers, des Opportunisten – und wenn ich
jetzt ›Kleinbürger‹ sage, so geht das sowohl in diesen ideologisierten Begriff
›Proletariat‹ hinein wie auch in die andere Richtung, in die Universitäten
– doch sehr weltweit versteht und daß diese Verhaltensweisen gar nicht besonders exotisch sind« (Arnold 1978, 4f.).

(Zur Kleinbürgerwelt bei Grass vgl. außer den schon genannten
Autoren auch Baumgart 1966; Diederichs 1971, 82-85; Hillmann
1976; Koopmann 1977).

7. Die Blechtrommel

Zur Entstehung

Erst seit der Offenlegung des ›Vorlasses‹ im Berliner Grass-Archiv und Dieter Stolz' Veröffentlichungen daraus ist deutlich geworden, wie sehr die *Blechtrommel* in den frühen Theater- und Ballettprojekten wurzelt, wie sehr sie die Fortsetzung des kreativen Chaos der 50er Jahre mit anderen Mitteln ist. In den Gedichten, Kurzszenen, Fragmenten und Plänen der Zeit macht sich, nach Grass' Worten in *Beim Häuten der Zwiebel* (19, 426), »eine übermächtige Stoffmasse [...] mit kurzen Signalen Luft«, will aber »immer noch nicht ans Licht«.

»Erst später wurde bis in einzelne Verse und Halbzeilen deutlich, mit wieviel Signalen die Gedichte mein zweites Buch ankündigten. Von der ›Schule der Tenöre‹, in der erstmals das Glaszersingen erprobt wird, bis zum Schlußgedicht der ›Windhühner‹, in dem unter dem Titel ›Blechmusik‹ ein Kind in Frage gestellt ist – ›...auf dem Kopf einen Helm aus gelesener Zeitung‹ –, werden Motive laut, die auf etwas deuten, das sich im Weißrot- und Rotweißspiel der ›Polnischen Fahne‹ noch versteckt hält.« (ebd., 425).

Die in Sulzbach-Rosenberg lagernden Typoskripte der fälschlich sogenannten ›Urtrommel‹, wie sie John Reddick 1970 an Grass' früherer Pariser Adresse fand, sind dagegen lediglich Arbeitsstufen aus der eigentlichen Phase der Niederschrift 1958/59, kürzere Fassungen heutiger *Blechtrommel*-Kapitel und belegen so nur Grass' Verfahren, mit ständig anschwellenden Fassungen zu arbeiten (s. S. 178). Lediglich das jetzt erstmals in Neuhaus Bt 2010 im Faksimile veröffentlichte ursprüngliche ›Erste Kapitel‹ »Der Igel« (heute Buch III, Kapitel 4) vertritt eine frühere Fassung. In Berlin finden sich hingegen förmliche Vorstufen in Theater- und Ballettfragmenten und -skizzen, die zeigen, in welch hohem Maße Grass beim Schreiben der *Blechtrommel* auf zuvor völlig unabhängig davon für die Bühne Geplantes zurückgriff. So enthält die *Blechtrommel* in ihrer Endgestalt nicht nur einen veritablen absurden Einakter (3, 436-450), sondern etliche Kapitel gehen nachweislich auf Bühnenpläne zurück: »Am Atlantikwall oder es können die Bunker ihren Beton nicht loswerden« auf eine verworfene Szene aus Noch zehn Minuten bis Buffalo (s. S. 14) und »Der weite Rock«, »Niobe« oder »Die letzte Straßenbahn« auf Ballettszenen.

Von daher wird Grass' wenig später geäußerte Behauptung »daß ihm erst die mißlungene Uraufführung [von *Onkel, Onkel* – V.N.] den letzten Anstoß gegeben hätte, seinen ersten Roman zu vollenden« (Stolz 2010, 80), in der Tat wahrscheinlich. Maria Sommer, Grass' Bühnenagentin seit den allerersten Anfängen, nennt ihren Einsatz für den Jungdramatiker »nach dem Kölner Malheur« von Anfang 1958 eine »Sisyphusarbeit« (Neuhaus 1995, 70), die *Westdeutsche Zeitung* meint zum selben Anlass, Grass habe sich selbst »das ›literarische Begräbnis‹ bereitet« (Zimmermann 2006, 49). Offensichtlich erst nach diesem »Begräbnis« der frühen Phase ist Grass so weit, seine Auferstehung als Epiker in Angriff zu nehmen. Am 3. März 1958 ist die Uraufführung in Köln, wieder nach Paris zurückgekehrt schreibt Grass bereits am 24. März an Walter Höllerer: »Ich habe mich jetzt episch dickarschig hingesetzt und meinen Roman angefangen. Die Handlung des Romans ist [...] stark mit Fabeln und Episoden durchsetzt ...« (zit. bei Neuhaus 1995, S. 74) – offensichtlich jenen frühen Fragmenten, auf die er jetzt zurückgreifen kann. Auf diesen Neuansatz mit der gegenüber dem früheren »Erstes Kapitel. Der Igel« radikal veränderten Erzählerposition bezieht sich Grass' spätere Erinnerung vom Dezember 1973:

»Mit dem ersten Satz: ›Zugegeben: ich bin Insasse einer Heil- und Pflegeanstalt...‹ fiel die Sperre, drängte Sprache, liefen Erinnerungsvermögen und Phantasie, spielerische Lust und Detailobsession an langer Leine, ergab sich Kapitel aus Kapitel, hüpfte ich, wo Löcher den Fluß der Erzählung hemmten, kam mir Geschichte mit lokalen Angeboten entgegen, sprangen Döschen und gaben Gerüche frei«(14, 333).

Dass die Niederschrift der Endfassung dann nur wenig mehr als ein Jahr in Anspruch nahm, lag dann wohl an den erwähnten Vorarbeiten: Für die Verfolgung und Rettung des Koljaiczek konnte Grass seine Librettoskizze *Der weite Rock* verwenden, die Szenerie war seit der zweiten Strophe des Gedichts »Polnische Fahne« (I, 31) aus dem Jahre 1956 so vorbereitet, dass sie Schlöndorff 1979 quasi fertig in seinen Film übernehmen konnte, und die Gestalt der Großmutter wurde, wie Neuhaus 2010 wahrscheinlich macht, von Ernst Barlachs Monumentalplastik *Mutter Erde* präfiguriert – seinem im ›Dritten Reich‹ verfemten Werk begegnete Grass schon als junger Gymnasiast bei einer wenig systemkonformen Kunstlehrerin (14, 279).

Zeitverhältnisse des Erzählens

Grass bedient sich in allen seinen epischen Werken der Ich-Erzählung, die er in ihren unterschiedlichen Varianten durchspielt. In der *Blechtrommel* benutzt er die Form der fiktiven Autobiographie mit all ihren Möglichkeiten: Oskar Matzerath erzählt in der »Heil- und Pflegeanstalt«, die er im ersten Satz als Ort des Erzählens angibt, »sein Leben« (3, 12) bis unmittelbar vor die Einlieferung in die Anstalt. Grass bedient sich dieser Erzählfiktion mit äußerster Präzision; sie entsprechend präzise zu berücksichtigen, ist Vorbedingung für jedes Verständnis des Werks. Anders als in den meisten fiktiven Autobiographien trägt Grass der Tatsache Rechnung, dass die Niederschrift eines so umfangreichen Werks Zeit kostet – in Oskars Fall fast zwei Jahre: Oskar beendet seine Aufzeichnungen Anfang September 1954, am Abend seines 30. Geburtstags. Ein weiteres fixes Datum gibt die Erwähnung von Stalins Tod im Kapitel »Sondermeldungen« (3, 367). Am 5.3.1953 lag somit das Buch schon fast zur Hälfte vor. Oskar muss also kurz nach seiner Einlieferung in die Anstalt, die wiederum wenige Zeit nach seiner Verhaftung Anfang September 1952 (3, 766) erfolgte, mit der Niederschrift begonnen haben. Es gilt somit, zwei Handlungsebenen zu unterscheiden:

a) Oskars Leben von der Zeugung der Mutter bis zu seiner Verhaftung in Paris zur Zeit des 28. Geburtstags. Dieser Handlungsstrang ist abgeschlossen und wird vom Erzähler Oskar in seiner Gesamtheit überblickt, wenn er zu schreiben beginnt. Das »Fotoalbum« materialisiert gewissermaßen diesen Aspekt (vgl. den Hinweis: »Welcher Roman hätte die epische Breite eines Fotoalbums?« (3, 56; vgl. Römhild 2008, 80-85). In Einzelaufnahmen enthält es die Geschichte Oskars und seiner Familie vom Anfang des Jahrhunderts bis in die letzte Zeit vor der Verhaftung. Oskar kann darin blättern, bei den ersten wie bei den letzten Seiten anfangen, vor- und zurückgreifen (3, 61) – dieser gesamte Zeitraum liegt verfügbar vor ihm, nicht hingegen

b) Oskars Lebensabschnitt von Ende 1952 bis zum Abend des 30. Geburtstags Anfang September 1954. Es handelt sich dabei vor allem um die Besuche Marias, Klepps, Vittlars, die er in der Anstalt empfängt, die Anwaltsbesuche, die Weiterentwicklung seines Prozesses, die Gespräche mit Bruno, mit der Ärztin Dr. Hornstetter und ähnliches. Diesen Zeitraum überblickt Oskar nur jeweils abschnittweise: Wenn er die Feder in die Hand nimmt, trägt er meist kurz das Geschehen der letzten Wochen oder Stunden nach, ehe er die Weiterarbeit an seiner Biographie aufnimmt. Wenn er die Feder aus der Hand legt, steht er in seinem jetzigen Leben als »Insasse einer

Heil- und Pflegeanstalt« vor echter, auch ihm unbekannter Zukunft,
was sie gebracht hat, kann er erst beim nächsten Erzähleinsatz nachtragen. So erfährt Oskar z.B. erst am 30. Geburtstag, wovon er am
Abend desselben Tages berichtet: »Was ich seit Jahren befürchte, seit
meiner Flucht befürchte, kündigt sich heute an meinem 30. Geburtstag an: Man findet den wahren Schuldigen, rollt den Prozeß
wieder auf, spricht mich frei, entläßt mich aus der Heil- und Pflegeanstalt, nimmt mir mein süßes Bett, stellt mich auf die kalte, allen
Wettern ausgesetzte Straße« (3, 765). Dieser Übergang vom Ahnen
und Fürchten zum Wissen hat sich erst nach dem vorletzten und
unmittelbar vor dem letzten Erzähleinsatz vollzogen, die schreckliche
Gewissheit des Erzählers, das Asyl verlassen zu müssen, kann so erst
den letzten Erzählabschnitt prägen – der Erzähler etwa des ersten
Kapitels kann noch die Hoffnung hegen, für immer im »endlich
erreichten Ziel« (3, 9f.) verharren zu können.

c) Von diesen beiden Handlungsebenen ist wiederum die Erzähl-
ebene strikt zu scheiden. Während des Erlebens erzählt niemand.
Von den Gästen der Besuchstage berichtet jeweils der Oskar, von
dem sie sich verabschiedet haben, vom Experiment mit dem Brause-
pulver der »Bloßgestellte« (3, 366), der den enttäuschenden Ausgang
bereits kennt (3, 371).

Nach diesen notwendigen Unterscheidungen stellt sich der Aufbau der *Blechtrommel* folgendermaßen dar:

1. *Die Autobiographie Oskars außerhalb der Anstalt* wird vom Erzähler von der Zeugung der Mutter im Oktober 1899 (1. Kapitel)
bis zur Verhaftung Oskars im September 1952 in Paris (letztes Kapitel) erzählt. Oskar schließt diesen Erzählstrang am 30. Geburtstag
ab (3, 776), die Autobiographie, die er am Anfang begann, ist an
ihr Ende gekommen: »Jetzt habe ich keine Worte mehr« (3, 777).
Diesem abgeschlossenen, voll überschaubaren Teil gegenüber nimmt
Oskar eine Erzählposition ein, die auf Stanzels Typenkreis in der
Sektion anzusiedeln ist, in der die Ich-Erzählung sich dem auktorialen Erzählen nähert und zum Teil darin übergeht. Aus der großen
zeitlichen Distanz des Erzählens heraus wird Oskar sich dabei z.T.
selbst zum Objekt, was an der häufig verwendeten dritten Person
statt der ersten Person deutlich wird. Auch überschreiten seine Mitteilungen hier bisweilen das Selbsterlebte und -erfahrene, vgl. z.B. 3,
383: »Niemand hätte vom Strand aus sehen können, wie Greff das
Fahrrad ablegte [...] Fragen sie mich bitte nicht, woher ich das weiß,
Oskar wußte damals so ziemlich alles [...]« (vgl. Just 1972, 78-81).

2. *Die Handlung in der Heil- und Pflegeanstalt* wird abschnittswei-
se von der Vorstellung von Pfleger, Bett und Lebensumständen am
Anfang des ersten Kapitels Ende 1952 bis zur Schilderung des 30.

Geburtstags Anfang September 1954 am Abend desselben Tages geführt. Sie endet mit Oskars Horrorvision von der Schwarzen Köchin, die ihn am Abend seines Geburtstages, an dem er die Biographie abgeschlossen hat, heimsucht. Für diesen Handlungszeitraum gilt die Erzählsituation des Tagebuchromans (vgl. Neuhaus 1971, 35ff.).
3. Als weitere Ebene treten *Kommentare und Bemerkungen zum Schreibvorgang* hinzu; z.B. »wie fange ich an?« (3, 11). Oskar spricht von sich in diesen Abschnitten fast ausnahmslos in der ersten Person. In der Beschwörung der Vision der Schwarzen Köchin, mit der Oskar schließt und die wie ein Stenogramm seiner präsentischen Gefühle anmutet, fließen die letzte Handlung des Romans und der Erzählvorgang zusammen: Oskar schreibt nieder, was er zugleich erlebt. Oskars Leben liegt in diesem Augenblick restlos erzählt vor dem Leser, alle Vergangenheit ist eingeholt und mit Oskar steht der Leser der präsentischen Schwarzen Köchin gegenüber, blickt mit Oskar in eine Zukunft, die für Oskar wie für ihn echte Zukunft ist, blind und offen.

Zugleich mündet dieses Ende in den Anfang: Zweimal fragt sich Oskar am Ende seiner vita activa, wer er eigentlich ist, kurz vor dem Auffinden des Ringfingers (3, 740) und erneut vor seiner Verhaftung: »Wo kommst du her? Wo gehst du hin? Wer bist du? Wie heißt du? Was willst du?« (3, 733). Auch auf diese Fragen gibt der erste Satz eine erste Bestimmung: »Zugegeben: ich bin Insasse einer Heil- und Pflegeanstalt [...]«.

Der Erzähler

Mit diesem Einleitungssatz stellt Oskar sein Erzählen in Frage, noch bevor er es beginnt. Dass dies Absicht ist, wird an den paradigmatischen »Begebenheiten aus meinem Leben« deutlich, die Oskar seinem Pfleger erzählt und die im selben Atemzug mit den Stichworten »Erzählungen« und »vorgelogen« belegt werden (3, 9). Zugleich wird aber auch für die Erzählung »mein hoffentlich genaues Erinnerungsvermögen« (3, 11) beschworen – die vom Leser traditionell unterstellte Zuverlässigkeit des Ich-Erzählers wird fraglich, während zugleich die »Unverbindlichkeit von Lügengeschichten« (Mannack 1977, 81) vermieden wird. Da in der Ich-Erzählung das erzählende Ich unser einziger Zugang zur erzählten Welt ist, ist eine Kontrolle des Erzählten nicht möglich. Selbst die Stellen, an denen der Erzähler sich selbst verbessert, an denen er, mit Oskars schönem Ausdruck, seiner »Feder in den Rücken fällt« (3, 318, ebenso 532, 538), verunsichern den Leser höchstens noch mehr. Warum soll man dem, der einmal lügt, die zweite Version glauben? Auch eingelegte Berichte Dritter (3, 551-564, 745-762) sind vom Ich-Erzähler integriert und brauchen nicht zuverlässig zu sein. Interpretatorische Probleme ergeben sich jedoch dadurch nur insofern, als der Erfinder ein anderer wird und ein Schachtelungsverhältnis entsteht: Einmal schafft der Autor einen Ich-Erzähler, der eine Geschichte nach besten Kräften wahrheitsgemäß erzählt, im anderen Fall schafft er einen Erzähler, der sich seine Geschichte dann zum Teil oder ganz selbst erfindet, eben einen »Roman« schreibt wie Oskar. Kriterien für das Gelogene können sowenig angegeben werden wie für das Wahre, und wo alles gelogen ist, ist alles so ›wahr‹, wie ›fiction‹ eben ›wahr‹ ist – schließlich schreibt Oskar zwar »sein Leben« nieder, aber ausdrücklich in der Form des »Romans« (3, 11), so wie später Liebenau seine »Liebesbriefe« in den *Hundejahren* als »einen richtigen reimlosen Roman« (5, 154) schreibt. Die Interpreten, die für Oskar eine nachträglich erlogene Überarbeitung seines Lebenslaufs annehmen – er hat nicht absichtlich das Wachstum unterbrochen, der Kellertreppensturz war ein Unglücksfall, allein der Steinwurf des Halbbruders hat ihn dann teilweise wachsen lassen, er hat nie unter Tribünen getrommelt (vgl. Reddick 1974, 63; Bance 1967, 149: »A tall story bears stretching«), stoßen lediglich an die Grenze der einzig unangreifbaren Wahrheit in Oskars Lebensbericht: Irgendwann und irgendwie muss der arme Irre, der sich hier ein überlegenes Leben zurechtphantasiert, das Lesen und vor allem das Schreiben gelernt haben.

Mit dem weiteren Ausbau des Danziger Grass-Kosmos werden Oskars Abenteuer teils bestätigt, teils zurechtgerückt. Er war ›tatsächlich‹, wie der Bandenführer Starusch-Störtebecker bestätigt, als »Jesus« spiritus rector der Stäuberbande (6, 138), hat ihre Taten begleitet, beeinflusst und das Krippenspiel initiiert (ebd., 13f.). Das erfolgreiche Sprengen der ideologischen Tribünenkundgebungen von den Nazis über die Katholiken bis zu den polnischen Nationalisten (3, 158) entsprang eher einem Wunschdenken des Erzählers Oskar, wie wir vom Autor-Erzähler des *Butt* erfahren: In ›Wirklichkeit‹ kam »jener dreijährige Junge, der wütend auf seine Blechtrommel schlug«, nicht »gegen den Lärm« der »Marschmusik« und der »muntere[n] Weisen« (8, 569) an, mit denen eine Polizeikapelle des Freistaats die Nazi-Kundgebungen umrahmte. Den Höhepunkt erreicht dieses Spiel mit der Fiktion innerhalb der ›fiction‹ in der *Rättin* (s. S. 191f.), wenn Oskar den Autor-Erzähler warnt: »Besonders Sie sollten nicht alles glauben, was da geschrieben steht,« um dann sibyllinisch fortzufahren: »wenngleich meine frühe Zeit einfallsreicher verlief, als sich gewisse Skribenten vorstellen« (11, 160). Und ausgerechnet die von Oskar selbst nie für möglich gehaltene (3, 39) Flucht seines Großvaters in die USA wird in der *Rättin* bestätigt (11, 209), während die Tribünenepisode, die Entglasung des Stadttheaters, die Verteidigung der Polnischen Post und die Ereignisse am Atlantikwall behutsam in Frage gezogen werden (11, 160).

Doch der Einleitungssatz enthält noch mehr als ein generelles ›caveat lector‹: Just hat darauf hingewiesen, dass in ihm zugleich der Zusammenstoß zweier Wertsysteme anklingt (1972, 44f.). Denn der Erzähler fährt nicht etwa mit einer »Aber«-Konstruktion fort, die auf »zugegeben« im Deutschen zwingend erwartet wird. Stattdessen baut Oskar seine eigene Position auf, deren weiterem Ausbau seine gesamte Lebensgeschichte dient: Cepl-Kaufmann (1945, 165f.) hat diesen Gegensatz in einem Schema erfasst:

Oskar	*Leser, »Freunde und [...] Besucher«* (3, 12)
»Insasse einer Heil- und Pflegeanstalt«	»die außerhalb meiner Heil- und Pflegeanstalt ein verworrenes Leben führen müssen« (3, 12)
»Gleichgewicht«, »Heiterkeit«, »Stille« (3, 10)	»Blind, nervös, [...] unerzogen« (3, 10)

Dieser »Gegensatz« ist »bildlich objektiviert in der Gitterschranke des Anstaltsbettes, die der Erzähler, jeder Vermittlung abhold, noch erhöhen lassen will« (G. Just 1972, 44). Diese Gitterschranke bleibt durch das ganze Buch hindurch aufrechterhalten, etwa wenn es von Fräulein Doktor Hornstetter heißt, dass sie Oskar »als Ärztin [...] behandeln sollte, doch jedesmal, von [ihm] behandelt weniger nervös das Zimmer verläßt« (3, 119), oder wenn Oskar sagt: »Die jungen Leute außerhalb der Heil- und Pflegeanstalt sind wirklich merkwürdig und neigen zur Manieriertheit« (3, 368). Zur Unsicherheit über den Wahrheitsgehalt des Erzählten tritt somit der Konflikt zweier Wertsysteme. Mannack hat auf eine weitere Verunsicherung des Lesers hingewiesen: Indem Oskar moderne Romantheorien ironisch zitiert und persifliert (3, 12), schmeichelt er einem konservativen Lesepublikum, um es sogleich mit der Erklärung zu brüskieren: »Für mich, Oskar, und meinen Pfleger Bruno möchte ich jedoch feststellen: Wir beide sind Helden [...]« (ebd., vgl. Mannack 1977, 79).

Noch vor Beginn seiner Lebensbeschreibung hat Oskar somit das von ihm direkt angesprochene Publikum – »alle, die Sie außerhalb meiner Heil- und Pflegeanstalt ein verworrenes Leben führen müssen« (3, 12) – hinsichtlich der Form und des Wahrheitsgehalts seiner Mitteilungen und hinsichtlich des von ihm vertretenen Wertsystems verunsichert. Er verbietet ihnen so eine rein passive Rezeption und zwingt zu einer kritischen Haltung gegenüber dem Erzählten (zu Oskars Situation als Erzähler in der Heil- und Pflegeanstalt vgl. Frizen 1987, 25-27).

Die Blechtrommel als Pikaroroman

Mit der Wahl der fiktiven Autobiographie stellt sich Grass bewusst in die wichtige deutsche Romantradition des Individualromans, wie er selbst wiederholt erklärt hat: »Das Buch steht in einem ironisch-distanzierten Verhältnis zum deutschen Bildungsroman. Es kommt, und das betrifft nun mich und meine Affinität, sehr stark von jener europäischen Romantradition her, die vom pikaresken Roman herreicht mit all seinen Brechungen [...], da ist der erste große Roman Grimmelshausens« (Arnold 1978, 6).

Die *Blechtrommel* hat wesentliche Züge des Pikaroromans übernommen, schon die beschriebene Erzählstruktur ist die dieser Romanform: Aus einem als Asyl empfundenen Zustand heraus erzählt der Pikaro sein abgeschlossen hinter ihm liegendes Leben »ab ovo«. Der Gegensatz von Asyl und Welt, bei Grass im Bettgitter konkretisiert, ist dabei grundsätzlich und radikal, hierin zeigt sich Grass stark vom deutschen Traditionszweig beeinflusst, der mit Aegidius Albertinus' Guzman-Bearbeitung beginnt und in Grimmelshausens *Simplicius Simplicissimus* seinen vollkommensten Vertreter hat: Das Asyl und das Leben außerhalb dieses Asyls, Weltflucht und Weltlauf sind darin einander radikal entgegengesetzt als Heil und Unheil, Gnade und Sünde. Die Welt ist des Teufels Wirtshaus, wer darin eintritt, muss auch unweigerlich mit diesem Wirt Geschäfte machen, wie Simplicius jedes Mal erfährt, sobald er sein Asyl verlässt. Diese Bewertung der Welt ist nicht Ergebnis des einzelnen Lebens, keine individuelle Erfahrung, sondern als Wesen der Welt aller Erfahrung vorgegeben. Was Simplicius am Ende als »Adieu Welt« formuliert, hat ihm genauso schon der Einsiedler am Anfang seines bewussten Lebens erzählt, das Einzelleben ist nur exemplum für diesen grundsätzlich allem Leben vorgegebenen Sachverhalt. Deshalb kann man, statt sich wie Simplicius mit einem »Adieu Welt« am Ende zu verabschieden, die Welt schon zu Anfang so begrüßen, wie es Oskar tut: »Ich gehörte zu den hellhörigen Säuglingen, deren geistige Entwicklung schon bei der Geburt abgeschlossen ist und sich fortan nur noch bestätigen muß« (3, 52). Oskar sieht sein Leben in seiner Essenz sogleich vor sich: »Einsam und unverstanden lag Oskar unter den Glühbirnen, folgerte, daß das so bleibe, bis sechzig siebzig Jahre später ein endgültiger Kurzschluß aller Lichtquellen Strom unterbrechen werde, verlor deshalb die Lust, bevor dieses Leben unter den Glühbirnen anfing.« Deshalb überkommt ihn sofort der »Wunsch nach Rückkehr in meine embryonale Kopflage«, zugleich mit der gewissen Erkenntnis: »Zudem hatte die Hebamme mich schon abgenabelt, es war nichts mehr zu machen« (3, 54f.).

»Nichts mehr zu machen« ist doppeldeutig: Es ist die resignierende Einsicht dessen, der alles durchschaut, in sein unrettbares Ausgesetztsein in ein einsames, sinnloses Leben – es ist zugleich die Antwort auf die Frage nach dem rechten Tun in solcher Welt. Oskar verweigert jede Teilhabe, jede Teilnahme an der Welt. Sobald er die nötige Standfestigkeit und Beweglichkeit erreicht hat, an seinem dritten Geburtstag, unterbricht er sein Wachstum. Wie wir aus Grass' Mitteilung zur Konzeption dieser Figur wissen, geht sie auf

»ein langes und auswucherndes Gedicht« aus dem Jahr 1952 zurück, »in dem Oskar Matzerath, bevor er so hieß, als Säulenheiliger auftrat. Ein junger Mann, Existenzialist, wie es die Zeitmode vorschrieb. Von Beruf Maurer. Er [...] war er des Wohlstandes überdrüssig: schier verliebt in seinen Ekel. Deshalb mauerte er inmitten seiner Kleinstadt [...] eine Säule [...]. Er, der Säulenheilige, allem enthoben, schaute herab, wechselte gelassen Stand- und Spielbein, hatte seine Perspektive gefunden [...]. Der überhöhte Standpunkt des Säulenheiligen war zu statisch. Erst die dreijährige Größe des Oskar Matzerath bot gleichzeitig Mobilität und Distanz. Wenn man will, ist Oskar Matzerath ein umgepolter Säulenheiliger« (15, 330f.).

Oskars Wachstumsverweigerung entspricht somit dem Rückzug des Säulenheiligen aus der Welt auf seine Säule:

»und wuchs seit meinem dritten Geburtstag keinen Fingerbreit mehr, blieb der Dreijährige, aber auch Dreimalkluge, den die Erwachsenen alle überragten, der den Erwachsenen so überlegen sein sollte, der seinen Schatten nicht mit ihrem Schatten messen wollte, der innerlich und äußerlich vollkommen fertig war, während jene noch bis ins Greisenalter von Entwicklung faseln mußten, der sich bestätigen ließ, was jene mühsam genug und oftmals unter Schmerzen in Erfahrung brachten« (3, 71).

Da er aller Erfahrung immer schon voraus ist, besteht sein Leben einzig darin, sich das schon Gewusste »bestätigen« zu lassen, wie es bereits anlässlich der Geburt hieß und jetzt wieder heißt. Wenn er dieses Wissen vergisst, an der Welt teilnehmen will und sich mit einundzwanzig Jahren am Grab des Vaters zum Wachstum entschließt, »Verantwortung« übernimmt (3, 533), muss er sich drei Jahre später wieder zurückziehen: »Mühsam genug« und »unter Schmerzen« hat er lediglich das in »Erfahrung« gebracht, was er vorher schon wusste,

was er nie hätte vergessen dürfen: dass das Mitmachen in der Welt
nicht lohnt. Innerlich versehrt und um einen Buckel bereichert, ist er
wieder bei der Einsicht angelangt, die er in der Stunde seiner Geburt
schon hatte und nach der zu leben ihm jetzt das endlich »erreichte
Ziel«, das Gitterbett ermöglicht, das ihn von der Welt abschirmt
und verhindert, dass ihm jemand »zu nahe tritt« (3, 10). Um diesen
Aspekt des apriori-Wissens bereichert, gilt für Oskar das, was Elias
Canetti einmal über Robert Walser gesagt hat: »Seine Erfahrung mit
dem ›Kampf ums Dasein‹ führt ihn in die einzige Sphäre, wo dieser
nicht mehr besteht, ins Irrenhaus, das Kloster der Moderne.«

Diese Beziehungen Oskars zur Familie der Pikaros erklären viele
seiner Eigenschaften: Wie der Pikaro im übertragenen Sinne entwickelt sich Oskar ganz konkret nicht, wobei Entwicklungslosigkeit
auch traditionelles Merkmal des Märchenhelden ist – in *Grimms
Wörter* würdigt Grass ausführlich die Däumlingsmärchen der Brüder
als Parallelen zu Oskar (GW, 144f.). In ihren Untersuchungen zu
Oskars Sexualität hat Pflanz nachgewiesen, dass Oskar selbst auf diesem Gebiet, auf dem er sich doch beachtlich ›entwickelt‹, auf dem er
Erfahrungen sammelt, auf dem er höchst konkrete ›Beziehungen‹ zur
Welt aufnimmt, »im wesentlichen vorgeprägt ist und einer persön-
lichkeitsverändernden Einwirkung sexueller Begegnungen mit der
Umwelt nicht ausgesetzt ist« (1975, 78-80, ähnlich 95). Wie seine
literarischen Verwandten »führte« er »bis zum heutigen Tag allerlei
Namen«, worauf er stolz hinweist (3, 427).

Von ihnen hat Oskar aber auch vielleicht sein wichtigstes Erbteil,
die Art der Weltbetrachtung übernommen, die dem Pikaro eigentümliche Perspektive: Oskar ist der Gestalt gewordene Blick von unten. Der Pikaro sieht als Diener vieler Herren die Welt im übertragenen Sinne ›von unten‹, aus der Perspektive des Kammerdieners, vor
dem bekanntlich niemand ein Held ist; Oskar sieht sie wirklich von
unten: Als Zeuge, den man wegen seiner Größe übersieht oder wegen seines Alters nicht beachtet, hört er alle Lüge und sieht alle Ge-
meinheit, aus denen die Welt besteht. Nichts entgeht ihm, von den
Kleinbürgersünden seiner Umgebung bis zum Schwindel des Nationalsozialismus, alles durchschaut er: Greffs Homosexualität, das
Dreiecksverhältnis zu Hause, die Sütterlinschrift am ersten Schultag
(3, 104f.). Schon 1934 enttäuscht ihn die NSDAP (3, 149), gleich
beim Betreten der Polnischen Post erkennt er die Lücke, durch die
sie später erobert werden wird (3, 287), auch weiß er sogleich, dass
die Verteidigung sinnlos ist, weil die britische Home Fleet vor Anker
und die Franzosen hinter der Maginotlinie bleiben werden (3, 305f.).
Oskar kann keinen Bau entstehen sehen, ohne an seinen Abbruch
zu denken (3, 319), und mit dem Stapellauf beginnt für ihn der

Untergang eines Schiffes (3, 40; vgl. auch das Gedicht »Stapellauf«, 1, 69), im lebenden Körper erblickt er das Gerippe (3, 352), »Friedensverträge« sind ihm »Anlaß zu ferneren Kriegen« (3, 47).

Oskars Blick von unten auf die Welt ist so zugleich der Blick von hinten, der Blick hinter die Masken und die Kulissen, der Blick auf die Rückseite, der das wahre Wesen zeigt wie beim barocken Bild der Frau Welt, die von vorne schön und verführerisch ist, von hinten aber ein von Würmern zerfressener Leichnam. »Und wer die Welt von hinten sah, der sah ihr ins Gesicht« dichtet Erich Kästner, und Oskar sagt dasselbe:

»Haben Sie schon einmal eine Tribüne von hinten gesehen? Alle Menschen sollte man – nur um einen Vorschlag zu machen – mit der Hinteransicht einer Tribüne vertraut machen, bevor man sie vor Tribünen versammelt. Wer jemals eine Tribüne von hinten anschaute, recht anschaute, wird von Stund an gezeichnet und somit gegen jegliche Zauberei, die in dieser oder jener Form auf Tribünen zelebriert wird, gefeit sein. Ähnliches kann man von der Hinteransicht kirchlicher Altäre sagen; doch das steht auf einem anderen Blatt« (3, 150).

Es kommt Grass nicht auf die Entlarvung der Welt in ihrer Totale an, wie sie das große Ständepanorama des spanischen Pikaroromans anstrebt, sondern in ihrer Essenz: Deshalb entlarvt Oskar mit Danzig-Langfuhr die Welt, mit der Danziger Geschichte Geschichte schlechthin.

Ist Oskar so in vielen Zügen der Erbe der barocken Pikaros, vor allem des Simplicius Simplicissimus, so unterscheidet er sich von seinen Vorgängern grundsätzlich darin, dass er die Hoffnung auf ein besseres Jenseits nicht kennt. Das gnadenlose Diesseits ist ohne jenseitigen Trost sich selbst überlassen. So ist es zwar für Oskar keine Frage, dass man eine solche Welt, die nie und nirgendwo zu keiner Zeit und unter keinem Himmel anders und besser war und die sich auch nie verändern und bessern wird, meiden und hassen muss, aber er weiß zugleich, dass seine Haltung zu diesem Leben durch kein besseres Leben nach dem Tod belohnt werden wird (zu den pikaresken Zügen in der *Blechtrommel* vgl. Plard 1978; Droste 1969; auch van der Will 1967 und Kremer 1973, zustimmend auch Büscher 1968 und Kaiser 1971, 37; von einer Parodie des Pikaroromans sprechen Cunliffe 1969, 22 und Richter 1977, 17; zur Bedeutung des ›Barock‹ für Grass' Gesamtwerk vgl. Haslinger 1985 und, vor allem für die späteren Werke, Weber 1995).

Die Blechtrommel im Verhältnis zum Bildungsroman

Ein Rückgriff auf den Pikaroroman Grimmelshausischer Ausprägung bedeutet fast dreihundert Jahre später eo ipso implizit zugleich ein »ironisch-distanziertes Verhältnis zum deutschen Bildungsroman« (Arnold (Hg.) 1978, 6). Weder der Autor noch seine Leser können eine zweihundertjährige Entwicklung, die zu den bedeutendsten deutschen Romanen geführt hat, einfach vergessen. Nicht zuletzt deshalb geht G. Just in seiner wichtigen Untersuchung der *Blechtrommel* unter wirkungsästhetischem Aspekt von einer Parodie des Bildungsromans aus, spricht daneben allerdings auch von »pikaresker Tradition« (1972, 146). Mannack nennt die »Blechtrommel« eine »Kontrafaktur zum Bildungsroman« (1977, 72). In der Tat enthält die *Blechtrommel* eine ganze Reihe von Zügen, die Motive des Bildungsromans abwandeln: Mannack macht auf die Großmütter in Kellers *Grünem Heinrich* und im *Wilhelm Meister* aufmerksam, wie Wilhelm schwankt auch Grass' Held zwischen erstrebter Kunst und ererbtem Kaufmannsgeschäft, das Bildungserlebnis der Theatergruppe erinnert ebenfalls an Wilhelm Meister, die zumindest von Oskar behauptete Liebesentwicklung von unerfüllter Liebe (Maria) über eine rein sexuelle Beziehung (Frau Greff) zur ganzheitlichen Bindung (Roswitha, vgl. Pflanz 1975, 85-91) findet sich ähnlich in vielen Bildungsromanen. Eine typische Szene dieser Gattung ist auch der nächtliche heimliche Abschied des Helden von den Stätten seiner Kindheit, der Gang durch die Vaterstadt, bei dem der Held die Vergangenheit Revue passieren lässt und anhand der Stätten und Namen seine gelebte Vergangenheit noch einmal heraufbeschwört (3, 422-425; vgl. etwa Goethe: *Dichtung und Wahrheit* IV, 20). All dies sind mehr oder weniger spielerisch-ironische Momente, vergleichbar Oskars Ausruf: »In welch begrenzter Welt mußte sich der junge Mensch heranbilden! Zwischen einem Kolonialwarengeschäft, einer Bäckerei und einer Gemüsehandlung mußte er sein Rüstzeug fürs spätere mannhafte Leben zusammenlesen« (3, 401; zu den Elementen des Bildungsromans in der *Blechtrommel* vgl. Mannack 1977; Just 1972; Cunliffe 1969; Leonard 1974; zum »Antibildungsroman« Mayer 1974; zu Oskars Lektüre vgl. die unabhängig voneinander entstandenen Aufsätze von Mannack 1977 und Valentin 1982; Rickels 1986 weist sowohl Züge des Pikaroromans als auch Züge des Bildungsromans nach).

Die Blechtrommel als Künstlerroman

Ein entscheidender Einfluss der deutschen Bildungsromantradition
auf die *Blechtrommel* ist in einem anderen Punkt festzustellen, der
dem Pikaroroman fremd ist: Die deutschen Bildungsromane sind
häufig zugleich Künstlerromane (z.b. Goethes *Wilhelm Meisters
Lehrjahre*, Tiecks *Franz Sternbalds Wanderungen*, Novalis' *Heinrich
von Ofterdingen*, Mörikes *Maler Nolten*, Kellers *Der grüne Heinrich*
bis hin zu Thomas Manns *Doktor Faustus*), und schon vom Titel
her gibt sich die *Blechtrommel* als Künstlerroman zu erkennen.
Oskar versteht sich nicht nur selbst als Künstler, er wird auch von
der Umwelt als solcher anerkannt: »So möcht ich malen können,
wie du trommelst« (3, 715), sagt etwa der Maler Lankes von ihm.
Die vorhin skizzierte pikareske Biographie Oskars kann viel besser
als Trommlerbiographie beschrieben werden: Bei seiner Geburt, zu
der ein Falter trommelt, stellt ihm die Mutter eine Blechtrommel,
der Vater ein Lebensmittelgeschäft in Aussicht: Oskar entscheidet
sich sofort: »Um nicht mit einer Kasse klappern zu müssen, hielt ich
mich an die Trommel« (3, 71, ähnlich 3, 532f.).

Die Trommel ist zugleich der Bereich, der den Roman aus dem
für den Pikaroroman kennzeichnenden statischen Dualismus ›Weltflucht‹ – ›Weltverfallenheit‹ herausführt: »Hier muß auch Oskar
Entwicklung zugeben« – sein Trommeln »wuchs« »und gewann
schließlich messianische Größe« (3, 71). »Die zwischen mir und
den Erwachsenen notwendige« Distanz (3, 75) ertrommelt er sich,
sie hilft ihm, den von den Erwachsenen verkörperten Rollen und
der ihnen »vorgeschriebenen Existenzkarikatur« (3, 97) zu entgehen
und stattdessen in seinem Sinne »menschlich« zu bleiben: »kindlich,
neugierig, vielschichtig, unmoralisch« (3, 97). Das Notwendigste,
um »auf die Dauer sein dreijähriges Gesicht bewahren« zu können,
ist »seine Trommel« (3, 271).

Zugleich aber entwickelt er sich auf dieser Trommel zum Künstler. Seine Kunst hat dabei zwei Aspekte: Einmal führt sie zu einem
»in die Aprilluft getrommelte[n] Tempelchen« (3, 121) – bei Grass
eine der Chiffren für die reine, klassische, absolute Kunst, so in
Hochwasser (2, 40) s. auch S. 119 –, das gegenüber der Wirklichkeit
überhaupt nichts vermag und schon dem brutalen Teppichklopfen
erliegt, zum anderen ist sie auch eines generellen, universalen Protests
fähig. Dies zeigt sich an ihrer Fähigkeit, politische Veranstaltungen
aller Richtungen unterschiedslos zu sprengen (s. die Tribünenszene
3, 147-155 und ihre Wiederholungen und Entsprechungen 3, 158).
Ein solcher Protest ist gerade in dieser Totalität selbst unpolitisch,
ebenso wie später der totale Protest seiner »Jünger«, der »Stäuberban-

de«, total unpolitisch ist: »›Wir haben überhaupt nichts mit Parteien
zu tun, wir kämpfen gegen unsere Eltern und alle übrigen Erwachsenen; ganz gleich wofür oder wogegen die sind‹« (3, 491) zur Stäuberbande s. auch S. 130).

Auch auf einem anderen eng mit seiner Kunst zusammenhän-
genden Gebiet entwickelt sich Oskar: beim Glaszersingen. Zunächst
hat es die simple Funktion, seine Trommel vor Zugriffen zu schützen
(z.B. 3, 78-80, 85, 101). Dann wird es zum Ausdruck eines blinden
und ohnmächtigen Protestes gegen die Welt, nachdem ihn die Kinder des Hauses mit einer Suppe gefüttert haben, die Inbegriff aller
Scheußlichkeiten ist, bloß weil er nicht mitspielen will bei dem, was
alle spielen (3, 123). Auch die Entglasung des Theaters (3, 131f.)
kann noch als wilder Schrei des Protestes gedeutet werden – sei es
symbolisch gegen das Stück, das man 1933 in Deutschland zu spielen beginnt (so Rothenberg 1976, 12), sei es veranlasst durch den
Stockturm, »angesichts der ausgesuchtesten Produkte menschlicher
Phantasie«, der »Folterinstrumente« (3, 241f., zum Stockturm vgl.
auch »Kleckerburg«, 1, 198). Auf einer weiteren Entwicklungsstufe
kann man dieser seiner Kunst sogar Erkenntniswert beimessen, wenn
er den Leuten hilft, sich selbst zu erkennen, indem er die Diebsnatur
in ihnen freilegt und brave Bürger und sogar Staatsanwälte »milder,
nachsichtiger und beinahe menschlicher« macht (3, 166). Im letzten aber entwickelt sich das Glaszersingen mehr und mehr zu einer
Kunst der Dekadenz: »Aus bloßem Spieltrieb, dem Manierismus einer Spätepoche verfallend, dem l'art pour l'art ergeben, sang Oskar
sich dem Glas ins Gefüge und wurde älter dabei« (3, 87).

L'art-pour-l'art-Trommeln und -Glaszersingen werden dann zur
selben Zeit in einer letzten Entwicklungsstufe bei Bebras Front-
theater zum blöden Klamauk für Frontsoldaten (3, 429) und zur
abstoßenden Barbarei für die höheren Chargen: »Oskar [...] paßte
sich dem verwöhnten Geschmack der Pariser Besatzungstruppen an
[...], ausgesuchteste, schöngeschwungene, hauchdünn geatmete Va-
sen und Fruchtschalen [...] zerscherbte ich. Nach kulturhistorischen
Gesichtspunkten baute sich mein Programm auf« (3, 432). Oskar
vernichtet Glas von Louis XIV. bis zum Jugendstil und bekommt
den Beifall der dort versammelten zivilen und uniformierten Schön-
geister, unter denen man auch Friedrich Sieburg erkennt (3, 432).
Der Künstler, der sich mit seiner Kunst radikal von der Welt geson-
dert halten wollte, ist hier zum Handlanger der Barbarei geworden.
Hilfreich ist hier Silke Jendrowiaks Unterscheidung zwischen Oskars
›Ästhetentum‹ und seiner ›ästhetizistischen‹ Phase (1979, 336), wichtig auch ihr Nachweis von Bezügen zu Thomas Manns nur zwölf
Jahre zuvor erschienenem Künstler- und Zeitroman *Doktor Faustus*.

Oskar bricht mit Kriegsende seine Künstlerlaufbahn ab und begräbt konsequent seine Trommel, als er an Matzeraths Grab mit 21 Jahren »Verantwortung« übernehmen und sich in die Gesellschaft integrieren will (3, 533). Diese radikale Entfernung von der Kunst führt jedoch von vornherein zu einer schrittweisen Wiederannäherung an die Kunst. Schon seine Tätigkeit als Steinmetz wählt er als Ersatz für das »Glück« des Trommelns, das ihm fehlt (II, 580-82, 597), und schon bei der Währungsreform steht er wieder vor der Grundfrage seines Lebens, die sich ihm bereits bei seiner Geburt gestellt hatte: »Geschäftsmann« oder »Kunst«, und er fällt wieder »der Kunst anheim« (3, 604), zunächst als Malermodell, dann als Schlagzeuger in einer Jazzband und schließlich in der endgültigen Rückkehr zu seiner Blechtrommel – er verpflichtet sich, wieder so zu trommeln, wie er »es als Dreijähriger« getan hatte (3, 732) – nur diesmal als professioneller Künstler. Noch in der Heil- und Pflegeanstalt verdient er »gut mit seinen Schallplatten« (3, 774).

Entscheidend für das Verständnis von Oskars Künstlerlebensweg ist die Rolle seines »Meisters Bebra«. Grass hat selbst darauf hingewiesen, dass das sonst von ihm bevorzugt angewandte Spannungsverhältnis zwischen zwei unterschiedlichen Charakteren (Krudewil – Pempelfort, Mahlke – Pilenz, Amsel – Matern, Starusch und sein Zahnarzt, später Fonty – Hoftaller) im Falle des völlig isolierten Oskars durch Figuren ersetzt ist, die »Möglichkeiten seiner selbst weiterentwickeln«, etwa Bebra (X, 111). Bezogen auf das Schema der radikalen Weltflucht, der Weigerung jeder Teilhabe, ist Bebra, der gleich Oskar aus Weltverneinung das Wachstum eingestellt hat (3, 143), berechtigt, Oskar das Weiterwachsen, den Integrationsversuch als ›Sündenfall‹ vorzuwerfen, ihm die Taten, die er unverantwortlich, diesseits von Gut und Böse, einst begangen hat, jetzt anzulasten, da er bewusst »Verantwortung« auf sich genommen hat. Nicht umsonst hat Oskar genau in dem Moment, als er die Trommel begrub, gedacht: »Wie mochte der Meister mein Handeln beurteilen?« (3, 533). Einzig mögliche Form der Buße ist die radikale Umkehr, die trommelnde Rückkehr zur Dreijährigkeit (3, 730–732); sie ist Bedingung für »Erbarmung« und Vergebung. So scheinen jedenfalls Oskar und Bebra selbst die Sache zu beurteilen.

Auf der Ebene des Künstlerromans jedoch hat Bebra versagt. »Bebra erscheint als Bild des Künstlers, des Intellektuellen, der den Schrecken der politischen Verfinsterung klar im voraus erkannte, der sich dennoch zu keiner Aktion durchrang, sondern sich schrittweise, im Zuge immer größerer Verschuldung assimilierte« (Durzak 1971a, 128). In wenigen Strichen erstellt Oskar in Bebra das Bild einer ganzen Schicht von Künstlern, »Kriegsmalern, Kriegsberichterstat-

tern«, die als neue Herren alte Kultur genießen und als Verächter
des ›Dritten Reiches‹ sich bei französischen Weinen gegen Hitler
aussprechen, unklare Beziehungen zum Zwanzigsten Juli unterhalten
(3, 434), sich als »Innere Emigration« (3, 402, 434) verstehen und
gleichzeitig vor und für Goebbels und Göring tanzen (3, 402) und
längst »selbst unters Fußvolk geraten« sind (3, 221). In Bebra wird in
dieser Weise auch Oskars Versagen als Künstler vergrößert gespiegelt,
und unter diesem negativen Aspekt müssen wir auch die massive
Vermarktung von Oskars Trommeln nach dem Krieg in Bebras Kon-
zertagentur West sehen. Erst indem er in der Heil- und Pflegeanstalt
die in einem Menschenalter intensivster künstlerischer Arbeit auf der
Trommel erworbene Artistik (3, 51) nutzt, um einen Roman über
seine Zeit zu schreiben, büßt er die Schuld, als Wissender hochmütig
im Abseits des Elfenbeinturms geblieben zu sein.

Trommeln als Erzählen

In der Heil- und Pflegeanstalt pflegt Oskar vor allem die »Kunst
des Zurücktrommelns« (3, 623), die Beschwörung der Vergangenheit mittels der Trommel. Durch die zeitliche Berücksichtigung und
Ausfaltung des Erzählvorgangs (s. S. 49ff.), der das Erzählen selbst
erzählt, der mit der Lebensgeschichte zugleich ihre Entstehungs-
geschichte gestaltet, wird dieser Aspekt von Oskars Kunst ausführlich
vorgestellt. Damit nimmt *Die Blechtrommel* zugleich eine bevorzugte
Stellung in der Geschichte des deutschen Künstlerromans ein: Ist
sonst die Kunstausübung der Helden entweder bloßes in Bildbe-
schreibungen mitgeliefertes Beiwerk (*Franz Sternbalds Wanderungen*,
Maler Nolten) oder, als erzählte Komposition, wichtige Station ihrer
Entwicklung (*Doktor Faustus*), so geht Grass eine Stufe weiter: Der
Künstlerroman selbst ist weitgehend identisch mit den Kunstwerken
des Helden, ist deren Umsetzung in Sprache durch den Künstler selber, ist dessen Oeuvre, nachgestaltet in einer anderen Gattung. Die
Episoden, in denen *Die Blechtrommel* überwiegend erzählt ist und
die durch Kommentare und raffende Zusammenfassungen Oskars
verbunden sind, sind umgeformte Trommelstücke Oskars, Nach-
schriften dessen, was er sich vorgetrommelt hat.

 Er beschreibt diesen Vorgang ausführlich an »Der weite Rock« (3,
23), an »Unterm Floß« (3, 40), an »Falter und Glühbirne« (3, 51)
und an »Fernwirkender Gesang vom Stockturm aus gesungen« (3,
134). Aber auch andere Kapitel werden immer wieder als Trommelstücke genannt: Jesus trommelt schon 1944 ein »Potpourri«, dessen
Einzelstücke bereits die meisten Kapitel aus dem »Ersten Buch« der

Blechtrommel umfassen (3, 469). 3, 415 wird das Stück resp. Kapitel »Fünfundsiebenzig Kilo« genannt, 3, 715 trommelt Oskar beim Wiedersehen mit dem Atlantikwall das entsprechende Kriegskapitel und bei der endgültigen Rückkehr zur Trommel, bei deren »Auferstehung«, »am Jüngsten Tag all meiner alten zerschlagenen erledigten Blechtrommeln« (3, 666) in Klepps Zimmer werden die Episoden des Ersten und Zweiten Buches getrommelt (3, 666-668).

Die Wirkung von Oskars Trommeln wird im Buch oft gestaltet: Es ist eine mimetische Kunst und vergegenwärtigt Vergangenes in seiner Totalität – eine überlegene Vorform des Videos, dem sich der Oskar der *Rättin* verschrieben hat (s. S. 191ff.). Wenn Oskar unter den Röcken, wo der Großvater einst zeugte, den Regen von damals fallen lässt, die Szene zurücktrommelt, so wirkt das auf die Großmutter wie die Sache selbst (Bt 3, 277). Die drei Einschübe in der *Blechtrommel*, die nicht von Oskar erzählt sind, erzielen entweder Vergegenwärtigung direkt durch die von Oskar gewählte dramatische Form (3, 436-450) oder berichten die beiden verblüffendsten Phänomene von Vergegenwärtigung durch Oskars Trommeln aus der Zeugenperspektive: Der Pfleger erzählt, während Oskar nach dem Bericht vom Wachstumsentschluss erneut ein Stück wächst (3, 551-564), und Vittlar berichtet von der von Oskar herbeigetrommelten polnischen Kavallerie (3, 760f.). Wenn Oskar dem Diktat des Trommelstocks folgend nach und nach die »fünfhundert Blatt unschuldiges Papier« (3, 11) mit seinem Füllfederhalter – »er ist voll, an seiner Tinte soll es nicht fehlen« (3, 11) – »befleckt« (Mannack 1977, 76f.), beschwört er eine Zeit herauf, die alle vergessen wollen, die die meisten durch einige Bußübungen zur Kollektivschuld nach Kriegsende zu verdrängen trachteten: »Dann haben wir es hinter uns und brauchen später, wenn es wieder aufwärts geht, kein schlechtes Gewissen mehr zu haben« (3, 570). Grass findet in *Aus dem Tagebuch einer Schnecke* für den Schriftsteller die Bezeichnung: »Ein Schriftsteller, Kinder, ist jemand, der gegen die verstreichende Zeit schreibt« (7, 148). Er holt damit 1972 in der Formulierung ein, was er 1959 in der *Blechtrommel* im Künstlertum Oskars schon gestaltet hatte.

Geschichte und Zeitgeschichte

Die in der deutschen Germanistik so gern betonte Trennung zwischen Individual- und Gesellschaftsroman ist oft nur künstlich – viele der hochgepriesenen deutschen Bildungs- und Entwicklungsromane sind auch zugleich Zeitromane, von Goethes *Wilhelm Meisters Lehrjahren* über Spielhagens *Problematische Naturen* bis zu Thomas

Manns *Doktor Faustus*, in dem Mann bekanntlich den »Roman meiner Epoche, verkleidet in die Geschichte eines hoch prekären und
sündigen Künstlerlebens« (*Die Entstehung des Doktor Faustus* GW
XI, 169) geben wollte, ebenso wie Grass-Oskar in der *Blechtrommel*
(vgl. Neuhaus 2009): Die Schwedische Akademie verlieh Grass 1999
den Nobel-Preis, »weil er in munterschwarzen Fabeln das vergessene
Gesicht der Geschichte gezeichnet hat«, wie der Tenor lautete (vgl.
Steidl/Grass und Neuhaus 2002).

Zur Kennzeichnung von Oskars Geschichtsdarstellung zitiert
Wolfgang Preisendanz den Satz, mit dem Oskar seine Überlegungen
zur raschen Bewältigung des Schuldproblems, bevor »es wieder aufwärts geht«, abschließt: »Heute, da ich das hinter mir habe und weiß,
daß ein Nachkriegsrausch eben doch nur ein Rausch ist und einen
Kater mit sich führt, der unaufhörlich miauend heute schon alles zur
Historie erklärt, was uns gestern noch frisch und blutig als Tat oder
Untat von der Hand ging« (3, 570; Preisendanz 1976, 112). Preisendanz erklärt mit diesem Satz den Titel seiner Überlegungen »Zum
Vorrang des Komischen bei der Darstellung von Geschichtserfahrung
in deutschen Romanen unserer Zeit«. Für eine ganze Gruppe von Romanen ist es ebenso wie für die *Blechtrommel* typisch, Geschichte gerade nicht ›historisch‹ darzustellen, sondern so, wie Oskar es tut, wie
aber auch Pilenz in *Katz und Maus* und Harry Liebenau in den *Hundejahren* verfahren: so wie man sie seinerzeit erfahren hat, vermischt
und verbunden mit den eigenen privaten Problemen. Die vielen, häufig in Parenthese eingeschobenen Angaben, die Verbindungen nach
dem Muster »fand mit dem Afrikacorps auch Kurtchens Keuchhusten
sein Ende« (3, 416) bedeuten so vordergründig einen »Vorrang des
Komischen«, dahinter aber verbirgt sich das Bestreben, Geschichte
nicht auf die nachträglich als wichtig erkannten historischen Perspektiven zu reduzieren, und sie damit als »vergangen« erscheinen zu
lassen, sondern sie so lebendig zu halten, wie man sie damals konkret
aus dem Radio oder aus der Zeitung erfahren hat (vgl. Preisendanz
1976). Damit entspricht dies Verfahren sowohl der Grass'schen Intention, Sinnkonstruktionen zu zerschlagen, sie auf die einzelnen Dinge
zu reduzieren (s. S. 34), wie seinem Ziel, zu schreiben »damit die Zeit
nicht verstreicht« (7, 156). Gleichzeitig entsteht in solchen parenthetisch eingeschobenen Daten eine »äußerliche abstrakte Chronologie«,
in der Verbindung bilden sie »einen Projektionshintergrund, durch
den die deutsche Geschichte der ersten Hälfte des zwanzigsten Jahrhunderts parat gehalten wird« (Just 1972, 107; vgl. auch Richter
1977, 71-74; Cunliffe 1969, 56f.; Hillmann 1976).

Geschichte vollzieht sich damit auf zwei Ebenen, der abstrakten
der Daten und der konkreten privaten, der Lebensgeschichte Oskars

und der Familiengeschichte der Matzeraths und Bronskis, wie sie die meisten Episoden schildern. Die Einteilung der *Blechtrommel* spiegelt dieses Verhältnis wider: Obwohl von Oskars Intention her seine private Lebensgeschichte, entsprechen die drei Bücher den historischen Epochen Vorkriegszeit, Krieg und Nachkriegszeit. Frizen hat darauf hingewiesen, dass das Datum des Kriegsausbruchs die Achse von Oskars Leben in der *Blechtrommel* ist (1991, 149). Der Zusammenhang zwischen privater und allgemeiner Geschichte wird dabei von den Personen nicht durchschaut. Das Dreiecksverhältnis im Labesweg hat in der Tat »kosmische Bezüge« (3, 64), die Oskar – wie stets – andeutet, indem er sie verneint: die Danzigerin zwischen dem Deutschen und dem Polen. Der Spielwarenhändler Markus macht Agnes direkt auf diese politischen Bezüge aufmerksam (3, 133, vgl. Cunliffe 1969, 56f.). Diese Konstellation ist nicht etwa symbolisch gemeint, sondern ganz konkret: Aus tausend solcher Einzelbeziehungen entsteht die politische Spannung eines Grenzraums: Bronski optiert für Polen und die Polnische Post, weil Agnes Matzerath heiratet (3, 48), Matzerath verfällt der Nazipartei, weil das Verhältnis zwischen Agnes und Jan ihn zu Hause überflüssig macht (vgl. Cepl-Kaufmann 1975, 86).

Die so von den Akteuren, die sich nie als Akteure begreifen, mitgeschaffenen und mitgetragenen Institutionen werden ihnen dann sofort zu Instanzen, die auch ihr privates Verhalten bestimmen können und sie auch im häuslichen Bereich trennen (3, 223, ebenso 272f.). Ja, sie werden geradezu als Schicksal empfunden, wenn Matzerath sich mit der von ihm selbst geschaffenen »finstersten aller Konfrontationen« (3, 146), den einander fixierenden Beethoven- und Hitlerbildern, betrunken unterhält und »sich vom Genie das Schicksal, vom Führer die Vorsehung erklären« lässt und auch »im nüchternen Zustand« ganz konkret »das Sammeln für die Winterhilfe [...] als sein vorgesehenes Schicksal« betrachtet (3, 270). Indem viele Matzeraths und viele Bronskis sich so verhalten, zerfällt die Kleinbürgerwelt plötzlich in »politisch gegensätzliche, jedoch den gleichen Tabak rauchende Männerversammlungen« (3, 272). Selbst das Skatspiel, das in diesem Milieu in allen Konflikten das Mittel ist, Probleme zu überspielen (3, 202f.), über dem Tisch eine Scheinwelt aufzubauen, während die Spannungen unter dem Tisch weiterwirken (3, 82f., 273; zum Tisch, überhaupt zur Matzerath-Wohnung vgl. Cepl-Kaufmann 1975, 84f.; Frizen 1987), wird jetzt politisiert, wird zum »Manöver« für den Polenfeldzug (3, 274; zum Skatspiel in der *Blechtrommel* vgl. Just 1972, 183f. und 45f.). Die von den einzelnen geschaffenen und getragenen Institutionen verselbständigen sich am Schluss so weit, dass man glaubt, sie verlassen zu können, als sei nichts gewesen: Jan versucht das zu Kriegsbeginn, Matzerath zu Kriegsende. In beiden Fällen vereitelt Oskar diese Versuche, sich aus der Verantwortung für die Geschichte, in der sie doch mit agiert haben, herauszustehlen wie aus einer Filmvorführung, und sorgt dafür, dass beide für ihr individuelles Fehlverhalten auch individuell einstehen (vgl. Rothenberg 1976, 17; vgl. Just 1972, 179). Indem die Menschen in der *Blechtrommel* nicht begreifen, dass die Summe ihrer individuellen Verhaltensweisen schon Politik ist, dass genau darin »Geschichte gemacht« wird, erleben sie diese als unbegreiflichen Prozess, der hoch über dem einzelnen abläuft und dem man gelegentlich mit erhobenem Gefühl zusehen darf. In diesem Verständnis macht nicht der Bäcker Scheffler, der den Juden Markus vom Friedhof weist, Geschichte, sondern Löbsack, der auf der Tribüne redet:

»Und dann die Menge [...]. Das stand und berührte sich mit Ellenbogen und Sonntagskleidung, das war zu Fuß gekommen oder mit der Straßenbahn, das hatte zum Teil die Frühmesse besucht und war dort nicht zufriedengestellt worden, das war gekommen, um seiner Braut am Arm etwas zu bieten, das wollte mit dabei sein, wenn Geschichte gemacht wird, und wenn auch der Vormittag dabei draufging« (3, 151).

»Objektiv« konkretisiert im Grass'schen Sinne (s. S. 37) wird dieses Verhalten an der Holzfigur Niobe. Seit ihrer Schöpfung nach dem Bild einer Hexe hat sie Krieg, Unglück, Untergang, Zerstörung gebracht (3, 239ff.). Vor unseren Augen treibt sie dieses Spiel weiter (3, 242-252) und selbst noch »verriegelt« im Museumskeller teilt sie aller Welt »Unglück« mit. Das Verhalten Herbert Truczinskis scheint Niobes dämonische Kraft zu bestätigen. In der dritten Woche seiner Tätigkeit im Museum findet er beim Versuch, Niobe zu bespringen, den Tod. In Wirklichkeit kehrt jedoch gerade dieser Vorfall in seiner Absurdität die Dämonisierung um: Herbert stirbt nicht an Niobe, sondern daran, dass er an sie als Dämon geglaubt hat und sich von ihr hat faszinieren lassen. »Geschichte« wird »gemacht« – aber nicht von Niobe, sondern von einem Truczinski, der an sie glaubt; nicht vom schwadronierenden Löbsack, sondern von den Tausenden, die ihm gläubig zuhören.

Nach dem Vorbild des historischen Romans der Scott-Schule stößt das fiktive private Personal immer wieder mit zentralen historischen Ereignissen und mit Gestalten der Geschichte zusammen – man denke nur an die Irrfahrt von Tolstois fiktivem Grafen Besuchov durch die Schlacht von Borodino. So wird auch der krasse Außenseiter Oskar Augenzeuge zentraler historischer Ereignisse: einer typischen NS-Großkundgebung, wie sie stellvertretend für wortwörtlich Tausende und Abertausende zwischen Memel und Saarbrücken steht

(Kapitel »Die Tribüne«), des Pogroms vom 9. November 1938 (Kapitel »Glaube Hoffnung Liebe« 3, 253–264 – zu diesem zentralen Kapitel vgl. Rothenberg 1976, 12ff.; Just 1972, 181f.; Jung 1973; Rohlfs 1978, 57f.), des Kriegsausbruchs mit dem Angriff auf die polnischen Exklaven in Danzig in der Kapitelfolge von »Schrott« bis »Er liegt auf Saspe« (3, 267-333), der Kriegswende mit der Invasion in der Normandie am 6. Juni 1944 (»Beton besichtigen«) und des Kriegsendes in Danzig mit dessen Eroberung durch Marschall Rokossowski (507-519).

In »Glaube Hoffnung Liebe« sind höchst unterschiedliche Aspekte zusammengefasst: Einmal wird der unfassbare Mord an sechs Millionen Juden mit Beginn des offenen Terrors an dem einen Juden Markus aufgezeigt, wie bei Kriegsende die Massenvernichtungen an dem einen Juden Fajngold (zu diesem Aspekt vgl. *Aus dem Tagebuch einer Schnecke* 7, 15ff. und die Rede »Schwierigkeiten eines Vaters, seinen Kindern Auschwitz zu erklären«, 15, 49-52). Die Darstellung der Judenverfolgung in der *Blechtrommel*, in den *Hundejahren* und im *Tagebuch einer Schnecke* untersucht Zimmermann 1985, den Komplex ›Shoah‹ bei Grass Neuhaus 2006). Zum andern wird die Schuld an diesem Terror ebenso konkret an dem einen Musiker Meyn festgemacht, der ihn zusammen mit den vielen, »die alle aussahen« wie der Musiker Meyn« (3, 260) verübt, und dem einen Kolonialwarenhändler Matzerath, der »beschäftigt und entflammt« »seine Finger und seine Gefühle über dem öffentlichen Feuer wärmt« (3, 259) – nicht ›Mächte‹ waren es, sondern benennbare Einzelpersonen. Indem dieses Kapitel mit dem vorangehenden »Niobe« verknüpft wird – Niobe ist es, die das »Unglück« aus den »Gasleitungen« strömen lässt (3, 253) –, verstärken sich beide: Jedes Mal sind es konkrete einzelne, die handeln und damit etwas bewirken, was wie »Schicksal« und »Unglück« aussieht.

Dieser Aspekt wird dann im Spiel mit »Glaube Hoffnung Liebe« generalisiert. Die Basis bildet das Transparent der religiösen Gruppe (3, 261). Das nackte faktische Nebeneinander von Judenterror und einer schweigenden Christengemeinde entwertet jede christliche Botschaft – es bleiben entleerte Worthülsen, mit deren Hilfe Oskar zwei Aspekte herausarbeitet: Wie die tote Niobe lebt der »Weihnachtsmann«, der zugleich der »Gasmann« ist, vom Glauben an ihn, von der Leichtgläubigkeit eines ganzen Volkes (3, 261), das daraus seine »Staatsreligion« macht (3, 262) und »christliche Konventionen« »im Blutgeruch« auflöst (Durzak 1985, 172).

Aus dem »dritten Ladenhüter des Korintherbriefes« (3, 262) entwickelt Oskar seine bedrohliche Vision von der Wiederholung dieses grauenvollen Geschehens: Die Hoffnung der Leute richtet sich auf den »Schluß«, damit sie einen »hoffnungsvollen Anfang da-

raus« machen können. Anfang wozu? Zu einem neuen Schlussmachen: »So steht auch geschrieben, solange der Mensch hofft, wird
er immer wieder neu anfangen mit dem hoffnungsvollen Schlußmachen« (3, 263). Wie in seinem Fiebertraum, in dem die Welt
zum Karussell wird, auf dem Gott viertausend bei der Flucht vor
den Russen umgekommene Kinder immer wieder im Kreis herumjagt (3, 541ff.), wie in seinem Exkurs zur Danziger Geschichte
(3, 520-523) beschwört Oskar hier die Vision einer Welt, in der
das Verbrecherisch-Wahnsinnige mit dem Gleichmaß der Kreisbewegung sich wiederholt (vgl. den »Reigen« der Geschichte in den
Hundejahren 5, 730, s. S. 113).

Oskar bricht diesen Kreis aber sofort auf zu seiner Gegenwart
hin, in der er jetzt trommelt und erzählt: Dieses ewige Weiterlaufen
ist ja abhängig vom Glauben und Hoffen, von Leichtgläubigkeit,
vom Hoffen auf Schluss, um neu anfangen zu können mit dem neuen Schlussmachen. Dem setzt er »das Wissen und das Nichtwissen«
entgegen, die Warnungen vor den ersten Anzeichen neuer Leichtgläubigkeit und alter Hoffnungen. So enthält die Märchenformel
des letzten Satzes, die zum einzelnen zurückkehrt – »Es war einmal
ein Musiker, der hieß Meyn, und wenn er nicht gestorben ist, lebt er
heute noch und bläst wieder wunderschön Trompete« – Resignation
und Hoffnung zugleich: Die Resignation steckt in der Überzeitlichkeit der Märchenform, die die Gefahr enthält, dass sie sich jederzeit
wieder in einem konkreten Moment realisieren kann, die Hoffnung
geht auf den einzelnen Musiker Meyn, der allein sich diesem Kreislauf entziehen kann. Wie es jedes Mal des Einzelnen bedarf, um das
Verbrechen zu verwirklichen, ist es auch der Einzelne, der allein es
verhindern kann.

Denselben Aspekt hat Brode für die Ereignisse um die Polnische Post sehr präzise herausgearbeitet (1976, 95-99): Indem Oskar,
wie schon Cunliffe bemerkt hat (1969, 85f.), im Kapitel »Die letzte
Straßenbahn« die Ereignisse um die Polnische Post fast reimartig
wiederholt, beschwört er die Gefahr, die Ereignisse vom 1.9.1939
könnten sich wiederholen (so auch Bt 3, 135). Viktor Weluhns Verfolger »sprechen von ›Vereinten Nationen, von Demokratie, Kollektivschuld usw.‹, sind also vollintegrierte Mitglieder der deutschen
Nachkriegsszene. Sie berufen sich auf den fehlenden Friedensvertrag, wählen ›genau wie wir Adenauer«, sprechen von ›Befehl‹ und
›verdammte[r] Pflicht‹. Grass versammelt also am Romanende sehr
markant das konservative Vokabular« (Brode 1976, 98, zu dieser
Episode vgl. Leroy 1973, 19ff.).

In der Gestalt des Juden Fajngold, der allein von Millionen ermordeter Juden entronnen scheint, um deren Schicksal zu reprä sentieren, und der seine große, in Treblinka ermordete Familie immer unsichtbar mit sich führt, vereinigt Grass die beiden großen historischen Schuldthemen der *Blechtrommel*: Juden und Polen. Die Problematik der verlorenen Ostgebiete wird konkretisiert am Matzerath'schen Laden in Danzig, den der aus Ostpolen vertriebene Jude Fajngold übernimmt: Wer könnte ihm, der gleichsam den Wechsel mit der deutschen Schuld an beiden Völkern präsentiert, diesen Laden zugunsten von Kurt Matzerath streitig machen?

Der Kampf um die Polnische Post ist die einzige ausführlich gestaltete Kampfhandlung in der *Blechtrommel*. Der Krieg findet, sieht man von der einzelnen Schiffsgranate der »beginnenden Invasion« (3, 432) ab, die Oskars Geliebte tötet, sonst als Sondermeldung im Radio statt und auf den Postkarten, die der nie persönlich auftretende Fritz Truczinski nach Hause in den Labesweg schickt, so wie früher alle Auseinandersetzungen nationaler, sozialer und politischer Art im ganzen Ostseeraum, ja in Europa auf dem Rücken seines Bruders Herbert Truczinski zu Narben wurden (3, 227, 229-233). Fritz, der flotte Mädchenheld, der schon vor dem Krieg mit seinen zahlreichen Danziger »Freundinnen alle Hände voll zu tun« hatte (3, 225), bekommt im Krieg Gelegenheit, im europäischen Rahmen zu arbeiten. Wie in Brechts Ballade »des Soldaten Weib« Geschenke, so bekommt hier des Soldaten Mutter Postkarten: »Als Obergefreiter« schickt er »die ersten Ansichtspostkarten aus Paris« (3, 345), dann aus »Kopenhagen, Oslo und Brüssel« – »der Kerl war immer auf Dienstreisen« (3, 351). Dann muss Fritz, »der es bislang in Paris so unterhaltsam gehabt hatte, [...] in östliche Richtung eine Reise antreten, die sobald nicht aufhören sollte« (3, 391), und auf einmal kommt die Nachricht, dass »der Unteroffizier Fritz Truczinski [...] für drei Dinge gleichzeitig gefallen« ist, »für Führer, Volk und Vaterland«. »Fritzens Brieftasche mit den Fotos hübscher, zumeist lachender Mädchen aus Heidelberg, Brest, Paris, Bad Kreuznach und Saloniki« schließt den Bereich der fernen offiziellen und den der privaten Geschichte miteinander kurz, Fritz' Hauptmann schickt sie »vom Mittelabschnitt direkt nach Langfuhr in den Labesweg« (3, 463). Oskar macht dazu die Gegenrechnung vom Labesweg aus auf, wenn er vor seiner Abreise zur Truppe nachts Abschied nimmt: Susi Kater ist »Blitzmädchen«, »Oh, Axel Mischke, gegen was hast du deine Peitsche eingetauscht? [...] Klein-Käschen [...] hatte es zum Leutnant gebracht, [...] Schlagers Sohn war tot, Eykes Sohn war tot, Kollins Sohn war tot« (3, 423). An den Opfern des Krieges erst spürt die Kleinbürgerwelt im Labesweg den Zusammenhang zwischen ihrer privaten und der großen Geschichte (vgl. das Verhalten des Tischlermeisters Liebenau, Hj 5, 424f.).

In der dramatisierten Szene am Atlantikwall – Frizen 1986 hat
für sie Arrabals Einakter *Picknick im Felde* als Vorbild nachgewiesen
– hält Oskar fest, wie sich schon im letzten Kriegsjahr »die Nachkriegszeit, unser heute in Blüte stehendes Biedermeier« (3, 450),
vorbereitet, indem man sich erneut in kleinbürgerlicher Behaglichkeit einrichtet (s. dazu vor allem Kittys Lied 3, 444). Auch diese
Szene wiederholt sich nach dem Krieg und zeigt, dass alles beim
Alten geblieben ist. Lankes, der im Krieg auf dienstlichen Befehl
Nonnen erschießt, verbraucht sie jetzt privat (3, 723ff.). Aus seiner Vergangenheit hat er mitnichten gelernt, er ist mit ihr fertig
geworden, indem er sie für »längst passé« erklärt (3, 718). Für den
Oberleutnant, der ihm damals den Befehl gegeben hat, ist umgekehrt gerade die Sache selbst immer noch nicht zu Ende: Er ist die
Gestalt des Soldaten, der noch in der Vergangenheit lebt, den Krieg
nachträglich noch gewinnen will, wie Grass sie später in Schörner-
Krings zum Thema machen wollte (s. S. 127; zu Lankes und zur
Nachkriegszeit überhaupt vgl. Rothenberg 1976, 17ff.). Oskar sieht
sich nach dem Krieg umgeben von Leuten, die unverändert die alten geblieben sind, die ihre Vergangenheit einfach verdrängt haben
oder, in Extremfällen wie dem des Oberleutnants Herzog, sogar diese
Vergangenheit bruchlos in der Gegenwart fortführen wollen. Diese
»Unfähigkeit zu trauern« wird in der bekannten Zwiebelkellerszene
(3, 685-706) allegorisiert – Grass beruft sich im *Politischen Tagebuch*
(15, 82) für diesen von ihm schon früh gestalteten Komplex der
Verdrängung und der mangelnden Erkenntnis ausdrücklich auf Mit-
scherlichs späteres Buch und die Autobiographie *Beim Häuten der
Zwiebel* kommt, bis in den Titel hinein, auf dieses Motiv zurück (19,
337). Diese Verdrängung bringt Oskar dazu, seine Trommel, deren
Macht als »Gewissen« er selbst erfahren hat (3, 335), die auf seinen
Tourneen als Mittel gegen »Gedächtnisschwund« (3, 735) gepriesen
wird, ganz in den Dienst der Beschwörung der Vergangenheit zu
stellen und diese Vergangenheit in der Kunst des Zurücktrommelns
zu vergegenwärtigen, damit sie nicht ›Historie‹ wird, damit damali-
ges Versagen und aktuelle Gefahren auch bewusst und gegenwärtig
bleiben.

Objektive Korrelate in der *Blechtrommel*

In der *Blechtrommel* erscheinen seelische Vorgänge weitgehend gemäß
dem S. 37f. beschriebenen Verfahren mit bestimmten Dingen so fest
verbunden, dass das Ding den psychischen Vorgang evoziert oder sogar für ihn eintreten kann; das »Frottiertuch« kann zum »Haß« und

der »Haß« zum »Frottiertuch« werden (3, 379). Die Beziehungen
sind dabei aber in der Regel so dynamisch und vielschichtig, dass
eine eindeutige Übersetzung nicht mehr möglich ist.

Spielkarten

In seiner vorgegebenen unausweichlichen Dreierkonstellation entspricht das Skatspiel dem ménage à trois bei Matzerath-Bronskis,
es ist für die drei »nicht nur das angemessenste Spiel; es war ihre
Zuflucht, ihr Hafen« (3, 66). Nur im Spiel löst sich diese Beziehung
konfliktfrei auf, es wird daher stets benutzt, wenn es Probleme zu
überdecken gilt, seien es die »kleine[n] Orgie[n]« (3, 83) der Kleinbürgerwelt, sei es der Blick auf den Pferdekopf (s. S. 75f.) am Karfreitag (3, 202f.). Herzhand ist ein Spiel, das Agnes Matzerath nie
verliert (3, 203, 216), – während ihr in der Wirklichkeit dieses risi-
koreiche Reizen aufs Gefühl und auf gut Glück schließlich doch über
den Kopf wächst. Dieselbe Funktion der Wirklichkeitsflucht, des
Ausweichens vor Problemen hat das Skatspiel, wenn Matzerath nach
einer Auseinandersetzung mit Maria »seinen Skat dreschen« geht (3,
376) und auch zunächst, wenn Skat sich als das einzig wirksame
Mittel erweist, Jans Todesangst in der Polnischen Post zu begegnen
(3, 307ff.). Dort wird es aber zugleich mehr: Es wird zum Spiel,
das der Wirklichkeit überlegen ist (3, 316f.), wie es auch das andere
Kinderspielzeug, die Trommel, ist. Dieser Zug konkretisiert sich am
Ende in Jans Kartenhaus, das Oskar »als einzig menschenwürdige
Behausung« (3, 319) empfindet und dem Beton der Nazis (3, 316)
direkt entgegensetzt. Die Nazis gehören zur Gegensphäre, sie sind es
ja auch, die mit Markus »alles Spielzeug aus dieser Welt« fortnehmen
(3, 264). Das Kartenhaus ist in Grass' Essay *Die Ballerina* eines der
Attribute einer reinen Kunst ohne Wirklichkeitsbezug wie Oskars
»Tempelchen« und wie die Ballerina selbst (s. S. 59, 119) – Grass'
Bilderwelt hängt über Büchergrenzen hinweg innerlich zusammen.
Jan ist bei seiner Verhaftung ohne Angst, er ist längst im »ewigen
Reich der Kartenhäuser (3, 319) und bei seiner Agnes – er winkt
beim Abschied Oskar mit der »Herzdame« zu (3, 317), Agnes' urei-
genster Karte (3, 66). Das Kartenhaus hatte er mit Herzdame und
Herzkönig geschlossen (3, 315), aber sein Fundament waren »Kreuz-
dame« und »Pique Sieben« und auf dem Erschießungsplatz findet
sich als einzige Spur von Jan eben diese Pique Sieben (3, 332). Dies
ist nicht nur ein Todessymbol – die ›Schüppe‹ des Kartenblattes –
sondern auch ein Kennzeichen dieses Helden: Herz-König nur bei
seiner Herz-Dame Agnes, die in Wirklichkeit das Schicksal der Un-

glücks-Kreuz-Dame hat, im Leben aber, volkstümlich ausgedrückt, eine Pique Sieben (zum Kartenspiel in der _Blechtrommel_ vgl. Cepl-Kaufmann 1975, 88; Just 1972, 183f.).

»Der weite Rock«

Der weite Rock der Anna Bronski, unter dem Josef Koljaiczek Zuflucht vor seinen Verfolgern findet und Agnes zeugt, gewinnt schon in dieser Begebenheit seinen Sexual- wie seinen Asylcharakter, den Oskar noch zusätzlich im Wort vom »grenzenlose [n] Bedürfnis nach Unterschlupf« für Koljaiczeks Zeugungsakt (3, 21) zusammenfasst. Zugleich überhöht er dieses Asyl noch ins Mythische: Die Großmutter in ihren vier zyklisch wechselnden kartoffelfarbenen Röcken ist Erdmutter Gaia und Fruchtbarkeitsgöttin Demeter in einem; Neuhaus Bt 2010 zeigt Barlachs Grabplastik _Mutter Erde_ als wahrscheinliches Vorbild; Wierlacher 1990 hat zugleich Einflüsse der Schutzmantelmadonna nachgewiesen. Die Großmutter verkörpert ein vormenschliches, vorgeschichtliches, vorzeitliches Sein, als Koljaiczek bei ihr »Unterschlupf« findet, ist es »still [...] wie am ersten Tag oder am letzten« (3, 18). Doch während sie wie Demeter vom männlichen ›Pflug‹ aufgerissen wird (vgl. das gleichnamige Gedicht im _Butt_ 8, 103, auch 1, 225), beginnt Geschichte in der für Grass typischen Weise als Jagd und Verfolgung. Wie einst einem meiner Studenten aufgefallen ist, variiert Grass auf anderthalb Seiten sechzehn Mal das Wort ›springen‹, und diese Paronomasie beginnt mit dem universell-neutralen »Es sprang da etwas« (3, 15). Dies ist zum einen Relikt des ehemaligen Balletteinfalls (s. S. 47), zum anderen sinnliche Verkörperung des »Am Anfang war der Sprung« (14, 17, s. S. 94f.). Dieser Sprung ist nie mehr zu heilen oder rückgängig zu machen. Oskars schon bei der Geburt vorhandener »Wunsch nach Rückkehr in meine embryonale Kopflage« (3, 55) ist Ausdruck der Sehnsucht nach diesem vorzeitlichen und vorexistenziellen Sein, das mit dem Begriff der Existenz unvereinbar ist. Sie verdankt sich dem ›Ur-Sprung‹, Dasein ist Dasein zum Tode. Diese regressive Sehnsucht konkretisiert sich für Oskar – außer beim Begräbnis der Mutter, wo er zu ihr zurück will (3, 212, vgl. auch Pflanz 1975, 131) – stets in den Röcken der Großmutter. Dort zu sein, dort bleiben zu dürfen, ist die einzige Hoffnung, die einzige Utopie in Oskars Leben. Die eigene Existenz durch Rückkehr dorthin, wo alles begann, zu annullieren, wäre das Ende der Zeit, Aufhebung aller Gegensätze, Anfang einer paradiesischen Ewigkeit:

»Noch heute wünsche ich mir, als solch backwarmer Ziegelstein unter den Röcken meiner Großmutter immer wieder gegen mich selbst ausgetauscht, liegen zu dürfen [...]. Afrika suchte ich unter den Röcken, womöglich Neapel [...]. Da flössen die Ströme zusammen, da war die Wasserscheide, da wehten besondere Winde, da konnte es aber auch windstill sein, da rauschte der Regen, aber man saß im Trockenen, da machten die Schiffe fest oder die Anker wurden gelichtet, da saß neben Oskar der liebe Gott, der es schon immer gerne warm gehabt hat, da putzte der Teufel sein Fernrohr, da spielten Engelchen Blindekuh; unter den Röcken meiner Großmutter war immer Sommer, auch wenn der Weihnachtsbaum brannte, auch wenn ich Ostereier suchte oder Allerheiligen feierte« (3, 159f.).

Immer, wenn von der Rückkehr unter diese Röcke gesprochen wird, dann ist der Wunsch mitgemeint, nie geboren zu sein, ein gestaltloses Leben im immerwährenden Dunkel des Ungeborenseins zu führen. Die verhängten Tische, unter die Oskar kriecht, die Betten, unter denen er liegt, die Kleiderschränke, in denen er hockt, die fensterlosen Kammern und Zimmer, die er bevorzugt, der abgeschlossene, allen Kampflärm dämpfende Raum in der Polnischen Post, der Eiffelturm, zu dem er am Ende flüchtet, ja, das Klinikbett, in dem wir ihn kennenlernen – sie alle sind Surrogate der großmütterlichen Röcke, und bei jeder Nennung eines solchen Behältnisses klingt jedes Mal das Grundmotiv an, der Wunsch, vor dem Leben zurückzufliehen in die Stille des Ungeborenseins. Die Wohnung der Matzeraths deutet Frizen (1987, 160) als Gegenbild der Röcke und ihrer Surrogate.

Im Zuge der zahlreichen Wiederholungen dieses Motivs gehen zunehmend aber auch Todesvorstellungen darin ein – zum ersten Mal nach der Beerdigung der Mutter, wenn es von den Röcken heißt: »Ich [...] hatte es ähnlich still, wenn auch nicht so atemlos, wie sie in ihrem zum Fußende hin verjüngten Kasten« (3, 216). Dies wird überdeutlich in der »ausführlichsten Deutung des Rockmotivs« (3, 458-460; Pflanz 1975, 147). Pflanz spricht von einem »paradiesischen Treffen [...], das deutlich unterweltliche Züge trägt« (ebd.).

Trommelstöcke und Verwandtes, Aale, Särge

Auf Seite 228f. der *Blechtrommel* erläutert Oskar selbst eine Reihe »objektiver Korrelate«, die das ganze Buch durchzieht. Die Reihe beginnt bei den Narben auf Herbert Truczinskis Rücken:

»Schon als Embryo [...] verhieß mir das Spiel mit meiner Nabelschnur nacheinander die Trommelstöcke, Herberts Narben, die gelegentlich aufbrechenden Krater jüngerer und älterer Frauen, schließlich den Ringfinger

und immer wieder [...] mein eigenes Geschlecht [...]. Heute bin ich wieder
bei den Trommelstöcken angelangt [...]. Sie werden es erraten haben: Oskars
Ziel ist die Rückkehr zur Nabelschnur [...].«

Hier wird neben der statischen, entwicklungslosen, von Beginn an
vorgegebenen Prägung Oskars deutlich, dass für ihn, wie schon an
Koljaiczeks »grenzenlose[m] Bedürfnis nach Unterschlupf« (3, 21)
deutlich wurde, auch im Liebesakt immer die Rückkehr in den Mutterleib gemeint ist. Auch diese Reihe hat dadurch, dass sie mit einem
Totenfinger endet, was hier vom Erzähler als Vorgriff mitgeteilt wird,
Todeskonnotationen, die sich später durch Hinzunahme der Patro-
ne, die Jan Bronski tötete, noch verstärken (z.B. 3, 750f.).

Noch deutlicher wird dies bei den Aalen, die – Oskar weist fast
überflüssigerweise noch zusätzlich darauf hin (3, 194) – etablierte
Phallussymbole sind. Indem sie in der Pferdekopfepisode eindeutig
mit dem Tod in Verbindung gebracht werden, verknüpfen sie fortan
Sexualität und Tod. Wenn Oskar sich vom aalglatten Lackgürtel im
großmütterlichen Schrank der Schwester Dorothea zum Onanieren
anregen lässt (3, 649-653), drückt sich darin wie in seinem steten
Verlangen nach Aalen (3, 652) Todessehnsucht als Sehnsucht nach
Eingang in den weiblichen Schoß aus. Dies Ineinander von beiden
ist auch wiederum der Grund, warum Särge eine »Verjüngung zum
Fußende« hin haben sollen, wie Oskar immer wieder fordert und
wie er sie auch seinem Bett geben möchte (3, 211): Sie vollziehen
so beim Eintauchen in die Erde in umgekehrter Richtung die »von
Müttern, Embryonen und Hebammen gleichviel geschätzte Kopflage« (3, 52) nach.

Das »Dreieck«

Wie das Grab Züge des Schoßes, hat der weibliche Schoß Züge des
Grabes. Oskar entdeckt das an »Marias behaartem Dreieck«, dessen
»Erdgeruch« ihm »den modernen Jan Bronski auf die Stirn nagelte
und [ihn] für alle Zeiten mit dem Geschmack der Vergänglichkeit
verseuchte« (3, 349). Diese Verbindung von Dreieck und Tod, Sexualität und Vernichtung verstärkt sich mit der Gestalt der Luzie
Rennwand, deren Hauptkennzeichen eben das »dreieckige« Gesicht
(3, 494 u.ö.) oder, direkt den Schoß ansprechend, das »unverletzte
Dreieck« ist (3, 506), mit dem sie Oskar in den Tod locken will und
die »Stäuber« vernichtet.

Krankenschwester

Dieselbe Verbindung von Tod und Sexualität konkretisiert sich in
den Krankenschwestern – durch die Tätigkeit der Mutter als Hilfs-
krankenschwester (3, 47, 61f., 84) entsteht dabei zugleich eine Quer-
verbindung zu den anderen mit der »Rückkehr in den Mutterleib«
verbundenen Korrelaten. Schon Schwester Inge bei Doktor Hollatz,
deren Gesicht ihn, wie später das Dorotheas, nicht interessiert (3,
200), fasziniert ihn in ihrer weißen Tracht und ihrer Rotkreuz-
Brosche vor allem durch den Geruch nach »müdemachenden Me-
dikamenten«, der zu »leichtem, aus dem Faltenwurf weißer Stoffe
geborenem Schlaf, karbolverhülltem Schlaf, Schlaf ohne Träume
führt« (3, 200) – der Todesanklang ist überdeutlich und ist später
stets mit Oskars Liebe zu Krankenschwestern implizit oder explizit
verbunden: »Die Krankenschwester [...] verführt den Patienten zur
Genesung oder zum Tode, den sie leicht erotisiert und schmackhaft
macht« (3, 634). In dieselbe Richtung weist es, dass der Totenfinger, der die phallische Korrelatreihe abschließt, von einer Krankenschwester stammt. Die Krankenschwester gerät damit in die Nähe
der Niobe, die ja ebenfalls jungfräulich und todbringend ist, eine
Verbindung, die Oskar gleich zweimal (3, 245, 636) assoziativ herstellt. Auch die Nonnen in der *Blechtrommel* erscheinen als Variante
dieses Typs; nicht nur ist die Nonne Agneta mit Oskars Mutter,
der früheren Krankenschwester Agnes, namentlich verbunden, sie
werden auch assoziativ mit Schwester Dorothea verknüpft (3, 719).
Leroy 1973, 90 weist darauf hin, dass Agnetes Fischessen an Agnes'
Aale erinnert.

»Karfreitagskost«

An dieser berühmten Szene sei exemplarisch dargelegt, wie Grass
diese ›objektiven Korrelate‹ einsetzt. Der Vorgang ist zunächst einmal
ganz realistisch erzählt, wirkt in keiner Weise auf eine Symbolik hin
konstruiert – ein ähnliches Spiel mit dem Grauen und der Abscheu
findet sich z.b., ohne Grass' hintergründige Konnotationen, in Ber-
gengruens *Kuddri in der Wake* im *Tod von Reval*. Es sind wirkliche
Aale, die auf eine zwar abstoßende, aber offensichtlich gebräuchliche
Weise gefangen werden; man kann sie kochen, das Rezept dafür wird
uns sogar mitgeteilt. Was »Mama« sich bei dieser Szene denkt, erfahren wir nicht, auch Oskar reflektiert den Anblick nicht, sondern
gibt sich seinen Assoziationen hin (3, 203f.). Dennoch vermögen wir
den »Abgrund« (3, 191), der sich für Agnes plötzlich aufgetan hat,

zu erkennen. Aus dem Kopf, der wie der Tod mit »vollständige[m], gelbe[m] Pferdegebiß lacht« (3, 192), werden zwei Aale auf einmal geholt – wir denken an die beiden Männer, »die beide von Agnes' Fleisch gezehrt hatten« (3, 272). Wenn der Mann dann einen weiteren Aal »dem Gaul [...] aus dem Ohr zieht« (3, 193), fällt uns die Märchenvorstellung ein, wo der kleine, von Agnes selbst mit Oskar identifizierte Däumling »dem Pferd im Ohr« (3, 137) saß. Wenn dann noch erwähnt wird, dass die Aale bevorzugt von Wasserleichen leben und wir uns erinnern, dass Agnes' Vater im Meer ertrunken ist und nie wieder auftauchte, wir zugleich ahnen, dass sie schwanger ist, spüren wir etwas von der furchtbaren Kette von Tod, Leben, Tod und Leben. Und bei all dem hat Agnes sofort wieder »eine Hand in Jans Hosentasche« (3, 195), tröstet Jan sie, indem er ihr unter den Rock fährt, »bis sie aufhörte zu wimmern«, um dann – »man muß das gesehen haben [...] nach getaner Arbeit [...] sich die Finger mit dem Taschentuch« zu betupfen (3, 202). Das alles zusammengenommen, begreifen wir ohne jeden psychologischen Kommentar des Erzählers Agnes' »angeekeltes, im Ekel mich manchmal anlächelndes, von Krämpfen verwüstetes Gesicht«, mit dem sie stirbt (3, 207).

Für Oskar gewinnt die Szene zusätzliche Bedeutung dadurch, dass er sie über das Weiß der den Rappenkopf verdeckenden schreienden Möwen mit der Tracht der Krankenschwestern verbindet, so dass ihm konkret Schwester Inge zur Möwe wird (3, 203f.), die beim Kopf des toten Rappen eindeutig die Rolle eines Todesvogels spielt. Diese Assoziation wiederholt sich viele Jahre später, mit sexuell stimulierendem Effekt, bei der Rekapitulation der Karfreitagsszene im Kleiderschrank der Schwester Dorothea (3, 649-653). Grass nimmt diese Szene an signifikanter Stelle in *Ein weites Feld* einschließlich eines herbeizitierten Pferdekopfes im Kapitel »Am Abgrund« wieder auf, wo Fonty beim Blick in den realen »Abgrund« des abgeteuften Braunkohlentagbaus blickt und dabei zugleich in den Abgrund der Existenz: Er sieht sich

»plötzlich versucht, all dem ein Ende zu bereiten und sozusagen jegliche Last, die mich seit Jahren bedrückt, abzuwerfen, einfach in den Orkus zu kippen, wo ohnehin bis tief unten Müll und Unrat lagen, sogar ein toter Gaul oder dessen verwesender Kopf. Dieser Gestank! Dieses Schreckensbild! Gewiß, nur eine Chimäre, und dennoch, Du weißt ja, was alles mir zur Qual geworden ist. Wollte à tout prix – und noch zum höchsten – raus aus der Sache, den Zwängen, dem lähmend eintönigen Spielplan abgestandener Erinnerungen, der allenfalls grinsende Fratzen bietet« (13, 511).

Im Gegensatz zu Agnes entschließt sich Fonty aber zum Leben: »Er wollte nicht in den Abgrund schauen, wollte nicht in die Grube

glotzen und mehr sehen, als zu sehen war. Das war nichts für Fonty«
(13, 509) In Shafi 2008 ist der Karfreitagsszene ein eigenes Kapitel
gewidmet, R. E. Schade »From Sea to Soup: Teaching the Image of
the Eel«, 116–124.

Die »Schwarze Köchin«

Oskar hat an diesem Freitag zum ersten Mal die Vision, die in Zukunft sein Leben beherrscht, die der »Schwarzen Köchin« (3, 200).
Es ist vor allem die Vision ihrer Farbe, und sie entwickelt sich aus
der Vorstellung der weißen Schwesternkleidung und der Rotkreuz-
brosche: Weiß wird zu Rot, Rot wird zu Schwarz, zum Schwarz der
Köchin, und dies Schwarz versteckt sich nacheinander in Blau, Gelb
und Grün, bleibt aber Schwarz. Diese sehr frühe Stelle entzieht allen Versuchen, in der *Blechtrommel* eine einheitliche Farbsymbolik
nachzuweisen, wie es A.L. Willson 1966 versucht, den Boden. Dass
die Trommel die Farbe Polens – aber auch Danzigs – hat, stiftet
Verbindungen zwischen Polen und der Trommel, die auch direkt angesprochen werden (3, 158). Eine über solche einzelnen Parallelset-
zungen hinausgehende generelle Farbsymbolik aber scheitert daran,
dass im Lauf der Erzählung alle Farben zu Todesfarben, zum Schwarz
der Köchin werden – so wie später in den *Hundejahren* Schwarz zu
allen Farben wird (5, 163) und wie alle »objektiven Korrelate« im
Erzählprozess zu Zeichen des Todes und des Todesverlangens werden
(zu den Farben in der *Blechtrommel* vgl. Frizen 1987, 149f.). Auf
Oskars Trommel ist sogar von vornherein ein Todesschatten gefallen:
Sein erster »Meister«, von dem er das Trommeln lernt, ist ein Falter,
der gegen eine Glühbirne trommelt, um von ihr die »Art von Absolution« zu erhalten, »die Glühbirnen austeilen« (3, 53) – nämlich
die durch den Tod.
    Oskars Erzählung von seinem Leben außerhalb der Anstalt endet
mit einer Rolltreppenfahrt in die Arme der Polizei. Er wünscht sich,
dass sie als Auffahrt (3, 776), als ›ascensio‹ direkt in seine Großmutter führen möge als »das Gegenteil der schrecklichen Schwarzen
Köchin« (3, 776) – die Rückkehr in den Mutterleib als Ende des
Lebens, der Tod als rückwärts laufender Film der Geburt. Das bleibt
unerfüllbarer Wunschtraum, stattdessen sieht er in der Menge »das
schrecklich ruhige Antlitz der Schwarzen Köchin« (3, 777). Jetzt,
am Ende seines Erzählens (s. S. 51), sieht er nur noch die Schwarze
Köchin vor sich: Auf der Zeitebene, von der er erzählt, ging sein
Weg vom »Weiten Rock« am Anfang zur Verhaftung im Zeichen der
Schwarzen Köchin am Ende; die Zeit, in der er erzählt, führte ihn

von der Beschwörung des asylbietenden Bettes am Anfang zur Vision der Schwarzen Köchin am Ende. Grass selbst hat von ihr gesagt, dass sie »parallel mit dem, was in der Zeit geschieht«, »wächst« (Ingen/ Labroisse 1976, 269). In der Tat erweist sich die Schwarze Köchin in den sehr präzisen Assoziationen (3, 777-779f.) als die letzte Essenz von Oskars Leben und Erleben: Jede dieser von Schuld, Leid, Qual, Schrecken, Verrat, Mord, Zerstörung, Erschießungen, Krieg, Selbstmord, Tod, Tod und immer wieder Tod handelnden Episoden lässt ihr kennzeichnendes, unsere Erinnerung weckendes Stichwort in diese Schlussvision einfließen, lässt sie zu einem Bild voll suggestiver Kraft werden, ohne dass man dieses Bild in eine knappe Formel übersetzen könnte: »Fragt Oskar nicht, wer sie ist! Er hat keine Worte mehr« (3, 779; zu den objektiven Korrelaten in der *Blechtrommel* vgl. vor allem Just 1972, 110-149; Pflanz 1975, 76-158; Ferguson 1976, 41ff. – die Arbeit von Just ist von ihr noch nicht berücksichtigt; zur Schwarzen Köchin ebd., wichtig auch Ide 1968).

Mythologische und literarische Anspielungen

Oskar liebt es, seinem Leben und Erzählen zusätzliche Dignität zu geben, indem er es durch Anspielungen auf Größeres überhöht, wie es spätestens seit Joyces *Ulysses* feste Gepflogenheit der Moderne ist, schließt doch die *Blechtrommel* auch mit demselben ›yes‹- bzw. Ja-Stakkato wie der *Ulysses*. Oskar tut das gern in der Form: »Nein nein, Oskar war kein Prophet« (3, 155), »Oskar war [...] kein Odysseus, [...], Kurt [...] war also mitnichten ein Telemachos« (3, 454), damit der Leser, erst recht der Philologe, darüber nachdenkt. Diller 1974, 79ff. zeichnet tatsächlich Oskars Reise mit Bebra als Odyssee nach und nennt die Prügel, die Oskar von Kurt bezieht, »a kind of burlesque of the Odysseus-Telemaque reunion« (ebd., 86). Wenn wir diese Szene genauer betrachten (3, 461f.), so wird in derselben Szene auch der Vergleich zu Kain und Abel gezogen, und das Schicksal Amsels aus den *Hundejahren* klingt hier schon an. Wenn aber in derselben Szene zwei reale Figuren in drei verschiedene mythologische oder literarische Bezugsrahmen gebracht werden können, entwerten diese sich gegenseitig und werden eher zu Aufmerksamkeitssignalen, die der Autor setzt, um zum Nachdenken anzuregen. Ähnlich vergleicht sich Oskar mit Hamlet und Yorick (3, 563-565), mit Goethe und Dante (3, 771), Jan und Agnes werden mit Romeo und Julia verglichen und den zwei Königskindern, die nicht zusammenkommen konnten (3, 208). Mit Parzival wird einmal Jan Bronski verglichen (3, 168) und einmal Oskar selber (3, 623). Er evoziert beide

Male Parzivals Erlebnis mit dem Blutstropfen im Schnee, in seinem Falle aber, um seine Buße, seine eigene Umkehr zu signalisieren: die »Rückkehr zur Trommel«, zur »Kunst des Zurücktrommelns« (3, 623). Eine ausführliche Deutung der Stelle unter dem Aspekt des Liebesmotivs bietet Stolz (1993, 263ff.). Neue Bezüge tun sich in der Akademie auf – wieder Odysseus (3, 657), aber auch Europas Stier (3, 641), Vulkan, Pluto (3, 657) – wie es in *Aus dem Tagebuch einer Schnecke* heißt: »Bezüge zuhauf.«

Zwei Anspielungsreihen fallen dadurch auf, dass sie eine große Dichte erreichen: das eine ist die Goethe-Rasputin-Vergleichsreihe, das andere sind die Jesus-Parallelen. Goethe und Rasputin verkörpern die beiden Bildungsmächte aus Gretchen Schefflers Bücherschrank. Goethe der »Alleswisser«, der Olympier – Rasputin der Dämonische, der »Düstere«, der Gesundbeter; Geist und Trieb – unter dieser schlichten Zweiteilung lernt Oskar die Welt begreifen (3, 112). Frizen macht darauf aufmerksam, dass dieser Dualismus auch die Wohnung im Labesweg kennzeichnet: »Die Welt ist [...] eine Zweizimmerwohnung« (1987, 151). Geist und Trieb sind Oskar zum einen Weltprinzipien, zum anderen aber auch Oskar-Prinzipien – die »zwei Seelen« in seiner Brust (3, 118). Entsprechend besitzt er als Kind ein Zarewitsch- und ein Biedermeier-Kostüm (3, 117f.), so dass »er mit einer einzigen Trommel in Petersburg und Weimar gleichzeitig zu den Müttern hinabsteigen, mit Damen Orgien feiern« kann (3, 118). In diesem Zitat erscheint dieser Dualismus schon aufgehoben – in der Kunst seiner einzigen Trommel. Goethe und Rasputin als entgegengesetzte Weltprinzipien verlieren ihren Wert nach Oskars Karussellvision, in der Gott einmal als Rasputin, einmal als Goethe das Schreckenskarussell der viertausend toten Kinder in Gang hält. Trieb wie Geist, »Wahnsinn« wie »Vernunft«, »Extremisten« wie »Kräfte der Ordnung« tragen gleichermaßen zu dem Horror bei, den man Geschichte nennt (3, 542). ›Abgestellt‹ wird er nicht durch Ideologien, sondern durch einen Akt der Nächsten-, ja, der Feindesliebe, worauf Donahue 1983 hingewiesen hat: Fajngold »stoppte das Karussell«, indem er sich »mildernd ins Fieber hineinbeugt« (3, 542). Deshalb ist es nur konsequent, wenn ihm am Ende Goethe »nicht mehr licht und klassisch, sondern die Finsternis eines Rasputin überbietend« »als Köchin« erscheint (3, 769). Auch dieser Gegensatz hat sich zum Schwarz, zum Tod, zum Chaos hin aufgelöst. Erhalten aber bleibt er, aufgehoben ist er in Oskars Kunst des Trommelns: Hier machen ihn seine Lehrmeister Goethe und Rasputin zum Schüler von Apoll und Dionysos gleichzeitig, und so wird Oskar im Trommeln und Erzählen »ein kleiner, das Chaos harmonisierender, die Vernunft in Rauschzustände versetzender Halbgott«

(3, 423), indem sein dem Trommeln nacherzähltes Buch gleichzeitig die Ordnung auflöst und das Chaos gestaltet. Unter den Goethe-Allusionen sind für Frizen die Bezüge zum *Faust* die wichtigsten. Er sieht Oskar als »modernen Faust« (1987, 167) und den Roman als Widerlegung des »Faust«, dessen Theodizee durch die Geschichte des Nationalsozialismus hinfällig geworden sei (ebd., 171).

Oskars *Jesus-Bezüge* sind dicht, fast zu dicht. Eine heilige Familie, in der die Großmutter korrekt Anna heißt, der Großvater aber Joseph, in der die Mutter wie Maria aussieht (II, 165), der erwachsene Jesus »in [...] peinlicher Vollkommenheit« dem »Taufpaten, Onkel und mutmaßlichen Vater Jan Bronski« gleicht (3, 177) und der Jesusknabe wie der eineiige »Zwillingsbruder« (3, 179) von Oskar aussieht, erscheint fast übersetzt, zumal, wenn es später von der Stiefmutter heißt, »sie hieß nicht nur Maria, sie war auch eine« (3, 338) und angedeutet wird, dass Verwechslungsgefahr mit der Jungfrau Maria besteht (3, 467). Oskar stellt sich wiederholt, zuletzt bei seiner Verhaftung, als Jesus vor, Schugger Leo erkennt in ihm »den Herrn« (3, 535), Oskar lässt sich von den Stäubern anstelle des Jesuskindes auf Marias Schoß setzen und in einer Messe feiern, spricht gern in biblischen Wendungen und fasst sein Leben am Ende nach dem Vorbild des Apostolikums zusammen (3, 776). Wie Jesus wird er versucht (3, 505ff.), seinen Prozess nennt er den »zweiten Prozeß Jesu« (3, 501; vgl. Leroy 1973, 130ff.).

Nahe liegt das Verständnis von Oskar als Antichrist; Michelsen 1972 nennt ihn so und spricht von der »äffischen, verkehrten Gegenwart Christi« (730ff.). Der Theologe H. G. Jung deutet die Gestalt Oskars als Versuch, unter radikalem Bruch mit der christlichen Tradition eine Figur zu schaffen, die in heutiger Zeit Ähnliches erreicht wie Christus in seiner Zeit (1973). Eine Parallele zwischen Oskar und Jesus kann in dem radikalen Nein gesehen werden, das Jesu Kreuzigung in seiner Zeit zur Welt mit allen ihren Einrichtungen gesprochen hat. In der Tat entsprechen sich Kreuz und Trommel, etwa wenn Oskar ruft: »Sofort gibst Du mir meine Trommel wieder. Du hast Dein Kreuz, das sollte Dir reichen«, worauf Jesus die Trommelstöcke sorgfältig »kreuzt« (3, 469). So bekennt Oskar auch in neutestamentlicher Ausdrucksweise: »[A]uf alle Schätze dieser Welt verzichtend, richtete sich mein Sinnen nur und unverrückbar auf eine Trommel aus weißrot gelacktem Blech« (3, 298).

Wenn Oskar als Jesus-Nachfolger und Jesus gleichzeitig die Stäuber als Jünger um sich sammelt, sind es genau zwölf Namen, die fallen (3, 478), auch in der Stäuber-Ideologie findet sich ja dieses Moment radikaler Verneinung. Unter diesem Gesichtspunkt läge die Parallele zwischen Oskar und Jesus im radikalen Nein zu einer gefallenen Schöpfung; der Gegensatz zwischen beiden liegt dann im Verständnis der Erlösung. Nach christlichem Verständnis ist im »Nein« zur Welt, das in Jesu Kreuzigung liegt, zugleich Gottes »Ja« zu einer neuen Schöpfung verborgen, wie die Auferstehung sie anzeigt. Für Oskar gibt es keinerlei Erlösung, er kennt nur jene »Art von Absolution«, wie sie der Tod erteilt (3, 53). Michelsen nennt den »von Aalen wimmelnden Pferdekopf, den der Stauer am Karfreitag – am Tage der Kreuzigung Christi – aus dem Meer zieht [...] ein vorweltliches Opfer, dessen Anblick tötet [...] Es ist, als werde das Opfer des neuen Bundes zurückgenommen« (1972, 739). Oskar wäre dann der Messias, der Bote einer unrettbar gefallenen Schöpfung, und zwar gerade in seiner Eigenschaft als Künstler: »Messianische Größe« (3, 71) kommt ja gerade seinem Trommeln zu; diese Größe spräche sich aus in der künstlerischen Gestaltung und Verkündigung der ewigen Unerlöstheit der Welt mittels der Trommel und mittels des der Trommel nachgeschriebenen Buches *Die Blechtrommel*, in Oskars »Spielart des Bösen, sein[em] Trommeln, das das Böse rhythmisch auflöste« (3, 748; ausführlich vgl. Neuhaus 2000, 87-90 und Neuhaus 1988; zum im Zusammenhang mit der Jesus-Kontrafaktur wichtigen Einhorn-Motiv vgl. Frizen 1992, 25ff.). Oskar wird ja von Jesus selbst zu seinem Nachfolger berufen, weil er bekannt hat: »›Ich hasse dich, Bürschchen, dich und deinen ganzen Klimbim‹« (3, 470). Oskars als »heilsgeschichtlich notwendiger Erlöser im Unglauben« (Stallbaum 1985, 108) nimmt damit in seiner Trommelpredigt die Ansprache des Pfarrers Matull bei Metes Hochzeit in *Ein weites Feld* vorweg:

»Denn, liebe Gäste, wurde nicht hierzulande zu viel und zu lange geglaubt? War Glaube nicht wohlfeil wie eine Hure? Und ist nicht wiederum neuer Glaube – diesmal der Glaube an die Allmacht des Geldes – billig zu haben und doch hoch im Kurs? [...] Glaubt nicht blindlings. Laßt endlich Gott aus dem Spiel. Gott existiert nur im Zweifel. Entsagt ihm! Müde aller Anbetung, lebt er vom Nein. Ihn dürstet nach nichts. Längst hätte der Glaube Gott abgetötet und in ein schwarzes Loch gestürzt, wenn nicht des Zweiflers Ruf – ›Es ist kein Gott!‹ – ihm Stachel und Ansporn, Labsal und Manna gewesen wäre...« (13, 301).

Frizens Analyse der von John Reddick 1970 aufgefundenen, fälschlich sogenannten ›Urtrommel‹ im Verhältnis zum Roman von 1959 zeigt, wie sehr diese Geschlossenheit und konsequente Polyphonie, dieses dichte ›Gewebe‹ (Grass zu Stallbaum 1991, 33) Ergebnis eines langwierigen mühsamen Arbeitsprozesses – des »unökonomische[n] Verhalten[s] des Anfängers in Sachen Prosa« (ebd.) – ist. Frizen beschreibt den Umformungsprozeß von Schicht zu Schicht und schließlich zur Endgestalt hin als »Schritt vom Kleinbürgerlich-Individuellen hin zum Typisch-Strukturellen« (1991, 151). »Nicht das Verschweißen der Vorformen zur Endgestalt dürfte als Grass' entscheidende redaktionelle Leistung anzusehen sein, sondern vielmehr die Überformung des gesamten Konvoluts, das auf dem Handlungsgerüst von heute aufruht, durch eine innere Struktur, eine ›inward form‹, und die Entwicklung von Keimmetaphern zu einem allegorischen Netz« (ebd., 150).

Zur Bewertung Oskars

Wenn Oskar am Ende seines Buches von seiner »fragwürdige[n] Existenz« (3, 776) spricht, so ist das, ähnlich den mythischen Parallelen, eine Aufforderung, über ihn nachzudenken, sich mit Oskar die Frage zu stellen, ob man bereit ist, in ihm »einen Menschen zu sehen« (3, 335). Nicht nur Hans Mayer hat sie klar beantwortet: »Menschliches ist nicht an ihm« (1976, 62) – von den ersten Rezensionen zur *Blechtrommel* an, der Günter Blöckers etwa (abgedruckt bei Neuhaus 1997, 124-128), ist kaum eine Gestalt der deutschen Literatur mit so viel Verbalinjurien bedacht worden wie Oskar. Selbst dreieinhalb Jahre nach seinem Totalverriss der *Blechtrommel* vom 1.1.1960 legt Reich-Ranicki in einer angeblichen *Selbstkritik* noch einmal nach und bezichtigt Oskar als bloße »Karikatur« des Menschen des »totale[n] Infantilismus«, ja, »der absolute[n] Inhumanität« (in Neuhaus (Hg.) 1997, 154). Just geht in seinem Buch zur *Blechtrommel* 1972 gemäß seinem wirkungsästhetischen Ansatz davon aus, dass Oskar zur Identifikation total ungeeignet ist – wo er es im dritten Buch gelegentlich wird, wo er unser Mitleid finden kann, liegt ein die Wirkung störender Konzeptionsbruch vor (s. dazu vor allem 88). Der Oskar der ersten Bücher sieht die Welt unter einer »amoralischen, apolitischen, ästhetizistischen Perspektive«, die dem Leser keine Verständnishilfen gibt, weshalb der Leser sie in kritischer Lektüre selbst zu finden hat.

Alle diese Bewertungen halten einer Überprüfung am Text nicht stand und werden von jeder auch nur etwas genaueren Lektüre widerlegt. Leonard hat in ihrem informativen Grass-Buch den Oskar der ersten beiden Bücher geradezu »a sane element in a crippled society« (1974, 16) genannt. Auch Durzak spricht davon, dass »er seinen Familienangehörigen [...] überlegen« ist, weil »in ihm [...] gleichsam eine moralische Instanz intakt« (1971, 121) bleibt. Dem ist zuzustimmen, und wenn man Oskars eigene recht überzeugende Definition von Menschlichkeit zugrunde legt – »kindlich, neugierig,

vielschichtig, unmoralisch« (1, 97, vgl. auch das Gedicht »Hymne«
in 1, 163) –, ist Oskar einer der menschlichsten Charaktere in der
Blechtrommel. Er solidarisiert sich mit allen Geschlagenen und Un-
terdrückten, mit Stephan Bronski, der nach Tante Kauers Worten
»doch nichts dafür« kann, »daß er ein kleiner Pole ist« (3, 91), und
geht als einziger zum vom Friedhof gewiesenen Markus: Während
die ganze »große [...] Trauergemeinde« diesen grausamen Affront geschehen lässt, geht Oskar zu Markus, »nahm ihn bei seiner schweiß-
nassen Hand, führte ihn durchs schmiedeeisern offenstehende Fried-
hofstor und wir beide, der Hüter meiner Trommeln und ich, der
Trommler, womöglich sein Trommler, wir trafen auf Schugger Leo,
der gleich uns ans Paradies glaubte« (3, 214). Die Gesten des handelnden wie viele Jahre später die Sprache des erzählenden Oskars
lassen das tiefe Mit-Gefühl mit den Gedemütigten und den Narren
erkennen, die große Fähigkeit zum Mit-Leiden. Unter den Dingen,
die als die Essenz des Seins ins Bild der Schwarzen Köchin am Ende des Buchs eingehen, nennt Oskar nicht zufällig »wenn zwischen
den Doppelfenstern stundenlang eine Fliege starb« (3, 778) – sogar
deren Leiden vermag er zu teilen. Oskars Sprache ›verrät‹ gelegentlich wie gegen seinen Willen Gefühl, das er vordergründig verbergen
will, etwa beim Tod seiner Mutter (3, 216) oder beim Abschied von
Matzerath (3, 422). Aus Oskars schönem Nachruf auf seine Mutter
(3, 209) formte Grass später sein Gedicht »Mein Schutzengel« (1,
164), und die Szene, wie der kranke Oskar seine ihm allen Schutz
bedeutende Großmutter zum letzten Mal sieht und auf kaschubisch
»»Babka, babka!‹, das heißt Großmutter, Großmutter« ruft und sie
doch geht – »und ging, ging ohne mich, ging ohne Oskar davon«
(3, 548) –, gehört zu den leisesten, schönsten und endgültigsten Ab-
schiedsszenen der Literatur. Reddick 1974 hat zu Recht auf die Leiden hingewiesen, denen Oskar ausgesetzt ist. Auch wenn man seine
Deutung nicht teilt, dass sich hier ein vom Leben tief verwundeter
Krüppel aus der Rückschau zu einer überlegenen Gestalt stilisiert (s.
S. 52), wenn man den Entschluss, nicht zu wachsen, vielmehr als
genuin erzählte Wirklichkeit versteht, so liegt doch schon in diesem
Entschluss ein solches Ausmaß an Verletzlichkeit und ein solch radikales Urteil über die Wirklichkeit beschlossen, dass das Ergebnis mit
dem Reddicks letztlich übereinstimmt.

Was entscheidend zum Bild des unmenschlichen Oskar geführt
hat, ist sicher auch seine schonungslose, gelegentlich grausame Art,
als Erzähler und Kommentator die Dinge beim Namen zu nennen.
Da seine Entwicklung bei der Geburt abgeschlossen ist, er mithin
auf jeder Lebensstufe in etwa über denselben Erkenntnishorizont
verfügt, ist es nur selten möglich, Kommentare und Überlegungen

des Erzählers von Gedanken des Helden beim Erleben zu unterscheiden. Beider Sichtweise ist gleichermaßen geprägt durch das, was man mit Hans Mayer den »bösen Blick« (1976, 54) nennen kann oder auch mit D. van Abbé »the undergraduate trick of being deeply cutting about everyone« (1969/70, 155). Auf diese meist herzerfrischende Bosheit verzichtet Oskar auch nicht in erschütternden Momenten – aber selbst dann spricht er lediglich Gedanken aus, die andere in solchen Situationen verdrängen. So verkneift er es sich nicht, auf die Zweideutigkeit hinzuweisen, dass beim erhängten Greff an der Pfadfinderuniform ausgerechnet die Hosenknöpfe offenstehen (3, 414), obwohl ihn der Freitod Greffs sichtlich erschüttert hat. Ebenso muss er selbst am Totenbett der Mutter Matzeraths Art zu Beten kommentieren, der »die Finger verkrampft unten, etwa in Höhe der Geschlechtsteile von einer Religion in die andere wechseln ließ und sich offensichtlich seiner Beterei schämte« (3, 208).

Erlauben schon die hier zusammengestellten Züge es nicht, von Oskar als einer reinen Negation des Negativen (Just 1972) ohne positive Züge zu sprechen, die jede Identifikation mit ihm unmöglich mache, so ist umgekehrt aber auch eine totale Identifikation mit Oskar ebenso unmöglich. Schon Just (1972, 116) hat herausgearbeitet, dass sich Oskars phantastische Eigenschaften wie Trommeln und Glaszersingen einem direkten Verständnis, einer planen Übersetzung in ›Gemeintes‹ entziehen. Wo die meisten Züge seines Lebens entweder real oder in repräsentativer Symbolik gesehen werden können, bleibt bei solchen Zügen lediglich eine »Unbestimmtheit«, die im Leser eine eigene Reflexion, eine eigene Stellungnahme auslösen soll. Jede direkte Deutung führt zu einer »willkürlichen Allegorese« (ebd., 42).

Dies ist z.B. bei Cunliffe der Fall, der Oskar zur Allegorie der Nazizeit macht, was Brode 1976 aufnimmt, durch zahlreiche Gleichungen untermauert und noch um die »Hitlerkarikatur«, bei der Eigenschaften Hitlers mit solchen Oskars verglichen werden, erweitert (ebd., 91). Hierbei werden Einzelheiten herausgerissen, allegorisiert und dabei ihrer Realität entkleidet, während andere entscheidende Züge überhaupt nicht integriert werden: so Oskars genuines Mitleid mit Juden und Polen, Oskars Erinnern an den für Polen gefallenen Jan, den alle vergessen wollen (3, 393), und so der ganz grundlegende und elementare Zug, dass Oskar während der Dauer des ›Dritten Reiches‹, dessen symbolischer Repräsentant er sein soll, zu einer Menschengruppe gehört, die die Nationalsozialisten genauso vernichteten wie die Juden, und dass ihm während des ganzen Krieges auch konkret solche ›Euthanasie‹ droht. Die Hitler-Anspielungen sollen aus Oskar gerade einen Anti-Hitler machen. Solche symbolische oder allegorische Ausdeutung ist nicht nur im politischen Sinne möglich (so auch die Deutung von Roberts 1973), sie kann auch in Gegenrichtung betrieben werden und führt dann im Extremfall zum totalen Wegzaubern der gesamten Realität. In Dillers Deutung der *Blechtrommel* bleiben von Danzig und Polen, von Judenverfolgung, Krieg und Nachkriegszeit, Währungsreform und Bundesrepublik »in the last analysis« nur »primordial states, ritual adventures, and mythological prototypes« übrig, »which Günter Grass so masterfully develops« (1974, 172).

Entscheidend haben auch Oskars Mordgeständnisse zu seinem schlechten Ruf beigetragen. Bei näherem Hinsehen kann jedoch von einem Schuldanteil Oskars am Tod der armen Mama oder der Roswitha Raguna überhaupt nicht gesprochen werden. Bronski und Matzerath aber sterben in einem solchen Maße ihren ureigensten Tod (vgl. Just 1972, 179), dass Oskars faktisch unklares, im Grunde nur behauptetes Mitverschulden nicht in Betracht kommt. Oskar hat zwei Gründe, dennoch dieses Verschulden so auffällig zu beteuern: Einmal ist es Ausdruck seines Daseinshasses, Konkretisation des Topos, dass es das Beste ist, nie geboren zu sein. In seiner Erzählung setzt er deshalb seinen doppeldeutigen Ausruf beim Betrachten des Fotos seiner drei Eltern »Schluß mit den Drein jetzt, die mich in die Welt setzten, obgleich es ihnen an nichts fehlte« 3, 67) in fiktive Taten um.

Zugleich soll solches Spielen mit fiktiver Schuld Oskars wahre Schuld verdecken. Grass hat immer wieder darauf hingewiesen, dass die gesamte Danzig-Trilogie mit »Schuldmotiven in der Erzählposition« (Arnold 1978, 7) geschrieben ist. Die Schuld, die Oskar zum Erzählen treibt, ist die Schuld, als Erkennender, Wissender und Durchschauender sich dennoch dem Handeln entzogen zu haben, die Weigerung, sich mit einer Wirklichkeit einzulassen, die man als schmutzig erkannt hat (vgl. Rothenberg 1976, 167). Es ist die Schuld des Säulenheiligen (s. S. 55), der sich in seiner Person retten will, wo ringsum eine Welt zugrunde geht. In seiner Rede zum Büchner-Preis »Über das Selbstverständliche« spricht Grass mit demselben Bild geradezu von den »marmornen Sockeln« derer, die »keine Kompromisse« kennen, sich nicht »mit dem Mittelmaß« einlassen, »nie zum Volk herab« steigen (14, 158). Dies ist Oskars Haltung, an der er noch im Asyl festhält und von der er bis zuletzt nicht lassen kann. Indem er *Die Blechtrommel* schreibt, gestaltet er die von ihm erkannte Wirklichkeit, mit der er die reale Auseinandersetzung scheut, mit seiner Erkenntniskraft und seinem künstlerischen Vermögen nach und sühnt so als Künstler sein eines großes Vergehen, sein Versagen als Bürger, das er im Leben nicht zu korrigieren bereit ist: nicht mitzumachen, für sich zu bleiben, nicht teilzunehmen (vgl. hierzu auch die »Jungbürgerrede«, 15, 20-30, auf die Cepl-Kaufmann 1975, 128 hingewiesen hat).

An diesem Punkt setzt Grass' amerikanischer Kollege und Verehrer (vgl. Irving 1990) John Irving ein, wenn er aus Erzählverfahren und Motiven aus *Katz und Maus* und *örtlich betäubt*, vor allem aber aus der *Blechtrommel* einen neuen Roman montiert, *A Prayer for Owen Meany* (1989). Bis hin zu den identischen Initialen ist der Held in allen Einzelheiten eine Kontrafaktur Oskars, nur mit dem Unterschied, dass er seine Hellsichtigkeit, seine überlegene Moral und seine schneidende Stimme von Anfang an aufklärerisch einsetzt. Wo Oskar es ausdrücklich ablehnt, als Prophet Jona Ninive-Danzig zu warnen (3, 155), tut Meany das in aller Konsequenz. So ist er nicht wie Oskar ein im Asyl seine Botschaft predigender moderner Jesus, sondern einer, der predigt, handelt und sich opfert und im Evangelium seines Freundes und Jüngers, des Erzählers John (=Johannes) Wheelwright, weiterlebt (vgl. Heilmann 1998; Engel 1997).

Eine ausführlichere Version meiner Analyse bietet Neuhaus 2000, reiches Material zu den Aspekten des Künstlerromans und der Künstlerexistenz Stallbaum 1989. Zur engen Verflochtenheit der *Blechtrommel* mit der existenzialistischen Philosophie Camus'scher Prägung und mit der Literatur des Absurden vgl. Frizen 1986, zur Bildlichkeit und zur Einordnung in Grass' Gesamtwerk vgl. Stolz 1994 und Arker 1989, der – die Einheit der »Danziger Trilogie« auflösend – die *Blechtrommel* zur »existenzialistische[n] Phase« und die *Hundejahre* zur »sozialdemokratische[n] Phase« in Grass' Werk zählt (ebd., S. III). Ein wichtiges Hilfsmittel zur Arbeit an der *Blechtrommel* ist der »Wortindex« (Görtz, Jones, Keele 1990).

Nahezu der gesamten Grass-Forschung, darunter explizit auch meinen Beiträgen, widerspricht scharf, selbstsicher und äußerst polemisch, aber auch amüsant A. Fischer 1992. In seiner postmodernen »ludistischen« Deutung der *Blechtrommel* als »inszeniert naiv« betont er zwar zu Recht stärker als die bisherige Forschung im Gefolge seines Lehrers Preisendanz das »Humoristische« der Darstellung, beraubt Blechtrommel wie *Blechtrommel* jedoch jeglicher mimetischer Funktion und reduziert das Buch auf seine ›Heautonomie‹, auf die »Selbstreflexion von Literatur« und die »Selbstthematisierung von Texten auf die Bedingungen ihrer Darstellungen und Bedeutungsbildungen« (ebd., 203). Jegliches Aufspüren von Referenzen auf ›Sinn‹ außerhalb des Textes ist für Fischer Allegorese. Selbst die für Grass' Gesamtwerk zentrale Kategorie der Schuld wird so explizit wegeskamotiert. Dies gelingt Fischer aber nur, weil er handwerklich den unverständlichen Fehler begeht, Oskars im Buch so sorgfältig gestaltete künstlerische Entwicklung parallel zu der seines Autors hin zu einem »Trommeln nach Auschwitz« und die aufklärende Funktion des zurücktrommelnden Schreibens »gegen die verstreichende Zeit« zu ignorieren und zusätzlich Oskars Beschreibung von einst im Leben eingenommenen Rollen fälschlich auf den späteren Erzähler zu beziehen (so etwa 110ff.). Mit seiner ludistischen Deutung bricht Fischer zudem *Die Blechtrommel* aus der Einheitlichkeit der »Danziger Trilogie« und der gesamten weiteren Werkentwicklung bei Grass heraus, so dass beispielsweise der Oskar der *Rättin* direkt Fischers Deutung der *Blechtrommel* widerspricht. Zur Verfilmung der *Blechtrommel* durch Volker Schlöndorff vgl. Grass/Schlöndorff 1979; Schlöndorff 1979; Neuhaus Bt 2010, 29-40; Bastiansen 1990; Head 1983; Plard 1980 und Shafi 2008, 198-232.

8. Katz und Maus

»Eine Novelle«

An *Katz und Maus* wird besonders deutlich, wie bei Grass Inhalt und Form untrennbar verbunden sind, weil sich »eins aus dem andern« ergibt, eins sich am andern entwickelt (s. S 40f.). Ursprünglich gehörten der erst später so genannte Mahlke und seine Geschichte zum Stoffkomplex *Kartoffelschalen*, der Vorform der *Hundejahre*. Die Typoskripte sind im Archiv der Berliner Akademie der Künste zugänglich; einen Abschnitt daraus veröffentlichte Grass als ›work in progress‹ 1961 in *Akzente* Heft 3 (auch in Neuhaus Hj. 2010, 160-171). Auf den späteren Mahlke, der hier noch »Helmut Dittmann« heißt, bezieht sich ein kurzer Passus, der die Geschichte skizziert und schon auf den Plan einer zukünftigen »Novelle« hinweist (veröffentlicht in Neuhaus KuM 2010, 65): Zu Anfang des Krieges soll ein Schüler des Conradinum legendäre Tauchleistungen in einem gesunkenen Minensuchboot vollbracht, im weiteren Verlauf des Krieges dann das Ritterkreuz erworben, letztlich »aber ein tragisches Ende« genommen haben.

Die schon in diesem Plan von wenigen Zeilen erwähnten »merkwürdigen Gründe«, aus denen Dittmann zum Ritterkreuzträger wird, konkretisierte Grass im prominenten Adamsapfel und verband dieses Relikt des Sündenfalls und damit der ›condition humaine‹ (s. S. 72) mit dem »Riß«, der durch die Welt geht und den Kurt Tucholsky in seiner Prosaskizze *Die Katze spielt mit der Maus* (1916, auch Neuhaus KuM 2010, 66-68) in diesen Tieren symbolisiert: »Und dieser Schnitt klafft durch alles, dieser Riß spaltet alles – da gibt es keine Brücke. Immer werden sich die zwei gegenüberstehen: die Katze und die Maus.«

Wenn Grass das Werk im Untertitel »Eine Novelle« nennt, weist gerade der unbestimmte Artikel besonders deutlich auf die bewusste Einfügung in die Tradition dieser Gattung hin, deren Blütezeit in den 20er Jahren mit den Werken Thomas Manns, Stefan Zweigs und Arthur Schnitzlers zuende gegangen war. Mit seiner nahezu der gesamten klassischen Novellentradition verpflichteten Neubelebung begründete Grass die postmoderne Novelle, zu der so herausragende Vertreter wie Martin Walsers *Ein fliehendes Pferd* oder Patrick Süskinds *Das Parfum* gehören.

Von den verschiedensten Theorien der Novelle her ist dieser Anspruch einzulösen: Grass spielt selbst auf Goethes Definition »eine sich ereignete unerhörte Begebenheit« (zu Eckermann am 25.1.1827) an, wenn Oberstudienrat Klohse den Diebstahl des Ritterkreuzes etwas »Unerhörtes« nennt (4, 92). Kaiser 1971, 30 weist darauf hin, dass *Katz und Maus* »wie die klassische Novelle [...] streng auf *Wendepunkte* hin erzählt« ist, was vor allem A. W. Schlegel und Tieck gefordert haben. Die »Wendepunkte« sind wiederum eng mit einem »Dingsymbol«, dem Ritterkreuz, verbunden, was ebenfalls für die traditionelle Novelle charakteristisch ist. Auch Heyses Novellentheorie kann zum Verständnis von Grass' Novelle sinnvoll herangezogen werden: »Wenn der Roman ein Kultur- und Gesellschaftsbild im Großen, ein Weltbild im Kleinen entfaltet [...], so hat die Novelle in einem einzigen Kreise einen einzelnen Konflikt, eine sittliche oder Schicksals-Idee oder ein entschieden abgegrenztes Charakterbild darzustellen und die Beziehungen der darin handelnden Menschen zu dem großen Ganzen des Weltlebens nur in andeutender Abbreviatur durchschimmern zu lassen« (1969, 73). Diese Bestimmung erfasst nicht nur das eigentümliche Verhältnis der Handlung in *Katz und Maus* zur Wirklichkeit der Welt, zu den Kriegsjahren, die den Hintergrund der Handlung abgeben, sondern auch zu den beiden zur selben Zeit spielenden Romanen von Grass, die durch einzelne Anspielungen in Orten und Personen »in andeutender Abbreviatur durchschimmern«. Zeitlich entspricht *Katz und Maus* als Mittelstück der gesamten Trilogie den mittleren Büchern der beiden Romane, die auch jeweils die Kriegszeit zum Hintergrund haben. Die Vorkriegszeit wird in der Novelle gar nicht erzählt, die Nachkriegszeit begegnet nur in wenigen Sätzen zur Erzählergegenwart (4, 86, 101, 106, 114, 116, 150) – auch an der erzählten Zeit wird das Bemühen um Konzentration deutlich.

Heyses »einzelner Konflikt«, der hier sogar mit der schon von Tucholsky formulierten »Schicksals-Idee« identisch ist, gibt der Novelle auch den Titel *Katz und Maus*, und seiner Konkretisation im monströsen Adamsapfel Mahlkes verdankt sie jene – hier fast wörtlich zu verstehende – »starke Silhouette«, »das Spezifische, das diese Geschichte von tausend anderen unterscheidet« (Heyse 1969, 74f.), eben den »Falken«, wie Heyse diese Eigenschaft der typischen Novelle nennt, »in wenigen Worten vorgetragen«, sich »dem Gedächtnis tief« einzuprägen (ebd., 79, ähnlich 74f.; vgl. auch Karthaus 1971). Inhaltliche und formale Konzentration entsprechen einander: In seinem Bau erweist sich *Katz und Maus* als »Schwester des Dramas«, wie Theodor Storm die Novelle genannt hat (Brief an Erich Schmidt, 13.9.1882). In sechs Kapiteln steigt die Handlung auf ihren Höhepunkt in Kapitel VII, wo Mahlke im Diebstahl des Ritterkreuzes die von ihm ersehnte »Erlösung« vorweg nimmt. Zugleich vollzieht sich darin die zunächst verdeckte Peripetie: Aus dem Diebstahl ergibt sich in den folgenden sechs Kapiteln geradlinig die Katastrophe; Mahlkes endlicher Erfolg, der tatsächliche Erwerb des Ritterkreuzes, ist von der Mitte der Novelle an schon als endgültiges Scheitern festgelegt.

Die Ich-Perspektive

Die Erzählfiktion in *Katz und Maus* ist so gewählt, dass sie die novellistische Konzentration auf den einen begrenzten Konflikt ermöglicht: Grass bedient sich der Variante der Ich-Erzählung, bei der Held und Erzähler nicht – wie etwa im Falle Oskars – zusammenfallen; Joachim Mahlke ist die Hauptfigur, und der auch in den *Hundejahren* auftauchende Pilenz ist ihr Chronist: »Doch soll nicht von mir die Rede sein, sondern von Mahlke und mir, aber immer in Hinblick auf Mahlke« (4, 22). Dies ist vor allem unter zwei Gesichtspunkten wichtig: Die einem Chronisten zur Verfügung stehenden Informationen sind ungleich geringer als die im Grunde unbegrenzten eines Autobiographen. Pilenz schreibt auf, was er selbst mit Mahlke erlebt oder von anderen erfahren hat – so ist sein Bericht beschränkt auf wenige entscheidende Situationen, seine Erzählung führt lediglich an die Orte, die Mahlke »siegen oder verlieren« sahen (4, 6). So ist die Technik des Erzählens in Episoden mit ihrem eigentümlichen »und einmal«-Einsatz begründet, mit dem Pilenz seinen Bericht unvermittelt eröffnet und mit dem er auch später wiederholt aus iterativen oder durativen Schilderungen heraus zur Erzählung einer Einzelszene ansetzt (4, 13, 17, 59, 133).

Während es bei der allgemein zu unterstellenden Eigenliebe und Egozentrik der Menschen kaum einer eigenen Begründung bedarf, warum eine Person ihr Leben erzählt – Oskar z.B. nennt explizit keine Gründe – bedarf ein Chronist wie Pilenz eines besonderen Motivs, warum er eine bestimmte Person zum Gegenstand seiner Darstellung macht. In Ich-Erzählungen aus der Perspektive des Zuschauers liegt der Grund darin, dass der jeweilige Held als repräsentativ angesehen wird, was fast immer schon im Titel anklingt: Lermontows *Ein Held unserer Zeit*, Alain-Fourniers *Le Grand Meaulnes*, Joseph Conrads *Lord Jim*, Thomas Manns *Doktor Faustus*, Scott Fitzgeralds *The Great Gatsby*. Alle diese Gestalten werden als Repräsentanten existenzieller Probleme aufgefasst. Auf *The Great Gatsby* oder auf *Le Grand Meaulnes* scheinen Pilenz-Grass mit dem Prädikat »der Große Mahlke« für ihren Helden direkt anzuspielen. Ein Erzähler präsentiert jeweils alle ihm relevant erscheinenden Meinungen und Fakten zu einer Gestalt, für deren Beurteilung er an den Leser appelliert (vgl. Neuhaus 1971, 163f.).

Der Erzähler Pilenz

Erst im Verlauf des Erzählens stellt sich Pilenz wie beiläufig vor: Er ist »Sekretär im Kolpinghaus« (4, 86) in Düsseldorf. Wie er früher Ministrant war, »obgleich Glaube und alle Voraussetzungen seit der Untertertia futsch waren« (4, 87), so kann er auch heute noch »von dem Zauber nicht lassen« (4, 86): »lese [...] in des guten alten Augustinus Bekenntnissen, diskutiere bei zu schwarzem Tee nächtelang das Blut Christi, die Trinität und das Sakrament der Gnade mit Pater Alban, einem aufgeschlossenen, halbwegs gläubigen Franziskaner« (ebd.). Das Erzählen von *Katz und Maus* ist von diesem Kreisen um religiöse Probleme nicht zu trennen: Nicht nur hat Pilenz vor der Niederschrift Pater Alban »von Mahlke und Mahlkes Jungfrau, von Mahlkes Gurgel und Mahlkes Tante, von Mahlkes Mittelscheitel, Zuckerwasser, Grammophon, Schnee-Eule, Schraubenzieher, Wollpuscheln, Leuchtknöpfen, von Katz und Maus« (4, 86) – im Grunde also die ganze Novelle – erzählt oder, wie der Zusatz »und mea culpa« (4, 86) deutlich macht, nachgerade gebeichtet – Pater Alban ist es auch, der Pilenz »ermunterte, von Katz und Maus zu berichten. ›Setzen Sie sich einfach hin, lieber Pilenz, und schreiben Sie drauflos [...] schreiben Sie sich frei – der Herrgott versah Sie nicht ohne Bedacht mit Talenten‹« (4, 106). »Schreiben« und »zu Pater Alban sagen ›War es nun meine Schuld wenn Mahlke später [...]‹« 4, 89) sind letztlich zwei Aspekte derselben Sache, und der Theologe H.-G. Jung spricht geradezu davon, »daß die Novelle [...] als Ohrenbeichte des Erzählers zu Papier« komme (1973, 76): »Aber ich schreibe, denn das muß weg« (4, 89).

Der von Pilenz gewählte Anfangspunkt in der Katzengeschichte, der feste Endpunkt in Mahlkes letztem Untertauchen sind gleichzeitig die entscheidenden Daten in Pilenz' schuldbeladenem Verhältnis zu Mahlke: Er war es, der Mahlke die Katze an die Gurgel setzte, was er noch im Erzählen wiederholt zu überspielen versucht (66, 38, 99, 105) – ihm kommt bei Mahlkes Abschied eine höchst zwielichtige Rolle zu, vom Ausschalten des zur Hilfe für Mahlke bereiten Pfarrers Gusewskis (4, 135) über den Vorschlag, den Kahn als Unterschlupf zu wählen (4, 137), die erlogene Verhaftung von Mahlkes Mutter (4, 141) bis zum wie zufällig eingestandenen Verdecken des lebensnotwendigen Büchsenöffners (4, 147) und seinem Wegwerfen

(4, 148). Dazwischen liegt die ganze Geschichte seines Herlaufens hinter Mahlke (4, 96f.), die Geschichte seines von übermäßiger Bewunderung wie von radikaler Ablehnung geprägten Verhaltens, die ›Unschlüssigkeit‹, »ob das Mäuschen geschützt, ob die Katze zum Fangen gestachelt werden sollte« (4, 109).

Pilenz' Schuldgefühl ist so groß, dass es ihn zu einer normalen Lebensführung unfähig gemacht hat. Nicht nur, dass er »mit mürrischem Gewissen einer mäßig bezahlten Fürsorgearbeit im Kolpinghaus« nachgehen »muß« (4, 116), ist direkte Auswirkung seines Verhältnisses zu Mahlke – sein Schuldkomplex geht noch weiter und hat die ganze Welt für ihn zu einem Universum der Schuld werden lassen, in dem noch der kleinste Zug ihn an seine Verfehlung erinnert: So hat Pilenz nach der letzten Fahrt mit Mahlke nie wieder ein Ruderboot bestiegen (4, 142), jede Brücke, über die er geht, erinnert ihn an Mahlke (4, 123), schon der Vogel Haubentaucher »quält« ihn als Erinnerung an dessen finales ›Untertauchen‹ und veranlasst ihn, »die Natur« zu »meiden« (4, 140). Was er so fliehen will, zieht ihn aber zugleich an: Taucher, Clowns, Ritterkreuzträger – in jedem denkbaren Zusammenhang sucht er wie zwanghaft nach Mahlke, nach einem Zeichen für sein »Auftauchen«, wie das letzte Wort der Novelle heißt. Daraus resultiert auch ein Spezifikum seines Erzählens: Wie Oskars Erzählen zwischen erster und dritter Person schwankt, berichtet Pilenz sowohl vom für immer verschwundenen Mahlke in der dritten Person, wie er zugleich den so schmerzlich Vermissten in fingierter Zwiesprache immer wieder mit »Du« anspricht.

Diese sein Leben bestimmende Schuld prägt auch sein Erzählen. War schon bei Oskar ein Ausweichen vor Schuldgeständnissen zu beobachten (s. S. 51f.), so ist Pilenz' Erzählen davon beherrscht: Von der Katzenepisode am Anfang bis zur Schlussgeschichte ist ständig das Korrigieren, das Zurechtrücken, der nochmalige Anlauf zu beobachten, ehe die ›Wahrheit‹ auf dem Papier steht – wobei auch hier der Vorbehalt gegenüber allen Ich-Erzählungen gilt, dass auch die letzte Version nicht ›wahr‹ zu sein braucht, dass sie für den Leser nie ›verifizierbar‹ ist.

Ein Weiteres kommt hinzu: Pilenz versteht, worauf ihn ja Pater Alban aufmerksam gemacht hat, sein Erzählen als Kunst, auch sein Bericht von »Katz und Maus und mea culpa« (4, 86) ist so Fortsetzung seiner »ersten poetischen Versuche und Kurzgeschichten« (4, 106). Pilenz ist durchaus Schriftsteller im Sinne jener Bestimmung, die Grass in der »Lyrik heute«-Diskussion 1961 in den *Akzenten* gegeben hat:

»jemand, dessen Intelligenz nicht groß genug ist, um mit dem Schreiben aufhören zu können. Er schreibt also weiter, aus einer ganz existenziellen Frage, die mit der übrigen Welt gar nichts zu tun hat. Das ist reiner Egoismus: Er tut es in erster Linie für sich selbst, und er ist immer auf dem Weg, sich selbst mit seinen Erzeugnissen zu überraschen« (Grass 1961, 45).

Hinweise auf das Künstliche des Erzählvorgangs mit seiner eigentümlichen Brechung der Realität treten bevorzugt dann auf, wenn es gilt, Wendepunkte herauszuarbeiten – am Anfang (»[...] und so lasse ich am Anfang [...]«, 4, 6), bei Mahlkes Auftritt mit dem gestohlenen Ritterkreuz, (»während ich schwamm und während ich schreibe«, »zwischen zwei Stößen notiert«, 4, 84; »was nützt alle Zauberei mit der Grammatik; und schriebe ich alles klein und ohne Interpunktion« 4, 89); und am Ende (»Wer schreibt mir einen guten Schluß?«, 4, 150). Gerade an den entscheidenden Stellen weist so der Erzähler selbst auf seine »Artistik auf weißem Papier« (4, 89) hin, auf die Künstlichkeit, auf die Literarisierung, die allein schon durch das literarische Medium ›Erzählung‹ gegeben ist.

Dieser Zug wird nun von Grass noch dadurch verstärkt, dass er diesen bewussten Erzähler selbst wieder als erzählt erscheinen lässt – die Ich-Erzählung mit ihrer traditionellen Vortäuschung eines Realitätsbezugs hebt sich selbst auf, indem der Ich-Erzähler gleich zu Anfang auf seine Funktion hinweist, erzählendes Medium für eine Welt zu sein, in der er selbst handelnd auftritt: »Selbst wären wir beide [d. h. Held und Erzähler der Geschichte] erfunden, ich müßte dennoch. Der uns erfand, von berufswegen, zwingt mich, wieder und wieder deinen Adamsapfel in die Hand zu nehmen« (4, 6). Ähnliches gilt, wenn der Erzähler von den Plänen des Autors Kenntnis zu haben scheint und auf Grund des ursprünglichen Zusammenhangs der *Kartoffelschalen* die späteren *Hundejahre* ankündigt und vom Schicksal des von Schülern denunzierten und ins KZ eingelieferten Lehrers Brunies sagt: »eine dunkle verzweigte Geschichte, die an anderer Stelle, doch nicht von mir, und auf keinen Fall im Zusammenhang mit Mahlke, niedergeschrieben werden soll« (4, 41). Einmal fragt Pilenz explizit »wer schreibt hier?« (4, 105) oder weist sogar direkt auf den »Autor« als das »Schicksal« in dieser Geschichte hin (4, 123). Indem nicht der auktoriale Erzähler den Ich-Erzähler korrigiert oder sonst wie desavouiert, sondern der Ich-Erzähler selbst das eigene Erfunden-Sein, den hinter ihm stehenden auktorialen Erzähler gleichsam miterzählt, bleibt die Ich-Erzählung noch in ihrer Aufhebung bewahrt und wird in ihrer Wahrung aufgehoben – ein Verfahren, dessen sich Grass auch in seiner anderen Novelle, *Im Krebsgang*, bedienen wird.

Mit dieser dreifachen Infragestellung des Ich-Erzählers Pilenz – er erzählt aus einem starken Schuldbewusstsein heraus, das ihn zu Beschönigungen und Vernebelungen verführt, er erzählt bewusst und mit künstlerischem Ehrgeiz, er ist von einem anderen erfunden, um diese spezielle Geschichte angemessen zu erzählen – erzielt Grass denselben Effekt wie in der *Blechtrommel* mit Oskars erstem Satz: Die vorhegende Erzählung, ja das Erzählen überhaupt werden dem Leser fragwürdig gemacht. Ein generelles, dreifach signalisiertes und sich wiederholendes ›caveat lector‹ zwingt ihn zur Aufmerksamkeit, ruft ihn zum eigenen Urteil auf (zu Pilenz als Handelndem wie als Erzähler siehe vor allem: Kaiser 1971, 7ff., 35ff.; Tiesler 1971, 88ff.; Rothenberg 1976, 57f.; Bauer Pickar 1971; Bruce 1966; Reddick 1974, 64; Rohlfs 193, 54f.; zu Pilenz' Erzählinteresse vgl. sehr klar Richter 1977, 26f.).

Adamsapfel, Katz und Maus

Mahlkes Besonderheit ist bezeichnenderweise sein »Adamsapfel«, nach volkstümlicher Anschauung das Relikt des Sündenfalls von 1. Mose 3, das Adam seinen Nachkommen vererbt hat. So wird er auch einmal direkt von Pilenz als »ausgewachsene Frucht« bezeichnet, die nicht »zu schlucken« ist (4, 56). Vom ersten Menschen bis heute erben sich Disharmonie, Leid, Krankheit und Tod fort und gehören zum Wesen, zum Schicksal des Menschen. Mahlkes Adamsapfel ist somit in der Tat ein »fatale[r] Knorpel« (4, 9), konkretisierter Ausdruck des Fatums, des Verhängnisses, das auf den Menschen seit Adam lastet.

Dass der Erzähler Pilenz in solchen religiösen Dimensionen denkt (s. z.B. 4, 116) ist klar, doch darf das auf keinen Fall als Eigenheit des fiktiven Erzählers aufgefasst werden. Auch in Grass' Denken spielt die Lehre vom Sündenfall eine entscheidende Rolle, nicht als Spekulation über ein eventuelles anfängliches oder zukünftig wiederkehrendes Paradies, sondern als Feststellung eines unheilbaren Gefallenseins der Schöpfung. In »Ohrenbeichte – Brief an ein unbeschriebnes Blatt« aus dem Jahr des Erscheinens von *Katz und Maus* fällt nicht nur ebenfalls das Stichwort »Adam«, sondern Grass formuliert sein Credo: »Selbst meine Großmutter, die in sich ruhte, hatte einen Sprung von Anbeginn; und der Anbeginn hatte auch einen Sprung; am Anfang war der Sprung« (14, 47). Ide 1968 deutet in diesem Sinn die rätselhafte Äußerung von Oskars Freund Vittlar in der *Blechtrommel*, im Paradies habe es Kochäpfel gegeben (Bt 3, 743): »Alles, was die Schwarze Köchin kochte, führt letzten Endes auf den Ursprung, an den Anfang der Schöpfung zurück« (614). Im *Meissner Tedeum* heißt es entsprechend: »Wer hat dem lieben Gott / einst das Konzept versaut?« (1, 602), im *Butt* »Deine Fehl-

planung, Gott!« (8, 228) und drastischer »Haufen Scheiße, wie Gott
ihn fallen ließ« (8, 235). Mit Recht hat deshalb Loetscher schon
die *Blechtrommel* »ein eminent katholisches Buch« »im Annehmen
und Gestalten der Sündhaftigkeit der Welt« genannt (Durzak 1985,
194), und Grass hat die katholische Ideologie, eben weil sie vom
unvollkommenen, vom gefallenen Menschen ausgeht, als »lebensfä-
higer« als »die marxistische« bezeichnet (zu Bourrée 1985, 200). In
den fiktiven Dialogen der Kinder über den abwesenden Vater in *Die
Box* berichten sie, ihr Vater habe »die Tauferei« seiner Kinder u.a.
deshalb gewollt, damit »sie schon früh mitkriegen, wie angeblich
alles mit der Geschichte von Eva und der Schlange begonnen hat«
und »was davon, rein erbsündemäßig, die Folge ist« (52f.), und in
Grimms Wörtern ist Adams Erbsünde mit ihren Folgen Arbeit und
Armut ein eigenes Gedicht im ersten der dem Alphabet folgenden
Kapitel gewidmet (GW, 25).

Der »Sprung« des »Anfangs«, für den der »Adamsapfel« steht,
konkretisiert sich im Bild von »Katz und Maus« (vgl. dazu in der
Rättin 11, 339f.: »Wir wissen und haben gelernt, / den Kürbis mit
der Zwiebel, die Maus / mit der Katze zu paaren. / Zwei Gene hier-,
vier Gene dorthin: wir manipulieren. / Was heißt schon Natur! Zu
allem geschickt, / verbessern wir Gott«). Einmal ist dabei durchaus
an den naturgesetzlichen Gegensatz gedacht, der schon im Sprich-
wort symbolisch geworden ist und der ja ebenfalls Ausdruck der die
Schöpfung durchziehenden Feindschaft ist, die mit dem Sündenfall
an die Stelle paradiesischer Harmonie getreten ist. Zum anderen aber
spielt diese das Buch durchziehende Bildreihe immer auf die die
Erzählung eröffnende Szene an, in der Pilenz die Katze an Mahlkes
Adamsapfel setzt und ihn so zur »Maus« macht. Dieser reale Vorgang
bewirkt, dass »Katze« und »Maus« für den weiteren Text, wie schon
im Prätext von Tucholsky (s. S. 88) zu »objektiven Korrelaten« für
Verfolger und Verfolgten, Täter und Opfer werden (vgl. die ausführliche Analyse des Erzähleingangs durch Hermes 1991). Jede Katze,
jede Maus bezeugen fortan dieses Grundgeschehen, wobei das Bild
für die Sache eintreten kann, indem der Adamsapfel (z.B. 4, 50)
oder auch Mahlke selbst (4, 142) direkt »Maus« genannt werden,
aber auch die Sache für den gemeinten Vorgang: Eine reale Katze
in der Tucheler Heide (4, 119), die ausgestopfte Katze in der Schule
(4, 122, 125, 127) evozieren mit ihrer Nennung alle sozialen und
psychischen Verfolgungen, denen Mahlke je ausgesetzt war. In der
einzelnen Katze und der einzelnen Maus sind so zugleich immer »die
ewige Katze« und »die ewige Maus« (4, 22) anwesend, in der einzelnen Episode das immer gleiche Geschehen, im Einzelfall Mahlke das
überindividuelle ewige Gesetz.

Die ›Ewigkeit‹ des Gegensatzes von »Katz und Maus« findet ihren Ausdruck auch in der zeitlichen Abfolge des Geschehens. Pilenz' Attacke eröffnet nur die Erzählung, ist sie doch zur selben Zeit der prägnante sinnliche Eindruck, der das objektive Korrelat ermöglicht (s. S. 37f.), Beginn von Pilenz' Schuld und äußerlich Anfang (4, 120) von Mahlkes Leidensweg; aber sie ist nicht der zeitlich früheste der erzählten Vorgänge insgesamt (s. den ersten Satz der Novelle: »und einmal, als Mahlke schon schwimmen konnte«). Mahlkes Kompensationsbemühungen – Schwimmen, Radfahren (4, 8) – setzen ein, bevor seine Umwelt auf »jenen Adamsapfel« (4, 8) aufmerksam geworden ist; Mahlkes Gefühl der Vereinzelung geht dem Angriff der Gesellschaft voraus, nimmt ihn gleichsam vorweg und entwickelt schon die Mittel, um ihm zu begegnen. Während der »einsam[e] und unverstanden[e]« Oskar die Lust verliert, »bevor dieses Leben [...] anfing« (Bt 3, 54), nimmt Mahlke in derselben Situation den Kampf gegen diese Einsamkeit, gegen dieses Unverstandensein auf und kämpft um Integration, um Überwindung und Schließung des anfänglichen »Sprunges«, für die Wiedergewinnung der uranfänglichen Harmonie zwischen Mensch und Mensch, Mensch und Natur: Zum fatalen »Hals« treten so die »Gegengewichte« – auf das Gefühl des Ausgesetztseins und die Versuche seiner Überwindung lässt sich nach Pilenz' Meinung »am Ende« das Geschehen reduzieren (4, 32).

Clown und Erlöser

Hierin haben die beiden das Buch durchziehenden Bildreihen vom Clown (4, 20, 22, 25, 32, 34 [Kasperletheater], 40, 42, 56, 89 [Zirkusnummer], 99, 124, 132, 150) und vom Erlöser (4, 22, 38 (2x), 86, 89, 97 [Jesus], 124), die Mahlke kennzeichnen, ihren Ursprung: »Isoliert steht der Clown außerhalb der menschlichen Gesellschaft. Er ist das Loch in der Schöpfung. Er ist die wahrhaft tragische Figur« (2, 7), sagt der Stückeschreiber in *Beritten hin und zurück*. Ebenso ist für Grass in der »Dürerrede« der triste Clown« die Verkörperung allen Leidens an der Welt und seine Komik »die Komik des Scheiterns« (7, 302), und in *Aus dem Tagebuch einer Schnecke* wird der Clown »ein lustiger Fall trauriger Vereinzelung« (7, 188) genannt. Ritter (1977, 35) hat das auch von Mahlke benutzte typische Clownsrequisit der überdimensionierten Sicherheitsnadel gedeutet als »auffällig gesetztes Signal für das tragische Mißverhältnis von den menschlich unzulänglichen Mitteln zur ›Sicherung‹ der eigenen Persönlichkeit und den davon unbeeinflußt bleibenden Schwierigkeiten«.

Ist der Clown so die Verkörperung des uranfänglichen »Sprungs«, des »Lochs in der Schöpfung«, so ist Mahlkes Kampf gegen seine Isolierung, gegen seine »traurige Vereinzelung« ein Versuch der Selbsterlösung und provoziert seine Vergleiche mit Jesus (4, 97) als dem Erlöser. Die Faszination, die Mahlke auf seine Altersgenossen ausübt, sein »legendärer Ruf« (4, 27) liegen darin begründet. Pilenz, außer Mahlke der einzige Katholik der Clique, vermag den Kampf auch in seinen religiösen Dimensionen zu beobachten, in Mahlkes übersteigertem Marienkult. Den Glauben an Gott lehnt Mahlke konsequenterweise ausdrücklich ab (4, 132) – er ist in seinem System der Selbsterlösung überflüssig, ja störend, weil er selbst diese Stelle einnehmen will (vgl. Kaiser 1971, 24). Maria steht für eine sonst leere abstrakte »Transzendenz«, wo sich »parallele Linien im Unendlichen berühren« (4, 144), ist aber zugleich für Mahlke ganz real Frau, wegen der er auch nicht heiraten will (4, 132).

»Eigentlich […] gab es für Mahlke, wenn schon Frau, nur die katholische Jungfrau Maria. Nur ihretwegen hat er alles, was sich am Hals tragen und zeigen ließ, in die Marienkapelle geschleppt. Alles, vom Tauchen bis zu den späteren, mehr militärischen Leistungen, hat er für sie getan oder aber – schon muß ich mir widersprechen – um von seinem Adamsapfel abzulenken. Schließlich kann noch, ohne daß Jungfrau und Maus überfällig werden, ein drittes Motiv genannt werden: Unser Gymnasium, dieser muffige, nicht zu lüftende Kasten, und besonders die Aula, bedeuteten Joachim Mahlke viel, und zwangen Dich später, letzte Anstrengungen zu machen« (4, 37).

Geschichte und Zeitgeschichte

Wenn Mahlke und sein Adamsapfel auch das grundsätzliche Fatum des Menschen verkörpern, so vollzieht sich jedoch sein spezielles Schicksal unter den konkreten Umständen des Zweiten Weltkriegs. Grass hat 1967 Mahlkes Zeit in der *Rede von der Wut über den verlorenen Milchpfennig* wie in einem Kommentar zu *Katz und Maus* charakterisiert: »Tapferkeit, die ausschließlich an militärischen Leistungen gemessen wurde, geriet meiner Generation zum Glücksbegriff […]. Es kam darauf an, wieviel Tausend-Brutto-Registertonnen versenkt, wieviele feindliche Flugzeuge abgeschossen, wieviele Panzer geknackt wurden« (14, 241). Auch für Mahlke wird das Ritterkreuz zum »Glücksbegriff«, in ihm kulminieren alle drei von Pilenz aufgezählten Motive: Es schließt als Halsschmuck die lange Reihe der »Gegengewichte« wie Schraubenzieher, Grammophonkurbel, Sicherheitsnadel, Schal, Puscheln und Leuchtknöpfe ab. Verliehen wird es für besondere Leistungen – so krönt es die Bemühungen,

die Fatalität des Knorpels durch Leistungen wettzumachen, vom
Schnellschwimmen über das »Würgen« (4, 11) und »Krampfen«
(4, 75) der Kniewellen und Grätschen, über die lustlos vollbrachten
sexuellen Rekorde (2, 35f., 118) bis hin zum Tauchen, »Mahlkes
charakteristischer Beschäftigung« (Kaiser 1971, 21), mit der es das
entscheidende Kriterium, das Auffallen durch Verschwinden (ebd.,
ähnlich Roberts 1975, 310), das Ineinander von Verbergen und Hin-
weisen gemein hat.

Dieses Vorweisen des zu Versteckenden als erfolgreich Versteck-
tes, was Tauchen wie Ritterkreuz gleichermaßen bewirken, ist damit die Kompensation dessen, was die Schnee-Eule verkörpert, die
als Mahlke-Bild (4, 22) das Buch durchzieht und die Rothenberg
(1976, 38) als Mahlkes »Gefährten in der Not« deutet: als Eule ein
Nachtvogel, der sich im Dunkel verbergen möchte, den aber das
Weiß seines Lebensraums statt dessen dazu zwingt, sich gerade beim
Verbergen zu zeigen.

Maria, die ihm beim Tauchen wie beim Turnen geholfen hat, leistet ihm auch militärischen Beistand, macht ihn kugelfest (4, 123f.)
und treffsicher (4, 143) zugleich. Vor allem aber dürfen die früheren
Ritterkreuzträger eine Rede vor der Schule halten, was für Mahlke
entscheidend ist: Das Gymnasium, die Schule ist für ihn nämlich
die Instanz, die über das Gelingen seines Kampfes befindet. So wie
durch den Streich seines Mitschülers, mit dem das Buch beginnt,
vor den Augen der Schule seine Ausgeschlossenheit sichtbar wurde,
so verspricht er sich von der Anerkennung dieses Kreises auch die
geglückte Integration, die endgültige Harmonie, die Bestätigung der
Erlösung. Kaiser nennt deshalb die Aula »das zu erlangende Paradies
Adams« (1971, 26), wo er seine mit dem Feigenblatt bedeckte »Blöße vorweisen kann« (ebd., 29). Noch während der Rede des ersten
Ritterkreuzträgers verschwinden die Puscheln (4, 51), nach der des
zweiten hält Mahlke mit dessen gestohlenem Ritterkreuz General-
probe, die dessen Qualität, Inbegriff des Glücks und der Erlösung zu
sein, bestätigt: »zum erstenmal bißchen albern, keine Erlösermiene«
(4, 89).

Ab dann gilt Mahlkes Trachten nur noch dem realen Erwerb der
Auszeichnung, jeder Ersatz verschwindet; denn im Vorschein lässt
der zukünftige Orden ihn schon jetzt seinen »Adamsapfel« als über-
wunden ansehen (4, 97). Trotz seiner gefühlsmäßigen Abneigung gegen »Militär, Kriegsspielen und diese Überbetonung des Soldatischen«
meldet er sich »freiwillig« zu den Panzern, der »einzigen Gattung, die
noch Chancen in sich hat« – »obgleich ich mir kindisch vorkommen
werde in solch einem Ding, und ich viel lieber was Zweckmäßiges
täte« (4, 99). In der Gesellschaft, in der Mahlke lebt, gibt es eben

keinen anderen »Glücksbegriff« als den der »Tapferkeit, die ausschließlich an militärischen Leistungen gemessen wurde«. Mahlke ist so orientierungslos in einer pervertierten Gesellschaft, die Integrationsbemühungen in diese Gesellschaft müssen ihn notwendig selbst degradieren (vgl. Leonard 1974, 28). »The most admirable person in Grass's fiction« (Hatfield 1967, 128) wird so zum Spezialisten im Töten. Hatfields Hochschätzung Mahlkes bestätigt Grass vierzig Jahre später explizit, wenn er in *Beim Häuten der Zwiebel* die makellose Lichtgestalt des Arbeitsdienstmannes, der sich aus religiösen Gründen weigert, eine Waffe auch nur zu berühren, als Mahlkes Urbild erwähnt: »Doch später, viel später, als ich für die Novelle ›Katz und Maus‹ eine steile und absonderliche Figur, den vaterlosen Meßdiener, Oberschüler, Meistertaucher, Ritterkreuzträger und fahnenflüchtigen Helden Joachim Mahlke, entwarf, konnte mir der Verweigerer, den wir Wirtunsowasnicht nannten, Modell stehen« (19, 94).

Hier ergibt sich ein weiterer Aspekt des Ritterkreuzes, den Mahlke nicht sieht, den aber der Erzähler erkannt hat: Die im bloßen Namen der Auszeichnung vorliegende Perversion der Werte ist es, die Pilenz hindert, sie überhaupt beim Namen zu nennen (so z.b. 4, 123) – das Wort »Ritterkreuz« fällt bekanntlich nur einmal, auf der letzten Seite (zu allen Kreuz-Begriffen in *Katz und Maus* vgl. Tiesler 1971, 58f.; zu allen Ersatzwörtern für Ritterkreuz ebd., 62). Mahlke, der sich in vielen Zügen als wirklicher Ritter erwiesen hat (vgl. Cunliffe 1969, 87ff.) merkt nicht, wie seine Ideale vom NS-Staat missbraucht werden. Roberts (1975/76), der Cunliffes Beobachtungen ergänzt, weist darauf hin, dass sich das Rittertum des »Ritterkreuzes« zum wahren Rittertum verhält wie Hitler zu Karl dem Großen, in dessen Kostüm er einmal gezeichnet wird (4, 39), wie die neugotische Aula zur echten Gotik. Mahlke bemerkt das nicht. »Unfortunately, Mahlke's sensitivity in the private sphere [s. z.B. den ›Streich‹ mit dem gebrauchten Präservativ 4, 24f.] does not extend to the political one« (Leonard 1974, 29).

Vater, Kirche, Schule

Von außen her erfährt Mahlke keine Hilfe. Kaiser hat überzeugend die ständige »Beschwörung« (4, 104) des verunglückten Vaters in ererbter Kleidung (4, 10 und passim) und altklugen Worten (so 4, 104) als Hinweis auf »die vaterlose Gesellschaft« gedeutet (1971, 26ff.), die Mahlke orientierungslos macht und den nur ein Jahr Älteren zugleich einer ebenso vaterlosen Gruppe als Vaterersatz erscheinen lässt (ebd., 23ff.). Der Sohn bemerkt nicht die Wertver-

schiebung zwischen dem Menschenleben rettenden Heldentum des
Vaters (4, 105, 126, 143) und dem eigenen Heldentum, das sich
gerade in der Vernichtung von Leben äußert, und keine der Instanzen, die die Aufgabe hätten, ihn zu leiten, ist imstande, ihn darauf
aufmerksam zu machen. Schule und Krieg, Sport und Krieg, Kirche
und Krieg – alle sind gegen- und miteinander austauschbar. Die
Messe wird von den Messdienern zur Seekriegsmesse umgestaltet,
mit Versenkungsziffern »anstelle des Meßtextes« »zwischen Latein
und Latein« (4, 49) – ebenso hat der Spezialist für Versenkungen
vorher Theologie und Germanistik studiert (4, 68). Und die Kirche
hat als ihre Antwort darauf ein »handliches Metallkruzifix – Son-
deranfertigung für katholische Einberufene« (4, 110) parat. Die katholische Kirche erscheint hier – wie auch in der *Blechtrommel* – als
Einrichtung zur Stabilisierung aller irdischen Verhältnisse mitsamt
ihren Fehlern. Dem systemkonformen »Sonderkreuz für Einberufene« entsprechen die »Kolonialwarenhändlerinsünden« der »arme[n]
Mama«, die sie »in Hochwürden Wiehnkes Ohr« abfüllt, »wie sie
Zucker in blaue Pfund- und Halbpfundtüten abzufüllen pflegte« (Bt
3, 425). Die Jungfrau dient Mahlke zum besseren Zielen auf russische Panzer, wie Agnes Matzerath Beichte und Kommunion letztlich
nur den Ehebruch mit Jan Bronski erleichtern (3, 465). Wo Agnes
»im Beichtspiegel wie über Geschäftsbüchern« »eine Steuererklärung
erfindend« blättert (3, 182), wird Mahlkes Beten »in einem obszönen
Sinn Turnübung« (Kaiser 1971, 21), wie umgekehrt der Panzerab-
schuss als fast physischer Verkehr mit der »Jungfrau« erscheint, bei
dem man nur mit dem Geschütz auf sie »draufhalten draufhalten
drauf« muss – »nicht vor der Brust, sondern tiefer« (4, 143).

Schule und Kirche erscheinen austauschbar im Bereich des
Sports: Turnlehrer Mallenbrandt unterrichtete »auch Religion« und
leitet einen »katholischen Arbeiter-Turnverein« (4, 12), während
Pfarrer Gusewski »mit den Erstkommunizierenden Tischtennis in
der Sakristei« spielt (4, 96). Wiederholt wird betont, dass die Marienkapelle eine frühere Turnhalle ist und die neugotische Turnhalle
des Conradinums wie eine Kirche wirkt, weshalb der Umkleideraum
von den Schülern geradezu »Sakristei« genannt wird. Grass verfährt
mit diesen Gleichsetzungen exakt nach mathematischen Regeln: Wie
Sport und Kirche, Kirche und Krieg gleich sind, sind auch Sport und
Krieg gleich – das Abschießen von Flugzeugen ist wie Torewerfen
beim Handball »hier auf unserem guten alten Pausenhof« (4, 53).
Auch diese Abschüsse sind wie Mahlkes Panzerknacken sexuell geladen – der Sexualjargon des »Kasinos« (4, 54) ist mit dem Fliegeridi-
om identisch: »stoße steil von oben, hab ihn drinnen [...] wiederhole
die Nummer, klappt auch, zieh den Knüppel [...] der Dritte vor

die Spritze« usw. (4, 52). Dasselbe gilt für die Torpedos der Marine, die nicht umsonst »Aale« (s. S. 75f.) heißen. Schon Oskar hatte in deutlicher Absicht den Verkehr zwischen Matzerath und Maria neben Sondermeldungen über »in den Grund« gebohrte Schiffe montiert (Bt 3, 379), und dies wiederholen der Kapitänleutnant mit seinen »Braut«-Metaphern und der »todbringenden Hochzeit« (4, 72) ebenso wie Pilenz und Mahlke mit »Sondermeldungen mit teils säuischen, teils bombastischen Versenkungsziffern« und »neuen Strophen« des Englandliedes, in denen »bestimmte Mädchen und Lehrerinnen der Gudrun-Oberschule mittschiffs angebohrt wurden« (4, 88; zur Symbolik in *Katz und Maus* generell, speziell zur sexuellen vgl. Stüben 2008).

Die Schule hat an dieser gemeinsamen Pervertierung aller Bereiche teil: Der Kapitänleutnant denkt bei der Versenkung seines ersten Tankers an seinen Lateinlehrer und dekliniert »qui quae quod« (4, 71). Roberts (1975/76, 321) hat den »Conradischen Geist« (4, 129, 131) knapp anhand der von Pilenz genannten Namen analysiert: »The tradition which begins with Lessing, Goethe, Schiller, and continues with Fichte, Arndt, Eichendorff, and ends with Walter Flex, Löns and Dwinger.«

Kaiser (1971, 32) hat darauf hingewiesen, dass diese Austauschbarkeit aller Bereiche auch in der Wortwahl des Erzählers zum Ausdruck kommt, wenn Pilenz schreibt, dass Mahlke beim Kommunizieren »immer [...] links außen kniete« (4, 50, 81). Zusätzlich wird sie in einem Netz von Bezügen veranschaulicht, in dem fast jeder Begriff und Gegenstand bedeutsam werden: So trägt Mahlke beim letzten Untertauchen »jene [] roten Turnhosen, die ein Stück Tradition unseres Gymnasiums bedeuteten« (4, 145). Eine Seite weiter spricht Pilenz vom »Fahntuchrot der Gymnasiastenturnhose« (4, 146), in der Buchmitte von den »meßdienerroten Turnhosen unseres Gymnasiums« (4, 76) – die Turnhose wird hier zum »objektiven Korrelat« für das Ineinander von Kirche, Schule, Vaterland und »bezeugt« (s. S. 38) diese Instanzen als anwesend, als beteiligt bei Mahlkes letztem Untertauchen (zur Austauschbarkeit der Bereiche vgl. z.B. Bauer Pickar 1970; Durzak 1971, 132f.; Ide 1968, 616f.; Kaiser 1971, 32; Richter 1977, 86f.; Roberts 1975/76).

Mahlkes Ende

Mahlke scheitert. Zwar erwirbt er das Ritterkreuz und erscheint Pilenz mit der Auszeichnung in der Tat einen Moment lang wie erlöst: »keine Erlöserhaare [...] Dennoch Erlösermiene: der Hoheitsadler an einer wie genagelt im Lot sitzenden Feldmütze spreizte sich über Deiner Stirn als Taube des Heiligen Geistes« (4, 124) – die Anspielung auf Jesu Taufe (Mr 1, 10) als Inthronisation als Gottessohn (Mr 1, 11) ist deutlich. Doch wird ihm gerade der entscheidende Triumph, der Einzug ins »Paradies«, das Zeigen der verdeckten Blöße (s. S. 98) verweigert. Mahlkes Zusammenbruch danach ist total: Alles, was ihm vorher für seinen Kampf wichtig war, verliert an Bedeutung: Er will nicht mehr in den Krieg zurück (4, 136), aus der Sphäre der Jungfrau Maria wechselt er über in das Reich Tullas, jener geheimnisvollen Nixe und Todesbotin, die in der Luzie Rennwand der *Blechtrommel* schon vorbereitet ist (so Rt 11, 91) und in den *Hundejahren* sowie in *Im Krebsgang* weitere Kontur gleichermaßen als Todesdämon wie als »femme fatale« gewinnt (s. S. 117f. und Neuhaus 1970). Indem Mahlke sich mit ihr verbündet, wählt er den Untergang: »Wegen der will ich nicht mehr raus« (4, 136). Mahlke vermag offenbar nicht, nach dem Scheitern des alten Strebens zu neuem sinnvollen Handeln zu finden, »was Zweckmäßiges« zu tun, wie er einst hoffte (4, 99). Mahlke endet so dort, wo Oskar, von der Zeit kurz nach 1945 abgesehen, sein ganzes Leben lang geblieben ist: isoliert von der Welt. Er zieht sich unter Wasser in die verstummte Funkkabine des gesunkenen Schiffes zurück. Auf dem Weg dahin hat er sogar das Schwimmen verlernt, mit dem er seinen Kampf um die Anerkennung einst begann. Diese wasserdichte, lichtlose Kabine schließt sich lückenlos an Oskars Verstecke unter Tischen und Betten und in fensterlosen Räumen an und ist wie sie Symbol der Annullierung der Existenz. Sein Wegtauchen wird geschildert wie eine Umkehr des Geburtsvorgangs (4, 147; vgl. Kaiser 1971, 21f.; Rothenberg 1976, 56, Anm. 55 und 56).

Mahlke ist durch sein besonderes Schicksal offenbar noch während des Krieges zu der Erkenntnis gelangt, die jedem Ritterkreuzträger nach Grass' Ansicht spätestens nach Kriegsende hätte kommen müssen (s. 14, 241f.): dass sein Idealismus, sein Heldentum missbraucht worden ist, dass es falsch, pervers von Anfang an war, weil die Richtung verkehrt war. Darauf scheint auch das von Grass entworfene Titelbild hinzuweisen: Auf ihm ist eine fette, wohlgerundete, selbstgefällige Katze Trägerin des Ritterkreuzes, das doch an sich die Maus vor ihr schützen sollte (zum Titelbild vgl. mit anderen Akzenten Tiesler 1971, 40). Hatfield 1967, 128 deutet den Schluss so: »When he realizes that the way of life represented by that decoration is false, he throws it – and presumably his life – away. By so doing he saves his soul« – aber, wie vor ihm Oskar, nur in der passiven Weise der privaten, individuellen Selbstbewahrung, der Weise des Säulenheiligen.

Gerade beim in seinem Erlösungsplan gescheiterten Mahlke stellen sich verstärkt Christus-Parallelen ein: An einem Donnerstag wird sein Schicksal besiegelt, am Freitag taucht er nach einem letzten Abendmahl und nach dem Ringen und dem »Schweiß« von Gethsemane (4, 142 nach Lukas 22, 44, vgl. Tiesler 1971, 99) unter. Sein Jünger und Verräter, Pilenz als Judas, spielt dabei eine entscheidende Rolle: Er hatte Mahlkes Bemühen mit größter Verehrung und Hoffnung verfolgt (vgl. Richter 1977, 27: »Der nach einem ideologischen Halt suchende Pilenz benutzt Mahlke als einen Quell der Offenbarung«) – nach seinem Scheitern trägt er aktiv dazu bei, dass Mahlke unter Wasser flüchtet. Er hofft, mit dem gescheiterten Mahlke auch das von ihm repräsentierte Problem, das Wissen von der Isolierung des Menschen, das Wissen vom »Sprung« im Anfang aus der Welt geschafft zu haben. Stattdessen muss er erfahren, dass der abwesende Mahlke universal präsent ist (s. S. 92) – wie ihm schon einmal die von ihm weggeschlagene Schrift »deutlicher als zuvor die gekerbte Schrift gesprochen hatte« (4, 117). Diese andauernde Präsenz Mahlkes drückt sich nicht zuletzt in den ständigen Du-Anreden an ihn aus, die Pilenz' Bericht durchziehen. Seit Mahlkes ›Karfreitag‹ wartet er auf dessen ›Ostern‹ – deshalb lautet der letzte Satz »Aber Du wolltest nicht auftauchen« –, seit seinem Verschwinden in der verstummten Funkerkabine wartet er vergeblich auf eine Botschaft Mahlkes – »Seit jenem Freitag weiß ich, was Stille ist« (4, 145).

Pilenz, der Jünger, der mit Mahlke nicht fertig wurde und ihn verriet, wird jetzt mit dem untergetauchten Mahlke nicht fertig, schreibt deshalb seine Geschichte auf und wird so sein Evangelist. Wie *Die Blechtrommel* ist auch *Katz und Maus* das Evangelium der gefallenen Schöpfung. Mahlke ist es nicht gelungen, die uranfängliche Disharmonie der Welt zu überwinden, und Pilenz konnte das Wissen von diesem Fehlschlag nicht verdrängen. So bleibt nur der Weg, in der Erzählung von Mahlke die Disharmonie der Welt zu gestalten und so das »Loch in der Schöpfung« offenzuhalten. John Irving wird exakt dieses Nachsinnen über den toten Freund zum Vorbild für John Wheelwrights Nachdenken über Owen Meany wählen (s. S. 86).

9. Hundejahre

Entstehung

Grass hat das Erzählverfahren für die *Hundejahre* nach seinen eigenen Mitteilungen durch die Herauslösung von *Katz und Maus* aus dem Komplex der *Kartoffelschalen* entwickelt, indem er für die Geschichte des Ritterkreuzträgers (s. S. 88) Pilenz als Erzähler erfand und den zunächst vorgesehenen Chronisten, der das Buch beim Kartoffelschälen seiner Luise erzählen sollte (vgl. den Vorabdruck in *Akzente* 8, 1961, 196-206), durch drei verschiedene »Erzählpositionen« (Arnold 1978, 18) ersetzte, für die er jeweils nach Pilenz' Vorbild entsprechend dem zu erzählenden Stoffkomplex fiktive Erzähler schuf. Die Entstehung aller drei Werke der »Danziger Trilogie« ist als Arbeitskontinuum anzusehen: Noch während der Fahnenkorrektur zur *Blechtrommel* entwirft Grass Arbeitspläne zum Komplex der *Kartoffelschalen*, an dem er 1960 intensiv arbeitet. Ende 1960 gibt er den alten Plan, zu dem etwa 300 Seiten Typoskript vorliegen, auf, schreibt *Katz und Maus*, das schon am 9. Mai 1961 an den Verlag abgeht, und schon am 12. Mai steht das endgültige Gerüst der *Hundejahre* fest, das Grass bereits zwei Jahre später abschließt (vgl. Neuhaus 1995, 86-88).

Auch diese Fortschreibung des 1958 einsetzenden epischen Schubes steht noch ganz im Kreativitätsrausch der 50er Jahre (s. S. 3); auch die *Hundejahre* sind von Zeichnungen und Ballettentwürfen begleitet, und wie in die fertige *Blechtrommel* umgeformte Ballettlibretti und ein absurdes Theaterstück Eingang fanden, so bietet die geräumige Erzählfiktion der *Hundejahre* Platz für das Theaterstück *Eine öffentliche Diskussion* als Beispiel der neuen dialektischen Theaterphase (5, 618-664, s. dazu S. 20), ein komplettes Ballettlibretto, das in der Vertonung durch Aribert Reimann 1970 uraufgeführt wurde (vgl. Weyer 2007, 131-144) und last not least eins von Grass' schönsten Gedichten, eine Hymne an die Unreinheit (5, 387f.) als Variation über ein Thema von Albert Camus, wie Dieter Stolz in seiner Dissertation 1994 nachgewiesen hat.

Die Erzählfiktion

Grass entwickelt für die endgültige Fassung des Komplexes *Kartoffel-schalen* eine die drei Einzelerzähler übergreifende Herausgeberfiktion: Brauksel, dessen Identität mit Amsel-Haseloff-Goldmäulchen zwar wiederholt angedeutet wird (z.B. 5, 98, 386), aber erst auf Seite 703 direkt ausgesprochen wird, steht einem »Autorenkollektiv« (5, 68, 74, 119, 146) vor, das die Aufgabe hat, eine »Festschrift« zum zehn-jährigen Bestehen von Brauksels Firma (5, 37), ein »Handbuch über den Bau wirksamer Vogelscheuchen« (5, 44) zu verfassen. Die drei Erzähler haben vor Arbeitsbeginn Arbeitsplan und Vorgehen bei zwei Zusammenkünften »auf Geschäftskosten der Firma« (5, 57) bespro-chen, man hat den Stoff untereinander aufgeteilt (5, 68, 74, 386), Brauksel, der als Firmenchef die Honorare zahlt, überwacht auch Einzelheiten des Schreibens (5, 145, 249, 266), beantwortet Rück-fragen der Mitautoren (5, 57, s. dazu 5, 337) und drängt telegrafisch auf Fertigstellung vor einer bedrohlichen Planetenkonjunktion am 4. Februar 1962 (5, 387); diese Planetenkonstellation erwähnt Grass auch im offenen Brief an Siegfried Lenz vom 7.2.1962 (abgedruckt Arnold/Görtz 1971, 277-279).

So entstehen die drei Teile der *Hundejahre* gleichzeitig; während Brauksel seinen ersten Teil erzählt, haben »die anderen Chronisten sich gleichfalls und termingerecht über die Vergangenheit gebeugt« (5, 22). Alle drei werden am 4. Februar 1962 fertig, im zeitlich zu-letzt entstandenen Teil, der »Letzten Frühschicht« (5, 145-149) vom 5. Februar 1962 kann Brauksel »auf Frühschichten und Liebesbriefe des Schauspielers Bekenntnisse stapeln« und einen Übergang von seinem Teil zum folgenden, zu Liebenaus *Liebesbriefen* schaffen. Das Buch liegt fertig vor und kann zum Druck gehen, Brauksel wird dann »die Korrekturen lesen« 5, 146).

Brauxel, Brauksel, Brauchsel – die Schreibung gehorcht der »Laune« (5, 9) – ist der Autor des ersten Teils, der »Frühschichten«. »Brauksel« und »Amsel« sind mithin – was der Leser allerdings nicht sofort erfährt – in diesem Teil die unterschiedlichen Namen des er-zählenden und des erlebenden Ichs (vgl. Rohlfs/Arnold 1978, 53). Durch die erst später von Matern aufgedeckte Identität des Erzählers mit einer am Geschehen beteiligten Figur wird dieser erste Teil im Grunde erst im Nachhinein zur Ich-Erzählung; auf Stanzels Typen-kreis ist er von der Erzählsituation her noch stärker dem auktorialen Erzählen angenähert, als es Oskars Bericht schon war (s. S. 50).

Der Titel *Frühschichten* ist dabei doppeldeutig gewählt: Einmal ist die erzählte Periode die früheste Schicht des Buches, sie erstreckt sich, von einer Vorgeschichte abgesehen, von der Geburt Amsels und

Materns 1917 bis zur Geburt Tullas am 11.6.1927. Zum andern
bezieht sie sich auf die Zeit des Erzählens: Brauksel schreibt, wie in
der Einleitung zu fast jeder *Frühschicht* betont wird, während der
jeweiligen Frühschicht seiner Fabrik – eine Namensgebung von den
Erzählumständen her, die an Jean Paul erinnert, der z.B. den *Hespe-
rus* in *Hundsposttage* – vom Mittel der Kommunikation her – einteilt
(vgl. Böschenstein 1971, 90). Dadurch, dass die Erzählung jeweils
in der genau datierten Erzählergegenwart einsetzt, wird das Erzählte
als Rückschau des Erzählers und damit als vergangen bewusst gemacht. Brauksel spielt als einziger der Chronisten bewusst mit dem
Verhältnis von Erzählzeit zu erzählter Zeit, wie es schon Grass' Vorbilder Sterne oder Jean Paul (s. S. 27) liebten. Grass tut das z.B. in
der Geschichte vom Wurf des Taschenmessers, die durch sechsfaches
»mittlerweile« (5, 19f.) sowohl die mit dem Wurf wie die mit dessen
Beschreibung gleichzeitigen Vorgänge in den Blick bringt und dabei
auf das Missverhältnis hinweist, dass die Sekunden des Wurfs beim
Beschreiben an die Grenze zweier Frühschichten fallen und dem-
nach auf mehr als 24 Stunden verteilt werden (5, 16-20; vgl. Goetze
1972, 15-18). Für den Vergangenheitscharakter des Erzählten auf-
schlussreicher ist das Springen des Erzählers innerhalb der von ihm
in ihrer ganzen Erstreckung überblickten Vergangenheit: Nach der
Eröffnung mit der Taschenmesserepisode in der ersten bis vierten
Frühschicht greift die fünfte zeitlich zur Herkunft und zur Geburt
der Helden zurück, und am Ende der siebten heißt es, dass Eduard
Amsel, »der während der ersten bis vierten Frühschicht Bohnenstan-
gen, Dachlatten und bleischwere Klamotten aus der hochgehenden
Weichsel fischte«, »jetzt im Nachtrag getauft werden soll« (5, 33).

In ihrem Verhalten zur Vergangenheit, von der sie erzählen, unterscheiden sich die Chronisten am deutlichsten voneinander. Der
zweite Teil wird von Harry Liebenau in *Liebesbriefen* an seine Cousine Tulla erzählt. Die Briefmerkmale beschränken sich jedoch auf
die spielerische Übernahme der Anredegepflogenheiten, »als beginne
ein Brief«, »als schriebe ich Dir einen und hundert Briefe« (5, 153),
wie es im Irrealis heißt. Aber selbst dieser lockere Briefanklang wird
häufig aufgegeben und durch die bloße Nennung des Namens ersetzt. Die wirkliche Briefromane wie den *Werther*, an den Cunliffe
fälschlich erinnert (1969, 21), strukturierende Zeitperspektivik – der
Erzähler erzählt parallel zum Erleben und überblickt rückschauend
jeweils nur kurze Abschnitte (vgl. Neuhaus 1971, 35ff.) – fehlt gänzlich; Harry Liebenau erzählt vielmehr um die Jahreswende von 1961
auf 1962 die Ereignisse aus den Jahren von 1922 bis 1945 und streut
in diese zusammenhängende Erzählung gelegentlich den Namen seiner Cousine ein, der dabei oft lediglich typografisch hervorgehoben

wird (5, 159, 161, 168). Auch diese aus einheitlicher Rückschau geschriebene Erzählung dient nun nicht etwa als Ganzes der Kommunikation mit Tulla – Liebenau schreibt für Brauxel (5, 233) und die Leser der »Festschrift«; für Tulla ist »jedes meiner Worte [...] verloren [...]. Du hörst nicht zu« (5, 153).

Dadurch, dass der Harry Liebenau des Jahres 1962 nur selten in den Blick kommt (z.B. 5, 292f.), orientiert sich der Leser, anders als etwa bei Brauxel oder Oskar, vorwiegend am erlebenden Harry. So wirkt die Erzählung stärker vergegenwärtigend, als es betont in die Erzählergegenwart eingebettete Ich-Erzählungen tun. Dazu passt, dass sich Harry Liebenau auch fast völlig der Erzähler-Kommentare auf Grund der zwischen dem Erlebten (vor 1945) und dem Erzählen (lange nach 1945) gewonnenen Einsichten enthält. So liegt auch der ausschließliche Bewertungshorizont beim Kind und beim Jugendlichen der Vorkriegsjahre und der Kriegszeit. Vergangenheit wird vergegenwärtigt, ohne dass dabei eine fruchtbare Spannung zur Gegenwart entsteht.

In Liebenaus Bericht finden sich deshalb auch die typischen vergegenwärtigenden Einschübe nach dem Muster »Beide [...] hatten, um die Zeit nach dem Polenfeldzug, kaum den Anflug von Brüsten« (5, 336, s. S. 64f.). Dass diese Art des Erzählens nicht auf einer Eigenart Liebenaus beruht, sondern mit seinem Erzählauftrag innerhalb des Autorenkollektivs zusammenhängt, macht er gleich zu Beginn deutlich, wenn er vom Schicksal der Koschneiderei im Zweiten Weltkrieg berichtet und dabei – wie Oskar, s. S. 68 – den Bezug zwischen der Vergangenheit und einer Gegenwart herstellt, in der sich die Aggression zu wiederholen droht: »Angstmacher, Buhmänner, schreckliche Spaßmacher schütteln schon wieder den Briefbeschwerer, die Faust... Oh Tulla, wie soll ich Dir von der Koschneiderei, von Harras und seinen Duftmarken, von Knochenleim, Malzbonbons und dem Kinderwagen berichten können, wenn auf die Faust zu starren zum Zwang wird!« (5, 164f.; gegen Goetze 1972, 75, der die Stelle irrig auf 1939 bezieht).

Harry Liebenau ist nicht, wie Amsel und Matern, von seiner Geschichte, seinem Erleben her wichtig, sondern als Erzählmedium. Während Amsel und Matern als Hauptpersonen geborene Chronisten für ihre Geschichten sind, wird Harry Liebenau von Brauksel als Mitautor gesucht und erst nach einer Prüfung zugelassen, d. h. er wird, ähnlich wie Pilenz, von Grass wegen seiner Erzählfunktion und auf diese hin geschaffen: »Das war immer schon meine Stärke: hinterdreinzockeln, neugierig sein, zuhören« (5, 313). Diese Eigenschaften – Harry nennt sie bezeichnenderweise, als er »Zeuge« einer Marienvision Materns ist – müssen die Strapazierung und Überdehnung, die die Logik der auf Selbsterlebtes oder -gehörtes beschränkten Ich-Erzählung in Harrys »Liebesbriefen« erfährt, rechtfertigen – man denke etwa an das doppelte Schneewunder (5, 281-291) oder den Besuch in Amsels Villa (5, 308f.). In dieser Überschreitung der Ich-Perspektive zur auktorialen hin präfiguriert Liebenau geradezu das Erzählerkollektiv in *Ein weites Feld.* Über Liebenaus weiteres Schicksal informiert uns *Im Krebsgang:* In der Bundesrepublik bringt er es bis zum »Kulturredakteur für den Südwestfunk [...] Lyrik gegen Mitternacht, wenn nur noch die Schwarzwaldtannen zuhörten« (18, 19) und stirbt mit Anfang 50.

Die »Materniaden«, der dritte Teil, haben nach dem Muster der »Simpliziaden« und »Robinsonaden« ihren Namen von ihrem Erzähler und Protagonisten Walter Matern – der Titel fällt in seiner Erzählung selbst als Bezeichnung für seine eigenen Abenteuer (5, 511) und die seiner Vorfahren (5, 514, 696). Matern hat wieder ein anderes Verhältnis zur Vergangenheit. Auf Grund seiner Verfehlungen, seiner Schuld will er sie verdrängen, nicht zur Kenntnis nehmen, nicht wahrhaben. »Der Herr Schauspieler hält wenig von doppelter Buchführung, obgleich Brauxel ihm nach jahrelangem Aufrechnen peinlicher Bilanzen zu peinlichem Saldo verhalf« (5, 65). Nicht ohne Grund schwach in Geschichte (5, 730) und ohne »Gedächtnis« (5, 467), will Brauksel ihm mit »Vorschüssen« und »Terminen« »zu einem verhelfen [...]. Matern soll von damals quasseln« (5, 467).

Dieses gestörte Verhältnis des Helden zur Vergangenheit schlägt sich auch in seinen »Materniaden« nieder. Nicht nur hat er bei den Redaktionsbesprechungen den zeitlich letzten Teil, die Nachkriegszeit von 1946 bis Mai 1957 übernommen – er weigert sich direkt, das Präteritum zu gebrauchen: »Es fiel nicht Schnee [...] es fällt. In zwölfter Buhne von links stand nicht geschrieben, es steht geschrieben. Matern schreibt Präsens« (5, 512). Darin liegt ein Doppeltes: Einmal ist es das lobenswerte, von seinem Auftraggeber Brauksel und seinem Autor Grass geteilte Bestreben, das Vergangene nicht vergangen sein zu lassen (s. S. 64), das ja geradezu die geistige Grundlage seiner »Materniaden«, seiner Rachefeldzüge durch die entstehende Bundesrepublik Deutschland ist. Zum andern bedeutet es aber auch, dass Matern seine eigene Vergangenheit radikal vergessen hat und sie sich von seiner jeweiligen Rolle aus zu dieser passend neu erfindet – er ist nicht zufällig Schauspieler. Materns »Präsens« bedeutet somit für seine Sicht der andern ständige Fortdauer, ewige Gültigkeit des Vergangenen, für seine Selbstbeurteilung radikales Absehen von Vergangenem, reine Geltung der Gegenwart. Eine fruchtbare Spannung zwischen Gegenwart und Vergangenheit ergibt sich auch hier nicht.

In solchem Verhältnis zur »Vergangenheit«, über die sie sich durch Brauksels Zwang gleichermaßen ›beugen‹ müssen (5, 22), unterscheiden sich die Autoren des Kollektivs. Sie verdreifachen so nicht nur als Ich-Erzähler den Erfahrungshorizont für den Roman im Ganzen, sie verkörpern auch drei Möglichkeiten, sich zur Vergangenheit zu verhalten, die zugleich mit ihren unterschiedlichen Rollen korrespondieren: »Opfer, Zeuge, Täter« (Goetze 1972, 28, s. auch 8; zur Fiktion der drei Erzähler allgemein vgl. Richter 1977, 31ff., 61ff. und Abbott 1982).

Über diesen verschieden ausgeprägten Rollen fallen Ähnlichkeiten im Sprachgebrauch, die Harscheidt 1975, 50-65 untersucht, nicht ins Gewicht. Die angeblich beweiskräftigen Entsprechungen sind, was Harscheidt übersieht (so die zwischen 5, 57 und 337), auch in der Fiktion vom selben Erzähler; was übrigbleibt, ist die allgemeine Familienähnlichkeit auf Grund der Herkunft vom selben Autor, der solche Erzählfiktionen zugleich erfindet und »bei Laune« aufhebt: »Spieltrieb und Pedanterie diktieren und widersprechen sich nicht« (5, 9), schreibt der federführende »Brauksel« gleich zu Beginn. Auch auf Grund der formalen Entsprechungen zwischen dem »Schlußmärchen« (5, 387) der *Liebesbriefe* (5, 387-463) und dem Schluss des ersten Buches der *Blechtrommel* (3, 253-264) kann nicht einfach Grass als dessen Autor angenommen werden, der hier seinen Erzähler Liebenau korrigiert (gegen Goetze 1972, 6, 9, 57f.; Leonard 1974, 37f.). In der Herausgabefiktion erhält Liebenau ein Telegramm Brauksels, das ihn zum Abschluss seines Berichts unter genauer Angabe dreier entscheidender Punkte auffordert (5, 387). Liebenau beginnt darauf sogleich mit dem Märchen, das dann genau die angegebenen Punkte berücksichtigt. Ebenso gilt auch in der Fiktion der Schauspieler Matern von Brauksels erster (5, 9) bis zu Brauksels letzter Frühschicht (5, 145) und von seiner eigenen ersten (5, 467) bis zu seiner 103. Materniade (5, 739) als Autor der »Materniaden«. Denkbare Einwände lässt Grass von Brauksel schon im vorhinein entkräften: »Frühschichten Liebesbriefe Materniaden: Brauksel und seine Mitautoren gingen bei jemandem in die Schule, der zeit seines Lebens fleißig war, auf lackiertem Blech« (5, 129, vgl. dazu auch die »magisch schmeckende« initiationsähnliche Begegnung, die sowohl Pilenz und Mahlke (KuM 3, 108) wie der Herausgeber Amsel-Brauxel (5, 261) mit Oskar haben).

Amsel und Matern

Der Roman gewinnt seine Konturen vom Lebenslauf dieses in Freund-
Feindschaft verbundenen Paares, eine Konstellation, die Grass von den
Krudewils und Pempelforts seiner frühen Dramen bis zu Fonty und
Hoftaller in *Ein weites Feld* und Conny und David in *Im Krebsgang*
liebt und pflegt (s. S. 14). »Die Spannung zwischen Walter Matern
und Eddi Amsel treibt die Handlung der ›Hundejahre‹ voran« (Richter 1977, 50). Unter bewusster Umstellung der Zeitsequenz, wie sie
auch in *Katz und Maus* zu beobachten war und wie sie im Bildungsroman allgemein üblich ist, setzen sie an einem Krisenpunkt dieser
Beziehung ein: Matern wirft das Taschenmesser, »objektives Korrelat«
für Abhängigkeit (Geschenk Amsels, das Amsel mit seinem Geld gekauft hat, 5, 56) und Blutsbrüderschaft (5, 18) weg. An diese »kurz-
atmigen Revolten« (5, 80) schließt sich eine Wette an: Wird Matern
ein neues Messer von seinem Freund annehmen oder nicht? (5, 21).
Der hier eröffnete Spannungsbogen schließt sich erst am Ende des
Buches, wenn Matern das Messer zurückerhält, um es sofort wieder
wegzuwerfen. Da der Leser zu diesem Zeitpunkt die Wette vielleicht
schon lange vergessen hat, eröffnet Grass etwa in der Buchmitte einen
zusätzlichen Spannungsbogen: Nach dem Attentat auf Amsel trennen
sich Materns und Amsels Wege, laufen aber für den Leser weiterhin
bei Harry Liebenau zusammen, der, solange er erzählt, über beide Informationen gibt. Sobald Matern die Erzählung übernimmt, erweisen
sich die Sawatzkis als Bindeglied zwischen ihm und »Goldmäulchen«
(5, 522), dessen Identität mit Amsel zu diesem Zeitpunkt nur der
Leser kennt (5, 630). Da Goldmäulchen aber »alle naslang« (5, 523)
nach Matern fragt, ist für den Leser eine Wiederbegegnung beider
nicht vom Zufall, sondern von Amsel-Goldmäulchens Arrangement
abhängig. Schurr spricht davon, dass Amsel/Brauchsel »mit dem Tod
eine Art Allmacht zugewachsen« sei; fortan sei er, beginnend mit der
Rolle des entlassenden Offiziers »Mister Brooks/Brookes/Braux« im
Kriegsgefangenenlager (5, 468f.), als »Drahtzieher im Hintergrund
[...] in Materns Leben durch seine Manipulationen omnipräsent, ohne dass der begriffe« (2001, 246). So wartet der Leser, der dies ahnt,
auf das Wiedersehen der beiden, das dann am Buchschluss erfolgt
und in der Rückgabe des Taschenmessers seinen Höhepunkt findet.
Dies dürfte auch einer der Gründe sein, warum die Identität des Herausgebers Brauksel mit Amsel zwar angedeutet, aber nicht direkt ausgesprochen wird: Würde Amsel gleich zu Beginn bei seinem Namen
genannt, würde von Anfang an der Ausgang der Wette und damit der
Schluss des Romans für den Leser feststehen: Ein Matern, der gegen
Vorschüsse und unter Ermahnungen für Amsel schreibt, hat sich eben

nicht von seinem Freund-Feind und Blutsbruder lösen können. Dieser
Effekt tritt jetzt für das abermalige Wegwerfen des Taschenmessers ein:
Wir brauchen gar nicht erzählt zu bekommen, dass Amsel sein Versprechen (5, 701f.) wahrgemacht hat – die Mitarbeit Materns beweist
es uns ohne jeden Zweifel.

Amsel und Matern sind als bewusste Gegensätze konstruiert:
Künstler und Täter, Beobachter und Handelnder. Wo Amsels Charakteristikum das erkennende Auge ist, ist Materns Kennzeichen die
handelnde, prügelnde, ideologisch fixierte Faust (vgl. Cepl-Kaufmann 1975, 44 und Nachweise 238). Wo Matern von unermüdli-
cher Potenz ist (5, 583), ist Amsel es nur vermittelt in seiner Kunst
– »mit weichem Blei potent gemacht« (5, 226), wie auch beider
Verhalten im Bordell zeigt (5, 210f.). Im gewissen Sinn setzen sie so
die Rollen von Oskar und Mahlke gesteigert fort. Was bei Mahlke
Einzelaktion, Kampf des einzelnen um seine Erlösung war, wird bei
Matern zum Anschluss an kollektive Heilslehren. Ebenso ist Amsel
als Künstler im gewissen Sinne durchaus mit Oskar zu vergleichen.
Sein Rückzug unter Tage, wo er zugleich die Welt als Scheuchenwelt
reproduziert, kann mit dem Rückzug Oskars ins Klinikbett verglichen werden, wo er die Wirklichkeit auf der Trommel und in seiner
Erzählung beschwört. Aber das ist nur eine Seite Amsels, der eine
andere, weltzugewandte entspricht: Er ist gleichzeitig »ein nüchterner Mann der freien Marktwirtschaft« (5, 32), der schon zu Schwarz-
marktzeiten von großem Einfluss war (5, 522), wie ja auch Oskar in
der Fortschreibung der *Rättin* zum »gewöhnlichen Steuerzahler und
freien Unternehmer« wird (11, 28).

Amsel und Matern stimmen darin überein, dass ihr Lebenslauf
weniger der einer individuell ausgeprägten Persönlichkeit ist als
vielmehr die feste Linie, die höchst unterschiedliche Stationen miteinander verbindet und zu einer ›Person‹ zusammenfasst. Im Falle
Amsels wird diese ›Beweglichkeit‹ schon an der Namenreihe »Amsel, Haseloff, Goldmäulchen und so weiter« (5, 36f.) deutlich und
in ihrer nachträglichen Identifizierung mit Brauksel noch gesteigert.
So haben auch viele Interpreten Amsels ›Wiedergeburt‹ (5, 373) im
Schnee nach seiner Ermordung durch Matern (5, 487) als Auferstehung (Harscheidt 1975, 574ff.), als »metamorphosis, symbolic for
the immortality of art« (Leonard 1974, 45) bezeichnet und Goldmäulchen eine »Schattengestalt«, »das Schattenbild Amsels« (Steiner
1969, 150, 152) genannt. A. Goetze sieht hinter der Namensreihe
»nicht mehr eine die ›Hundejahre‹ durch- und überlebende private,
persönliche Existenz, sondern [...] eine Existenzmöglichkeit« – besser: eine Reihe von Existenzmöglichkeiten –, »die der Autor Grass
montiert« (1972, 33).

Ebenso ist Matern weniger Individuum als vielmehr Schauspieler, der hinter seinen austauschbaren Masken kein eigenes Gesicht, in seinen wechselnden Rollen keinen unverwechselbaren Kern hat. Er ist der Träger seiner verschiedenen Kostüme, wie er sich selbst einmal bezeichnet: »Ecce Homo! Schaut mich an: glatzköpfig auch innen. Ein leerer Schrank voller Uniformen jeder Gesinnung. Ich war rot, trug Braun, ging in Schwarz, verfärbte mich: rot. Spuckt mich an: Allwetterkleidung, verstellbare Hosenträger [...] oben kahl, innen hohl, außen mit Stoffresten behängt, roten braunen schwarzen« (5, 556).

Ist so Materns Konstante gerade das Schauspieler-Sein, der Kostüm- und Rollenwechsel, so ist bei Amsel die Konstante auf allen Stationen sein Künstlertum, der Scheuchenbau. Als ›Genie‹ im Wortsinne wird er schon als Scheuchenbauer geboren (5, 37), und noch während der Niederschrift der »Festschrift« greift Brauksel für seine Produktion auf Amsels früheste Konstruktionsideen im »Diarium« zurück, das im Original in seinem Safe liegt und als Kopie ständig auf seinem Schreibpult (5, 63 und passim). Amsel baut Figuren »nach dem Bilde des Menschen«, als reine Kunst, »zwecklos und gegen nichts« (5, 45), »gegen niemanden baute er, aus formalen Gründen« (5, 239). Gerade die so entstehenden Figuren aber eignen sich hervorragend als Vogelscheuchen, einmal im vordergründigen Sinne, was von Anfang an die Vermarktung ermöglicht. Die Geschäftstüchtigkeit, mit der Amsel dabei schon als Kind vorgeht, hat er nicht etwa von seinem jüdischen Vater geerbt, sondern »kopiert« sie von der werderschen Mutter (5, 66).

Darüber hinaus sind die Vogelscheuchen aber auch geeignet, »wenn sie nur intensiv genug der Natur entnommen waren, [...] auch Pferden und Kühen, desgleichen [...] dem Menschen, die ländlich ruhige Gangart zu stören« (5, 67). Diese Wirkung seiner Figuren lernt Amsel später an Otto Weiningers *Geschlecht und Charakter* begreifen (zu diesem Werk vgl. Blomster 1969) und zwar an der Bedeutung, die das Buch für seinen jüdischen Vater gehabt hat: Weininger, selbst Jude, stellt ein Bild des Juden auf – der Jude singt nicht, der Jude hat keine Seele, der Jude treibt keinen Sport – mit dessen Hilfe der Jude dann »das Judentum in sich überwinden« kann: Amsel sen. singt im Kirchenchor, gründet einen Turnverein und wird sein eifrigstes Mitglied (5, 42f.). Wie Amsels Scheuchen eine menschliche Eigenschaft isolieren und dadurch zugleich verzerren und verdeutlichen, mit der potentiellen Wirkung, dass sie dadurch bei ihrem Träger »verscheucht« wird, so stellt Weininger den Juden als Vogelscheuche für Juden und vor allem für die ›Arier‹ hin:

»[U]nd es ist, vorläufig gesprochen, vielleicht die welthistorische Bedeutung und das ungeheure Verdienst des Judentums kein anderes, als den Arier immerfort zum Bewußtsein seiner Selbst zu bringen, ihn an sich [›an sich‹ im Original fettgedruckt] zu mahnen. Dies ist es, was der Arier dem Juden zu danken hat; durch ihn weiß er, wovor er sich hüte: vor dem Judentum als Möglichkeit in ihm selber« (5, 241).

Aus diesem Gedanken Weiningers leitet Brauksel unmittelbar seinen Leitsatz her. Wie Amsels Diarium für die Praxis, liegt Weiningers Werk für die Theorie »heute und jederzeit« »auf Brauksels Schreibtisch«: »Weininger hat dem Federführenden schon manchen Einfall gepfropft. Die Vogelscheuche wird nach dem Bild des Menschen erschaffen« (5, 43). Dies stellt die größtmögliche Verallgemeinerung des Weininger'schen Satzes dar: Nicht vor einer bestimmten ›rassischen‹ Disposition wird gewarnt, sondern vor dem Menschen – er ist Träger all jener Eigenschaften, die es zugleich zu ›verscheuchen‹ gilt. Nicht umsonst trägt ausgerechnet der Künstler, der die besten Vogelscheuchen baut, einen Vogelnamen.

Dass die Scheucheneigenschaften wirklich universal sind, demonstriert Amsel in zwei Richtungen, historisch wie geografisch. Schon Amsels erste Scheuchen verbanden Abbilder seiner Bekannten (5, 46, 68) mit der Geschichte, vor allem der preußischen (5, 56, 64f., 68), die »unter Amsels Händen lebendig« wurde (5, 65). Dies gilt ebenfalls für seine Experimente mit SA-Scheuchen, denen er historische Gesichter gibt: Er sieht damit gleichzeitig in geschichtlichen Gestalten Vorformen und Verwandte der SA, in der SA die verballhornten Traditionen, die in sie eingegangen sind (5, 394, auch 395, »gab den Jahrhunderten Gelegenheit, sich unter SA-Mützen zu küssen«, 5, 258; vgl. Eykman 1970, 119). Im Bergwerk in der 21. Firstenkammer »finden sich die historischen Wendepunkte scheuchifiziert« – die Geschichte als Scheuchentotale (5, 728ff.), als, wie das bezeichnende Wort heißt, »Reigen« (5, 730) von Vogelscheuchen (vgl. Eykman 1970, 122).

Zur historischen tritt die geografische Universalität. Amsels Scheuchen werden in alle Kontinente exportiert, sind in allen gesellschaftlichen Systemen zu finden. Bei dieser Totalität liegt es nahe, zu spekulieren: »Ist nicht, wenn der Mensch nach dem Bilde Gottes und die Vogelscheuche nach dem Bilde des Menschen erschaffen werden, die Scheuche das Ebenbild Gottes und damit Gott die Urvogelscheuche?« (5, 727). »Gott« gehört ausdrücklich zu dem, »was sich ausstopfen läßt« (5, 108), und damit zur Natur, aus der sich ausnahmslos Scheuchen machen lassen (5, 58).

Gott ist aber zugleich auch der größte Vogel (5, 238) – er hat Teil an jenem Riss, der durch die Welt geht, gemäß Grass' Credo: »Am

Anfang war der Sprung« (s. S. 94f.). Amsel gestaltet diesen uranfänglichen Sprung im »Großen Vogel Piepmatz«: Die »Inspiration« hierzu kommt ihm vor dem »weltumfassenden Schaufenster« einer Tod
und Leben (5, 107f.) in sich begreifenden Zoologienhandlung: Dort
sieht er einen ausgestopften Adler, »der ein ausgestopftes Lämmchen
schlägt« (5, 107). Da Adler wie Lamm Christus-Symbole sind, deutet M. Harscheidt dies schon selbst als Verkörperung des Risses in
Gott (1975, 396f.). Diese Verkörperung des Risses zwischen »Katz
und Maus«, der durch die Welt geht, regt Amsel zur Gestaltung
dieses Widerspruchs in »etwas Widerspruchsvollem« an, zu einem
»Riesenvogel [...] als Vogelscheuche« (5, 108), der dann »einsam
und gegen den Himmel« (5, 109) steht. Diese Gestalt gewordene
Selbstaufhebung der Schöpfung ist von so verstörender Wirkung auf
Mensch und Tier, ja selbst auf Unbelebtes (5, 110), dass sie vernichtet werden muss.

Gott als Urvogelscheuche, Geschichte als ewiger Scheuchenrei-
gen, die Welt als Scheuchenwelt – dies ist, wie stets bei Grass, nur
die eine Seite: Das universale Prinzip realisiert sich zugleich in konkreter Geschichte, und das ist in den *Hundejahren* Deutschlands
jüngste Vergangenheit, die eine andere »Urvogelscheuche« vermuten
lässt:

»Gewiß darf man sagen: Aus jedem Menschen läßt sich eine Vogelscheuche
entwickeln; denn schließlich wird, das sollten wir nie vergessen, die Vogelscheuche nach dem Bild des Menschen erschaffen. Aber unter allen Völkern,
die als Vogelscheuchenarsenale dahinleben, ist es mit Vorrang das deutsche
Volk, das, mehr noch als das jüdische, alles Zeug in sich hat, der Welt eines
Tages die Urvogelscheuche zu schenken.« (5, 701).

Der Gedanke, der bei Weininger als Warnung des Ariers vor dem
Juden, des Juden vor sich selber anfing, endet bei der Warnung der
Welt und der Deutschen vor den Deutschen als besonders sprechen-
der Verkörperung der verbrecherischen Möglichkeiten des Menschen
(vgl. Cepl-Kaufmann 1975, 65f., die zugleich auf die *Rede von der
Gewöhnung*, 14, 225-243, hinweist, die durch dasselbe Ineinander
von deutschen Verbrechen und Verbrechen der Menschheit gekenn-
zeichnet ist).

Matern wird dreimal an entscheidender Stelle mit den Scheuchen
seines Freundes konfrontiert. Beim erstenmal erkennt er in einer
prügelnden Scheuche sein Abbild, was Rückwirkungen auf das Urbild hat: Es zeigt ihm, wie er nicht sein soll und er wandelt sich von
Amsels Feind zu seinem Beschützer – Paradigma für die potentiell
aufklärerische Wirkung der Scheuchen. Das zweite Mal sieht er sich
als SA-Mann einem SA-Sturm aus Scheuchen konfrontiert, weigert

sich, die Ebenbildlichkeit zu erkennen, und schlägt den tot, der ihm den Spiegel vorgehalten hat. Beim dritten Mal, beim Besuch in Amsels Bergwerk, findet er die Welt als Scheuchenwelt komplett: Keine menschliche Haltung und Aktivität, die unter Tage fehlte, keine menschliche Möglichkeit, die sich hier nicht verwirklicht fände, kein Glauben, keine Ideologie, die von den Scheuchen nicht vertreten würden. Was es oben gibt, erscheint unten gespiegelt: Die Scheuche wird nach dem Bilde des Menschen geschaffen. Die Unterwelt entlarvt als Spiegel die Oberwelt: »Der Orkus ist oben« (5, 739; ein anschaulicher Querschnitt durch Brauksels Bergwerk findet sich bei M. Harscheidt 1975, 423). Wieder weigert sich Matern, den Spiegel als treu anzuerkennen. Seine immer wiederkehrende Reaktion »Das ist die Hölle« will vielmehr wieder die ›Verunglimpfung‹ und die ›Zersetzung‹ (5, 712 u.ö.) allein der künstlerischen Behandlung anlasten und nicht als einzig legitimes Verfahren erkennen, um einer scheuchenhaften Wirklichkeit gerecht zu werden.

Matern ist deshalb von den Scheuchen seines Freundes immer so betroffen, weil ihre intendierte Wirkung das genaue Gegenteil zu seinem Verhalten darstellt: Wo die Scheuche als Abbild eine Eigenschaft verzerrt vergrößert, um sie dem Urbild bewusst zu machen und sie dort zu ›verscheuchen‹, verdrängt Matern eigene Eigenschaften, projiziert sie auf das Abbild und verfolgt sie darin. Das ist der Kern seiner Rachefeldzüge, seiner »Materniaden«: In Harras vergiftet er seine Nazivergangenheit, in Heidegger verfolgt er sich als den, der Störtebeker und Liebenau zur Leugnung des zum Himmel stinkenden Knochenberges verführt hat (5, 407), im Priester rechnet er mit seinem zeitweiligen Katholizismus ab, in den alten Nazis mit seiner eigenen SA-Vergangenheit. Dieser Projektionsmechanismus wird besonders deutlich, wenn er Sawatzki wegen des Mordes zur Rede stellt, den er selbst begangen hat (5, 487), und er konkretisiert sich im anschließenden Verkehr zu dritt, bei dem die Leiber und Glieder ununterscheidbar geworden sind: »Wer kneift sich selber, damit das Gegenspiel schreit?« (5, 491).

Materns Verdrängung früherer Positionen – »Lethe Lethe, wie wird man Erinnerungen los« (5, 473) – entspricht die Absolutsetzung des jeweils aktuellen, das eine bedingt das andere: Wo die Scheuchen alles bis hin zu Gott relativieren, setzt Matern immer eins absolut und muss alles andere verdrängen, um der sonst automatisch sich ergebenden Relativierung zu entgehen. Während die letzte Konsequenz der ›Scheuchifizierung‹ der Welt die ›Verunglimpfung‹ Gottes zur »Urvogelscheuche« ist, muss Matern, der »immerzu Gott sucht und allenfalls Exkremente findet« (5, 476), konsequent das jeweils letzte Exkrement vergotten, solange es das letzte ist, es aber als

fremdes Exkrement verteufeln, sobald es durch einen Gesinnungs-
wandel zum vorletzten geworden ist.

Grass hat 1960 die damals entstehenden *Kartoffelschalen / Hundejahre* als »Roman der angeschlagenen Vorstellungen und der angeschlagenen Figuren, für die die Ambivalenz, die Doppeldeutigkeit
unserer Zeit die Vorlage gibt« (zu H. Loetscher, in Durzak 1985,
196), bezeichnet. So sehr Amsel in der Handlung und Brauksel beim
Erzählen Matern überlegen ist, so wenig darf man in ihm auf Grund
des Kontrasts zu Matern eine ungebrochene, eine fleckenlose Gestalt
sehen. Wie Oskar hat auch Amsel gegenüber den Nazis versagt: Als
Künstler flüchtet er sich zunächst in die gesellschaftsabgewandten
Künste Musik und Zeichnung (vgl. Cepl-Kaufmann 1975, 44; Rothenberg 1976, 68), aber auch sein späterer Scheuchenbau bleibt
privat, ist nicht aufklärend gemeint. Seinen Freund Matern opfert
er seiner Kunst, indem er ihn zum SA-Mann macht, um Zugang zu
Uniformen zu bekommen. Um für seine Scheuchen die Realität zu
studieren, ist er auch bereit, den Mitläufer zu spielen (5, 261) – nur
um seiner Kunst willen, denn die Realität selbst vernachlässigt er
über der Kunst, noch 1935 ist ihm der Name Hitler unbekannt (5,
216), oder er glaubt, die reale Bedrohung ironisch übersehen zu können. »Aber mit Ironie ist die SA nicht aufzuhalten. Sie marschiert«
(14, 104) – das Wort Grass' aus dem Wahlkampf 1965 wirkt wie ein
Kommentar zu Amsels Verhalten. Er bekommt »am nächsten Nachmittag die Quittung für seine Unwissenheit« (5, 217): Als »Itzich«
wird er vom Hof gewiesen, als Jude Jahre später totgeprügelt. Amsel
vertritt in dieser Phase eine Kunst der Innerlichkeit – Rothenberg
(1976, 64) bezeichnet ihn geradezu in seinem Äußeren als die Verkörperung der von Goldmäulchen später verspotteten »genudelten
Innerlichkeit« (5, 692) – die zusätzlich in Felsner-Imbs und vor allem
im *Stopfkuchen*-Liebhaber Brunies gespiegelt wird. Auch der muss
grausam erfahren, dass die Flucht zu Eichendorff, Heine und Raabe
(5, 123) in eine letztlich gespielte Spitzweg-Existenz als »Original«,
als Kauz unter Käuzen (5, 159), nicht ausreicht, da dem aufkommenden Nationalsozialismus nicht mit »Spottlichterchen« (5, 170)
zu begegnen ist – er endet im KZ Stutthof (vgl. Cepl-Kaufmann
1975, 99f.; Rothenberg 1976, 67f.; Tiesler 1971, 132; anders Goetze
1972, 35, der in Brunies die einzige nicht »pervertierte« Gestalt des
Buches, den »letzten Menschen« sieht).

In seiner neuen Existenz als Haseloff gesellt Amsel sich zu jenen
aus der *Blechtrommel* bekannten Künstlern, die als faktische Mitläufer und -täter einen ästhetischen Widerstand pflegen. Auch hier
spiegelt die Umgebung Amsels Existenz: Nicht zufällig ist Bebra,
der Prototyp dieser Gruppe (s. S. 61f.), auch bei Haseloffs »Deut-

schem Ballett« (5, 434ff.), nicht zufällig »verknoten« sich darin die Liliputaner (5, 435), wie sie es in einer die »innere Emigration« karikierenden Weise schon in der *Blechtrommel* tun (3, 428, vor allem 449 als Antwort auf den Nonnenmord, s. 5, 731 die Scheuchen der »inneren Emigration«, die sich »verknoten«, »um ins eigene Gedärm zu kriechen«; vgl. Rothenberg 1976, 22). Nach dem Krieg passt Amsel sich genauso dem neuen System an: Da hier nur der marktgerechte Künstler überleben kann, wird er erst Schwarzmarktkönig, dann vermarktet er seine Kunst als »nüchterner Mann der freien Marktwirtschaft« (5, 32), – für Grass eindeutig ein Negativbegriff. Auch vor dem Künstler, sogar vor dem kritischen Künstler macht die »Doppeldeutigkeit unserer Zeit« nicht halt, auch ihn macht sie zur »angeschlagenen Figur« (so auch Harscheidt 1975, 580ff.; Richter 1977, 32; eine positive Beurteilung der letzten Phase bietet Rothenberg 1976, 101f.).

Tulla und Jenny

Matern und Amsel werden in vielfältiger Weise in den beiden Mädchen Tulla und Jenny gespiegelt. Tulla ist Matern zugeordnet, mit dem sie ein Verhältnis hat; in *Im Krebsgang* wird er mehrmals als potentieller Vater ihres Sohnes Paul genannt. Ebenso ist Jenny Amsel zugeordnet, der ihr »den Hof« macht, »zurückhaltend und schrecklich ironisch« (5, 383). Zur selben Zeit und unter denselben Umständen, da Matern seinen Freund Amsel ermordet, tötet Tulla ihre Freundin Jenny, mit der auch sie eine Art ›Blutsbrüderschaft‹ (5, 338) verbindet. Jenny nennt sich als Balletttänzerin Jenny Angustri (5, 374) nach dem Zigeunerwort für den Silberring, mit dem sie einst gefunden wurde (5, 358). Wie ihr das Silber, ist dem auferstandenen Amsel, der ebenfalls eine Ballettkarriere beginnt, durch seine 32 Goldzähne und seinen Spitznamen »Goldmäulchen« das Gold zugeordnet (vgl. Harscheidt 1975, 474). Amsel wie Jenny repräsentieren als Halbjude und Zigeunerkind die in der NS-Zeit ›rassisch‹ Verfolgten. Harscheidt 1975, 467 weist auf Liebenaus auffallenden Anfang hin: »Man rät mir, [...] dich, da du überall Stoff warst, bist und sein wirst, formlos anzusprechen« (5, 153): als ›formloser Stoff‹ steht Tulla im Gegensatz zu Jenny, die aus dem Schneemann als reine Form ohne Stoff hervorkommt.

Tulla gewinnt ihre Reize, mit denen sie Heini Pilenz wie Harry Liebenau, Störtebeker wie Mahlke, Matern und alle anderen fesselt, von ihren Eigenschaften als todbringender Dämon, die sich in ihrem »unauflöslichen« Knochenleimgeruch verkörpern, von dem Pilenz wie Liebenau gleichermaßen »verseucht« sind (KuM 4, 94, Hj 5, 359; vgl. Neuhaus 1970). *Im Krebsgang* kommt auf dieses Phänomen mit der Formulierung »jener, wie erzählt wird, legendäre Knochenleimgeruch« (18, 12) zurück.

Grass bringt nun diesen Dämon mit der Geschichte in Verbindung, ohne deshalb die Geschichte zu dämonisieren: Der generell Spukphänomene signalisierende Begriff »Ding«, der für Tulla gern gebraucht wird (Neuhaus 1970, 285 Anm. 91) realisiert sich in den *Hundejahren* historisch in einem »Ding, das Itzich schreit« (5, 218). Nur eine selbst verbrecherische Zeit konnte Tullas Verbrechen an Brunies und den beiden Ukrainern dulden, ja fördern. Gerade bei der Szene »in Kuddenpächs Reich« (5, 283) wird unsere Aufmerksamkeit auf die faszinierte Hilflosigkeit, mit der die Kinder den Mord geschehen lassen, gelenkt, nicht auf die dämonische Faszination, die, von uns nicht nachvollziehbar, von Tulla ausgehen soll. So wird nicht die Nazizeit dämonisiert, vielmehr wird der Dämonenglaube der hilflos Zusehenden nachträglich entlarvt (s. S. 66). Während es in der *Rättin* noch heißt: »Sie soll mit der ›Gustloff‹ von Danzig weg und draufgegangen sein« (11, 91), lässt Grass Tulla in *Im Krebsgang* das Unglück überleben, weil er den Todesdämon zur nie verstummenden Zeugin der größten Schiffskatastrophe aller Zeiten machen will (s. dazu HZ 19, 39).

Jenny erlebt nach dem Mordanschlag eine Auferstehung als *Ballerina*, Grass' Chiffre für die reine, stofflose, dem klassischen Schönheitsideal gehorchende Kunst, wie sie in den *Hundejahren* durch Felsner-Imbs Porzellan-Ballerina immer wieder beschworen wird (5, 204 u.ö.). Harscheidt (1975, 484f.) weist in diesem Zusammenhang auf ein 1962 erschienenes Buch von G. Zacharias hin: *Ballett – Gestalt und Wesen*, in dem verschiedene Quellen zitiert werden, die das mühsam qualvolle Tanztraining als »crucifixio«, den Tanz auf der Bühne geradezu als »resurrectio« bezeichnen. Grass verdeutlicht dieses überindividuelle Weiterleben Jennys als Verkörperung der Ballerina durch so dichte Bezüge zu seinem frühen Essay »Die Ballerina« (14, 7-15), dass Jennys weiteres Leben wie ein einziges Zitat dieses Essays erscheint: Von den Kinobesuchen als einzigem Freizeitvergnügen über das Stricken für ein Baby, die ständige Müdigkeit bis zu ihrem »im Alltag fast ein wenig fadem Wesen« (s. 5, 379 »wohlerzogen und langweilig«) ist Jenny *die* Ballerina; selbst die Bemerkung in den *Hundejahren*, dass Jenny strickt und nicht in Illustrierten blättert (5, 433), wird nur verständlich, weil die Ballerina des Essays »in der Illustrierten« »blättert«. Der Essay stellt auch eine weitere Beziehung zwischen Amsel und Jenny her im »hohe[n], schmale[n] bis zur Deckentäfelung reichende[n] Spiegel, wie er in Schneiderateliers und Ballettschulen zu finden ist« (5, 259), und von dem es im Essay heißt, dass er in den Berufen, die ihn benutzen, »Gemeinsames mit der Ballerina« bezeugt (14, 12). So wird Jenny zu einer Verkörperung der »unnatürlichsten und damit formvollendetsten aller Künste« (14, 15), der »leeren Form«, der »gewichtslose[n] Schönheit« (14, 9), »der gültig gezeigten Schönheit« (14, 11). Das Eis, das in den vielfältigsten Variationen fortan ihr Kennzeichen wird, steht ebenfalls für diesen Bereich der reinen lebensfernen Kunst: Die schon einmal herangezogene Stelle aus *Hochwasser*, an der Leo eine Zirkuskünstlerin beschreibt (s. S. 59), vereinigt alle Bilder Grass' für die reine Kunst in einem Komplex: Die Beine sind »aus reinstem Porzellan« (2, 40, vgl. Felsner-Imbs' Ballerina), sie werden im Verlauf des Auftritts zu »zwei Säulen Eis bis zu jenem Tempelchen in der Arktis« (2, 40), das zugleich Oskars Kunst (Bt 3, 121) und Jenny als Eiskönigin beschwört. Kennzeichen dieser reinen Kunst ist ihre weltentrückte Überlegenheit über die Wirklichkeit und zugleich ihre faktische Unterlegenheit gegenüber jedem Zugriff der Wirklichkeit. Im Essay heißt es, dass die Ballerina nach dem letzten Vorhang »gleich einem Kartenhaus, das plötzlich der Zugluft ausgesetzt wird, in sich zusammenfällt« (14, 13). Das stimmt wörtlich zum Ende von Jans Kartenhaus (3, 296), zu Oskars »in die Aprilluft getrommelte[m] Tempelchen« (Bt 3, 121) und zum Schluss von Leos Schilderung (3, 40) und nimmt Jennys Ende vorweg, bei dem das Probenatelier am Funkturm wie ein Kartenhaus durch eine Luftmine zusammenstürzt. Das einzige Todesopfer ist der letzte Künstler aus der »Gruppe der Innerlichkeit«, Felsner-Imbs (s. S. 116). Diese Form der Kunst als »gültig gezeigte Schönheit« (14, 11) in »leere[r] Form« (14, 9), zu deren Verkörperung Jenny in den *Liebesbriefen* wurde, hat mit den Schrecken des Krieges und der Nazizeit offensichtlich ihre Gültigkeit verloren (vgl. 15, 49, wo Grass Adornos Diktum abwandelt: »Gedichte, die nach Auschwitz geschrieben worden sind, werden sich den Maßstab Auschwitz gefallen lassen müssen«). Jenny stirbt als Ballerina und lebt weiter in der hundertundzweiten Materniade und später in *Im Krebsgang* als die unsterbliche Erinnerung an sich selbst (5, 689; 18, 17f. u. 197). Bezeichnenderweise wohnt sie in der Novelle aus dem Jahr 2002 in einer Dachgeschosswohnung der Karlsbader Straße in Berlin (18, 17), wo ihr Autor sie vierzig Jahre zuvor erfand (Box, 31ff., vgl. Plaaß 2009, 440).

Die Hunde

Mit dem gleichen Recht, mit dem man den Roman als Doppelbiographie Amsels und Materns auffassen kann, kann man in ihm auch

die Geschichte einer Hundefamilie sehen: So spielt in jedem der
drei Bücher ein Hund eine von Buch zu Buch, von Mutter Senta
über Sohn Harras zu Enkel Prinz-Pluto wichtiger werdende Rolle.
Im dritten Buch scheint der Mensch zum Begleiter des Hundes geworden zu sein: »Der Hund steht zentral«, ist der erste Satz: »Halte
Dich an den Hund, dann stehst Du zentral« (5, 467). Grass hat
dazu erklärt: »Es hat mich gereizt, dem Stammbaum zu folgen und
die Menschen um diese Hunde herum jeweils sekundär zu sehen«
(Ingen/Labroisse 1976, 253). Zu den Hunden in den *Hundejahren*
und zur Tiersymbolik bei Grass generell vgl. Römhild 2007.

Im Verlauf der drei Erzählungen wird der ›Hund‹ dann mit verschiedenen Bedeutungen aufgeladen; nach den für die »objektiven
Korrelate« beschriebenen Verfahren (s. S. 37f.) wirken dabei reale
Hundeeigenschaften, historische Bezüge und mythologische Parallelen in einem Komplex zusammen (vgl. Harscheidt 1975, 372f.).
Grass hat, wie Stutz (1970, 208f.) gezeigt hat, kynologische Fachli-
teratur zu einer möglichst exakten Schilderung der Hunde benutzt,
als Hauptquelle nennt sie Schneider-Leyer: *Mein Freund der Rasse-
hund* in der Ausgabe von 1956. Aber schon auf dieser Ebene weist
die Hundegenealogie Besonderheiten auf; sie hat teil an dem Grass'
Werk beherrschenden »Sprung« am Anfang (s. S. 94f.): Die immer
wieder aufgezählte Ahnenreihe (so 5, 25, 51, 78, 202, 410, 421,
462, 659) hat »am Anfang«, wie es betont heißt (5, 51, 659) eine
litauische Wölfin und damit die immer wieder beschworene Gefahr
der wolfsmäßigen Entartung (5, 18, 93): »›Plötzlich, von heut auf
morgen, kann es zur Mutation kommen‹« (5, 183).

Die historischen Bezüge wachsen den Schäferhunden zu durch
die faktisch belegte »Beziehung der NS-Welt zu rassereinen Hunden, und die direkte Beziehung Hitlers zu Hunden« (Ingen/Lab-
roisse 1976, 253; das Hundegeschenk der Danziger NSDAP an
den ›Führer‹ ist historisch). Auf dieser Ebene wird der Hund zum
Repräsentanten der Nazis, Cunliffe hat Harras' Leben geradezu wie
eine menschliche Biographie als Entwicklung vom »good, lower-
middle-class watchdog« zum kleinen Nazi geschildert (1969, 18).
Für die Kleinbürgerwelt stellt der Hund den einzigen Zugang zur
Politik und zur Zeitgeschichte dar: Wegen des Hundes tritt man
in die NSDAP ein, wegen des Hundes beim ›Führer‹ geht man in
die Wochenschau und nimmt die großen, die überindividuellen Ge-
schehnisse überhaupt wahr. Für Grass als Autor bedeutet das, dass er
über den Schäferhund den Danziger Vordergrund mit dem gesamt-
deutschen Hintergrund verknüpfen kann (Richter 1977, 73). Hund
und Mensch werden nachgerade austauschbar: Harras wird zum Vorbild für die Menschen, man »interviewt« ihn (5, 202f.), ein Jung-

volkfähnlein wird nach ihm benannt, Schulklassen besuchen ihn. Ihren Höhepunkt findet diese Entwicklung, als Liebenau, der zum ›Führer‹ eingeladen wird, als Stellvertreter nur den Hund zu sehen bekommt (5, 323-333). Dem entspricht dann wieder, dass derselbe Tischlermeister, wenn er endlich zur Einsicht kommt, an ›Führers‹ Geburtstag am 20. April 1944 Harras' Hundehütte zertrümmert (5, 424f.). Wie die Ahnenreihe ihren »Anfang« mit der Wölfin nimmt, endet sie stets mit »und Prinz machte Geschichte« (so 5, 23 u.ö.). Dies gilt doppelt – einmal im Verständnis der Kleinbürger, für die der Lieblingshund teilhat an der Aura des ›Geschichte‹ machenden ›Großen Mannes‹, zum anderen aber dadurch, dass gerade das durch diese Auffassung gekennzeichnete Verhalten dann wirklich erst die Wahnsinnstaten der ›Großen Männer‹ möglich macht (s. S. 65f.).

Auf einer dritten Ebene gewinnen die Hunde Bedeutung durch das »Verhältnis des Hundes zur Mythologie« (5, 473). Jedes Buch der *Hundejahre* hat seinen Höllenhund Pluto: Der Rüde, der Senta deckt, heißt so (5, 76; er kommt aus Stutthof, dem Ort des späteren KZ), Amsel nennt Harras so und der gehorcht, »als wäre er immer schon ein Höllenhund gewesen« (5, 212), und unter diesem Namen begleitet Prinz den Schauspieler auf seinen »Materniaden«. Hierzu passt auch die immer wieder bei den Hunden betonte Unterwelt-farbe »schwarz«, die Grass gegenüber seiner kynologischen Quelle hinzugefügt hat (Stutz 1970, 209) und die schon in den »Früh-schichten« mit der »ewige[n] Verdammnis« (5, 69) verglichen wird. Sie ordnet die Hunde den vielen unterirdischen und unterweltlichen Bezirken der *Hundejahre* zu, von den Abgründen unter der Kirche bis zu Amsels Bergwerk, Harras' Hütte gehört ebenso dazu wie der Eiskellerbau, der »wie die leere Hundehütte [...] roch« (5, 339, vgl. Neuhaus 1970, 293f.). Gerade dadurch nehmen die die Welt des Romans durchziehenden Höllenhunde Amsels Umkehr am Schluss vorweg: »Der Orkus ist oben« (5, 739; vgl. Harscheidt 1975, 417ff.: »Die Oberwelt der ›Hundejahre‹ erweist sich als ein Übertage, in dem das Untertage und seine Abgründe stets gegenwärtig sind«).

Reale, zur Geschichte korrelative und mythologische Bezü-ge überlagern sich bei jeder Nennung des Hundes. Wenn Harras überall in Danzig-Langfuhr seine »Duftmarken« setzt (5, 163), verhält er sich wie ein normaler Rüde, zugleich ›bezeugt‹ er damit die Ausbreitung des Nationalsozialismus. Politischer und mytholo-gischer Bereich verknüpfen sich in der berühmten »Schwarz«-Reihe (5, 163 und 663), die von in ihrem politischen Sinn einlösbaren Zusammensetzungen »priesterschwarz, schutzstaffelschwarz, falan-geschwarz, ruhrschwarz« zu einer alle anderen Farben schluckenden universalen Schwärze führt (vgl. Harscheidt 1975, 327). Harry Lie-

benaus Schlussmärchen bündelt noch einmal diese Funktionen: Als
»Transzendenz« (5, 456) ist der Hund Ingredienz aller Geschichte,
als »Geschenk des Führers an das deutsche Volk« (5, 458) »objektives
Korrelat« für die in der Nazizeit aufgehäufte Schuld, wie ja auch die
»Urvogelscheuche« deutsch und universal zugleich ist (s. S. 114).
»Und der Hund wird niemals verneint werden können« (5, 456).
Damit setzt Liebenau ihn dem anderen großen Thema, das auch
Oskar in seinem Schlussmärchen gestaltet (s. S. 67f.), entgegen: dem
»Vergessen« und dem »Neubeginnen« (5, 463). Die große Flucht,
mit der die *Liebesbriefe* schließen, ist Flucht vor den Russen und
zugleich Flucht vor den »Knochenberge[n]«, den »Massengräber[n]«,
den »Fahnenhalter[n]« und »Parteibücher[n]«, den »Schulden« und
der »Schuld« (5, 463). Indem auch der Hund nach Westen flieht, wo
jetzt alle »die Sonne [...] aufgehen« sehen (5, 463), ›bezeugt‹ er dieses
Erbe gegen alle Versuche des Verleugnens und Vergessens, bestätigt er
den »Eingang« des Führererbes (5, 458): »niemand, der lesen kann,
möge glauben, der Hund sei nicht angekommen« (5, 463). Für die
»Materniaden« gewinnt Grass so ein »objektives Korrelat« für das
Fortwirken des Nationalsozialismus nach 1945, das Koopmann 1977
als Grass' eigentliches Thema bezeichnet hat. Die Furcht, die der
Hund auslöst, ist die vor der eigenen Vergangenheit (5, 485, 490,
612), ›unterm Tisch‹ entlarvt er die oben unter schlichtem Ignorieren des Früheren begossene Versöhnung der Sportsfreunde als falsch
und unhaltbar (5, 576f.), seine Duftmarken setzt er, wie einst Harras
in Danzig-Langfuhr, jetzt in ganz Deutschland (z.B. 5, 557). Der
Hund wird dabei gleichermaßen von der biologischen Realität wie
von der tieferen Bedeutung her bestimmt. So müssen einerseits Beispiele sein unglaublich hohes Alter rechtfertigen (5, 475) während er
umgekehrt seine Verjüngung beim Lauf durch die DDR im Frühjahr
1957 auf »knappe[] acht Jährchen« (5, 675) seiner bedeutungsvollen
Beziehung zum 1949 entstandenen Teilstaat verdankt.

Zahlensymbolik

Der Zahlensymbolik in den *Hundejahren* hat M. Harscheidt eine
eigene Untersuchung gewidmet: *Wort, Zahl und Gott bei Günter
Grass* (1975). Das 758 Seiten starke Werk mit 643 Titeln im Literaturverzeichnis und einigen tausend Anmerkungen bietet eine
Fülle verblüffender Beobachtungen zu den *Hundejahren*, die weit
über das eigentliche Thema hinausgehen. So weist Harscheidt Grass'
Quelle zur Familiengeschichte der Materns nach, stellt die Originale der verfremdeten Heidegger-Zitate zusammen und macht ein

mythologisches Vorbild für den Fährmann Kriwe in einem anonymen Buch *Gottesidee und Cultus bei den alten Preußen*, Berlin 1870, wahrscheinlich. Die 102. Materniade analysiert er in Parallele zum Gesang der Jünglinge im Feuerofen als komplette Messe und das Schlussbad als Immersionstaufe. Bei Zahlen stößt Harscheidt auf so viele verblüffende Bezüge, dass er geradezu von Grass als einem »Er-Zähler« spricht (ebd.). So geht er allen Bezügen um die Zahl 32 als »Leid- und Leitzahl für den halbjüdischen Blutsbruder Amsel« (ebd., 343ff.) nach, bis zum Nachweis, dass die »sieben mal zweiunddreißig Drähte« des Förderseils nicht wirklichen Seilstärken entsprechen, sondern von Grass als bedeutungsvoller Hinweis gesetzt sind. Auch die Durchnummerierung von Harrys *Liebesbriefen* ergibt erstaunliche Bezüge: Die Quersumme von Harras Hundenummer 13 wird im 13., Jennys fiktiver Geburtstag, der 18.1., im 118. Abschnitt genannt, die »Auferstehung« Jennys im 88., in dem Jenny jeweils acht Figuren tanzt, wobei eine traditionelle Beziehung zwischen der »acht« und der »resurrectio a mortuis« besteht (ebd., 579).

Insgesamt weist Harscheidt jedoch eine solche Fülle von Bezügen zu praktisch jeder Zahl nach – von den Zahlen von 2 bis 19 etwa bleibt nur die 15 ›unsymbolisch‹ –, dass er selbst die einzelnen Ergebnisse wieder entwertet. Eine akzentuierende Gewichtung gelingt Harscheidt nicht. Problematisch ist auch die Heranziehung entlegenster Kirchenvätertraditionen zur Grass-Interpretation, wofür immer wieder die eine Stelle zu Pilenz' Augustin-Lektüre (KuM 4, 86) als Beleg herhalten muss. Bei dem ebenso oft als Beweis für Grass' ständige Bibellektüre herangezogenen Passus aus *Aus dem Tagebuch einer Schnecke*, bei Grass liege die Bibel neben dem Telefon (7, 233), ist es Harscheidt entgangen, dass es sich dabei um die Gideon-Bibel im Durchschnittshotelzimmer handelt, das Grass damit kennzeichnen und karikieren will. Seinen eigentlichen Rang hat das durch ein Register erschlossene Buch als alle Details mit gleicher Liebe bedenkender Kommentar zu den *Hundejahren*, der dem Benutzer, der die bisweilen stark überzogenen, gelegentlich absurden Spekulationen kritisch auszusondern versteht, viele Details, aber auch manchen grundlegenden Zug endgültig klärt und für jede wissenschaftliche Arbeit zu den *Hundejahren* unerlässlich ist.

Gegenwart und Vergangenheit

Im Verhältnis von Gegenwart und Vergangenheit, Vergangenheit und Gegenwart ist das Zentrum der *Hundejahre* zu sehen, in das die verschiedenen Themen münden. Die ersten beiden Bücher bauen

individuell wie kollektiv Vergangenheit auf, das dritte Buch zeigt
das Fortwirken dieser Vergangenheit in der Gegenwart – besonders
deutlich wird das in der Erzählung des trüben Mediums Matern,
das, die eigene verleugnete Vergangenheit als Hund bei Fuß, die
versteckte Vergangenheit bei anderen straft. Die zentrale Mehl-
wurmberatung der gesamten deutschen Wirtschaft der 87. Materniade, für die Harscheidt Kurt Pritzkoleit *Wem gehört Deutschland*
(1957) als Grass' Quelle nachgewiesen hat, denunziert das Fortwirken des Dunkelmanns – »Tenebrio molitor« (5, 70) – aus der
Vorkriegszeit im Wirtschaftsleben der Bundesrepublik (vgl. Harscheidt 1975, 256ff., aber auch die Vorstufe hierzu in der Glosse
14, 40-43), ebenso wie das »flinke Geschäftsdeutsch«, das durch
»die Überreste der Militärsprache bildhafte Prägnanz und zeitspa-
rende Kürze« gewinnt (5, 601). Die von Brauksel mit Brunies'schem
Gneis produzierten »Erkenntnisbrillen« legen ebenfalls die verbor-
gene Vergangenheit in der Gegenwart bloß, vermögen »Vergangenheit gegenwärtig zu machen« (5, 627). Die 100. Materniade, in der
mit Hilfe dieser Brillen diskutiert wird, entlarvt aber zugleich die
Gegenwart und lässt sie als bloße Reprise der Vergangenheit erscheinen. Die jugendlichen Diskutanten unterscheiden sich nur in
den jeweils aktuellen Methoden von ihren Eltern: »Wir hätten mit
den Juden so lange diskutiert, bis sie freiwillig und vollkommen
überzeugt ausgewandert wären« (5, 644). In diese deprimierende
Wiederkehr des immer Gleichen münden alle Einzelbilder: Die
Entartung des Hundes zum Wolf ist im Anfang angelegt und kann
sich jederzeit wiederholen – am Buchschluss ist Prinz-Pluto »Per-
kun Senta Harras Prinz« (5, 671) und »unsterbliche Kreatur« (5,
699), ewige Vergangenheit und ewige Zukunft in einem. Die eine
Taschenmessergeschichte, die dem Roman die Kontur gibt, wird
zur »Lesebuchgeschichte« (5, 683) von universeller Gültigkeit und
entspricht in ihrer Zirkelstruktur den »einander in den Schwanz
beißenden Hundejahren« (5, 659), die an das Schlangensymbol
der Ewigkeit erinnern (vgl. Harscheidt 1975, 376; Cepl-Kaufmann
1975, 172; Goetze 1972, 85f.). Dies ist auch der Grund, warum
das Verhältnis Amsel-Matern gleichzeitig mythologisch überhöht
wird: Jesus und Judas (Matern als Judas s. 5, 614; Harscheidt (531f.)
erinnert an seinen Kassendiebstahl im Kameradenkreis, Abel und
Kain (5, 312), Gott und Teufel (5, 81, 119). Cepl-Kaufmann hat
für das Geschichts- und Gegenwartsbild der *Hundejahre* eine Tendenz »zur Transzendierung der historisch lokalisierbaren Handlung«
herausgearbeitet (1975, 61), die bis in die immer penetranter wer-
denden zahlreichen mit »jeder« beginnenden Sentenzen des dritten
Teils reicht (ebd., 62 und 242 Anm. 24).

Ihren Höhepunkt findet diese Tendenz in Brauksels Bergwerk. Seine 32 Kammern entsprechen Amsels ausgeschlagenen Zähnen, »Zahn um Zahn« bekommt Matern heimgezahlt (J. Rothenberg 1976, 110). Zugleich wird die konkrete deutsche Geschichte der letzten Jahre Teil eines Scheuchenkosmos und einer Scheuchen-Universalgeschichte. In ihr veranschaulicht Amsel das von Liebenau zur Eröffnung des Schlussmärchens formulierte Credo: »Aber nichts ist rein« (5, 386f.) – eine lyrische Variation über Camus' Diktum in »L'homme révolté« (Paris 1951, S. 176): »Rien n'est pur«, worauf Dieter Stolz (1994, 249) hingewiesen hat.

Wenn Matern von Amsel sagt »Nichts ist ihm rein« (5, 797), so ist das seine diesem Credo gemäße Haltung. Wie schon in der *Blechtrommel* (s. S. 80ff.) und in *Katz und Maus* (s. S. 103) sind auch hier mit dieser künstlerischen Gestaltung der gesprungenen, der gefallenen Schöpfung religiöse Züge verbunden. Das Bergwerk wird mit einer Kathedrale verglichen (5, 711), ja, es ist ihr überlegen (5, 703). Vor Beginn der Fahrt singt Amsel eine komplette Messe (5, 698f.; vgl. Harscheidt 1975, 609), und der Bergwerksbesuch endet mit einer Handlung, die Harscheidt in allen Einzelheiten als Immersionstaufe nachgewiesen hat (ebd., 682ff.).

Ablegen der Kleider	exuere tunicam
Einstieg ins Bad	immersio in aquam
ablaugende Wirkung des Wassers	aquae consecrans operatio
das Nackt-Sein	nudatum esse

Während jedoch das Nacktsein des Täuflings auf das verlorene und in der Taufe wiedergewonnene Paradies hinweist, bezieht es sich hier auf das Gegenteil, auf die Erkenntnis von der radikalen Gefallenheit der Schöpfung, mit der jeder »für sich« und ohne Hilfe fertig werden muss. Wie Grass in *Aus dem Tagebuch einer Schnecke* eine »Graue Messe«, »eine Messe ohne Credo« ankündigt (7, 198), wie er im *Meissner Tedeum* einen Hymnus zu dieser Messe geschrieben hat (1, 597-602), so ist die »Taufe« am Ende das Sakrament einer heil-losen Welt, in der es dennoch als neuer, illusions- und glaubensloser Mensch zu leben gilt. Wo Oskar und Mahlke nach derselben Einsicht, wie sie Brauksels Bergwerk vermittelt, ›nicht auftauchen wollen‹, treten Amsel und Matern wieder ins Leben zurück.

Der Schluss wird in der Forschung verschieden beurteilt – je nachdem ob man eine Wandlung Materns annimmt oder nicht. Da das gesamte Erzählen zeitlich nach dieser Taufe liegt, sprächen für eine solche Wandlung Materns selbstkritische Kommentare, z.B. sein »Ecce Homo« (5, 556, s. S. 112), aber auch die Aufgabe des neuen

Heilsplans, in die DDR überzusiedeln, der am Ende seines bisherigen Lebensweges stand (5, 665f.). Wer diese Wandlung Materns nicht annehmen will, muss den Schluss resignativ deuten: Die Scheuchen haben, zumindest bei Matern, ihre potentiell aufklärende Wirkung (s. S. 114f.) verfehlt (so Cepl-Kaufmann 1975, 137, 175; Reddick 1974, 69; Goetze 1972, 99, der den deprimierenden Schluss aus der für Grass völlig verfehlten Kategorie des »systembedingt« fehlenden »Klassenbewußtseins« erklärt. Einen positiven Schluss nehmen an Rothenberg (1976, 112, auch 27), Leonard (1974, 50); mit Einschränkung Richter (1977, 90).

Indem das Erzählen selbst in die Romanhandlung einbezogen ist und die drei Teile sich zur »Festschrift« der Scheuchenfabrik (5, 37), zum »Handbuch über den Bau wirksamer Vogelscheuchen« (5, 44) zusammenfügen, geht, wie schon in *Blechtrommel* und *Katz und Maus*, die Handlung bruchlos in den Roman über. Wie die Wirkung von Oskars Trommel zur *Blechtrommel* wurde, so setzt sich die Wirkung von Amsels Vogelscheuchen im Buch *Hundejahre* fort.

10. örtlich betäubt

Entstehung

Der Roman hat seine Wurzeln in einem nie realisierten Theaterstück und gebiert selbst im Schreibprozess wiederum ein weiteres Drama, das Stück *Davor* (s. S. 24). 1966 beginnt Grass mit der Arbeit an einem Theaterstück *Verlorene Schlachten* über einen ehemaligen Durchhaltegeneral Hitlers nach dem Vorbild des berüchtigten Feldmarschalls Schörner und jetzigen Zementindustriellen, der nach seiner Rückkehr aus der russischen Kriegsgefangenschaft die Schlachten des Zweiten Weltkriegs nachträglich im Sandkasten gewinnen will (ein »Arbeitsplan« dazu ist reproduziert in 5Jz., 132). Als Grass das Projekt aufgibt, findet es Eingang in einen Roman, dessen Rahmenhandlung eine von Grass real durchlittene Zahnbehandlung bildet, übertragen auf den Ich-Erzähler Starusch. Die Handlung um den General wird zu dessen imaginierter Vergangenheit und zu einem aufgegebenen Projekt namens »Verlorene Schlachten« – »Die Geste des Durchhaltens – oder der Fall Schörner.«, an dem der Deutsch- und Geschichtslehrer arbeitet. Die Gegenwartshandlung beherrscht dagegen die politische Radikalisierung seiner Schüler in den bewegten 1967/68er Jahren; dieser Handlungsstrang verselbständigt sich dann wieder zum Drama *Davor* (vgl. auch Neuhaus 1997, 128f.). Darin geht es um den Plan des sechzehnjährigen Gymnasiasten Philip Scherbaum, vor der Terrasse des Hotels Kempinski am Kurfürstendamm seinen geliebten Dackel Max mit Benzin zu übergießen und zu verbrennen, um ein Zeichen gegen den US-Einsatz von Napalm in Vietnam zu setzen. In der autobiographischen Rückschau auf *örtlich betäubt* in *Grimms Wörter* ist nur noch von dieser Gegenwartshandlung die Rede (GW, 298).

Die Erzählfiktion

Wie die vorangehenden Romane ist auch *örtlich betäubt* eine Ich-Erzählung. Im Unterschied zu ihnen fehlt jedoch eine Darstellung des Erzählvorgangs, wie sie die *Blechtrommel* und in den »Frühschichten« die *Hundejahre* prägt und in *Katz und Maus* noch deutlich anklingt und wie sie in allen späteren Werken vorherrschend sein wird. So ist

zwar erkennbar, dass der Erzähler Eberhard Starusch aus der Rückschau von etwa »zwei Jahren« erzählt (6, 280), dass er von »anfangs«
sprechend schon das »später« kennt (6, 9), aber der Anlass und die
Umstände seines Erzählens werden nicht miterzählt. Lediglich am
Schluss der Handlung stellt er sich, indem er die künstlerischen
Kompromisse des Malers Möller auf sich bezieht, als zukünftigen
Erzähler der Geschichte vor, vor allem wenn es vom »dritten künstlerischen Kompromiß« heißt, dass auch er sich ihm »beugen werde«
(6, 274).

Das Fehlen einer Erzähl- oder Schreibtischsituation passt zum Inhalt des Erzählten – es sind die damaligen Erlebnisse, Gedanken und
Eindrücke Staruschs während der zwei Jahre zurückliegenden Zahnbehandlung, und das Orientierungszentrum liegt fast ausschließlich
beim erlebenden Ich.

Schon der die Erzählung eröffnende Absatz enthält ihre wesentlichen Elemente: »Das erzählte ich meinem Zahnarzt. Maulgesperrt
und der Mattscheibe gegenüber, die, tonlos wie ich, Werbung erzählte [...]. Ach, und die Tiefkühltruhe, in der zwischen Kalbsnieren
und Milch meine Verlobte lagerte, Sprechblasen steigen ließ« (6, 7).
Vier Ebenen sind hier zu unterscheiden: 1. die reale Situation in der
Zahnarztpraxis, 2. die fiktiven Unterredungen mit dem Zahnarzt.
Die Grenzen zwischen 1. und 2. sind nicht zu ermitteln; während
es zu vermuten ist, dass alle eigentlich zahnheilkundlichen Äußerungen zu 1. gehören, gibt es kein Kriterium für das von Starusch
nur Imaginierte. Nach dem Beispiel der erdachten Unterhaltung im
eigenen Arbeitszimmer (6, 90) und auf Grund der abschließenden
Feststellung, der Zahnarzt sei »wortkarg«, die Unterhaltungen nicht
»wortwörtlich«, und seine Äußerungen von Starusch korrigiert,
wenn nicht erfunden (6, 249), muss man wohl das meiste der Einbil-
dung Staruschs zuschreiben und als »inneren Dialog« auffassen, wie
Starusch selbst diese Unterredungen abschließend nennt (6, 268).
Lebeau spricht von »les dialogues du narrateur avec le dentiste (qui
ne sont en fait le plus souvent qu'un long debat interieur presen-
te sous la forme d'une conversation)« (1971/72, 92; ähnlich Grass
selbst, zit. bei Tank 1974, 81f.). Als Ebenen 3. und 4. sind zu unterscheiden: 3. die Vorgänge auf dem gegenüber dem Behandlungsstuhl
angebrachten Fernsehschirm in der Praxis und 4. die imaginierten
Vorgänge, die Starusch auf diesem Schirm sichtbar werden lässt. In
solchen Projektionen seiner Phantasien »auf die blinde Mattscheibe
oder in den laufenden Film hinein« (Grass, zit. bei Tank 1974, 81)
erscheinen vor allem die zurückliegende Geschichte seiner Verlobung
in immer neuen Variationen und die fast ebenso oft variierte Vorstellung von der Ermordung seiner Verlobten, aber auch Kindheits-

erinnerungen (6, 10f.), Ratschläge der toten Mutter (6, 269f.), die zur Behandlung parallelen Vorgänge in der Schule (z.b. 6, 127), ja sogar die Unterhaltungen beim Zahnarzt (6, 129). Starusch erzählt diese Passagen in Analogie zur Filmtechnik – vgl. die Begriffe »Fahrt«, »ausgeblendet«, »Totale«, »Vogelflugtotale« usw. (6, 24; vgl. Durzak 1971, 159f.). Rohlfs (1978, 58) hat darauf hingewiesen, dass bereits Oskar in dieser Weise Phantasien auf die Tapete bei Zeidlers projiziert (Bt 3, 639). Dörte und Harms werden so ihre literarischen Phantasien nach Eric Ambler und Vicki Baum unter einen John-Wayne-Western mischen (Kg 10, 113). Umgekehrt gibt Starusch seinen Bildschirmprojektionen, die auf seinem Gedankentheater auch für den Zahnarzt sichtbar sind, gelegentlich Oskar-Titel: »Die geretteten Milchzähne« (6, 11, vgl. Bt 3, 734 »Die ersten Milchzähne – Der schlimme Keuchhusten« usw.).

Die Unterscheidung zwischen realen und imaginierten Vorgängen, zwischen dem »fait vécu« und seiner »reconstitution hypothétique« (Lebeau 1971/72, 68) ist zunächst kaum möglich. Es gibt jedoch Anhaltspunkte: Die Geschichten aus der Verlobungszeit des Ingenieurs Starusch mit der Zementindustriellentochter Krings erscheinen gleich zu Beginn als »Film« unter dem Titel »Verlorene Schlachten« (6, 24), d. h. in Verbindung mit dem das ganze Buch durchziehenden Schörner-Thema, der in der Fiktion ›Krings‹ heißt und das auf die Pläne und Skizzen zum Theaterstück desselben Titels zurückgeht. Grass motiviert die Einbringung der Generalsgeschichte in den Roman durch Staruschs Studie zu diesem Thema. Im Nachhinein erweisen sich Linde Krings, das Zementwerk und Staruschs Vergangenheit als Ingenieur als bloße künstlerische Einkleidung dieses Erzählteils (6, 257, s. auch 6, 109f.). Staruschs Erzählung stellt sich damit als Geschichte seines Bewusstseins während einer Zahnbehandlung im Frühjahr 1967 dar. Diese Zahnbehandlung markiert die Einschnitte: »Buch 1« Behandlung des Unterkiefers, »Buch 2« Behandlungspause, »Buch 3« Behandlung des Oberkiefers.

Zum Drama werden diese Bewusstseinsszenen durch den mit der Zahnbehandlung zeitlich parallelen »Plan« des Schülers Scherbaum. Wie die Behandlung die äußere gibt der Plan die innere Gliederung. Cepl-Kaufmann (1975, 179) nennt Teil 1 die Exposition, Teil 2 die Peripetie, Teil 3 die Katabasis. Am Anfang des ersten Teils erfahren wir, dass es einen »Plan« gibt (6, 34), an dessen Ende (6, 129) werden wir noch einmal daran erinnert. Zu Beginn des zweiten Teils legt Scherbaum diesen Plan dar, die Versuche, seine Ausführung zu verhindern, füllen diesen Teil; er endet mit Scherbaums Verzicht. Da dieser Abschnitt in die Behandlungspause fällt, überwiegt hier das äußere Geschehen gegenüber Staruschs ›Gedankentheater‹. Dieser

Teil entspricht auch im Wesentlichen dem Drama *Davor*. Der dritte
Teil bringt kurz das »Danach« (so das erste Wort des dritten Teils, 6,
249; s. dazu das Gedicht dieses Titels 1, 594-596).

Starusch – Seifert – Scherbaum – Vero

Den Mittelteil wie das Stück beherrscht eine Viererkonstellation.
Irmgard Seifert und Eberhard Starusch sind beide vierzig Jahre alt –
Jahrgang 1927, wie ihr Autor Günter Grass –, miteinander in einer
nicht ganz befriedigenden Beziehung verbunden (6, 260, 266); er
ohrfeigt sie einmal »linkshändig« (6, 171). Vero Lewand und Philipp Scherbaum sind beide siebzehn Jahre alt und miteinander in
einer nicht ganz befriedigenden Beziehung verbunden (6, 233); er
ohrfeigt sie einmal linkshändig (IV, 176, 201). Irmgard Seifert liebt
Philipp Scherbaum in unklarer, jedenfalls erotisch eingefärbter Weise
(6, 237), auch Starusch empfindet mehr für Scherbaum, als er selbst
zugeben will (s. vor allem 6, 180f., »Eifersucht«, 206). Zwischen
Eberhard Starusch und Vero Lewand kommt es zu einer in ihrem
praktischen Ablauf unklaren erotischen Begegnung (6, 224-230).
   Besondere Bedeutung gewinnen die heute Siebzehnjährigen für
die heute Vierzigjährigen dadurch, dass sie mit diesem Alter jeweils
Schlüsselerlebnisse der eigenen Jugend verbinden müssen. Irmgard
Seifert war noch 1945 mit siebzehn fanatisch »gläubige BDM-Zie-
ge«, die ihr anvertraute Kinder gegen die Russen ins Feld führen
wollte und vor Denunziationen nicht zurückschreckte. Starusch war
mit siebzehn Jahren als Störtebeker Anführer jener radikalanarchis-
tischen Bande, deren »Maskottchen« Oskar als »Jesus« war (6, 138 s.
S. 80). Auch in *Katz und Maus*, vor allem in den *Hundejahren*, aber
auch noch in *Im Krebsgang*, spielte er eine Rolle, entgegen Oskars
Information wurde er nicht gehängt, sondern an die Front geschickt
und überlebte (6, 213).
   Zusätzlich werden zwei weitere Siebzehnjährige in die Geschichte
als Muster eingeführt: Bartholdy, der in diesem Alter 1797 in Danzig
die Republik ausrufen wollte und der im *Butt* seinen Platz finden
wird (s. S. 159) und Helmuth Hübener, der im Krieg Nachrichten
des englischen Senders mitstenografierte, auf Flugblättern gezielt ver-
breitete und 1942 hingerichtet wurde.
   Im Mittelpunkt dieses Teils stehen Scherbaum und seine Entwicklung. »Er leidet an der Welt. Das fernste Unrecht trifft ihn.
Er sieht keinen Ausweg. Oder nur den einen: seinen Hund will er
öffentlich verbrennen und so der Welt […] ein Zeichen geben« (7,
150) – so kennzeichnet ihn sein Lehrer Starusch. Indem Scherbaum

über diesen Plan spricht, ihn erörtert, sich den historischen wie den direkten Einflüssen aussetzt, ist er neben Störtebeker-Starusch der einzige dynamische Charakter des Buches: Vero Lewand und Irmgard Seifert sind in ihrer fanatischen Gläubigkeit gegenüber kollektiven Heilslehren festgelegt.

Indem Grass Scherbaum zur jugendlichen Wiederholung des Störtebeker-Starusch macht – »Der is wie du best jewesen« (6, 270) –, stellt und beantwortet er neu die Frage nach dem richtigen Handeln: Wo Oskar und die Stäuber unter Störtebeker die radikale unpolitische Weigerung geübt hatten, geht Scherbaum einen anderen Weg. Unter den verschiedenen Parallelen und Vorbildern wählt er nicht die fanatische Gläubigkeit der beiden Frauen, und er entsagt auch der von ihm zunächst beabsichtigten »ritualisierte[n] Form der Provokation« (6, 217).

Starusch und der Zahnarzt

»Erkenntnis plus Handwerk« ist die Formel, die Starusch einmal für das Verhalten des Zahnarztes aufstellt (6, 152). Der Entschluss Scherbaums, statt des »ritualisierten Protests« (s. dazu Tb 7, 168) im Dackelverbrennen die soviel weniger spektakuläre Reform der Schülerzeitung zu betreiben, vollzieht sich parallel mit seinem Eintritt in die Sphäre des Zahnarztes, in dessen Behandlung er sich begibt. Scherbaum findet damit am Ende des Mittelteils zu der Einstellung, die Starusch von vornherein eingenommen hat. Der Mittelteil fügt sich hier auch inhaltlich in die ihn umschließende Handlung um Starusch und seinen Zahnarzt ein. Der Gegensatz zwischen diesen beiden Gestalten kann nur begriffen werden, wenn man in Rechnung stellt, dass Starusch diesen »Dialog zwischen Zahnarzt und Patient« »erfindet« (Grass bei Tank 1974, 81). Es kann also nicht darum gehen, einem von ihnen Recht zu geben, dem Zahnarzt (so Reddick 1978, 71f.; 1974) oder Starusch (so Durzak 1971, 150f.; Brode 1978, 78). Es gibt gar keinen realen Zahnarzt, der diese Lehren vertritt – Starusch entwickelt vielmehr am Beispiel der Zahnbehandlung mit ihrem durch zielgerichtetes Handeln bewirkten relativen Fortschritt ein Modell der Weltbetrachtung, das er dann seinem Arzt zuschreibt. Überhöht wird dieser Pragmatismus durch die Lehren der Stoa, vor allem die ihres populärsten Vertreters Seneca, die die Gespräche zwischen Starusch und seinem Zahnarzt durchziehen. Im Verzicht auf eine Metaphysik oder in deren desinteressiertem Ignorieren bei gleichzeitiger Betonung einer rigorosen Ethik wird die Stoa für Grass zu einer antiken Vorläuferin des Existenzialis-

mus und Seneca zu einem Camus der Zeitenwende. In den vom
Neustoizismus geprägten Dichtern des *Treffen in Telgte* wird Grass
diesen Existenzialismus vor der Zeit wieder aufnehmen (vgl. Weber
1995; zur Stoa-Rezeption bei Grass, auch in *örtlich betäubt*, vor
allem 31-42).

In vielen grundlegenden Zügen ist der Zahnarzt so nachweislich das Sprachrohr seines Autors: Das beginnt beim Menschen-
bild, das vom »Mensch[en] als eine[r] anfällige[n] fehlerhafte[n]
Konstruktion« (6, 190) ausgeht – die Fehler des Menschen sind
nur mit dem Menschen selbst zu beseitigen (6, 87). Der Zahnarzt
verlegt diesen Konstruktionsfehler wie Grass an den Anfang der
Schöpfung: »»Man hätte vorher mit dem alten Herrn da oben reden
sollen. Sie kennen meine These: Gespräche verhindern Taten«« (6,
152). Dem korrespondieren, über den menschlichen Bereich hin-
ausgehend, die grundlegenden »wissenschaftlichen Widerlegungen
der Reinheit« (6, 159, s. S. 125). Mit Grass teilt der Zahnarzt die
Rückführung allen »Mißbrauch[s] der Macht [...] auf Hegel« (6,
106, s. S. 142), den Kampf gegen »Dämonisierung des angeblichen
wie tatsächlichen Gegners« (6, 191), die Ablehnung des ›Hüpfens‹
und ›Springens‹ zugunsten der »Evolution Schritt für Schritt: die
Springprozession« (6, 152). Was Starusch hier als Lehre seines
Zahnarztes darstellt, spricht Grass während der Arbeit an *örtlich
betäubt* fast wortgleich als eigenes politisches Credo im Brief an
Pavel Kohout aus (1968, 44).

Der Zahnarzt verkörpert eine abstrakt richtige und von Grass
geteilte Weltsicht, aber er bleibt abstraktes Prinzip, wird nicht konkrete Persönlichkeit mit eigenem Leben und realer Vergangenheit.
Er bleibt, in der Sprache des Romans, ohne ›Ablagerungen‹. Hierauf
allein beruhen die scheinbare Überlegenheit und Sicherheit dieses
»Gottvater [...] mit Segeltuchschuhen« (6, 196).

Die dem theoretischen Prinzip entgegenwirkende Prägung des
Individuums durch seine Vergangenheit und des Kollektivs Volk
durch seine Geschichte verkörpert der Patient Starusch. »Objektives
Korrelat« für prägende und belastende Vergangenheit ist individuell die Ablagerung des Zahnsteins (z.B. 6, 33 »versteinerter Haß«,
ähnlich 6, 16 u.ö.), überindividuell die Ablagerungen Trass, Bims,
Tuff (6, 62f. u.ö.). Beide Ebenen verknüpft Starusch bewusst: Für
die individuelle Prägung durch die Vergangenheit steht Staruschs
Belastung durch die gescheiterte Verlobung und die »Planspielchen«
(6, 109) genannten fiktiven Rachepläne, für die kollektive die Plan-
spiele am Sandkasten, in denen der General und Zementindustrielle
Krings verlorene Schlachten des Zweiten Weltkrieges im Nachhinein
gewinnen will.

In den Zahnschmerz-, Zahnstein-, Zahnbehandlungsbildern kommt eine im übrigen Werk von Grass schon angedeutete Reihe »objektiver Korrelate« zum Abschluss. Pilenz setzt Mahlke die Katze an den Hals, während er Zahnschmerzen hat, die daraufhin weggehen (KuM 4, 5f.); Mahlke hat eine »wie von inwendigem Zahnschmerz durchtobte Erlösermiene« (KuM 5, 22); Matern, der Zähneknirscher, hat noch alle 32 Zähne (Hj 5, 468f. zweimal) und nie Zahnschmerzen (Hj 5, 705); der auferstandene Amsel hat stattdessen 32 Goldzähne. Auf diese Zusammenhänge weisen Rothenberg (1976, 166) und Harscheidt (1975, 715) hin. Enderstein (1974/75) und Ziolkowski (1976) widmen ihnen eine eigene Untersuchung Die Zahnbehandlung in *örtlich betäubt* gestaltet die Möglichkeiten und Grenzen der aufgeklärten demokratischen Gesellschaft, das Leiden des einzelnen an der Welt zu mindern – dasselbe wird auch an Irmgard Seiferts Aquarium konkretisiert (6, 143, 146, 150, 173, 209, 222, 238, 242).

Während der Arbeit verschob sich für Grass, der nur mit rechter Ideologie konkrete Erfahrungen hatte und sich auf einmal mit den Ideologien und Utopien der »Neuen Linken« konfrontiert sah, die Zielrichtung von der Vergangenheit auf die Gegenwart. Grass konfrontiert Starusch, der in Krieg und Nachkriegszeit durch seine Erfahrungen vom Anarchisten »zum gemäßigten Studienrat geworden« ist, der sich an die Vernunft klammert, den permanenten Ausgleich sucht und sich »trotzdem und dennoch, für fortschrittlich hält« (6, 227), mit dem Idealismus seines Schülers Scherbaum.

Ihm hat er nichts entgegenzusetzen als die »Traurigkeit [s]eines Besserwissens« (6, 161), die Traurigkeit darüber, Scherbaum, der an der Welt leidet, den »das fernste Unrecht trifft«, der »keinen Ausweg« sieht (6, 156), nichts Besseres mitteilen zu können als die eigene Gebrochenheit (6, 240) und örtliche Betäubung. Das meint das Klagelied Jeremias, das Starusch in jedem der drei Bücher anstimmt (6, 31, 162, 178, 262): »Ach, wie ist das Gold so gar verdunkelt.« Es gewinnt seine Prägnanz aus der Ellipse: Jeremias fährt im vierten Vers dieses vierten Kapitels fort »Die jungen Kinder heischen Brot und ist niemand, der es ihnen breche.« In der »Dürerrede« beschreibt Grass diese Kehrseite der entschwundenen Utopie als Melancholie: »Nur wer den Stillstand im Fortschritt kennt und achtet, wer schon einmal, wer mehrmals aufgegeben hat, wer auf dem leeren Schneckenhaus gesessen und die Schattenseite der Utopie bewohnt hat, kann Fortschritt ermessen« (7, 603).

Der Roman endet mit Schritten vor und zurück, wie es der »Springprozession« zukommt: Da Scherbaum »aus eigener Einsicht, nicht etwa den Argumenten des Lehrers folgend, den Hund nicht

verbrennt«, sieht Grass in ihm den, »der politisch aktiv bleiben wird,
während Vero Lewand sehr schnell ihr Pulver verschossen hat« (In-
gen/Labroisse 1976, 260). Der für den Roman gewählten Bildwelt
entsprechend kommt das in Scherbaums Medizinstudium zum Ausdruck. Irmgard Seifert ist dieselbe geblieben, bei Starusch kehren mit
dem neuen Zahnstein (6, 275, 277, 278) seine Mordfiktionen wieder, in denen er mit seiner Vergangenheit kämpft. An den Zähnen
bildet sich ein neuer Herd, der wieder einen Eingriff nötig macht:
»Nichts hält vor. Immer neue Schmerzen.« lautet der letzte Satz.

Grass' amerikanischer Übersetzer Ralph Manheim hat ihn so
übersetzt: »There will always be pain.« Das Magazin *Time* (April 13,
1970, 73) schreibt dazu: »For his taste, Günter Grass finds that far
too full of resignation.« Der Unterschied liegt in der statischen Ge-
neralisierung bei Manheim, während Grass betont, dass im gleich-
bleibenden Schmerz jeweils die konkrete Ursache wechselt und
immer neu bekämpft werden kann – darin besteht das Quäntchen
Hoffnung, der Fortschritt im Stillstand, das macht die »Tretmühle
der Vernunft« (14, 238) aus, die nur scheinbar stillsteht, während in
Wirklichkeit immer eine neue Stufe bewegt wird.

Nur eine Stelle führt in Grass' Roman über die Sensibilisierung
für den Schmerz, die Sehnsucht nach Heilung, die örtliche Betäubung und die kleinen temporären Erfolge hinaus: Wie Oskar auf
der Trommel eine fehlerhafte Welt neu entstehen lassen konnte, wie
Pilenz in Mahlkes Geschichte das »Loch in der Schöpfung« offen-
hielt, wie sich die »Hundejahre« zur Festschrift der Vogelscheuchen-
fabrik fügen, so klingt in der Geschichte vom Danziger Maler Möller
die Möglichkeit an, die der Künstler hat. Indem er die Welt mit
ihren Fehlern im Kunstwerk Gestalt gewinnen lässt, zeigt sich der
Weg, den Grass auch mit den vorigen Büchern gegangen ist: »Wenn
ich nicht wäre, ginge es prompt bergab. Der Künstler als Retter. Er
erhält uns die Sünde« (6, 274). Indem er es tut, erhält er den Menschen; denn die Versuche, die Sünde zu beseitigen, beseitigen den
Menschen (6, 87).

11. Aus dem Tagebuch einer Schnecke

Die Erzählfiktion

Dieses 1972 erschienene Buch nimmt in Grass' epischem Werk eine Achsenposition ein: Zum einen ist es »wie jede deutsche Geschichte eine Geschichte mit Vergangenheit« (Klappentext der Originalausgabe, zit. bei Tank 1974, 84). Wie die Bücher der »Danziger Trilogie« beschäftigt es sich mit dem ›Dritten Reich‹ und seinen Nachwirkungen in der Gegenwart, verlagert aber dabei, wie schon *örtlich betäubt*, den Schwerpunkt des Erzählens von der Vergangenheit auf die Gegenwart. Zugleich aber erweist sich *Aus dem Tagebuch einer Schnecke* als Vorübung des Autors für den späteren *Butt*: Er sammelt darin nach seinen eigenen Worten »Schreib-Erfahrung, [...] ohne die der ›Butt‹ nicht möglich gewesen wäre« (zu Raddatz 1977). Indem »das Autor-Ich und das Erzähler-Ich weitgehend identisch« sind (ebd.), gewinnt Grass eine Möglichkeit, alle ihn in seiner Gegenwart als Schriftsteller, politisch engagierter Bürger, Ehemann und Familienvater beschäftigenden Fragen direkt anzusprechen und zugleich als Autor eine Geschichte zu erzählen und dabei das eigene Erzählverfahren in Werkstattnotizen zu kommentieren. Wie Oskar einen fiktiven, schreibt Grass in *Aus dem Tagebuch einer Schnecke* einen wirklichen Roman eines Romans. Diese Technik wird in Zukunft Grass' erzählerisches Werk bis hin zu den *Unkenrufen* in den verschiedensten Variationen beherrschen.

Grass hat wiederholt betont, dass er auch bei der Arbeit an Prosawerken Themen, Bilder usw. häufig zuerst in Gedichten erprobt (s. S. 7). Solche Gedichte wurden dann separat in Gedichtbänden veröffentlicht, zur *Blechtrommel* etwa »Polnische Fahne« (1, 31), »Normandie« (1, 80), »Die Seeschlacht« (1, 81), »Pan Kiehot« (1, 89), zu den *Hundejahren* »Die Vogelscheuchen« (1, 78f.). Nur vereinzelt wurden sie direkt in das Prosawerk integriert (»Am Atlantikwall« Bt 3, 444, »Die Schwarze Köchin« ebd., 779, »Stehaufmännchen« Hj 5, 634f., »Aber auch Eddie Amsel« ebd., 653f., »Mein Onkel« ebd., 661) – eine größere Zahl hätte zur Rolle der fiktiven Erzähler nicht gepasst. Indem jetzt der Autor der Erzähler ist, kann er die zum Komplex gehörenden Gedichte mit in den Text einfügen. Dieses im *Tagebuch* erprobte Verfahren wird in *Der Butt* zu einem bestimmenden Stilzug (s. S. 158; zum *Tagebuch* vor dem Hintergrund der Tagebuchformen in der zeitgenössischen Literatur vgl. Jurgensen 1976; auch Raddatz 1977; Rothenberg 1976, 154, erinnert an das Vorbild der moralischen Wochenschriften im 18. Jahrhundert).

Der Titel *Aus dem Tagebuch einer Schnecke* muss beim Wort genommen werden. Es handelt sich weder um ein reales Tagebuch, noch wurde die Erzählsituation eines Tagebuchs von Grass fingiert. Grass hat während des Wahlkampfs 1969 ein »Sudelbuch« (7, 7 u.ö.) nach Lichtenberg'schem Vorbild mit Beobachtungen, Einfällen, Notizen und Stichworten gefüllt. Daraus hat er später, nach der Dürerrede 1971, sein Buch geformt, das somit einheitlich aus der Rückschau des Jahres 1971 geschrieben wurde. Daraus erklärt sich das oft verwirrende Spiel mit den Zeitebenen: Während das Erzählen im Wesentlichen der Zeit folgt, in der das »Sudelbuch«, das *Tagebuch einer Schnecke*, im Wahlkampf entsteht und auf einer Vergangenheitsebene abschnittweise die Geschichte Zweifels und der Danziger Juden von 1929 bis 1945 erzählt wird, kann Grass jedes Mal Ereignisse, die sich zwischen dem Wahlkampf 1969 und der Niederschrift 1971 zugetragen haben, an passender Stelle einfügen. »Heute« kann sich dabei wie im ersten Satz des Buches auf die Zeit der Niederschrift des »Sudelbuches« beziehen (7, 7), an anderer Stelle kann es aber auch den Zeitpunkt 1971 meinen, an dem Grass *Aus dem Tagebuch einer Schnecke* schreibt: »Heute gibt es Kiesinger kaum noch« (7, 215). Innerhalb des gesamten Zeitraums vom Frühjahr 1969 bis zum Herbst 1971 kann Grass frei ›springen‹, was er auch nutzt, um die vielfältigsten Bezüge zwischen Gegenwart, Jüngstvergangenem und weiter zurückliegender Vergangenheit zu stiften.

So wird im Abschnitt 15 ein Besuch in der ČSSR aus dem Sommer 1969 an seinem zeitlichen Ort innerhalb der Zeitebene Wahlkampf 1969 erzählt, zugleich aber mitgeteilt, dass Vladimir Kafka, dem der Besuch galt, später, am 19. Oktober 1970, gestorben ist (7, 153). In die Geschichte der Danziger Juden fügt Grass jeweils Recherchen und Erlebnisse von einer Israel-Reise ein, die er am Buchende erst für November 1971 vorbereitet (7, 294), und als Erzähler des ersten Abschnitts kennt er schon den Ausgang des letzten.

Die Eckdaten, die Grass für den ersten und den 29. Abschnitt wählt – den 30. bildet die »Dürerrede« –, sind somit von ihm bewusst gesetzt, da sie weder die zeitlich frühesten noch die zeitlich letzten der Wahlkampf-Ebene sind. So beginnt Grass sein Werk symbolisch mit der Wahl Gustav Heinemanns zum Bundespräsidenten, von der er einmal gesagt hat, dass darin »die Revolution von 1848 gewonnen wurde« (X, 142), und es endet mit der Wahl Willy Brandts zum Bundeskanzler. Grass deutet schon in der äußeren Gliederung an, was er an anderer Stelle direkt ausgesprochen hat: »Diese Ära Brandt, und ich möchte dazu auch gleich noch Gustav Heinemann nennen, ist eine für deutsche Verhältnisse einmalige Periode gewesen« (ebd., 138). Grass' Eintreten für den »Prozeß des Mündigwerdens«, den er als die entscheidende Leistung dieser Periode ansieht (ebd., 141), ist das Hauptthema der Wahlkampfebene.

Sie wird unmittelbar verknüpft mit der zweiten Ebene: »Solange der Wahlkampf dauert und Kiesinger Kanzler ist« (7, 16), erzählt er die Geschichte der Danziger Juden von 1929 bis 1945. Die Kanzlerschaft Kiesingers und die darin deutlich werdende Fortdauer der Vergangenheit, an der schon Starusch und Scherbaum gelitten hatten (öb 6, 35, 44 u.ö.), wird für Grass zum Motiv für seinen Wahlkampf und zugleich für seine Erzählung von ›Damals‹ (Tb 7, 215; vgl. Krüger 1972, 744). Eine noch lebendige Vergangenheit und eine von ihr belastete Gegenwart durchdringen sich: Unmittelbar nach der Wahl Heinemanns erzählt Grass davon, dass Danziger Deutschnationale ab 1930 auf »die zwölf Stimmen der Nationalsozialisten angewiesen« waren (7, 18) – wie die CDU/CSU in der Bundesversammlung 1969 auf die Stimmen der NPD. Von der Vergangenheit her wird ihm aber auch die Gefahr deutlich, die von einem neuen Totalitarismus droht – im »Wer hat uns verraten / Sozialdemokraten« der Jungen Linken von 1969 hört er das »Die Juden sind unser Unglück« der Rechten von 1932 (7, 18f.).

Zur öffentlichen tritt die private Sphäre: Das Leben zu Hause, vor allem das Kochen, die Ehe, die Kinder, sind die weiteren Themen, die gleich im ersten Abschnitt anklingen. Während die Geschichte einer Ehekrise nur in Andeutungen (s. 7, 12 »schon hat Anna einen *verzweigten* Blick« – Hervorhebung V.N.) und in den elliptischen Sätzen der Buchmitte, im 15. von 29 Abschnitten (7, 153; vgl. Raddatz 1973, 105) aufscheint, sind die Kinder zentral. Ihre Eigenheiten, ihre Entwicklung sind eines der Themen des Buches, zugleich sind sie seine Adressaten: »Liebe Kinder« heißt es zu Anfang (7, 7), und »während ich für meine und anderer Leute Kinder ein Buch schrieb« lautet einer der letzten Sätze des Buches (7, 325). Mit ihm schließt die »Dürerrede« »Vom Stillstand im Fortschritt«; von Grass' Zusage, die Rede zu übernehmen, berichtet ebenfalls schon der erste Abschnitt (7, 7). Grass zieht die Zusage aus dem Oktober 1969 bewusst um ein halbes Jahr vor, weil er so im Abschnitt 1 einen Bogen bis zur eigentlichen Rede in Abschnitt 30 schlägt und in den fortan in allen Abschnitten begegnenden Überlegungen zur Rede ein zusätzliches Integrationsmoment für die verschiedenen Themen gewinnt: Sie alle münden in die Lehre vom »Stillstand im Fortschritt«, die Rede bündelt noch einmal als abschließend letzter Abschnitt alle

Themen des Buches (eine Analyse der Rede findet sich bei Cepl-Kaufmann 1975, 223-229; vgl. Mason 1976, 110ff.).

Aus dem mit den Adressaten gegebenen pädagogischen Anspruch erklärt sich die Anlage des Buches: Alle im ersten Abschnitt genannten Themen – Familie, Ehe, Kinder, aktuelle politische Situation, sonstige Ereignisse des Jahres 1969, belastende Vergangenheit, zukünftige Gefahren, Wahlkampf, die zugesagte Rede – werden im Verlauf der Erzählung langsam in ihrer Eigenart entfaltet, so langsam, dass für Fragen der Kinder Raum bleibt und die Rezeption Teil des Erzählens wird:

»Habt Geduld. Meine Eintragungen ergeben sich unterwegs. Da ich in Gedanken, Worten und Werken, ja, selbst in einer Super one-eleven kategorisch am Boden hafte und nur uneigentlich fliege, gelingt es keinem, auch den Umständen des Wahlkampfes nicht, mich oder Teile von mir zu beschleunigen. Deshalb bitte ich Euch, Zurufe wie ›Schneller!‹ und ›Spring schon!‹ zu unterlassen. Ich will auf Umwegen (Abwegen) zu euch sprechen: manchmal außer mit und verletzt, oft zurückgenommen und nicht zu belangen, zwischendrein reich an Lügen, bis alles wahrscheinlich wird. Manches möchte ich umständlich verschweigen. Einen Teil vom Teil nehme ich vorweg, während ein anderer Teil erst später und auch nur teilweise vorkommen wird. Wenn sich also mein Satz windet, sich nur allmählich verjüngt, dann zappelt nicht und kaut keine Nägel. Wenig, glaubt mir, ist bedrückender, als schnurstracks das Ziel zu erreichen. Wir haben ja Zeit. Die haben wir: ziemlich viel Zeit« (7, 13).

Zugleich kann die Vergangenheit immer wieder zur ganz anderen Gegenwart der Kinder in Beziehung gesetzt werden: der zwölfte Geburtstag der Zwillinge 1969 zu Grass' zwölftem Geburtstag 1939 (7, 265), das Schicksal des jüdischen Jungen, der mit zwölf Jahren Danzig verlassen musste – so alt wie Grass damals, so alt wie die Zwillinge heute (7, 104) – soll sie zum Nachdenken anregen. Im letzten Satz des Buches wird diese das Buch beherrschende Spannung zwischen Gegenwart und Vergangenheit noch einmal bis in die Namen hinein erfasst: »Jetzt sind Franz und Raoul vierzehn, Laura zehn, Bruno sechs Jahre alt. [...] Im April zweiundsiebzig wollen wir [...] nach Danzig fahren und in Gdansk Orte suchen, an denen ich sechs, zehn, vierzehn Jahre alt gewesen bin. – Vielleicht finden wir Spuren von Zweifel ...« (7, 299). Die in der mehr oder weniger ausführlichen Ausgestaltung der Schreibfiktion in allen Grass-Büchern immer schon implizite aufklärerische Intention (s. S. 85f., 103, 126) wird hier, wo der Schriftsteller »für meine und anderer Leute Kinder« schreibt, zum pädagogischen Anspruch. Seine Definitionen des Schriftstellers beziehen sich alle auch auf diese Aufgabe: »Ein Schriftsteller, Kinder, ist jemand, der gegen den Sog schreibt« (7,

258), daher die Aufforderung an das Individuum, dem »Sog«, der Verlockung der »Einheiten« zu widerstehen. »Ein Schriftsteller, Kinder, ist jemand, der gegen die verstreichende Zeit schreibt« (7, 148). Diese Definition wird in der Buchmitte im 15. Kapitel anhand der erst zehn Monate zurückliegenden Invasion der Tschechoslowakei entwickelt. Grass erkennt, dass »es die Zeit« ist, »die den Terror gewöhnlich werden läßt«, deshalb muss der Schriftsteller »gegen die Zeit schreiben« (7, 147). Grass möchte die nationalsozialistische ebenso wie jetzt die tschechische Erfahrung für seine Kinder offen und lebendig halten, möchte im Schreiben Erfahrung vermitteln, damit seine Kinder nie dem absoluten Glauben an ein »Endziel«, an ein zukünftiges »totales System« verfallen, der sie blind machen könnte für die gegenwärtigen Leiden, die damit gerechtfertigt werden (7, 151; vgl. Cepl-Kaufmann 1975, 192f.).

Zweifel und Augst

Der pädagogische Anspruch bestimmt auch die Wahl der Hauptfigur für die Vergangenheitshandlung: Hermann Ott genannt Zweifel ist, wie Eberhard Starusch, Studienrat (zu Grass' Lehrerbild allgemein und zur Gestalt Zweifels s. 20, 43f.). Grass hat diese Gestalt aus verschiedenen Vorbildern montiert: Während der Beruf vor allem in der Vorkriegszeit wichtig ist, hat er Otts Überleben während des Krieges nach dem Schicksal des Kritikers Marcel Reich-Ranicki gestaltet (7, 119), für Otts Tätigkeit nach dem Krieg hat, wie für seinen Vornamen, Nürnbergs Kulturdezernent Hermann Glaser Pate gestanden (7, 10), auf dessen Bitte hin Grass im Dürerjahr sprach. Ott ist die erste ohne Einschränkung positive – im pädagogischen Kontext ›vorbildliche‹ – Gestalt, die Grass für die Epoche des ›Dritten Reiches‹ erfunden hat. Ott solidarisiert sich fraglos mit der jüdischen Gemeinde und hilft ihr nach Kräften. Seine Erfahrungen dabei überwinden für Grass die »Schwierigkeiten eines Vaters, seinen Kindern Auschwitz zu erklären« (15, 49-52, s. auch Tb 7, 17f. und »Wie sagen wir es den Kindern«, 15, 510-524). Ott wird zum Vehikel einer Erzählung, die zwischen »Brillenberge[n]« (7, 18) und Anne-Frank-Schicksalen die Mitte hält. Am Schicksal der Danziger Juden wird exemplarisch das der deutschen Juden dargelegt, an einzelnen Personen die verschiedenen Weisen des Untergangs und die seltenen Zufälle des Überlebens. Indem Grass nüchtern Fakten mitteilt, setzt er den »hellen Tag« gegen die verschleiernde Metapher »Als es Nacht wurde über Deutschland« und kämpft zugleich gegen »antifaschistische Mahnmale, gebaut in stalinistischem Stil« (7, 17).

Den ständigen Streit der Danziger Juden (7, 22, 116) verschweigt
er ebenso wenig wie die Brutalitäten der Verbannten untereinander
(7, 113f., 162), auch nicht, dass Zionisten ebenso ungestraft Juden
morden dürfen wie Engländer (7, 165). »Viel will ich dazu nicht
sagen« (7, 166) – die mitgeteilten Fakten kommentieren sich selber.

Otts Überleben während des Krieges und sein weiteres Schicksal werden bestimmt durch seinen Spitznamen »Zweifel«, den ihm
Schüler auf Grund seiner Lieblingseigenschaft und seines Lieb-
lingswortes gegeben haben. Er leiht seine Gestalt dem Abstraktum
Zweifel. Er, den es in den Anfangsjahren des ›Dritten Reiches‹ nur
an einer jüdischen Schule geben konnte (7, 40), kann die Erfolgs-
phase des Krieges in den Anfangsjahren nur im Keller überleben:
Der Krieg »ging ohne ihn weiter« (7, 229). Vor Stalingrad ist seine
Lage hoffnungslos (7, 140f.), erst danach kommt Zweifel nach und
nach wieder auf (7, 195), um sich nach dem Krieg ›auszuzahlen‹ (7,
287) – bis ihn die Kommunisten gewordenen Polen in eine Anstalt
stecken (7, 288): Zweifel ist dort nur als Krankheit denkbar. Wenn
Grass Zweifel zum ständigen Hörer seiner Wahlreden macht (7,
289), betont er einerseits dessen allegorischen Charakter, tritt aber
als sein ›auctor‹ dennoch zugleich auf dessen fiktionale Seinsebene
und nimmt selbst fiktionale Züge an – ein Zug, der in allen folgenden fiktionalen Werken bis zu den *Unkenrufen* und zu *Im Krebsgang*
variiert wiederkehrt.

Gegenfigur zu Zweifel ist Augst – nicht zufällig trennt ihre An-
fangsbuchstaben das ganze Alphabet. Grass montiert diese Gestalt
aus allen jungen und alten »Zeugen des Absoluten« (7, 170), die
er als Diskutanten in seinen Wahlveranstaltungen kennenlernt. Wie
die älteren ihre Erlösungshoffnungen einst auf das ›Dritte Reich‹
richteten, so die jüngeren auf die »bevorstehende[] Revolution« (7,
169), gemeinsam ist ihnen »Das Bedürfnis, gekadert zu werden. Der
Wunsch, gehorchen zu dürfen. Die Opferbereitschaft, das Prinzip
Zweifel als Luxus zu verhökern« (7, 224). Dieses überindividuelle ›Prinzip Gläubigkeit‹ verbindet Grass dann mit einem konkreten Mann, der auf dem Kirchentag 1969 während der Diskussion
als »ritualisierten Protest« (7, 172) Selbstmord beging, und das mit
Worten, die Grass besonders tief verstört haben müssen, ohne dass er
dies damals zugeben konnte oder wollte: »Ich werde jetzt provokativ
und grüße meine Kameraden von der SS« (7, 171). Die Tochter dieses Mannes hat später ein Porträt ihres Vaters veröffentlicht (Scheub
2006).

Gerade dieses Ende erfüllt Grass mit einer bleibenden Verlegen-
heit dieser Gestalt gegenüber (7, 176f., 199, 205, 212), die ihm tief
fremd bleibt, weil sie im Gegensatz zu ihm aus der gemeinsamen

Vergangenheit nichts gelernt hat. Für links wie für rechts, für SS wie SDS, für Augst sen. und Augst jr. gilt gleichermaßen, dass sie »keine Kompromisse« kennen: Bei ihnen »war alles schwarz oder weiß, ja oder nein« (7, 245). Grass' und Zweifels Farbe hingegen ist das Grau: »Als die Farben einander den Krieg erklärten, zwang ihnen Grau den Frieden auf« (7, 166). »Grau beweist, daß nirgendwo schwarz ist« (7, 78). »Eine Graue Masse schreiben. Zweifel zum Hosianna erheben. Eine Messe ohne Credo« (7, 198; vgl. dazu »Meissner Tedeum«, 1, 597-602; vgl. zu grau auch 14, 94, 124 und Cepl-Kaufmann 1975, 247, Anm. 68).

Schnecke und Pferd

Während Zweifel als Assessor Ott zwar viel Positives für die Danziger Juden tut, ist er als Prinzip eher eine negative Größe – »Er bestand ja aus Widersprüchen, sah niemals eindeutig aus« (7, 27). Zur positiven Darlegung seiner Ziele und Vorstellungen entwickelt Grass deshalb das Bild von der Schnecke. Es begegnet schon in der frühen Skizze »Meine grüne Wiese« (1, 626-632), ihre Geduld, ihre Fähigkeit, Schnellere zu überrunden, werden erwähnt (s. dazu das Gedicht »Zwischen Marathon und Athen«, 1, 103). In *Aus dem Tagebuch einer Schnecke* wird sie zur Verkörperung der politischen Tugenden, die Grass lehren will, wozu reale und bildliche Eigenschaften gleichermaßen beitragen, »beispielhafte, fabelhafte, prinzipielle« Schnecken, »und solche, die wirklich vorkommen« (7, 221, vgl. Cepl-Kaufmann 1975, 79f. und 247, Anm. 69, 70). Grass demonstriert an den Schnecken nach Fabelart – »wie zufällig gegriffen« hat Zweifel auch »Äsops Tierfabeln« unter seinem knappen Fluchtgepäck (7, 130) – menschliche Eigenschaften, die er schätzt, das Gewundene, das Nacktsein wie das In-sich-geborgen-sein, die Empfindlichkeit, das Zögern, die Einsamkeit, die Geduld, die Beharrlichkeit, die Bereitschaft zur permanenten Revision – »Eine Schnecke – immer unterwegs – verläßt feste Standpunkte« (7, 156) –, das Zögern, »sich absolut zu verstehen« (7, 185), den Zweifel auch sich selbst gegenüber: »Als das Zögern prämiert werden sollte, zögerte die Schnecke vor dem Podest« (7, 290). Das Schicksal der Schnecke, die Lisbeth Stomma heilt, dient als Warnung: Sobald die Schnecke zum Messias gemacht wird (7, 258f.), folgt bald ihre Kreuzigung (7, 277f.). Schneckeneigenschaften bei Menschen sieht er bei Bebel, vor allem bei Bernstein und Brandt, die SPD insgesamt ist ihm eine »Schneckenpartei« (7, 46). Der Satz »Der Fortschritt ist eine Schnecke« (7, 46) ist zu einem der populärsten Geflügelten Worte der Gegenwartsliteratur geworden, wenn auch der Urheber meist nicht mehr gewusst wird. Neben der politischen Bedeutung entfaltet Grass auch eine erotische: In der Schweiz sind »de Schnägg« oder »s' Schnäggli« »vulgäre und zärtliche Benennungen der Vagina«. So wird die Schnecke den Kindern auch als Vorbild für Geduld, Zeit und Zärtlichkeit bei der Liebe hingestellt (7, 263f., vgl. auch die Kur an Lisbeth Stomma).

Das Gegenprinzip zur Schnecke verkörpert auf der politischen Ebene das Pferd. Dieses Bild entwickelt Grass aus Hegels Diktum über Napoleon als ›Weltgeist zu Pferde‹ (7, 48). ›Hegel‹ ist, wie stets bei Grass, die Chiffre dafür, dass »alle Staatsgewalt als geschichtlich notwendig erklärt« (7, 51) wird: Hegel hat »die Geschichte über die Menschen als Urteil verhängt« (7, 51).

12. Literatur und Politik bei Günter Grass

Man kann *Aus dem Tagebuch einer Schnecke* nicht gerecht werden, wenn man nicht auch den politischen Anspruch und die politische Rolle des Autors einbezieht. Grass kommt auf die das Buch prägende Doppelrolle – der Schriftsteller Grass erzählt mit den Mitteln seines Handwerks vom Politiker Grass – am Ende des letzten Abschnitts zu sprechen. Er demonstriert jungen Schriftstellern, die um sein Schreiben besorgt sind, an zwei Bierdeckeln das Verhältnis von Literatur und Politik in seinem Leben: »›Der hier ist die politische Arbeit, mache ich als Sozialdemokrat und Bürger; der ist mein Manuskript, mein Beruf, mein Weißnichtwas‹. Ich ließ zwischen den Bierdeckeln Distanz wachsen, näherte beide einander, stellte sie sich stützend gegeneinander, verdeckte mit dem einen den anderen (dann mit dem anderen den einen) und sagte »Manchmal schwierig, aber es geht‹« (7, 298). Was er hier mit den Bierdeckeln demonstriert, hat er 1966 in seiner Rede »Vom mangelnden Selbstvertrauen der schreibenden Hofnarren unter Berücksichtigung nicht vorhandener Höfe« (14, 169-175) pathetischer und unter stärkerer Akzentuierung der Differenz ausgedrückt:

»Dabei gibt es die Menge zu tun und mehr, als sich in Manifesten und Protesten ausdrücken läßt. Und es gibt auch die Menge Schriftsteller, bekannte und unbekannte, die weit entfernt von der Anmaßung ›Gewissen der Nation‹ sein zu wollen, gelegentlich ihren Schreibtisch umwerfen – und demokratischen Kleinkram betreiben. Das aber heißt: Kompromisse anstreben. Seien wir uns dessen bewußt: Das Gedicht kennt keine Kompromisse; wir aber leben von Kompromissen. Wer diese Spannung tätig aushält, ist ein Narr und ändert die Welt« (14, 175, vgl. auch Rothenberg 1976, 170).

Grass lehnt stets den Sonderbegriff einer »engagierten Literatur« als einen »weißen Schimmel« ab. »Daß sie engagiert ist, ist für mich eine Selbstverständlichkeit«, »die völlig verschlüsselten und dunklen Gedichte von Paul Celan« ebenso wie »politisch gemeinte Gedichte von Enzensberger« (Arnold 1975, 103, ähnlich in der »Hofnarren-rede«, 14, 171). Langfristig spricht Grass jeder Literatur Wirkungen auch im politischen und gesellschaftlichen Bereich zu – er hat nicht umsonst Bibliotheken für die Bundeswehr gestiftet, worauf Cunliffe 1969, 125 hingewiesen hat (zu dieser Frage vgl. Cepl-Kaufmann 1975, 194). Direkte politische Wirkungen aber, konkrete Verände-

rung einer gegebenen und als störend empfundenen Situation erzielen nicht die darauf abzielenden literarischen Gattungen ›Manifest‹ und ›Protest‹-Gedicht (14, 174), sondern das Engagement des
Bürgers, der gemäß den politischen Strukturen einer Demokratie
»angesichts Parteien Partei« ergreift und »demokratischen Kleinkram
betreib[t]« (ebd.). Dies war auch der Kern seiner Protestgedichte »gegen das Protestgedicht« (I, 183) in der Gruppe »Zorn Ärger Wut«
1967 in »Ausgefragt« (1, 174-181): »Alltäglicher Ärger findet den
Reim auf fehlendes Brot. / Ohnmächtige Wut macht atemlos von
sich reden. / (Mach doch was. Mach doch was ...) / Dabei gibt es
Hebelgesetze. / Sie aber kreiden ihm an, dem Stein, / er wolle sich
nicht bewegen« (1, 176).

Der Schriftsteller, der den Stein nicht zum Bewegen auffordern,
sondern an ihm den Hebel ansetzen will, kann das nicht vom Schreibtisch aus tun, er muss das als Bürger tun und den »Schreibtisch umwerfen« (14, 174, ebenso 217). Vorbilder dafür sah Grass in Thomas Manns Engagement für die Weimarer Republik (vgl. Grathoff
1970, 138) und vor allem in Alfred Döblin und dessen Fähigkeit,
»mit Langmut den Parteikleinkram mitzubetreiben« (14, 289). Grass
selbst hat den Hebel dort angesetzt, wo in der Demokratie Bewegungen ausgelöst werden können: beim Wähler, und er hat dafür, vor
allem in den Bundestags-Wahlkämpfen 1965, 1969 und 1972 das
gängige Werkzeug der Wahlrede benutzt. Grass definiert gleich in
seiner ersten Wahlrede »Wahlen sind Appelle an die Vernunft« (14,
90). Dies wiederholt er wörtlich in einer anderen Rede und fährt fort:
»Vielmehr hat jede Stimme Eigenwert [...]. Umgeben von den Riesen
unserer Gesellschaft, den Interessenverbänden und Gewerkschaften,
war es möglich, unabhängig und beweglich Davids jahrtausendealten
Triumph, den Sieg des Individualismus, zu feiern« (14, 124).

Das Individuum, jeder einzelne, ist für Grass der Motor der Geschichte, Baustein aller Institutionen; Bürokratien, Systeme, Mas-
senbewegungen – alles besteht aus einzelnen Personen (X, 116, s.
auch S. 46). Der einzelne wird deshalb von Grass ständig an seine
Verantwortung erinnert, weil nur bei ihm Änderungen möglich sind:
»Ich bin ein Gegner des Alibis, daß immer die Verhältnisse schuld
seien.« Nicht Institutionen versagen, sondern »Menschen in den Institutionen« (Arnold 1978, 8). Baumgart hat im Zusammenhang
mit diesem emphatischen Individuums- und Persönlichkeitsbegriff
auf das Xenion hingewiesen, mit dem Grass eine Rede schließt: »Zur
Nation euch zu bilden, ihr hoffet es, Deutsche, vergebens; / bildet,
ihr könnt es, dafür freier zu Menschen euch aus« (14, 262). »Wenn
ein Weimarer Kernspruch eine der Reden abschließend wahrhaft
krönt, so ist das nicht etwa Fehlleistung« (Arnold/Görtz 1971, 127).

Cepl-Kaufmann hat gezeigt, dass die »Vernunft« des einzelnen, an die Grass dabei appelliert, nicht dem Vernunftbegriff einer optimistischen Aufklärung entspricht: »Selbständigkeit«, »Autonomie«, »lumen naturale« fehlen ihr. Grass reduziert Vernunft auf »den ideologiekritischen Aspekt« (1975, 126), auf »Skepsis, Zweifel« (X, 118). Bewertungsmaßstäbe gewinnt die Vernunft nicht aus sich, sondern aus der säkularisierten christlichen Moral und dem Erbe europäischer Aufklärung, wie es etwa in die Menschenrechte eingegangen ist (s. dazu X, 118, 148, Arnold 1978, 7f.). Die Vorstellung vom gefallenen und gebrochenen, aus krummem Holz geschnitzten Menschen und das Desinteresse an Programmen, Ideologien, Strukturen und Systemen bei gleichzeitiger Hinwendung zu konkreten Reformen aller Art sind beides Merkmale, die Grass eher zu einem kritischen Konservativen als zu einem Vertreter der Linken machen. In der Tat definiert Grass selbst ›links‹ als das »Streben«, »langfristig« »gesellschaftliche Veränderungen zu bewirken« (Arnold 1978, 22), was auch jeder denkende Konservative anstrebt.

Seinen Ruf als linker Querulant in schlichteren Teilen der Öffentlichkeit wie der Medien verdankt Grass ganz überwiegend seiner Liebe zur Provokation. In der DDR hat er einmal erklärt, »daß er Skatspieler sei und gerne reize«, wobei ein Hang zum Überreizen bei dem bekennend risikofreudigen Spieler Grass nicht auszuschließen ist (Schlüter 2010, 251). Bereits 1961 befand die Stasi, Grass träte »gelegentlich auch in derselben Form wie bei uns gegen Adenauer auf«, »sei ein Mensch ohne jede feste politische Einstellung und Haltung« und schösse »praktisch nach beiden Seiten« (ebd., 37). So steht die früheste und treffendste Kurzcharakteristik Grass' wohl am 13.11.1964 in einer Stasi-Notiz, die auf Paul Wiens zurückgeht: »sehr begabter, meistgelesener westdeutscher Autor – Stil: ›Bürgerschreck‹« (ebd., 61). Daran hat sich bis heute nichts geändert, schließt Grass doch seinen Nachruf auf Max Frisch 1992 mit dessen »leicht stotternd, deshalb wiederholt gesprochenem Satz als Rat [...]: nicht weise werden, zornig bleiben« (18, 312).

Wie Grass zwischen Schriftsteller und Bürger trennt, unterscheidet er auch das, was beide schreiben. Die Werke des Schriftstellers »unterhalten«, werden »genossen«, sind lukullisch (14, 170f.).

»Alle Künste tun das und schaffen, indem sie dem Form geben, der Phantasie, Einbildungskraft; und sie konfrontieren mit der nur enggefaßten, faßbaren Wirklichkeit eine neue Wirklichkeit, eine literarische, eine bildhafte, eine musikalische, eine theatermäßige, die aber dann auch als eine solche begriffen werden muß. Wenn wir beginnen, die Wirklichkeit des Theaters auf der Straße zu suchen oder sie auf die Straße zu tragen, dann kommt es zum Kollaps der Bühnenwirklichkeit« (X, 113).

Ähnlich heißt es in der »Hofnarrenrede«: »Und Narren, die ihren
Zirkus verleugnen, sind wenig komisch« (14, 171). »Das eine gehorcht
ja so vorrangig ästhetischen Kategorien, daß es sich mit dem anderen
gar nicht vergleichen läßt« (X, 114). Die Sprache, die Grass für »das
andere«, die politischen Äußerungen, benutzt, hat er geradezu eine
»saftlose Zweitsprache« (15, 231) genannt. In einem englischen
Interview (zit. bei Cepl-Kaufmann 1975, 199) unterscheidet Grass
seinen beiden Rollen Künstler und Bürger entsprechend die ›Gesetze‹
für das, was der Künstler und der Bürger schreiben, für Roman
und Rede. Zur politischen Rede gehören »Angriff« (»attacking«),
»Verteidigung« (»defending«) und »Lob« (»praising«). Politische Rede
ist »Propaganda«, der Verfasser weiß zu Beginn, wo er enden will und
wird, während der Schriftsteller unsicher ist, neugierig ist und sich
und seine Anfangsidee der Veränderung beim Schreiben aussetzt (s.
S. 40f., vgl. Cepl-Kaufmann 1975, 199f.).

Grass hat nie geleugnet, dass seine Hörer oft kamen, um den
Dichter zu hören, wenn der politisch engagierte Bürger sprechen
wollte (vgl. z.B. 14, 149-165, Arnold/Görtz 1971, 47; Arnold 1978,
21). Presseberichte aus den Wahlkämpfen erwähnen häufig Elemente der traditionellen »Dichterlesung, z.B. das Signieren« (vgl. z.B.
Arnold/Görtz 1971, 42ff., 192). Grass hat dafür die Formel gefunden, er habe den Ruhm »in die Politik mitgenommen und als Be-
grüßgustav beschäftigt« (7, 81). Gerade in *Aus dem Tagebuch einer
Schnecke* belegt er jedoch an konkreten Beispielen, dass jeder Bürger
sich so engagieren kann, und sieht eine weitere Aufgabe darin, bei
der Gründung lokaler Wählerinitiativen behilflich zu sein. Grass hat
wiederholt auf die durch seine Schweizer Frau Anna vermittelten
Erfahrungen hingewiesen, dass jedes Verkehrsschild und jedes Schul-
buch Politik und damit Sache auch des einzelnen Bürgers sind (14,
93, *Spiegel* 1969, Heft 33, 94). In diesem Sinne hat er auch die
Bewegung der Bürgerinitiativen, die Tätigkeit in Schulbeiräten usw.
als Nachwirkung der Wählerinitiativen empfunden und gelobt (X,
143, Rudolph 1971, 70f., ähnlich 15, 216f.; Arnold 1978, S. 25).

Die Jahre 1959 bis 1963 stehen im Zeichen einer wachsenden
Annäherung der »Bierdeckel« des Autors und des Politikers. Oskar
praktiziert die totale Verweigerung gegenüber einer heillosen Welt,
die er lediglich im Umweg über seinen »Roman« entlarven und be-
lehren will, Mahlke nimmt noch einen falschen Kampf mit einer solchen Welt auf, scheitert und resigniert wie Oskar und taucht unter,
Amsel und Matern tauchen am Ende wieder auf, was sie dann aber
tun, bleibt weitgehend unklar. Die Jahre 1965 bis 1972 sind dann
die Zeit, in der der »Bierdeckel« des Bürgers Grass den des Schriftstellers überdeckt oder ihn stützt: *Die Plebejer proben den Aufstand*,

örtlich betäubt und *Aus dem Tagebuch einer Schnecke* sind ohne die
in der alltäglichen Auseinandersetzung gewonnenen politischen Erfahrungen nicht denkbar. Zugleich zieht der letzte, 1972 erschienene
Text eine Art Bilanz. In dieses Jahr fällt die letzte Kanzlerkandidatur
Brandts und das letzte große Wahlengagement Grass'; es folgt die
Phase der Arbeit am *Butt*, in der der »Bierdeckel« des Schriftstellers
den des politisch engagierten Bürgers verdeckt.

Dass die Wahlkämpfe Günter Grass' mit denen Willy Brandts
zusammenfallen, ist kein Zufall, sondern Ausdruck eines persönlich
vermittelten Verhältnisses zur Politik, das bei Grass durchgehend zu
beobachten ist, von den sozialdemokratischen Arbeitern in seiner
Zeit als Koppeljunge unter Tage, die ihn auf die SPD aufmerksam
machten (14, 140) bis zur Bekanntschaft mit Willy Brandt, die
zum direkten politischen Engagement führte. Brandt war für Grass
vorbildlich in seinem persönlichen moralisch-politischen Verhalten
gegenüber dem Nationalsozialismus; in einem Alter, in dem der
junge Grass noch fanatischer Nationalsozialist war, hatte der junge
Brandt das heraufziehende Unheil scharfsichtig erkannt und mutig
bekämpft und als gerade Neunzehnjähriger das Exil dem Arrangement mit den neuen Machthabern vorgezogen.

Auch die Parteigeschichte stellt er im *Tagebuch* als Abfolge von
Persönlichkeiten dar, von Bebel über Bernstein zu Brandt, ein Zug,
der sich ihm in Bebels Taschenuhr in Brandts Tasche konkretisiert
(Tb 7, 109). Das erste gedruckte Plädoyer für die SPD 1961 (in
Die Alternative oder brauchen wir eine neue Regierung, hg. von M.
Walser) argumentiert im Scherz persönlich: »Auch Goethe war eine
Jungfrau und würde Carlo Schmid wählen« und die »Dürerrede«
1971 im Ernst, wenn sie mit dem Porträt Leo Bauers schließt. Cepl-
Kaufmanns Bemerkung bestätigt sich, dass Grass in seinen Reden
»eher als das Programm den Typ Sozialdemokrat« beschreibt (1975,
197). Jäger hat dies mit dem schriftstellerischen Herkommen in
Verbindung gebracht: »Sein Sinn für lebendige Menschen und ihre
Einmaligkeit läßt ihn die Rolle der Persönlichkeit überschätzen, im
guten wie im bösen« (Arnold 1978, 145). Auch Baumgart spricht
davon, dass »der Erzähler, dem alles nur in Geschichten oder an
Personen konkret wird«, mit »überpersönlichen Mechanismen« nicht
rechnen mag (Arnold/Görtz 1971, 125). Cepl-Kaufmann hat als
zweite These ihres Buches deshalb formuliert: »Die im literarischen
Werk beschriebene gesellschaftliche Relevanz psychischer Strukturen
entspricht der Personalisierung und Privatisierung von Problemen
im politischen Werk« (1975, 32ff.). So wie die Wahlen Heinemanns
und Brandts, die *Aus dem Tagebuch einer Schnecke* begrenzen, bei
Grass schon »Veränderungen« sind, »die die Geschichte als rück-

fälligen Prozeß zu widerlegen schienen« (Tb 7, 190), so bleibt die
Auseinandersetzung mit dem Gegner ebenso persönlich: Dass die
Deutschen keine Nation bilden, lag »an der Politik einiger Personen:
Ulbricht und Adenauer zum Beispiel« (Kellermann 1973, 138); gegen die Große Koalition sprechen »vor allem die personellen Gründe« (Schwarz 1990, 159); wenn seine Haustür in Brand gesteckt
wird, ist daran Erhard schuld (Arnold/Görtz 1971, 57f. und 285ff.);
für einen anonymen Drohanruf, wie alle Prominenten ihn von Zeit
zu Zeit bekommen, ist Strauß persönlich verantwortlich (Tb 7, 279);
wenn die Leute in einem Restaurant ans Fenster treten, um Bundeskanzler Kiesinger vorfahren zu sehen, hört Grass schon »nur noch
den einen Schrei nach Erlösung Rettung Heilung, dem Wunder«
(Tb 7, 258). In *Aus dem Tagebuch einer Schnecke* wird Strauß zum
einzigen Fixpunkt in Grass' politischen Anschauungen: »Ich verdanke Strauß viel: die Einsicht, daß er verhütet werden muß« (7, 289).
Die einzige Rede, bei der der im Wahlkampf bei jeder Veranstaltung
anwesende Zweifel Urlaub nimmt, ist die gegen Franz Josef Strauß in
dessen Wahlkreis Weilheim (7, 289). In den *Kopfgeburten* wird diese
Auseinandersetzung noch gesteigert, ab dann tritt Kohl an Strauß'
Stelle (s. S. 193).

Diesem Primat der Person korrespondiert die Beobachtung von
Cepl-Kaufmann, dass im Werk dieses Autors, der sich mehr als je ein
deutscher Schriftsteller direkt politisch engagiert hat, eine »selbständige Schrift als Begründung eines theoretisch-politischen Konzepts«
(1975, 110) fehlt – »Ich besitze einen schönen leeren Rezeptblock«,
bekennt er freudig in *Aus dem Tagebuch einer Schnecke* (77). Der
Vernunft als kritischer, antiideologischer Haltung korrespondiert
die Demokratie als narrensicherste »von allen mir bekannten Ge-
sellschaftsformen [...], weil sie es noch am ehesten erlaubt, Macht
oder sich bildende Macht zu kontrollieren« (Rudolph 1971, 70).
Aus diesem Grund engagiert sich Grass für die Republik und für die
Demokratie auch und gerade in ihrer Unzulänglichkeit: um Schlim-
meres zu verhüten (14, 338-352, 389f.; 15, 230f.; Arnold/Görtz
1971, 150-154). Dasselbe gilt für die Mitbestimmung, in der Grass
ein Instrument zur Kontrolle wirtschaftlicher Macht sieht, während
die Verstaatlichung den Staat stärkt und die Kontrolle erschwert (Rudolph 1971, 70).

Grass ist, anders als seine Generationsgenossen Böll, Enzensberger, Walser oder gar Christa Wolf, nie den Verlockungen eines
wie auch immer gearteten Sozialismus marxistischer Observanz er-
legen, sondern hat dessen Spielarten stets kompromisslos bekämpft.
In den »Sieben Thesen zum demokratischen Sozialismus« auf dem
Kongress in Bièvres im Februar 1974 dienen fünf seiner Thesen rein

negativ der Abgrenzung von jeglicher marxistisch-leninistischer-stalinistischer Tradition und erst die sechste und siebte beschwören eine »immer noch vage Hoffnung« auf eine Erneuerung »der europäischen Aufklärung und ihres Kampfes gegen Dogmatismus und Intoleranz«. Eine »Synthese aus Demokratie und Sozialismus« gäbe »dem jahrtausendealten Verlangen der Völker nach Freiheit und Gerechtigkeit« Ausdruck, wobei Grass' Vorstellung vom schillernden Begriff ›Gerechtigkeit‹ stark in Richtung der Gleichheit tendiert. Wann auch immer Grass von ›Sozialismus‹ spricht, ist stets so etwas wie Solidarität mit den Schwachen, soziale Kontrolle des Marktes und ›Gerechtigkeit‹ als sozialer Ausgleich gemeint, nie das, was seit Marx »wissenschaftlicher Sozialismus« heißt. Grass hatte deshalb entsprechende Hoffnungen auf die tschechischen Reformer des ›Prager Frühlings‹ gesetzt. Nach dessen Niederwälzung durch die Truppen des Warschauer Paktes und dem Verbot der Reformzeitschrift *Literari Listi* begründete er deshalb zur weiteren Diskussion der Prager Reformideen gemeinsam mit Heinrich Böll und Carola Stern die literarisch-politische Zeitschrift *L 76*, später nach einem Verlagswechsel *L 80*, die bis 1988 erscheint (vgl. Schlüter 2010, 171–178).

Manfred Jäger hat bei Grass eine gewisse Resignation gerade nach den Erfolgen der SPD 1969 und 1972 konstatiert und beschrieben (1976, 144f.). Sie musste eintreten, weil Grass Hoffnungen gehegt und pathetisch artikuliert hat, die einer Überprüfung durch die Wirklichkeit nicht standhalten konnten. Wenn er eine Rede 1965 mit einem Appell an alle schloss, »denen der Geist nahesteht, denen die Vernunft Basis aller Erkenntnis ist, denen die wissenschaftlichen und künstlerischen Traditionen unseres Landes wertvoll sind, denen die Demokratie und nur die Demokratie Heimat sein kann«, sie sollten für einen SPD-Sieg sorgen, damit »in unserem Land endlich die Vernunft siegt und Aufklärung sich ausbreitet wie eine heilsame Epidemie« (14, 148), dann musste ein Sieg notwendig »Enttäuschung über die Möglichkeiten der Vernunft« (X, 140) bringen. Grass, der in derselben Rede als Credo ausgesprochen hat »Ich glaube an die Vernunft« (14, 148), muss verzweifeln, wenn er merkt, dass der Mensch unabhängig von jeder Ideologie »eine vernünftige Sprache führen und gleichwohl zu irrationalen Ergebnissen kommen« kann, international (X, 140f.) sowie national in einer zu starren, nur auf innere Sicherheit bedachten Politik (15, 418–422; resigniert auch die Bilanz zum Jahresende 1973, 15, 342f.). »Ob im Kapitalismus oder im Kommunismus: Überall vernünftelt der Wahnsinn«, heißt es im Resümee des *Butt* (8, 572).

Daneben gibt es dort aber auch die Furcht, die »Funzel Vernunft« (Butt 8, 208) könne angesichts einer Welt, bei der man »mit Ver-

nunft« ›nicht durchkommt‹ (Butt 8, 237), erlöschen. Das Gedicht
»Vorgeträumt« beginnt mit den Worten ›Vorsicht! sage ich, Vorsicht.
Mit dem Wetter schlägt auch das bißchen Vernunft um«, und am
Ende wird einem allein noch widerstehenden Kinde »vernünftig«
zum Mitmachen bei der kollektiven Unvernunft geraten (Butt 8,
54f.). In den *Kopfgeburten* »lehrt uns die Vernunft, den neuesten
Wahnsinn als relativen Fortschritt zu begreifen«, »muß uns einleuch-
ten, daß nur Aufrüstung die allseits ersehnte Abrüstung einleiten
kann« – eine aufklärerische Lichtmetapher beschreibt die Verdun-
kelung (10, 70). Dazu passt, wie gern Grass 1989 und 1990 den
– positiv gemeinten – Wiedervereinigungs-Slogan »Wahnsinn! Das
ist ja Wahnsinn!« zitiert, sowohl in *Mein Jahrhundert* (17, 294, 296,
315) wie in politischen Verlautbarungen (16, 293, 488).

Vor dem Hintergrund dieser Entwicklung traten bei Grass deshalb Probleme der Erziehung und der Bildung in den Vordergrund,
in der Schule sowie in der gewerkschaftlichen Bildungsarbeit (X,
164f.; vgl. auch Rothenberg 1976, 173f.). Eine ernüchternde Bilanz
dieses Versuchs eines gewerkschaftlichen Engagements zieht Grass
in *Grimms Wörter* (GW, 196ff.). Schon *örtlich betäubt* spielt 1969
im Schulmilieu, und pädagogische Fragen durchziehen *Aus dem Tagebuch einer Schnecke* von 1972, vom Lehrerhelden Zweifel über die
Schulreform an der jüdischen Schule in Danzig (7, 42, 71) bis zum
Bekenntnis zur Gesamtschule als Voraussetzung für die Mitbestimmung (7, 201, auch 297, so auch Arnold 1978, 24). Im letzten
Kapitel schildert Grass nach der Wahl einen Besuch in Berlins erster
Gesamtschule (7, 295f.). In seiner »Rede auf einem Gesamtschul-
Kongreß« »Der lernende Lehrer« (20, 40-58) zieht Grass 1999 eine
rückschauende Bilanz zur Rolle der Lehrer in seinem Leben und
seinem Werk.

In Grass' Hoffnung auf Schule und Bildung als »Mittel zur Veränderung der Gesellschaft« (in *Die Zeit*, 31.10.1975, 33) liegt der
entscheidende Grund dafür, dass sein Buch, das die direkte Auseinandersetzung mit den neu gewonnenen politischen Erfahrungen
darstellt (Raddatz 1977), zugleich in Anlage und Anspruch ein päd-
agogisches Buch ist. In *Kopfgeburten*, in dem – negativer gezeichnet
als ihre Vorgänger Starusch und Hermann Ott – wiederum Lehrer,
diesmal gleich ein Ehepaar, Träger der fiktiven Handlung sind, mo-
kiert sich Grass über seinen »Lehrertick«, dem sogar der Butt zum
»Pädagoge[n] gerät« (10, 102f.) wie später Oskar und die Rättin (s.
S. 196). Als Diktator will er »in Kenntnis aller gescheiterten Schul-
reformen die allgemeine Schulpflicht aufheben« (Kg 10, 73), doch
als einzige Perspektive in der indischen Misere sieht er die Arbeit der
Gewerkschaften und die Verbesserung des Schulwesens: Aus Calcutta

zurückgekehrt gründet er einen Förderkreis, der bis Ende 2009 tätig ist und die Slumschulen des »Calcutta Social Project« (s. S. 201) finanziell unterstützt; ihm und seinen Gründern widmet er *Zunge zeigen.*

Daniela Hermes hat darauf hingewiesen, dass Grass' Beschäftigung mit der Dritten Welt, die in den 70er Jahren einsetzt, mit »Brandts Zuwendung zum Nord-Südkonflikt im Rahmen der Sozialistischen Internationalen« »korrespondiert« (1987, 939). Im Zusammenhang mit Grass' neuem Engagement und seiner umstrittenen Unterstützung der Sandinisten in Nicaragua (16, 41-51) kam es von 1983 bis 1986 zu einer heftigen und auf beiden Seiten sehr polemisch geführten Kontroverse mit seinem ebenfalls politisch engagierten peruanischen Schriftstellerkollegen Mario Vargas Llosa, die van Stekelenburg 1992 materialreich dargestellt hat. Mit der wachsenden Verelendung und Überbevölkerung in der Dritten Welt, der beginnenden Umweltkatastrophe und der atomaren Hochrüstung (s. S. 182) radikalisiert sich Grass' politisches Engagement; er, der wie kein anderer deutscher Schriftsteller immer wieder auf die Spielregeln der Parlamentarischen Demokratie verwiesen hat, ist jetzt bei Aktionen des »Widerstands« zu finden (z.B. 16, 111-115; zu dieser Phase des Politikers und Schriftstellers Grass vgl. Elsner Hunt 1992).

Grass' hartnäckiger und anhaltender Widerstand gegen die Neuauflage eines deutschen Einheitsstaates in direktem Widerspruch zu seinem Mentor Willy Brandt vom Fall der Mauer an (vgl. vor allem Grass 2009 und die Reden und Essays des Jahres 1990, 16, 234-303) ist auch bei Freunden und Bewunderern überwiegend auf Kritik gestoßen (vgl. die ausführlichen Darstellungen von Cepl-Kaufmann 1992; Labroisse 1992; Stolz 1991; Neuhaus 2008, und die Diskussion in den *Weimarer Beiträgen*, Hanke/Heukenkamp u.a. 1990). So un- und missverständlich sie sich gelegentlich darstellt, ist sie doch zu erklären und fußt vollständig auf schon immer eingenommenen Positionen. Grass' dezidierte Haltung wurzelt in drei Gründen: In Danzig, wo er seine frühen und bleibenden Prägungen erfuhr, wirkte sich in der Generation seiner Großeltern die Reichsgründung unmittelbar als aggressiv antipolnische Germanisierungspolitik aus, bei seinen kaschubischen Verwandten mütterlicherseits bis in seine Familie hinein. In *Die Blechtrommel* hat diese ›gesamtdeutsche‹ Politik – das alte Preußen war toleranter gewesen – in der Handlung um Joseph Koljaiczek Eingang gefunden, noch sein Untergang wird von deutschnationalen Klängen untermalt (Bt 3, 36f.). Die dann folgende Irredenta-Situation des Freistaats nach dem Ersten Weltkrieg führte in Grass' Jugend zu einem verschärften nationalistischen ›Heim ins Reich‹-Denken, das mit dem Ausbruch des Zweiten Welt-

kriegs in Danzig in der ›Wiedervereinigung‹ seine Erfüllung fand.
Eine gelebte Erfahrung mit dem Einheitsstaat in der sicherlich au-
ßenpolitisch nicht aggressiven Weimarer Republik gab es bei Eltern,
Verwandten und Lehrern nicht.

Zum andern wiederholt Grass in seiner Kritik am zu schnellen
Einigungsprozess bis in den Wortlaut hinein die Topoi seiner Kritik in *Blechtrommel* und *Hundejahren* an der zu schnellen und ge-
dankenlosen Restauration mit und nach der Währungsreform (vgl.
ausführlich dazu Neuhaus 1991): »Unter Verzicht auf gemeinsame
Nachdenklichkeit sollte es schneller und schneller gehen, damit ja
nichts anbrennt« (16, 292). »Die versprochene D-Mark. Die harte
Währung. Die glückverheißende Münze. Der Gedankenersatz und
Alleskleber. Das Wunder in Neuauflage« (ebd.). »Erschreckend, wie
die D-Mark zum Glaubensartikel erhoben wurde, als könne Gedan-
kenleere durch Geld wettgemacht werden« (ebd., 300).

Und ein drittes kommt entscheidend hinzu: Grass' gesamtes
Werk setzt sich mit Schuld, Bekennen von Schuld, Benennen und
Aussprechen von Schuld auseinander: gegenüber Juden und Polen,
gegenüber Frauen, gegenüber der Dritten Welt, gegenüber der uns
beherbergenden Erde. Zweck solchen Benennens und Bekennens
aber kann nur ›Buße‹ im biblischen Sinne von Umkehr, Umdenken
sein, damit dieselben Verbrechen nicht endlos wiederholt werden.
Solche Schuld sieht Grass aber nicht nur in Individuen, sondern
auch bei Nationen als gegeben an (so auch Cepl-Kaufmann 1992,
280). Und es war das Großdeutsche Reich, das »die Methode und
den Willen des organisierten Völkermordes« entwickelte und voll-
streckte (16, 260). »Jetzt endlich kennen wir uns« – die Fortdauer unserer Teilung wäre »bleibendes Brandmal unserer Geschichte«
(ebd.). In einem Gespräch führte er dazu erläuternd aus: »Ich glaube
nicht, daß sich Auschwitz aus einem neuerlichen Einheitsstaat wiederholen könnte, aber ich sage: mindere Gefahren reichen aus. Jetzt
gerade komme ich aus Polen zurück«, wo man besorgt beobachte,
wie »die westliche Wohlstandsgrenze in Gestalt der D-Mark an die
Oder vorrückt, wie also die ihnen nach einem peinlich langen Prozeß
endlich anerkannten Grenzlinien auf andere Art und Weise schon
wieder gefährdet sind« (zit. bei Labroisse 1992, 306) – das Thema
der *Unkenrufe* (s. S. 206).

Es ist Grass' tiefsitzende Skepsis gegenüber dem ›deutschen We-
sen‹, die ihn zum Warner vor den achtzig Millionen Deutschen im
Herzen Europas werden lässt. Sie durchzieht sein Werk seit Amsels
Lob auf die Deutschen in den *Hundejahren* (5, 692f., 700). Alle
Völker sind »Vogelscheuchenarsenale«, aber die Deutschen sind
berufen, »der Welt eines Tages die Urvogelscheuche zu schenken«

(5, 791). Die *Kopfgeburten* beginnen mit der »Epiphanie«, statt mit 950 Millionen Chinesen habe die Welt mit ebenso vielen Deutschen zu leben – könnte sie das? (10, 7f., vgl. Cepl-Kaufmann 1992, 283). Die Menschheitsgeschichte läuft in Wellen von Hassprojektionen und Vernichtungsaktionen ab, aber »vor allen Völkern sah sich das Volk der Deutschen berufen, die Menschheit zu entlasten und zu bestimmen, was Ratte ist« (Rt 11, 138). Solche Warnungen vor den ›hässlichen Deutschen‹ durchziehen die *Unkenrufe* und gipfeln in den Polenkrawallen in Frankfurt an der Oder vom April 1991: »Parolen aus dem Sprachschatz, Szenen aus dem Bilderbuch deutsch-polnischer Geschichte wiederholten sich häßlich, und alle schönen Worte der letzten Zeit verfielen abgewertet« (Ur, 12, 209).

Maria Henzgen hat mich 1981 in einer unveröffentlichten Staatsexamensarbeit auf einen denkbaren Einfluss aufmerksam gemacht: Eine der frühesten Theorien zur Entstehung des Nationalsozialismus (die früheste neben der marxistischen, die Grass stets abgelehnt hat) war der heute fast vergessene ›Vansittartismus‹, benannt nach dem britischen Politiker Sir Robert Vansittart (1881-1957). Er war ein Kenner Deutschlands, mit Hugo von Hofmannsthal befreundet, und führte in seinem Buch *Black Record* (1941), die NS-Entartungen auf Konstanten des »deutschen Wesens« zurück, auf das die Deutschen ja selbst immer so lautstark gepocht hatten. Als später ›Vansittartist‹ ist Grass in der guten Gesellschaft Thomas Manns, der am 1.6.1941 in sein Tagebuch einträgt: »Gelesen in Vansittarts Schrift ›Black Record‹. Geschichtlich angreifbar, aber psychologisch wahr. Die drei deutschen Eigenschaften ›Envy, Self pity, and Cruelty‹, unbestreitbar. Das Buch läßt heftig nach Sühne und gründlicher Heimsuchung verlangen.« Manns unmittelbar nach der Lektüre niedergeschriebene Auseinandersetzung mit dem späteren Prinzen Bernhard der Niederlande, unter dem Titel »Deutschland«, ist gut ›vansittartistisch‹: »Was man Nationalsozialismus nennt, ist die virulente Entartungsform von Ideen, die allerdings den Keim mörderischer Dekadenz immer in sich trugen, aber in the old Germany of culture and learning gar sehr zu Hause waren.« Ebenso ›vansittartistisch‹ sind sein Essay »Schicksal und Aufgabe« von 1944 und seine Ansprache »Deutschland und die Deutschen« von 1945, die mit ihren Leitbegriffen »Innerlichkeit« und »Freiheit« (in deutschem Verständnis) Amsels Preis der »genudelten Innerlichkeit« (Hj 5, 692) und Materns »Jede Freiheit wohnt auf zu hohen Bergen« (Hj 5, 629) beeinflusst haben könnten. Grass selbst ist auf die Schriften Vansittarts erst bei der Lektüre der antivansittartistischen Frühschriften Willy Brandts gestoßen, kann diesem Gedankengut aber bei Thomas Mann und in der »reeducation« in der Kriegsgefangenschaft, die auf Vansittarts

Forderung zurückging, begegnet sein (grundlegend zu Grass als politischem Publizisten und zur von ihm besonders gepflegten Form des ›Rede-Essays‹ Pietsch 2006, zu Grass als Politiker vgl. Wiech/Thomsa 2008; Jäger 1976 und 1978; Cepl-Kaufmann 1992; zum Verhältnis von Literatur und Politik vgl. vor allem Cepl-Kaufmann 1975 (dort S. 206-214 auch die Einzelanalyse einer Wahlrede); Grathoff 1970; Rothenberg 1976; einen Rückblick Grass' auf sein Wahlkampfengagement und eine Dokumentation zum 1965 von ihm in Fortsetzung seiner Hilfestellungen von 1959 ins Leben gerufenen »Wahlkontor deutscher Schriftsteller« bieten Roehler/Nitsche 1990, persönliche Erinnerungen an die Wahlkampfreisen Drautzburg 2007, eine Gesamtwürdigung aus der Sicht seiner Parteifreunde und zeitweiligen -genossen Beck 2007).

13. Der Butt

Die Erzählfiktion

In *Der Butt* wird die in *Aus dem Tagebuch einer Schnecke* entwickelte und erprobte Erzählhaltung fortgeführt und weiter ausgebaut. Wieder gibt es eine die Buchgliederung bestimmende Handlung auf der Zeitebene der jüngsten Vergangenheit, deren Eckdaten bewusst gesetzt sind: Zeugung und Geburt von Helene Grass, der das Buch gewidmet ist und die ihren Namen nach Grass' Mutter bekommen hat (8, 680). Sie sind nicht das früheste und nicht das späteste Datum auf dieser Ebene. Das Fangen des Butts durch die drei Feministinnen erfolgt am 7. August 1973 (8, 62), das Kind wird Anfang Oktober gezeugt und im Sommer 1974 geboren, danach folgen noch die Polenreise im Spätsommer 1974, Ilsebills Reise zu den Kleinen Antillen (8, 345), die Indienreise vom Februar 1975 (8, 226-238). Den Eckdaten Zeugung und Geburt entspricht die Kapitelfolge der »Neun Monate«, in die alle anderen Ereignisse in Vor- oder Rückgriffen eingeordnet sind. Buch und Kind entsprechen sich so: Dem von der Frau hervorgebrachten organischen Wesen entspricht des Mannes ästhetische »Kopfgeburt« (8, 123) als »ätherische Nebenzeugung« desselben Aktes (8, 10). Wie in *Aus dem Tagebuch einer Schnecke* sind auf dieser Zeitebene zwei örtlich verschiedene parallele Handlungsstränge zu unterscheiden: die Szenen zu Hause (*Butt*: Wewelsfleth, *Tagebuch*: Berlin) und das feministische Tribunal gegen den mythischen Butt in Berlin, das dem Wahlkampf im Tagebuch entspricht. Nach Wewelsfleth hatte sich Grass nach der Trennung von seiner Frau Anna 1972 mit seiner neuen Partnerin Veronika Schröter (Tb 7, 192, 293) zurückgezogen.

Auf der Wewelsfleth-Ebene läuft die Geschichte einer den Autor-Erzähler tief verstörenden Beziehungskrise ab, die noch vor der Geburt des Kindes zur Trennung der Eltern führt. Die realen Hintergründe sind inzwischen im Briefwechsel mit Helen Wolff (Hermes 2002, 201ff.) und in *Die Box* (73-119) von Grass selbst veröffentlicht worden. Die unvermitteltsten literarischen Zeugnisse der Krise sind die Gedichte aus dieser Zeit, vor allem die, die nicht in den *Butt* aufgenommen, sondern erst später veröffentlicht wurden (s. 1, 215-282). Diese Krise bestimmt bereits den ersten Satz: »Ilsebill salzte nach.« Eine sorgfältige Interpretation des Romananfangs bietet White 1990, 109-112.

Da die Sitzungen des Tribunals ebenfalls im Oktober beginnen (8, 56) und zur Zeit der Geburt von Helene mit der Aussetzung des Butt ihr Ende nehmen (8, 678), ist die erzählte Geschichte auf dieser Ebene zugleich der »Prozeßbericht« (8, 56) gegen den Butt. Auch in *Der Butt* führt der Erzähler auf dieser Ebene ein »Sudelbuch« (8, 178, 221, s. S. 136), das er »später« für die Darstellung benutzt (8, 233).

Der in *Aus dem Tagebuch einer Schnecke* linear vom Ende der 20er Jahre bis an die Gegenwart herangeführten Geschichte Zweifels und der Danziger Juden entspricht im *Butt* die Geschichte der Köchinnen und ihrer Partner von der Jungsteinzeit bis zum Tode Jan Ludkowskis im Dezember 1970. Indem die Episoden dieser Geschichte als Erinnerungen des Autors an seine »Zeitweilen« seit dem Anfang der Geschichte nach dem Muster des fiktiv-autobiographischen Romans erzählt werden, gerät das Erzähler-Ich in eine Doppelrolle: Einmal ist es der Autor Günter Grass mit seinen realen Reisen, seiner Arbeit am Buch mit dem Titel *Der Butt* (z.B. 8, 523), seiner Teilnahme am Kongreß über die Zukunft des demokratischen Sozialismus (8, 424, s. S. 148f.) usw., zum anderen wird das Ich dem »epischen Stoff folgend, zur Fiktion« (zu Raddatz 1977), sowohl als unsterblicher Märchenheld in den historischen Partien des Buches wie auch als Zuhörer beim fiktionalen Tribunal oder in den Gesprächen mit dem gefangenen Butt im Gerichtssaal.

Diese Doppelung vom Erzähler-Ich in der Gegenwart und dem jeweiligen erlebenden Ich aus der Vergangenheit erlaubt Grass die durchgängig in den historischen Passagen zu beobachtende Anpassung des Stils an die Zeit, aus der erzählt wird. Grass hat selbst auf diesen Pastiche-Charakter für das »Barock-Kapitel« hingewiesen, in dem »die Sprache jammertalig, [...] geprägt von einer unglücklichen, von einer zerrissenen Zeit« sei (Arnold 1978, 29). Dieser Pastiche-Charakter wäre für die einzelnen Epochen noch durch vergleichende Stiluntersuchungen der einzelnen Passagen mit Grass' potentiellen Quellen und durch Vergleiche untereinander nachzuweisen (besonders deutlich die kindliche Redeweise Edeks bei seinen Erzählungen aus der Steinzeit, die ›romantische‹ Rede Brentanos, 8, 444, und die fast die Parodie streifende romantische Szenerie 8, 449f., aber auch die den Kartoffelschalen ›abgelesene‹ Erzählung von Amanda 8, 526, 368, 380, 388, bei der Grass die ehemalige Erzählfiktion der *Hundejahre* verwendet; s. S. 104).

Zugleich erübrigt die Identität zwischen Autor und Erzähler-Ich jede komplizierte Entstehungsfiktion, wie sie die Teile der »Danziger

Trilogie« aufweisen. Der Erzähler ist von Beruf Schriftsteller und war in jeder seiner früheren »Zeitweilen« Künstler. Bild für sein Erzählen gegen die verstreichende Zeit (s. S. 63) ist das Federblasen. »Federn, wie sie der Himmel verliert, von Müllhalden sammeln und sie hauchleicht, mit Atem kaum, durch Pusten, dann Luftstöße heben, in Schwebe, Fall, Taumel und neuen Aufwind bringen« (8, 680, auch 21, 116, 219, 256, 351, 562, 680; die »Müllhalden« erinnern an die Abfälle, die Amsel aus dem Strom der Geschichte [Hj 5, 11f.] fischt, um seine Scheuchen daraus zu bauen).

Der fiktiven Autobiographie gemäß wird die gesamte Vergangenheit vom Erzähler überblickt, wenn er schreibt. Dies ermöglicht ihm, unabhängig von jeder Zeitfolge sich frei innerhalb der gesamten Vergangenheit zu bewegen, gleich zu Anfang der größeren Übersichtlichkeit halber alle »neun und mehr Köchinnen« kurz vorzustellen (8, 16-27) und schon auf Seite 160f. in Zusammenhang mit Dorotheas hochgotischer Geschichte das Ende des ganzen Buches zu erzählen. Dieser Sachverhalt wird dadurch komplizierter, dass die Arbeitszeit vom fiktiven Beginn im Oktober 1973 bis zum Ende irgendwann nach der Indienreise im Februar 1975 von Grass berücksichtigt wird: Verschiedene Passagen werden zu verschiedenen Daten geschrieben, die nicht chronologisch aufeinanderfolgen. Während z.B. S. 129 angeblich Ende Oktober oder Anfang November 1973 erzählt ist, können die Seiten 139ff. erst nach dem Danzig-Besuch von 1975 niedergeschrieben sein. Grass gewährt uns so Einblick in seine Werkstatt und verdeckt nicht im nachhinein die Tatsache, dass ein so umfangreiches Manuskript nicht »in seinem linearen Sinn, sondern in all den neun Teilen gleichzeitig geschrieben wird« (zu Arnold 1978, 31), dass spätere Kapitel oft vor früheren zu Papier gebracht werden, dass »Manuskriptlücken« (8, 140) oft erst gegen Ende geschlossen werden. Neben der fiktiven Autobiographie des Ich-Erzählers ist es nach Durzak der Butt, der die verschiedenen »Zeitweilen« integriert: »Die den biologischen Gesetzen der Natur enthobene Alterslosigkeit und Allwissenheit des märchenhaften Plattfischs machen ihn zum eigentlichen Erzähler-Bewußtsein des Romans« (1985, 177). Webers »Excursus – *Der Butt* and the courtly-historical novel« (in Weber 1995, 43-65), in dem Grass' Roman in wenigen, an den Haaren herbeigezogenen und zum Teil schiefen Parallelen zum heroisch-galanten Roman in Beziehung gesetzt wird, ist für eine Strukturanalyse wenig erhellend.

Der Butt als Märchen

Die Beziehungen des Butt zum Märchen sind so eng, dass Grass dem Buch gerne mit dem Untertitel die Gattungsbezeichnung »Märchen« gegeben hätte, hätte er nicht befürchtet, »unsere literarische Öffentlichkeit und den wissenschaftlichen Teil der Literaturverbreitung wie -vermarktung« damit zu überfordern (zu Raddatz 1977). Nicht nur das zentrale Motiv des sprechenden Butt entstammt dem Märchen »Von dem Fischer un siene Fru« aus der Sammlung der Brüder Grimm. Auch die Unsterblichkeit des »Ich« im *Butt* ist die des Märchenhelden; gerade im Hinblick auf seine zurückliegende Geschichte fällt auch das für den Märchenerzähler typische Stichwort, das Grass schon in der *Blechtrommel* und den *Hundejahren* als Stilmittel benutzt hatte (s. S. 68): »Ein Mann mit seiner gelebten Geschichte: Es war einmal ...« (8, 573). Gleich zu Beginn gibt sich das Buch als Rekonstruktion einer verlorenen Version des von Philipp Otto Runge aufgezeichneten Märchens zu erkennen (8, 28f.), was »im sechsten Monat«, dessen Vergangenheitshandlung zur Zeit der Romantik spielt, weiter ausgeführt wird: In einem einsamen Forsthaus im Olivaer Wald – das Vorbild ist wohl das tschechische Forsthaus in Tb 7, 149 – treffen sich, »wie außer der Zeit« (8, 439), die Brüder Grimm, Clemens und Bettina Brentano, Achim von Arnim und Philipp Otto Runge. Runge trägt dort sein Märchen in zwei Fassungen vor, der überlieferten (vgl. dazu und zu den Varianten Rölleke 1978) und einer anderen, in der der Mann es ist, der immer höher und weiter hinaus will, mit immer neuen technischen Errungenschaften die Erde unterjochen will. Auf den Einspruch seiner Freunde, vor allem Clemens Brentanos (8, 443ff.) hin, vernichtete Runge diese Fassung, die nun *Der Butt* rekonstruiert: »Und ich muß nun schreiben und schreiben« (8, 450).

Der Butt wird durch diesen Ursprung, den Grass ihn in der Romantik nehmen lässt, in mancher Hinsicht zu einem romantischen Buch. Die – wie ansatzweise schon im *Tagebuch* – direkt in die Erzählung eingelegten Gedichte haben ihre Vorbilder im romantischen Roman seit Goethes *Wilhelm Meisters Lehrjahren*. Aber auch das Märchenverständnis im *Butt* ist romantisch: Grass sieht im Märchen eine Quelle, aus der direkte Volkstraditionen geschöpft werden können, die neben der schriftlichen Überlieferung und oft gegen sie stehen. Dabei kehrt sich das Verhältnis des Märchens zur Geschichte gegenüber traditionellen Ansichten geradezu um, die Geschichte ist bis zum Anfang der Neuzeit Geschichte der Sieger, der Herren, die schreiben ließen und so Quellen schufen, sie ist damit »Fiktion« (zu Arnold 1978, 31), wo das Märchen als Produkt des Kollektivs Volk »in lebendiger Form [...] Realität eingefangen« hat (zu Raddatz

1977). Auf solche Quellen stützt sich durchgehend *Der Butt*: Was
das Erzähler-Ich aus der Geschichte berichtet, wird zugleich von den
Frauen im *Butt* bei der Arbeit erzählt: Mestwina erzählt noch von
Aua (8, 372f.), Slichtings Frau Damroka erzählt noch von Mestwina
(V, 372) und Amanda von »Schweden Panduren Kosaken Polacken«
(V, 373). Auch die spätere Geschichte fußt auf mündlicher Überlieferung: Die Anekdote vom alten Fritz und der Kartoffelköchin,
die Geschichte von Friedrich Bartholdy, von dem es in *örtlich be-*
täubt hieß, sogar seinen Vornamen habe »die Geschichte vergessen«
(öb 6, 216), Lena Stobbes »Proletarisches Kochbuch«, das nie einen
Verleger fand und schließlich im Zweiten Weltkrieg als Manuskript
verbrannte, die Zahlen der Opfer beim Hafenarbeiterstreik in Danzig 1970, die nur im Volk genannt werden. Hier allein findet sich
Wahrheit: »Erst Mönche, Stadtschreiber später, / Schriftführer heute
halten die Lüge in Fluß« (8, 257).

Die Wahrheit der Märchen ist »die Wahrheit, jedesmal anders
erzählt« (8, 693), wie es in *Der Butt* ja selbst mit der Runge-Vorlage
geschieht. (Zur Rezeption des Märchens im *Butt* vgl. Filz 1989,
125-143; Filz 1988; Durzak 1985; zu den Gedichten im Roman C.
Mayer 1988 und Brady 1990; zu Gedichten und motivverwandten
Graphiken S. Mayer 1985; zur Rolle der Literatur im *Butt* vgl. Mews
1982 und 1983, 163-178). Hoesterey 1988 untersucht den »bildkünstlerischen Intertext« in *Blechtrommel* und *Butt*. Die durch Register erschlossenen Essay-Sammlungen zum *Butt* von Mews (1983)
und von Brady/McFarland/White (1990) sind, auch wenn nicht auf
alle Beiträge jeweils einzeln hingewiesen werden konnte, für jede
wissenschaftliche Arbeit zum *Butt* unentbehrlich.

Geschichte – Gegengeschichte

Damit wird die Märchenform zugleich das geeignete Medium
zum Erzählen der ›Gegengeschichte‹, die die offizielle Historie verschweigt, ignoriert oder nur am Rande behandelt. »Gegen die doku-
mentierende Geschichtsklitterung üblicher Machart« setzt Grass die
»genauere Fiktion« (Grass, zit. bei Hildesheimer 1977, 968). Das Ich,
das er »die Zeit treppab« (8, 10 u.ö.) schickt und zum Augenzeugen
aller Geschichte werden lässt, ist nichts anderes als die Verkörperung
seines Anspruchs, »genauere Fakten zu erfinden als die, die uns angeblich authentisch überliefert wurden« (Arnold 1978, 31).

Gemäß der von Grass rekonstruierten Märchenvorlage ist es der
Butt, der die Männer anstachelt, Geschichte zu machen, ganz wörtlich, indem er ihnen rät, sich von der zeitlosen Weiberherrschaft zu

emanzipieren, Daten zu setzen, in ihnen Zeit und damit Geschichte zu erschaffen, deren Weg dann in Stationen bis zur Gegenwart verfolgt wird. *Der Butt* ist als historischer Roman komplementär zur *Blechtrommel* und den *Hundejahren*: Während die frühen Werke die allgemeine Geschichte nur in kurzen Exkursen und Episoden gestalteten (z.B. Bt 3, 520-523, Hj 5, 12f., 728-730), macht *Der Butt* sie zum Thema, während das ›Dritte Reich‹ – und mit ihm Oskar! – nur als Schlussepisode im Leben Lena Stobbes erscheinen (8, 569-571). Die eigentümliche Form der Ich-Erzählung, die Jahrtausende Geschichte im selbsterinnerten Rückblick des Erzählens gestaltet, wirkt dabei total desillusionierend. Beim hoffnungsvollen Aufbruch zur Völkerwanderung ist gleich vom »bekannten Ergebnis« die Rede: »Es stimmt schon, sie haben es weit gebracht« (8, 102); bei den Bemühungen des Deutschen Ordens um die Sicherung des Ordenslandes kennt man schon die zukünftige Schlacht von Tannenberg, und bei der weiß man, dass sie nicht die letzte Schlacht bei Tannenberg ist und dass auch das Ergebnis der zweiten Schlacht von sehr zweifelhaftem Wert sein wird.

Die totale Rückschau, das freie Springen in dreitausend Jahren Vergangenheit, ermöglicht zugleich das Aufzeigen vergleichbarer Ereignisse: Immer wieder parallelisiert der Autor einen blutig niedergeschlagenen mittelalterlichen Aufstand mit dem Hafenarbeiterstreik von 1970 (8, 144-147, 151f., 153, 643, 646f.) und kommt zu dem bitteren Resümee: »Seit 1378 hat sich in Danzig oder Gdansk so viel verändert: Die Patrizier heißen jetzt anders« (8, 152). Zugleich wird ihm an diesem Vorfall das endgültige Versagen auch des Kommunismus als denkbarer Menschheitshoffnung deutlich: »Welche ideologischen Widersprüche bereiten wem (im Sinne Marxengels) dialektischen Spaß, wenn in einem kommunistischen Land die Staatsmacht auf Arbeiter schießen lässt, die soeben noch, dreißigtausend, vor dem Parteigebäude die Internationale gesungen haben: aus proletarischem Protest?« (8, 145). Den einzelnen kleinen Desillusionierungen entspricht die totale Sinnlosigkeit, der Statik im einzelnen die Rückkehr des Ganzen an seinen Anfang: Der Held, mit dem der Butt einst den Vertrag schloss, fühlt sich am Ende einer Geschichte voller Blut, Gewalt, Krieg, Tod und Wahnsinn (s. die Resümees 8, 51, 571f., 657-664); ohne jede Hoffnung steht er der letzten Stufe des Märchens gegenüber: der von seinem wahnsinnigen Streben heraufgeführten Umweltkatastrophe (s. 8, 442f., vgl. das »männliche« Atomkraftwerk 656 und die Identität von »Luftverschmutzung« und »Fortschritt« 152).

»Objektives Korrelat« eines leerlaufenden Fortschritts ist bei Grass die Weltraumrakete: Sinnfällige Verkörperung des männlichen Prinzips (8, 44), ist ihr Ziel der »sinnlose[] Weltraum« (8, 280). Als

Apollo-Projekt durchzieht sie in diesem Sinn *Aus dem Tagebuch einer Schnecke*, als Pseudo-Trost, als Ablenkung von realen Problemen schließt sie die pessimistische Silvesterbetrachtung 1973 (16, 343), um im *Butt* zu der männlichen Tat zu werden, die als letzter Wunsch des Mannes sich selbst übersteigernd die Geschichte in einen endlosen Stillstand zurückfallen lässt (8, 443).

Der Butt steht dabei für alle menschlichen Versuche, der Geschichte und ihrer Entwicklung einen Sinn zu geben, sei es der Glaube an einen lenkenden Gott (8, 89) vom bronzezeitlichen Buttidol (8, 87), »den buttigen Gott« (110) über Zeus (8, 188) bis zum Gott der Bibel (8, 119) und zum »Liebgottchen«, »Liebbuttchen« der Amanda Woyke (8, 411-414); sei es der Glaube an einen steten technologischen und gesellschaftlichen Fortschritt (8, 36, 57, 572), an ein evolutionäres Prinzip (8, 51, 112); sei es Hegels Weltgeist (8, 186, 188, 406, 515 auch »zu Pferde« 495, s. S. 142), der »Staat als Idee« (V, 572), Marx (8, 188), Blochs »Prinzip Hoffnung« (8, 51); sei es die »ideologisch-saubere Überichstütze«, wie es im linken, gestützt auf Herbert Marcuse Marx mit Freud verschmelzenden Feministinnenjargon heißt (8, 48).

Da alle Geschichte bisher von Männern gemacht worden ist, steht der Butt in allen Rollen zugleich immer für das eine »männliche Herrschaftsprinzip« (8, 224, 378), das »männliche Prinzip« (8, 408), das in und mit ihm zu seinem Ende gekommen ist und über das das Tribunal und das mit ihm parallele und es ergänzende (8, 184f.) Buch »Jüngstes Gericht« (8, 650, sinngemäß 659) halten. Die Frauen sind dazu berechtigt, da die Weltgeschichte zugleich ihre Leidensgeschichte ist: Nicht umsonst kehrt jede der historischen Köchinnen als Vorsitzende, Beisitzerin, Anklägerin oder Verteidigerin beim Tribunal wieder. »Alle waren mit allen gedoppelt« (8, 498). Patrick O'Neill hat die das Buch durchlaufende Formulierung von den »neun oder elf Köchinnen« schlüssig gedeutet: Zum einen existieren »Billy and Maria, as contemporaries of the narrator [...] on a different level of fictionality« (vgl. *Butt* 8, 27), zum andern werden in der Monatseinteilung Aua-Wigga-Mestwina zu einer »parodistic trinity« zusammengefasst (1982, 5). Einleuchtend ist auch sein Hinweis auf den Gleichklang von Anfang und Schluss: »Ilsebill salzte nach« und »Ich lief ihr nach« (ebd., 4).

Barbara Garde hat zum »Feminal« und zur Darstellung der Frauenbewegung in *Butt*, *Kopfgeburten* und *Rättin* eine umfassende Studie vorgelegt, in der die verschiedenen Fraktionen des Tribunals exakt den damals diskutierten Strömungen der Frauenbewegung zugeordnet werden und auch die äußerst kritische feministische Rezeption des Buches aufgearbeitet wird. Sie zeigt, dass Grass »am

Phänomen Frauenbewegung Zeitgeschichte malt« und dass er keinen
Roman über die Frauenbewegung schreibt, sondern »ein Buch über
die Schwierigkeiten der Männer mit dieser neuen Frauenorientie-
rung« (1988, 12f.).

Komplementär dazu untersucht Mayer-Iswandy (1991) die Ge-
schlechterrollen, unterschieden nach ›sex‹ und ›gender‹, eine Problematik, die Grass erst durch die forcierten Emanzipationsbemü-
hungen seiner neuen Partnerin bewusst wurde. Mayer-Iswandy weist
jedoch nach, dass die Problematisierung der Männerrolle bei Grass
bereits in der *Blechtrommel* angelegt ist und sein Gesamtwerk bis
zur *Rättin* eine vernichtende Revision des traditionellen und zuvor
meist nicht hinterfragten männlichen Selbstverständnisses darstellt.
Zur Geschlechterrolle und zum Geschlechterkampf vgl. auch Peter
Prochnik 1990; zu Grass' ›Mutter-Komplex‹ von der *Blechtrommel*
bis zum *Butt* vgl. Elsner Hunt 1983.

Zu Gericht sitzt das Tribunal über Jahrtausende aggressiven
männlichen Geschichtemachens und eine ebenso lange Tradition der
Gewalt gegen Frauen. Zu Beginn (»Woran ich mich nicht erinnern
will« 8, 121) deutet der Erzähler sie an und am Ende resümiert er
alle Gewalttaten gegen seine historischen Köchinnen: »Amanda und
Sophie ausgenommen, so viel gewaltsamer Tod: Das vergiftete Blut,
der ausgehungerte Leib, das verbrannte Fleisch, das erstickte Lachen,
der Rumpf ohne Kopf, die erschlagene Fürsorge. Viel ist da nicht zu
beschönigen. Addierte Verluste. Das Konto Gewalt« (8, 571). Crick
weist darauf hin, dass der Erzähler sich, ähnlich wie die schuldbela-
denen Erzähler Oskar und Pilenz, mehrmals korrigiert und manches
Ereignis, etwa Auas Tod, förmlich umkreist (1990, 45). So werden
seine »guilty stories« auch zur Geschichte der Beziehung zwischen
den Geschlechtern, vom Ausgang des Matriarchats über das Patri-
archat, die mit Dorothea beginnenden Emanzipationsversuche, für
die es nur Heiligkeit oder Hexerei gab, Margareta Ruschs Freiheit als
Vorklang eines »nönnischen Mutterrechts« (8, 280) bis zum Ende
des Patriarchats in der Gegenwart, wo der Erzähler und Ilsebill die
Rollen zu tauschen beginnen: Er, der am Anfang der Geschichte
voller Wünsche seine Wigga in der Laube verließ (8, 127), will nun
wunschlos in der Kürbishütte sitzen bleiben, während jetzt Ilsebill
aus der »Scheißidylle« weg will und sich, wie die Ilsebill des Märchens in der anderen Fassung, aus dem »Pißpott« wegwünscht (8,
119).

In den einzelnen »Zeitweilen« dominiert dabei jeweils der weibliche Part; der behaupteten Überlegenheit der Männer korrespondiert
stets eine faktische Unterlegenheit, die unverändert seit der Steinzeit
fortzubestehen scheint. Sie gilt sowohl gegenüber der asketischen

Dorothea wie gegenüber der vitalen Margarete wie gegenüber den Köchinnen Amanda Woyke und Lena Stobbe, in deren Leben die Männer nur noch als Schwängerer und Prügler eine Rolle spielen und sonst aber – siehe die Namen von Lenas Ehemännern – austauschbar sind. Im letzten Geschlechtsakt des Buches zeigt sich diese Überlegenheit auch sexuell: Maria ist die Aktive und verhält sich wie das Klischee eines Mannes (8, 694).

Eine genaue Studie zum Fall Dorotheas und seinen ›Lesarten‹ von Johannes von Marienwerder über Grass' Lateinlehrer und Dorothea-Verehrer Monsignore Dr. Stachnik bis zu Grass und der Lesart des Tribunals bietet McFarland 1990 (zur Figur der Dorothea vgl. U. Müller 1985). Im Fall der Dorothea und im Fall des Alten Fritz sieht er die besten Beispiele für das märchenhafte ›anders‹-Erzählen der Wahrheit im *Butt*. Den Komplex ›Geschichte‹ im »Butt« hat umfassend Jenkinson 1990 gedeutet. Er weist daraufhin, dass der Anfang der Geschichte mit dem Fangen des Butt sich auf ein bedeutendes Datum bezieht: Er wird exakt 4000 Jahre vor der Französischen Revolution gefangen. Die auf Dorothea Rusch folgenden historischen Köchinnen ordnet er drei großen Geschichtsprinzipien zu: Margarete steht für die »Befreiung des Leibes‹, Agnes Kurbiella lebt in einer Phase des Rückschlags durch die Refanatisierung der Glaubenskämpfe, und Amanda Woyke repräsentiert die »Befreiung des Geistes« in der Aufklärung; doch nimmt sie zugleich die Instrumentalisierung der Vernunft vorweg: Im Alter muss sie in der Zeitung von der Französischen Revolution lesen und stirbt 1806 als Leibeigene gleichzeitig mit dem Heiligen Römischen Reich und mit der Vision »atomkraftbetriebener Großküchen« (8, 568). Sophie Rotzoll und Lena Stubbe verkörpern dann die Ära der Revolutionen, die »Befreiung der Gesellschaft«. Sophie hat sich »an revolutionären Büchern« »heillos kurzsichtig« »verlesen« (8, 25), ihr revolutionärer Idealismus führt nach Jenkinson zu ihrem und Bartholdys »wasted lives« (1990, 66), sie sterben in den Revolutionsjahren 1848 und 1849. Im selben Jahr wird Lena Stobbe geboren – »the struggle will go on« (ebd., 67). Ihr Leben wird zu einer Geschichte der Arbeiterbewegung: »From Amanda Woyke via Sophie Rotzoll to Lena Stubbe there is an unbroken chain of commitment to the belief that the world can be improved. For Grass, any such belief can no longer be sustained. Lena's great-granddaughter is the pitiable Billy […]« (ebd. 68).

Die Geschichte der Frauen ist zugleich eine Geschichte des Essens und der Ernährung – alle Frauen, bis auf die letzte, sind ja seine Geliebten und Köchinnen zugleich, erst in der letzten Zeit wechseln auch hier die Rollen und der Erzähler wird zum Koch.

Hier, im »anonymen Anteil der Frauen an unserer Geschichte, der sich zwangsläufig – weil gar keine anderen Spielräume oder Machträume da waren – über die Ernährung mitgeteilt hat« (zu Raddatz 1977), zeigt sich für Grass die eigentliche Gegengeschichte, mehr als bei den Korrekturen dieses oder jenes »Unsinns«, den »die Schulbuchgeschichte uns überliefert hat« (8, 111). Hier wird grundsätzlich den Scheinfortschritten der Männergeschichte der wahre Fortschritt entgegengehalten. Das beginnt am Anfang der Kultur: In Umkehr des Prometheus-Mythos ist es im *Butt* eine Frau, die das Feuer vom Himmel stiehlt, »um Fleisch, Fische, Wurzeln und Pilze zu garen« (8, 35), während die Männer ihm auf Anstiften des Butt »einen weiteren, einen fortschrittlichen, scheidenden, entscheidenden, einen männlichen Sinn« geben (ebd.,), nämlich mit seiner Hilfe Waffen zu schmieden. Und so geht es weiter, der in den Untergang ziehenden Völkerwanderung wird die aufkommende »Rübenzucht« (8, 102) gegenübergestellt, dem Siebenjährigen Krieg mit seinen Leiden und Verstümmelungen der Sieg über den Hunger im Kartoffelanbau (8, 390f.), dem Kommunismus der Kohl (8, 685f.).

»Was ist das, Geschichte? Genau kann man nicht sagen, wann unser Weißkohl (Brasica oleracea), der als Neuerung wichtig war wie der Buchweizen, die Hirse, die Kartoffeln und Wruken, zum erstenmal großflächig angebaut wurde; denn schon zu Mestwinas Zeit haben die Pomorschen die wildwüchsige Frühform des Weißkohl abgesämt. Sicher, die Emser Depesche hat viel bewegt, aber die Zuckerrübe wohl mehr« (8, 689, vgl. auch den Spott der Frauen 8, 91: »Das ist sein Fortschrittsbegriff: Von der Runkelrübe zu Roten Beeten(!))«.

Dieser Anteil der Frauen an der Geschichte kulminiert im »Proletarischen Kochbuch« der Lena Stobbe, das Politik und Essen vereinigen sollte und bestimmt war, »mit dem Kopf auch den Gaumen aufzuklären« (8, 553), und das dann wieder daran scheitert, dass Politik ›reine Männersache‹ ist und auch August Bebel hier nicht anders denkt.

Diese Betonung des Essens und Kochens war in *Aus dem Tagebuch einer Schnecke* schon vorbereitet worden, indem Grass klassische Definitionen des Menschen wie ›zoon politikon‹ oder ›animal rationale« in der Tradition des 19. Jahrhunderts abgewandelt hatte zu »Menschen als Tiere, die kochen können« (Tb 7, 187). Das Versprechen, »ein erzählendes Kochbuch [zu] schreiben: über 99 Gerichte, über Gäste [...], über den Vorgang Essen, über Abfälle« (ebd.), löst *Der Butt* weitgehend ein. Neben der zeitlos anarchischen Lust (Butt 8, 258f.) ist das Essen eine Gegenmacht in einer chaotischen Welt. Grass hat selbst darauf hingewiesen, dass man sich in jedem der neun Teile zum gemeinsamen Essen zusammensetzt, zu Essen, deren Rezepte mit erzählt werden. Auch hier kommt es in der letzten »Zeitweil« zum Rollenwechsel. Der Erzähler kocht und bedient die Frauen (Arnold 1978, 32f.), wie er auch beim großen rituellen Butt-Essen den Frauen neben sich vorlegt (8, 669; zur Bedeutung des Kochens und Essens im *Butt* vgl. Phelan 1990; zur Rezeption von C. Lévi-Strauss: *Das Rohe und das Gekochte* vgl. Diller 1983 und Abbott 1983).

Am Ende der Essensgeschichte wie der Geschlechtergeschichte steht je eine Apokalypse – das große um die Indienreise gruppierte Kapitel vom Hunger, dem man hilflos gegenübersteht und von dem es mit Willy Brandts Worten vor der UNO 1973 heißt: »Auch Hunger ist Krieg« (8, 663, s. auch 1, 546 und Grass' Augenzeugenbericht 15, 342, vgl. dazu Weyer 2007, 3), und das Kapitel »Vatertag« als »Achter Monat«, der als einziger keine weitere Unterteilung erfährt. Den Plan dazu verfolgt Grass schon seit 1961, als Grass ihn am 12.5. als »Erzählung« konzipierte (5Jz, 114), die später zur Grundlage eines Filmprojekts wurde (ebd., 99). Im *Tagebuch* wird dann für »weißnichtwann« ein Buch angekündigt, »das in Berlin siedelt und am Himmelfahrtstag nur von viereckigen Männern handelt« (7, 194). Als das Thema dann sechzehn Jahre später im *Butt* seinen endgültigen Platz findet, gestaltet es eine denkbare Fehlentwicklung der Emanzipation in Richtung auf eine äffische Hypermännlichkeit, die in Vergewaltigung und Mord endet. Opfer von Männern wie Frauen gleichermaßen wird Billie, die Köchin des lesbischen Quartetts – »the truly tragic figure in the book« (L. Forster 1980, 68). Die Krähen (8, 597, 620, 621, 625) spielen dabei auf die parallelen Mordszenen in den *Hundejahren* an (s. S. 38). Minden (1990, 197) weist daraufhin, dass *Der Butt* von drei Vergewaltigungen strukturiert wird: der eines Mannes durch einen Mann (8, 128), der einer Frau durch mehrere Männer (8, 325) und der weiblich-männlichen Massenvergewaltigung am Vatertag (8, 617ff.). Gerade das deutsche Wort erscheint dabei als »the ultimate figure of masculine-imagined violence« (ebd., 198).

Grass schließt das Kapitel mit dem Satz »Danach ging das Leben weiter« (8, 627). Der Satz kehrt nach der Erschießung der polnischen Arbeiter durch kommunistische Milizen wieder (8, 648) und begegnet ganz ähnlich mit dem für Grass typischen Aufmerksamkeitssignal der Negation (s. S. 78) in der Hunger- und Schmutz-Apokalypse des Calcutta-Kapitels: »[I]m Gegensatz zu Frankfurt am Main wird hier gelebt. Später will er diesen Satz streichen« (8, 233). Auch *Der Butt* bestätigt so Böschensteins Beobachtung, Grass zeige bei allem Realismus der Darstellung »Solidarität mit diesem lebendigen Unrat« (1971, 94, s. S. 27).

Der Schluss

Das Buch hat drei Schlüsse gemäß den drei letzten Monaten, in denen ein Kind lebensfähig zur Welt kommen kann: Nach dem siebten Monat findet sich der vom Butt vorgeschlagene Schluss, der den Mann resigniert gegenüber seiner »gelebten Geschichte« zeigt, die absolut vergangen in der zeitlosen Form des »Es war einmal...« hinter ihm liegt (8, 573). Der achte Monat schließt radikal pessimistisch mit dem Scheitern der Frauen, die sich als Übermänner gerierten und als solche dieselben Fehler gesteigert wiederholten (zum Kapitel »Vatertag« vgl. Reddick 1983). Erst der neunte Monat bringt den für Grass typischen offenen Schluss, worauf Grass selbst hingewiesen hat (vgl. Arnold 1978, 30). Die neun Monate der Schwangerschaft enden mit einer Geburt, ein neuer Mensch, eine neue Frau ist da; der symbolisch bestrafte und danach freigelassene Butt beginnt sein Bündnis mit den Frauen und berät Maria. Damit ergeben sich zwei Möglichkeiten: Entweder beginnt jetzt lediglich ein neuer historischer Zyklus, der dem Märchen in der bekannten Fassung entspricht, so dass die Frauen lediglich die früher von Männern bewirkte Fehlentwicklung nun ihrerseits wiederholen würden und ihre sich überschlagenden Wünsche sie nur wieder an den Anfang zurückbrächten – »Weltgeschichte in Form zyklisch sich wiederholender tragischer Märchen vom Scheitern und Versagen« (Hildesheimer 1977, 969). In Ilsebills ständigen Wünschen nach der Geschirrspülmaschine und dem Wäschetrockner, aus dem »Pißpott« heraus klingt diese Möglichkeit an, auch im Kapitel »Vatertag« und in den Rollen, die die Frauen bis jetzt in der Politik spielen.

Die andere Möglichkeit wäre, dass es den Frauen gelänge, eine Alternative zu entwickeln, einen dritten Weg, ein »Drittes« zwischen dem männlichen Machtstreben und seiner weiblichen Kopie. »Dat een un dat anner tosamen« (8, 443) ergeben erst die Wahrheit, das »Dritte«, das sich einst in Auas dritter Brust konkretisierte, von der es heißt: »Nur mit Hilfe der dritten Brust sei es gelungen, den vaterrechtlichen Machtanspruch zurückzuweisen« (8, 64; vgl. dazu das Zahlenspiel, mit drei, neun (Monaten, Köchinnen), 33 (8, 39), 111 (z.B. 8, 39f., 223), 311 (8, 56), das einer eigenen Untersuchung bedürfte). Das Dritte, auch »sonst, auch politisch, als Möglichkeit« (8, 13), als »Traum. Nicht Wunschtraum« (8, 12), bei dem »einer (immer der dritte) weiß, was der erste verspricht und der zweite verweigert« (8, 28), deutet hier auf ein alternatives Denken, das allein noch imstande wäre, aus der Sackgasse herauszuführen, in die universal die bisherige männliche oder von Frauen in Männerrollen gemachte Politik geführt hat. Emanzipation heißt für Grass nie, Kopie der Männer durch die Frauen, Angleichung der Frauen an den Mann, meint nie den Nachweis, wie er anlässlich einer Lesung in Köln 1977 sagte, dass eine Frau auch acht Stunden Traktor fahren kann. Emanzipation kann nur für Männer und Frauen gleichzeitig verwirklicht werden und bedeutet die radikale Abkehr beider Geschlechter von den bisherigen Rollen und Gewohnheiten, nicht den Rollentausch. Ein solches noch nicht sichtbares und fassbares, vielleicht sogar nur zu erträumendes Denken allein wäre noch imstande, inmitten des universellen Scheiterns »Zukunft zu machen« (8, 573), ein »Zeichen« zu setzen, »damit wieder Zukunft ist« (8, 664). Zum »Dritten« im *Butt* vgl. Sandford 1990, zur Rezeption des *Butt* in der Kritik Durzak 1982.

Übersicht zu *Der Butt*

Monat	*Köchin*	*Erzähler/Freund*		*Tribunal*
1	Aua (Steinzeit)	Edek	Ludek	Dr. Ursula Schönherr
	Wigga (Eisenzeit)	Edek	Ludger (Gote)	Helga Paasch
	Mestwina † 997	Schäfer Adalbert v. Prag	Prälat Ludewig	Ruth Simoneit
2	Dorothea v. Montau 14. Jh.	Albrecht Slichting	Ludwig Skriever, Holzschnitzer	Dr. Sieglinde (Siggi) Huntscha
3	Margarete Rusch 1498-1585	Entsprungener Mönch, Margaretes Vater, Ferber, Jeschke, Vasco da Gama	Lud. Kupfer- schmied, Lade- wik, Henker	Ulla Witzlaff
4	Agnes Kurbiella 1619-1689	Anton Möller, Martin Opitz	Axel Ludström	Bettina v. Carnow
5	Amanda Woyke 1734-1806	August Romeike	Ludrichkait	Therese Osslieb
6	Sophie Rotzoll 1784-1849	Friedrich Bar- tholdy, Pastor Blech, General Rapp	Hauptmann Fahrenholz	Griselde Dubbertin
7	Lena Stubbe 1848-1942	Friedrich Otto Stobbe, Otto Friedrich Stubbe	Ludwig Skröver	Erika Nöttke
8	Dr. Sibylle Miehlau 1929-1963	»Ich« angemaßt: Siggi Huntscha, Mäxchen	Fränki Ludkowiak	Beate Hagedorn
9	Maria Kuczorra geb. 1949	»Ich«	Jan Ludkowski Ludwig Gabriel Schrieber	Elisabeth Güllen

14. *Das Treffen in Telgte*

Die Erzählung *Das Treffen in Telgte* ist ein Seitenstück zum *Butt*, auf den auch direkt angespielt wird (9, 145), hervorgegangen aus den Studien zum »4. Monat«, in dem sich zur Zeit des Dreißigjährigen Krieges Opitz und Gryphius am 2. September 1636 (Butt 8, 306) treffen. Grass hat selbst auf den Pastiche-Charakter dieses Abschnitts hingewiesen, in dem »die Sprache jammertalig [...] geprägt von einer unglücklichen, von einer zerrissenen Zeit« sei (Arnold 1978, 29, s. S. 156). Hoffmeister (1981, 284) hat auf Ähnlichkeiten zur Nachahmung historischer Sprachkonventionen in Thomas Manns Werken (*Lotte in Weimar, Joseph und seine Brüder, Doktor Faustus* und *Der Erwählte*) hingewiesen. Die im *Butt* erprobte Fertigkeit nutzt Grass nun aus, um weit über die Opitz-Gryphius-Beziehung hinaus anlässlich eines fiktiven Dichtertreffens acht Jahre nach Opitz' Tod im Jahre 1647 im westfälischen Telgte ein Panorama der gesamten Barockliteratur zu entfalten.

Vorbild hierfür sind natürlich die Treffen der Gruppe 47 dreihundert Jahre später – das Buch ist Hans Werner Richter, dem Vater und spiritus rector der Gruppe, zum 70. Geburtstag am 12.11.1978 gewidmet. Dennoch steckt Grass keineswegs die Mitglieder der Gruppe 47 einfach ins Barockkostüm: Die eigentümliche zeitliche Umkehr von Vorbild und Abbild macht vielmehr besonders anschaulich, was Cepl-Kaufmann schon vor dem *Butt* Grass' »ahistorische[n] Geschichtsbegriff, der durch die Reduktion auf Strukturhomologien geprägt ist«, genannt hat (1975, These 111, 53ff.). Im *Treffen* sprechen dies gleich die ersten Sätze programmatisch aus: »Gestern wird sein, was morgen gewesen ist. Unsere Geschichten von heute müssen sich nicht jetzt zugetragen haben« (9, 7). In den *Kopfgeburten* wird Grass nur kurze Zeit später die neue Zeit der »Vergegenkunft« erfinden (s. S. 178). Im *Butt* wurde dieses Denken in Homologien u.a. an der immer wieder betonten Entsprechung von mittelalterlichem Gesellenaufstand und dem Hafenarbeiterstreik von 1970 deutlich (s. S. 160). Ebenso ermöglicht es jetzt Grass, wesentliche Züge der Gruppe 47 in einem fiktiven Dichtertreffen des Jahres 1647 zu spiegeln, die Situation unmittelbar nach Deutschlands Niederlage im größten Krieg mit der unmittelbar am Ende seines längsten Krieges zu vergleichen. Beide Kriege, die sich wie keine andern der deutschen Geschichte durch ›Greuel‹ auszeichneten, werden von Grass

zusätzlich durch eine verdeckte intertextuelle Anspielung miteinander verbunden: Die in der Ems treibenden Leichen eines Paares (9,
41) entsprechen fast wörtlich einer Passage aus Edgar Hilsenraths
Ghetto-Roman *Nacht* (2. Teil, 17. Kap.).

Auch die Erzählhaltung des *Butt* begegnet in leichter Abwandlung wieder. Das Ich des Erzählers ist einmal Zeuge des Geschehens:
»Woher ich das alles weiß? Ich saß dazwischen, war dabei« (9, 96).
Zum anderen ist es das Ich des Freundes von Hans Werner Richter
im Jahre 1978 (9, 7), das über alle Erfahrungen der Zwischenzeit
verfügt: »Da ich seit damals mehr weiß [...]« (9, 130, ähnlich 47).
Im Unterschied zum *Butt* wird aber auf eine Ausgestaltung der Rollen sowohl des erzählenden Ichs wie des erlebenden Ichs verzichtet;
weder tritt der Erzähler wie im *Butt* mit Biographica des Autors
auf (s. S. 156), noch legt er dem erzählenden Ich den Namen eines
konkreten Barockdichters bei: »Wer ich gewesen bin? Weder Logau
noch Gelnhausen. Es hätten ja noch andere geladen sein können«
(8, 96f.). Wichtig ist ihm nur, dass der Erzähler von Anfang an dabei
war und »auch den Schluß bezeugen« kann (9, 131) – auch Dinge
übrigens, bei denen er nicht Zeuge war, die er mutmaßt (»vielleicht«
8, 117) oder einfach weiß (z.B. 8, 17-20): Der Erzähler ist, wie
Oskar in der *Blechtrommel* und Amsel in *Hundejahre*, Ich- und auk-
torialer Erzähler zugleich (s. S. 50, 105). Eine Reihe von Interpreten
hat versucht, die Identität des Ich-Erzählers im *Treffen in Telgte* auf-
zudecken: Haberkamm (1979) sieht Ähnlichkeiten sowohl zu Gelnhausen als auch zu Logau. Für Wimmer (1985) ist die Perspektive
nur ein erzähltechnisches Verfahren. Wallmann (1979) vermutet den
Ich-Erzähler in Georg Greflinger, während Weber (1986) in scharf-
sinniger Argumentation Johann Matthias Schneuber als Ich-Erzähler
plausibel zu machen versucht – »bizarrer, wenngleich ob der detek-
tivischen Subtilität des Verfassers schon wieder bewundernswerter
Höhepunkt der Suche nach einem personal benennbaren Verfasser«
(Laufhütte 1993, 360, Anm. 4). Laufhütte vergleicht das »Ich« des
Treffens wie das des *Butt* mit Thomas Manns »Geist der Erzählung«
im *Erwählten* und sieht in ihm Grass' »surrealistisch-konkret-ab-
strakten Spielgeist: d a s Sinnbild der Erzählkunst dieses Autors, das
Zentralphänomen seiner Ästhetik« (1993, 378).

Wie schon im *Butt* ist dieses Ich, das hier »die Zeit treppab«
(Butt 8, 10) ins Barock geschickt wird, das sich wie Weckherlin
beim *Treffen in Telgte* in der verflossenen Zeit die Beine vertritt (9,
140), Verkörperung von Grass' Anspruch, »genauere Fakten zu erfinden als die, die uns angeblich authentisch überliefert wurden«
(Arnold 1978, 31, s. S. 159). Das Treffen selbst verkörpert solche
›Gegengeschichte‹ in Grass' Sinn: Es ist Gegenbild zu den gleich-

zeitigen Konferenzen mit ihrem Gerangel und Geschacher um den
»Westfälischen Frieden«, nur deshalb lässt Grass »zwischen Münster
und Osnabrück das Treffen stattfinden« (9, 21). Das Dichtertreffen
findet also geographisch gesehen im Zentrum des politischen Zeit-
geschehens statt. Dadurch, dass der Gasthof auf einer Insel liegt, ist
aber der Tagungsort, und mit ihm die Dichter und ihre Werke, den
Zeitläuften zugleich entrückt (vgl. Menne-Haritz 1981, 238). In *Die
Box* lässt Grass eines seiner Kinder ausführlich von der Suche nach
dem rechten Ort des Brückenhofs berichten (134-138).

Grass kennt sehr wohl die regionale Aufsplitterung der deutschen
Barockdichtung (s. z.B. 9, 21f.) und weiß, dass aufgrund der lokal,
politisch, konfessionell, traditionell und durch persönliche Umstände höchst verschiedenen Zentren schon der Gedanke an ein solches
Treffen völlig außerhalb des Horizonts des 17. Jahrhunderts gelegen
hätte – von den realen Verkehrsverhältnissen und den ungeheuren
Reisekosten der Zeit ganz abgesehen. Grass gestaltet vielmehr in diesem un-, ja antihistorischen Treffen den Anspruch, den im Buch
Simon Dach erhebt, dass einzig bei den Dichtern »was deutsch zu
nennen sich lohne, ewiglich aufgehoben« sei (VI, 147). »Während
im Telgter Brückenhof das Festmahl der deutschen Poeten« beginnt,
verschachern »die bayrischen Abgesandten das Elsaß an Frankreich«
(9, 97) und schaffen so »Anlässe für künftige Kriege« (9, 143, fast
wörtlich gleich Bt 3, 47, s. S. 57). Wo der Kongress in Münster
und Osnabrück so das Vorläufige und Vergängliche tut, schaffen die
deutschen Dichter der Zeit in ihrer Gesamtheit das, was überdauert
hat – deshalb versammelt Grass alle dichtenden Zeitgenossen im
Pantheon zu Telgte.

Grass bemüht sich, bei der Schilderung der Lesungen und Diskussionen der Barockdichtung gerecht zu werden. Buchner, Dach,
Gerhardt, Greflinger, Gryphius, Harsdörffer, Hoffmannswaldau, Logau, Moscherosch, Rist, Scheffler, Zesen, der Komponist Schütz und
andere kommen in ausführlichen Zitaten und Reden zu Wort, die
belegen, wie gründlich Grass sich in der deutschen Barockliteratur
umgesehen und wie eifrig er Exzerpte gemacht hat. Selbst die An-
ordnung der Lesungen wird der Zeit gerecht, indem am ersten Tag
poetologische Texte verlesen werden, wodurch der für die Epoche
typische Primat von Regel und Poetik betont wird. Eine hilfreiche,
sehr genaue Inhaltsangabe bietet Laufhütte (1993, 361-367); en
passant korrigiert der ausgewiesene Barockforscher auch »ein paar
unfreiwillige Anachronismen«, die »nur kaum« oder den Historiker
höchstens »ein wenig« stören (379f.).

Verweyen und Witting (1980) weisen auf einige wichtige lite-
raturwissenschaftliche Arbeiten und Anthologien (hier vor allem

Albrecht Schöne (Hg.): *Das Zeitalter des Barock. Texte und Zeugnisse.* 2. Aufl. 1968) hin, die Grass für seine Erzählung verwendet
hat. Als Quelle für das schon im *Butt* behandelte Motiv der Kürbishütte diente Schönes Monographie *Kürbishütte und Königsberg*
von 1975. Auch *Die deutsche Literatur des Barock. Eine Einführung*
von Marian Szyrocki hat Grass nach eigenem Bekunden benutzt.
Über den genauen Quellenstudien und -zitaten treten Anspielungen auf die zeitgenössische Gruppe 47 zurück. »Zu wissen, daß es
sie gibt, einige zu erkennen, viele zu vermuten: das reicht für ein
hinläglichesWerkverständnis« (Laufhütte 1993, 367). Dach hat
viele Züge des in diesem Porträt geehrten Hans Werner Richters
angenommen (vgl. Thomas 1980), im Literaturmagister Buchner,
der in seinen ex-cathedra-Kritiken flink und elegant »Augustinus,
Erasmus und immer wieder sich selbst« zitiert (9, 132, ähnlich 83),
ist Hans Mayer zu erkennen, der uns in der *Rättin* als Gast bei Oskars Geburtstagsempfang wiederbegegnen wird (11, 477ff.). Auch
die dauerhafte Hassbindung zwischen Rist und Zesen, anekdotische
Elemente wie das Nasenbluten Zesens (9, 84), Gelnhausens Auftritt
durchs Fenster (9, 124) oder die erotischen Begebnisse können reale
Vorbilder bei der Gruppe 47 haben. Aber schon »Gryphius' Rede,
die in immer neuen Bildern den Tod der Literatur und die ordnung-
schaffende Herrschaft der Vernunft verkündete« (9, 39), beruht auf
einer »Strukturhomologie« im Sinne Grass' (s. S. 169) und spielt
gleichermaßen auf moderne Totsagungen der Literatur durch H.M.
Enzensberger wie auf Gryphius' schon im *Butt* (8, 313) verspotte-
te widersprüchliche Neigung an, »wörterspeiend [...] immer wieder
dem Schreiben« abzuschwören (9, 38).

Auf der Grenze zwischen barockem Zeitgedicht und modernem
dichterischem Aufruf zu politischen Fragen liegt das Manifest, in
dem die Dichter auf die Verhandlungen in Münster und Osnabrück
eingehen wollen: Grass gestaltet an ihm noch einmal seine Auffassung zum Verhältnis von Literatur und Politik (s. S. 143-154) und
lässt die bunten Diskussionen ganz in seinem Sinne enden: Nach
ihren unterschiedlichen Anläufen, »wenn auch vom Rande her nur –
ein politisches Wörtchen mitzureden« (9, 21), ist »den Poeten nichts
gewisser als ihre Ohnmacht und ihre mangelnde Kenntnis der politischen Kräfte« (9, 140). Ein vager allgemeiner Aufruf wird dann von
allen unterschrieben und gibt ihnen »endlich« das Gefühl, »etwas
getan zu haben« (9, 143). Dach weiht ihn in seiner Schlussrede wie
die anderen poetischen Werke der Tagung »gleichfalls dem Überdau-
ern« (9, 148). Doch das Manifest verbrennt gleich darauf mit dem
Tagungsort: »So blieb ungesagt, was doch nicht gehört worden wäre« (9, 150), während die eigentlichen Dichtungen aller Teilnehmer

auf die Nachwelt kommen. Der Ehrengast, der Komponist Schütz, bezeichnet in diesem Zusammenhang exakt in der Buchmitte den Sinn des Treffens, der eben nicht, wie Zesen meinte, in solchen Manifesten liegt: »Weshalb man dennoch versammelt bleibe? [...] Der geschriebenen Wörter wegen, welche nach Maßen der Kunst zu setzen einzig die Dichter begnadet seien. Auch um der Ohnmacht – er kenne sie – ein leises ›dennoch‹ abzunötigen« (9, 71). Genau um dieser Worte und generell um seiner Kunstdoktrin willen macht Grass den gefeierten Komponisten zum Ehrengast und Mittelpunkt des Treffens. Nur ein Musiker kann als Vertreter einer absoluten Kunst 1647 die Position einer geradezu prä-Benn'schen Kunstmetaphysik vertreten, wie sie weit jenseits des Dichtungshorizonts der Zeit liegt. Laufhütte spricht geradezu davon, Schütz verlange »höchste Artistik von der Kunst [...]; gerade das Äußerste an Artistik erreiche als Resultat die knappste Form, den deutlichsten Sinn« (1993, 383) – d.h. Schütz verkündet 1647 Oskars Ästhetik von 1952 (s. S. 62).

Eine besondere Rolle in der Erzählung spielt Grimmelshausen als »Stoffel« oder »Gelnhausen«. Als etwa 25-jähriger Soldat stößt er zufällig zu den Poeten und sorgt für ihr Quartier, indem er sie, dem fiktiven Charakter ihres Treffens gemäß, bei einer seiner fiktiven Gestalten, der »Courasche«, als Wirtin einquartiert. In *Die Box* (135f.) erzählen die Kinder von der Suche nach dem Bauplatz für deren so fiktionalen wie historischen »Brückenhof« in Telgte. »Gelnhausens« oder »Stoffels« eigene Charakteristik und seine Reden stimmen dabei weitgehend mit denen des Helden des *Simplicius Simplicissimus* und der Simplicianischen Schriften überein. Weydt (1988, 785-790) weist zudem auf Ähnlichkeiten zwischen der Runde der disputierenden Dichter im *Treffen in Telgte* und Grimmelshausens Gesprächsspiel *Rathsstübel Plutonis* hin. Grass setzt somit im *Treffen in Telgte* auch seinem literarischen Lehrmeister aus der Barockzeit (s. S. 54) ein Denkmal, indem er seine erfundene Wahrheit auf dessen erfundene Fakten stützt und sogar ganz konkret darin ansiedelt. Darüber hinaus kündigt Stoffel Grass' Buch von 1979, in dem das Treffen in Telgte denen von Münster und Osnabrück entgegengestellt wird, schon 1647 an: »Sei etwa der in Münster schon ins vierte Jahr betriebene Land- und Menschenschacher tatsächlicher oder gar wahrhaftiger als der hierorts, vor Telgtes Emstor eröffnete Handel mit Versfüßen bei reichhaltigem Wort-, Klang- und Bildertausch?« (9, 127). Die von der Zeit vorgenommene Wertung, der die Barockdichtung lebendiger und wirkungsmächtiger geblieben ist als der Westfälische Frieden, nimmt er in seinem Lügengewebe vorweg, in dem er heute vergessene Gesandte heute noch bekannten Dichtern huldigen lässt: »Wenn es den Herren [Dichtern], weil ohne Macht, im Reich an

Ansehen fehle – was stimme! –, müsse man das fehlende Ansehen
glaubhaft in Szene setzen« (ebd.) – worin ihm Grass dann im *Treffen
in Telgte* gefolgt ist.

Zugleich kündigt Gelnhausen seinen eigenen Roman an, der für
das Bewusstsein des deutschen Volkes vom Dreißigjährigen Krieg
»genauere Fakten erfunden« hat und damit wichtiger geworden ist
als alle angeblich authentisch überlieferten: Er werde »den großen
Sack aufmachen, den gefangenen Stunk freisetzen, des Kronos
Parteigänger sein, den langen Krieg als Wortgemetzel neuerdings
eröffnen, alsdann ein entsetzliches Gelächter auffliegen lassen und
der Sprache den Freipaß geben, damit sie laufe, wie sie gewachsen sei: grob und leisgestimmt, heil und verletzt, hier angewelscht,
dort maulhenckolisch, immer aber dem Leben und seinen Fässern
abgezapft« (9, 128). Grass legt damit seine eigene, von ihm selbst
sechs Jahre zuvor beschriebene Intention bei der Niederschrift der
Blechtrommel seinem Lehrer in den Mund: »mit kaltem Gelächter
den verlogenen Schauer regelrecht zu zersetzen und der bis dahin
ängstlich zurückgepfiffenen Sprache Auslauf zu schaffen« (15, 329).

Die Distel, das »Sinnebild kriegswüster Zeit« (9, 63, ähnlich
40), neben der die Barockdichter ihre Werke lesen, wird durch diese
Lesungen« mehr und mehr zum »objektiven Korrelat« für die Umsetzung und Nachgestaltung einer kriegswüsten Zeit in Sprache, die
sie unzerstörbar werden lässt. In der Sprache der Zeit könnte man
auch sagen: Die Distel wird zum Emblem. Schade (1982, 206) weist
darauf hin, dass auf dem Titelkupfer von Grimmelshausens *Land-
störzerin Courasche* der Maulesel, auf dem die Protagonistin reitet,
Disteln frisst: Als Gryphius die Distel nimmt und sie mit den Worten »Taub, stechend, vom Wind versät, des Esels Fraß, des Bauern
Fluch, des strafenden Gottes Zorngewächs, das hier, die Distel, sei
ihrer aller Blum und Vaterland!« samt Topf zu Boden schmettert,
bleibt die Distel »inmitten Scherben und verstreutem Erdreich heil«
(9, 142). Dach deutet dieses Ereignis in seiner Schlussansprache:

»Fortan könne sich jeder weniger vereinzelt begreifen. Und wen zu Haus Enge zu bedrücken, neuer Jammer einzuholen, der falsche Glanz zu täuschen,
wem das Vaterland zu schwinden drohe, der möge sich der heilgebliebenen
Distel im Brückenhof vor Telgtes Emstor erinnern, wo ihnen die Sprache
Weite versprochen, Glanz abgegeben, das Vaterland ersetzt und allen Jammer
dieser Welt benannt habe. Kein Fürst könne ihnen gleich. Ihr Vermögen
sei nicht zu erkaufen. Und wenn man sie steinigen, mit Haß verschütten
wollte, würde noch aus dem Geröll die Hand mit der Feder ragen« (9, 147;
vgl. Laufhütte 1993, 384).

Grass hat dieses letzte Bild für den Buchumschlag auch gezeichnet (vgl. Schade 1982, 204f.); er nimmt darin gleichermaßen die Definition aus dem *Tagebuch* – »Ein Schriftsteller, Kinder, ist jemand, der gegen die verstreichende Zeit schreibt« (7, 148, s. S. 63) – wie das Bild vom »Federnblasen« aus dem *Butt*« auf (s. S. 157). Neben dem Schreiben wird auch das Essen als Gegenmacht in einer chaotischen Zeit beschworen: Wie schon im *Butt* (s. S. 164f.) setzen karge und üppige, normale und orgiastische Mahlzeiten Zäsuren im Geschehen, dämpfen die Erregten und verbinden die Getrennten im gemeinsamen Essen. Auch das Essen ist so als Gegengeschichte der realen Historie entgegengesetzt: »Ach, möge der Friede auf diese Weise geraten, daß Lutheraner bei Katholiken und Katholiken bei Lutheranern und Calvinisten speisen dürften, desgleichen Lutheraner und Calvinisten an einem Tisch« (8, 95).

15. *Kopfgeburten oder Die Deutschen sterben aus*

Grass selbst hat von *Kopfgeburten* gesagt, sie seien »mit dem ›Butt‹-Kapitel ›Vasco kehrt wieder‹ eingeleitet« worden (5Jz, 237). Die in diesem Kapitel gestaltete Indienreise von 1975 konfrontierte Grass erstmals direkt mit »der eigentlichen Welthauptstadt Calcutta« (ebd.,), und die Eindrücke verstörten Grass so dauerhaft, dass für ihn bis hin zu den *Unkenrufen* von 1992 der Nord-Süd-Konflikt und die wachsende Verelendung der Dritten Welt, die er auf weiteren Asienreisen 1978 und 1979 und beim sechsmonatigen Indien- und Calcutta-Aufenthalt 1986/87 ›hautnah‹ erlebt (vgl. Zz, 16), zu zentralen Themen seines literarischen, künstlerischen und politischen Wirkens wurden. Die Erzählsituation ist – wie in allen erzählerischen Werken seit 1972 bis zur *Rättin* – wieder die erstmals in *Aus dem Tagebuch einer Schnecke* erprobte: Der Erzähler ist der Autor Günter Grass mit all seinen realen Biographica und seinen Erlebnissen im Jahr des Entstehens, 1979. Zentrales Ereignis dieses Jahres ist die »Monatsreise [...] von China her über Singapore, Manila und Kairo« (10, 8), die das Ehepaar Grass z.T. gemeinsam mit dem Ehepaar Schlöndorff im Auftrag des Goethe-Instituts unternimmt. Die Erinnerung an die Zusammenarbeit mit dem Regisseur während der vor kurzem beendeten *Blechtrommel*-Verfilmung, das Bevölkerungswachstum in Asien und den soeben in der Bundesrepublik aufkommenden Vorwahlkampf-Streit, die Deutschen seien ein sterbendes Volk (10, 8f.), verdichten sich zum »Thema«, zur Geschichte eines jungen Lehrerehepaares mit unklarem Kinderwunsch und dessen Reise nach Südostasien: »Ich weiß noch nicht: wird es ein Buch oder Film? ›Kopfgeburten‹ könnte der Film oder das Buch oder beides heißen und sich auf den Gott Zeus berufen, aus dessen Kopf die Göttin Athene geboren wurde; ein Widersinn, der männliche Köpfe heutzutage noch schwängert« (10, 9).

»Kopfgeburt« ist seit dem *Butt* bei Grass die Chiffre für alles, was Männer sich aus Neid auf die natürliche Fruchtbarkeit der Frauen ausdenken, seien es Großwerke wie *Der Butt* oder die Neunte Symphonie, die gotischen Kathedralen oder Atomkraftwerke und Weltraumraketen. »Unsere Satellitenüberwachung. Unsere Frühwarnsysteme. Unsere nuklearen Abfallprodukte. Was unsere großen Köpfe sich ausgedacht haben« (10, 93). Göttin dieses Strebens ist die jungfräuliche männliche Kopfgeburt Athene, ihre Eule liegt in *Totes*

Holz verendet in Grass' Kamin (TH, 108f.; 16, 288). Das Buch kann das von Technik und »Fortschritt« bewirkte Waldsterben nur noch stumm protokollieren.

Kopfgeburten werden dann weder »ein Buch oder Film«, sondern eine Art Arbeitsjournal, in dem Grass, vermischt mit seinen realen Erlebnissen, die allmähliche Entstehung seines Drehbuchentwurfs für einen nie zustande gekommenen Schlöndorff-Film schildert, so wie er in *Aus dem Tagebuch einer Schnecke* für seine Kinder die Zweifel-Geschichte entwirft. Vor, während und vor allem nach seiner Südostasien-Reise denkt sich Grass die Geschichte seines Lehrerpaares Harm und Dörte aus, das – *Die Deutschen sterben aus* – unentschlossen ist, ob es ein Kind haben will oder nicht. Hauptverbindung zwischen der realen Grass-Ebene und der fiktionalen Filmhandlung wird die Reise sein:

»Denn unser Lehrerehepaar soll eine Reise machen, wie Ute und ich, Volker und Margarethe unsere Reise machen. Und wie wir soll es fremd dazwischenstehen und schwitzend die Wirklichkeit mit der Statistik vergleichen. Der Luftsprung von Itzehoe nach Bombay. Die Zeitverschiebung. Das Angelesene im Handgepäck, ihr Vorwissen. Ihre Schutzimpfungen. Der neue Hochmut: Wir kommen, um zu lernen ...« (10, 14).

Innere Verbindung der Reise »zum eigentlichen Thema, das Kind ja, das Kind nein« (10, 33) ist der Kontrast zwischen dem deutschen Geburtenrückgang und der asiatischen Fruchtbarkeit: »Fünftausend Menschen soll das Dorf zählen, darunter dreitausend Kinder. Verwurmte, offensichtlich kranke, von Augenschäden gezeichnete Kinder. Sie betteln nicht, lachen, spielen nicht, sind nur still und überzählig« (10, 46). Die Erzählweise der Harm-und-Dörte-Handlung ist dabei durchaus »filmisch«, wie Grass selbst bemerkt: »Schon merke ich, daß für den Film schreiben verführerisch ist. Es liegt so viel Material rum. Einstellungen ergeben sich aus Einstellungen. Alles verkürzt sich auf ›action‹. Immer das Bild sprechen lassen. Immer den Schneidetisch mitdenken. Bildsprache. Handlungsverschnitt« (10, 33).

Zugleich werden, wie in allen Grass-Erzählungen dieser Bauart, an einer Stelle die Grass-Ebene und die fiktionale Handlung, die soeben vor unseren Augen entworfen wurde, zusammengeführt; der scheinbar reale Autor und Filmerzähler trifft seine »Kopfgeburt« Dörte (10, 109). Harm ist bei der SPD und Dörte bei der FDP engagiert, wobei beide grüne Tendenzen haben. Obwohl sie so die auch von Grass unterstützte Koalition repräsentieren, schildert sie Grass in ihrer beamteten Existenz, ihrer Bequemlichkeit, ihrer letztlich spannungslosen Beziehung, ihrer Herkunft aus dem rasch ver-

sandeten Studentenprotest und mit ihrem Fehler, ausgerechnet aus
einem natürlich zu gebärenden Kind eine »Kopfgeburt« gemacht zu
haben (10, 89), sehr kritisch (ausführliche Porträts der beiden bieten
Garde 1988, 170ff. und Mayer-Iswandy 1991, 281-288).

Das Ehepaar Grass reist im Frühherbst 1979, und Grass beendet
die »Rohfassung« (10, 131) des Drehbuchentwurfs Anfang Dezember dieses Jahres, liest sie um den 9. Dezember Volker Schlöndorff
vor (10, 131) und schließt die erste Fassung des Arbeitsjournals am
vorletzten Tag des Jahres 1979 ab. Die Handlung des Films aber soll
im vorgesehenen Drehjahr 1980 spielen; die Reise in den Sommer-
ferien der beiden kurz vor dem Bundestagswahlkampf stattfinden –
die *Kopfgeburten* werden so zu Grass' erster Einübung in futurisches
Erzählen, wie es in der *Rättin* und abgewandelt in den *Unkenrufen*
wichtig wird. Zusätzlich werden die Zeitverhältnisse dadurch ver-
kompliziert, dass Grass Spuren seiner charakteristischen Arbeitsweise
ähnlich wie im *Butt* (s. S. 157) nicht nachträglich beseitigt. Grass
schreibt zunächst eine erste Fassung nieder, die er dann mindestens
zweimal beim Abschreiben stark überarbeitet (s. das S. 47 zur sogenannten ›Urtrommel‹ Gesagte). Das Arbeitsjournal hält so fest, dass
Schlöndorff ihm vorschlägt: »Irgendwas sollten Harm und Dörte
in Itzehoe bei Freunden zurücklassen, eine Katze‹«. Grass sagt zu,
»über die Katze in dritter Fassung des Manuskriptes‹« nachzudenken
(10, 102). Da wir aber natürlich die endgültige Fassung lesen, ist
die Katze längst eingeführt und seit über 60 Seiten bei Freunden in
Pflege (10, 31).

Grass kommentiert diese Erzählweise: »Wir haben das so in der
Schule gelernt: nach der Vergangenheit kommt die Gegenwart, der
die Zukunft folgt. Mir aber ist eine vierte Zeit, die Vergegenkunft
geläufig« (10, 106). Mehr als in jedem anderen seiner Werke kommentiert Grass seine Erzählung, spielt mit Möglichkeiten, die er
wieder verwirft: »Aber das will ich nicht: diese Spritztour. Ich bin
dagegen [...] Ich mag keine Überraschungen, die sich aus Dreiecks-
geschichten ergeben« (10, 97). Er entwirft eine komplette Nebenhandlung um eine in Folie eingeschweißte deutsche Leberwurst, wie
er sie auf seiner eigenen Reise dem deutschen Botschafter Erwin
Wickert nach China mitgebracht hat (10, 32), ohne letztlich zu einer Entscheidung zu kommen, ob er sie wirklich im Film einsetzen
wird (10, 31, 32, 33, 35, 36, 41, 64, 68, 81f., 89, 104ff., 112f.,
122, 130). »Ohne ihren tieferen Sinn preiszugeben, überdauert die
Leberwurst als Reisegepäck« (10, 106). Das Gros der deutschen Kritiker stand der Wurst recht ratlos gegenüber – John Irving, Grass'
weltweit vielleicht glühendster Bewunderer, nahm die *Kopfgeburten*
zum Anlass, einen großen Grass-Essay zu schreiben, in dem er u.a.

»Grass' meisterliche[n] Umgang mit der Nebenhandlung um die Leberwurst«, »seine Gewissenhaftigkeit im Detail« preist (1990, 141). Gerade wegen der von Grass mitgelieferten Kommentierung seines Erzählens empfiehlt Irving das Werkchen als »Blick auf Grass, den guten Künstler, der sich Notizen macht und seine Werkstatt aufräumt« (ebd., 147).

Vielleicht ist Irvings Zugang der beste zu diesem erstmals von der deutschen Kritik mit seltener Einmütigkeit verrissenen Buch – *Kopfgeburten* als Fingerübung im extrem polyphonen, im filmischen und im futurischen Erzählen, wie es dann *Die Rättin* und in manchen Zügen auch die *Unkenrufe* prägen wird. Die Technik des Arbeitsjournals erlaubt es Grass, eine Vielfalt von Themen, die ihn in der Schreibphase aktuell bewegen, ins Werk einzubringen und sie miteinander zu verknüpfen. Indem er die Reisegesellschaft, mit der Harm und Dörte reisen, »Sisyphos« nennt (10, 32) – Motto: »Der absurde Mensch sagt ja, und seine Mühsal hat kein Ende mehr« (10, 131) – kann Grass sein Bekenntnis zur absurden Weltsicht Camus'scher Prägung in das Buch integrieren, und es kommt zum wohl dichtesten Lob des »heiteren Steinewälzer[s]« Sisyphos in Grass' Werk:

»Was aber ist mein Stein? Die Mühsal der nicht ausgehenden Wörter? Das Buch das dem Buch das dem Buch folgt? Oder die deutsche Fron, das bißchen Freiheit für Steinewälzer (und ähnlich absurde Narren) immer wieder bergauf zu sichern? Oder die Liebe samt ihrer Fallsucht? Oder der Kampf um Gerechtigkeit gar, dieser mühsam berggängige, dieser so leichthin talsüchtige Brocken?« (10, 84f.)

Grass nimmt schon jetzt seine spätere kritische Haltung zur deutschen Wiedervereinigung (s. S. 151f.) vorweg. Er warnt vor einer »Ballung wirtschaftlicher und militärischer Macht in der Mitte Europas [...] nach der Erfahrung zweier Weltkriege, die dort gezündet wurden« (10, 17). Hinzukommt »das alte, das immer neue Entsetzen« (10, 24) über die deutschen Verbrechen. Deshalb setzt er einer nicht zu wünschenden Wiedervereinigung in der Rede in den Goethe-Instituten (»Die deutschen Literaturen«, 15, 526-535) den Begriff der »Kulturnation« entgegen. Wie das fiktive *Treffen in Telgte* werden ihm in der Rede und im Buch die realen deutsch-deutschen Schriftstellertreffen in Ostberlin von 1973 bis 1980 (10, 48f., 66f.) zur Verkörperung eines anderen Deutschlands, in dem immer schon »die deutschen Schriftsteller, im Gegensatz zu ihren separatistischen Landesherren, [...] die besseren Patrioten« waren (10, 18; zu den deutsch-deutschen Schriftstellertreffen, die die Stasi trotz aller Bemühungen nie unterwandern konnte, vgl. ausführlich Schlüter 2010 und Grass' eigene Berichte in *Mein Jahrhundert* unter den Jahren 1975 bis 1977).

Mit den Schriftstellertreffen, an denen auch Nicolas Born teilgenommen hat, sind der Bericht von seinem Sterben, seinem Tod, seiner Beerdigung und der Nachruf auf ihn verbunden, ihm ist das Buch gewidmet. Grass gedenkt in seinen Büchern häufiger toter Freunde: Ein Gedicht (1, 149f.) und die *Hundejahre* sind dem Andenken des Regisseurs Walter Henn gewidmet, *Aus dem Tagebuch einer Schnecke* erinnert an Vladimir Kafka (IV, 399-405) und ist seinen Kindern gewidmet; *Der Butt* stellt in allen »Zeitweilen« dem Erzähler einen Freunde »Lud« zur Seite, den Bildhauer Ludwig Gabriel Schrieber, den Grass später in *Beim Häuten der Zwiebel* porträtiert (19, 359ff.): »So sind wir Männer: zur Freundschaft fähig« (Butt 8, 631). Der für Harm und Dörte unmittelbar bevorstehende Wahlkampf, in dem Strauß gegen Schmidt antritt, gibt Grass Gelegenheit zur ausführlichen Polemik gegen den seinerzeit vor allem von seinen zahlreichen Feinden stark überschätzten Franz Josef Strauß.

Während Grass' Südostasienreise war durch einen Artikel von Fritz J. Raddatz in der *Zeit* vom 12.10.1979 über die dichterischen Anfänge bekannter Nachkriegsdichter im ›Dritten Reich‹ ein Literaturstreit ausgebrochen (Nachweise s. WA IX, 1031f.). Grass schaltet sich mit einem eigenen Artikel in der *Zeit* in den Streit ein (15, 536-540), und lässt auch diese Kontroverse Eingang in das lockere Gewebe des Buches finden. Er verneint wie Raddatz die These vom ›Kahlschlag‹ und der ›Stunde Null‹ und entwickelt für sich, im *Zeit*-Artikel wie im Buch, durch Rückdatierung seines Geburtstags um zehn Jahre eine fiktive Biographie, die ihn persönlich in Kriegsgräuel verstrickt und zugleich als Dichter zeigt, den das Regime tolerieren kann (10, 21ff., 69).

Daneben werden auch Themen angeschlagen, die für Grass in seiner weiteren Entwicklung zentral werden. Es sind dies die *Die Rättin* bestimmenden Überlegungen zum immer stärker durch Medien usw. »verbogen[en], genormt[en]« Menschen (10, 45) – »denn austauschbar sind sie alle«, »Serienprodukte« (10, 152). Am Schluss des Buches hat der russische Einmarsch in Afghanistan soeben stattgefunden. Das Weltuntergangs-Szenario der *Rättin* zeichnet sich ab: »Die beiden Großmächte könnten in dieser und jener Stimmung sein. Oder ein Übersetzungsfehler hat Folgen« (10, 145). Auch der Gedanke, dass wir uns »nur wenig Zukunft« noch zutrauen können (10, 120), die Vorstellung der jetzt zum unaufhaltsamen Ende hin verstreichenden Zeit taucht auf: »Doch die Zeit (unsere) schwindet mit anderen Rohstoffen. Viel Vorrat ist nicht mehr« (10, 115). Die Prognose eines ›lautlosen Einsickerns‹ von »Tausenden, Hunderttausenden« aus der Dritten Welt (10, 128, ähnlich 90f.) wird fortan Grass' Äußerungen zum Nord-Süd-Konflikt bestimmen und in der

Chatterjee-Handlung in den *Unkenrufen* utopische Gestalt annehmen. (Zum erstmals im *Butt* anklingenden und dann in der *Rättin* breit entfalteten Motiv des Strickens vgl. Garde 1988, 145-149, und Stallbaum 1989, 30f.).

Vieles von dem, was das Arbeitsjournal enthält, stimmt mit gleichzeitigen Sachtexten Grass' überein; verwiesen sei außer auf »Kein Schlußwort« (s.o.) auf »Orwells Jahrzehnt I« (16, 5-18) und »Die Bundesrepublik Deutschland ist [k]ein Einwanderungsland« (16, 26-29).

16. *Die Rättin*

Zur Entstehung

Die Hochrüstung, der mit der Überbevölkerung wachsende Hunger in der Welt, die globale Umweltverschmutzung haben für Grass Anfang der 80er Jahre solch katastrophale Ausmaße angenommen, dass keines der herrschenden Systeme sie mehr zu lösen vermag. Bereits im *Butt* hieß es mit Blick auf die spezifisch männlich geprägte Geschichte:

»»Wissen und Macht habe ich euch verliehen, doch nur Kriege und Elend habt ihr bezweckt. Die Natur wurde euch anvertraut, worauf ihr sie ausgelaugt, verschmutzt, unkenntlich gemacht und zerstört habt. Bei all dem Überfluß, den ich euch eröffnet habe, könnt ihr dennoch die Welt nicht satt machen. Der Hunger nimmt zu. Eure Ära klingt mißtönend aus. Kurzum: Der Mann ist am Ende. So viel perfekter Leerlauf läßt sich kaum noch verwalten. Ob im Kapitalismus oder im Kommunismus: Überall vernünftelt der Wahnsinn«« (8, 572, vgl. Rt 11, 47f.).

Diese Einsicht weitet sich nun angesichts immer neuer Katastrophenmeldungen aus: Nicht mehr der ›Mann‹, der ›Mensch‹ ist am Ende. In den *Kopfgeburten* widerruft Grass erstmals ausdrücklich das Anfang der 70er Jahre entwickelte Bild von der Schnecke als dem Emblem des Fortschritts: »Es war mein Irrtum, auf die Schnecke zu setzen [...]. Die Schnecke ist uns zu schnell« (10, 115).

Diese Einsicht in die schwindende Zukunft hatte Konsequenzen für Grass' literarisches wie für sein politisches Selbstverständnis, da für beide der Faktor »Zeit« eine entscheidende Rolle spielte: Literatur entfaltet ihre Wirkungen allmählich, oft über lange Zeiträume hinweg, während politisches Handeln dem »demokratischen Kleinkram« (14, 174) gilt und in der »Tretmühle der Vernunft« (14, 238) die Stufen so langsam und mühsam bewegt werden müssen, dass sich zwangsläufig der Eindruck »Vom Stillstand im Fortschritt« (Tb 7, 301ff.) einstellt. Diese Zeit fehlt dem ewigen »Reformisten« (Box 117), wenn die Zukunft der Menschheit im Ganzen fraglich wird. Beim Haager Schriftstellertreffen vom 24. bis zum 26. Mai 1982 äußert Grass diesen Gedanken erstmals und fordert als Konsequenz, den Schreibtisch zu verlassen und sich in Ost und West »mit der Friedensbewegung« »gemein« zu machen – »denn so weitermachen, als beträfe die bevorstehende, womöglich bevorstehende Katastrophe alle anderen Bereiche unserer Existenz, aber nicht die Literatur – so weitermachen können wir nicht mehr!« (16, 40).

Parallel dazu stellt er Überlegungen zu seiner literarischen Reaktion auf den drohenden Verlust der Zukunft als des angestammten Wirkraums von Dichtung an. Deutlich ausgesprochen werden sie erstmals in seiner Rede »Die Vernichtung der Menschheit hat begonnen« anlässlich der Verleihung des Feltrinelli-Preises in Rom am 25.11.1982. Angesichts des drohenden Todes der Menschheit durch Verhungern, an Umweltgiften oder im atomaren Holokaust »weiß ich, daß jenes Buch, das zu schreiben ich vorhabe, nicht mehr so tun kann, als sei ihm Zukunft sicher. Der Abschied von den beschädigten Dingen, von der verletzten Kreatur, von uns und unsern Köpfen, die sich alles und auch das Ende all dessen ausgedacht haben, müßte mitgeschrieben werden« (16, 59).

Die Rede ist zugleich das erste öffentliche Zeugnis für Grass' allmähliche Rückkehr zum Schreiben. Nach dem Erscheinen der *Kopfgeburten* hatte sich Grass verstärkt der Zeichnung und der Graphik zugewandt und sogar die 1959 aufgegebene bildhauerische Arbeit wieder aufgenommen. Erste Gedicht- und Prosaskizzen schreibt er auf oder ritzt sie in Terrakotta-Tafeln (dokumentiert in 5Jz, 262-265; Seite 266 zeigt Skizzen auf Papier aus dem September 1982). Die Anfänge macht er mit der Handlung um »Die neue Ilsebill«, ein von Frauen ›bemanntes‹ Forschungsschiff in der Ostsee. »[A]uch war von Anbeginn [...] Anna Koljaiczek dabei; und mit ihr, wenn auch verdeckt, Oskar Matzerath. Er ließ sich nicht umgehen. Es sollte ein Buch werden, das alte Geschichten aufnahm, um sie den allerneuesten Katastrophen auszuliefern« (5Jz, 269). Der entscheidende Durchbruch vollzog sich, »sobald die Ratte das Sagen hatte« (ebd., 263, erste Skizzen dazu von 1982 ebd. 278f.): Eine atomare Totalzerstörung der Welt überleben nur Ratten. Aus dem Jahr 1983 liegt ein lithographierter Plan vor (*In Kupfer, auf Stein* 251), der Rattenhandlung, »Neue Ilsebill« und Anna Koljaiczeks 107. Geburtstag – unter den Gästen »Oskar M.« – miteinander verbindet. Noch im selben Jahr kommt der »Handlungsstrang ›Grimms Wälder« hinzu, den Grass gemeinsam mit Schlöndorff »spontan auf breitflächiger Staffelei in fünfunddreißig Bildern« als »möglichen Stummfilm« entwarf (5Jz, 268f., s. auch *In Kupfer, auf Stein*, 253). Oskar – und mit ihm die Handlung um Lothar Malskat, den Fälscher der Fresken in Lübecks Marienkirche in den 50er Jahren – wurden als letztes ausgeformt. Gedichte, die zum Teil auf die frühen Skizzen zurückgehen, werden, wie schon ansatzweise in *Aus dem Tagebuch einer Schnecke* und programmatisch im *Butt*, in den Prosatext eingefügt (vgl. Mayer 1988).

Die Form der Apokalypse

Das Konzept der Rattengeschichte wird insofern zum Durchbruch, als Grass mit ihrer Hilfe die Form findet, in der »das Ende [...] mitgeschrieben werden« kann: die spätjüdische und frühchristliche Gattung der Apokalypsen. Deren berühmteste, die des Johannes auf Patmos, wird nicht nur in der Feltrinelli-Rede erwähnt (16, 57), sondern zum ersten Mal im Juni 1981 in der Rede über Literatur und Mythos auf dem Schriftstellertreffen in Lahti in Finnland (16, 19-23). Aus dem Vorbild der Gattung Apokalypse, mit der sich Grass in dieser Zeit offenbar intensiv beschäftigt hat, gewinnt er »als Schriftsteller« die Möglichkeit, »seine Offenbarung zu Papier [zu] bringen,« ohne dass »eine Doomsday-Kolportage, ein trivialer Science-fiction-Aufguß dabei« herauskommt (16, 20). Grass weist in der *Rättin* selbst fast überdeutlich auf die enge Anlehnung der Rättin-Visionen an Bibel und Apokryphen hin, wenn es ganz zu Anfang heißt: »[...] schließlich spricht sie endgültig, als habe sie Luthers Bibel, die Großen und Kleinen Propheten, die Sprüche Salomonis, Jeremiä Klagelieder, wie nebenbei die Apokryphen, den Singsang der Männer im Feuerofen, die Psalmen alle und Siegel nach Siegel des Johannes Offenbarung gefressen« (11, 14).

Die Ratte hat eine lange und positive Tradition in Grass' Werk, worauf der Erzähler-Autor selbst hinweist (11, 182, vgl. ausführlich dazu Neuhaus 1999). Ihr vorbildliches »Sozialverhalten« (Kg 10, 144) ist wohl auch der Grund dafür, dass der Autor sich im ersten Satz des Buches »eine Ratte« wünscht, »hoffte ich doch auf Reizwörter für ein Gedicht, das von der Erziehung des Menschengeschlechtes handelt« (11, 7). Stattdessen führt der tägliche Umgang mit der Weihnachtsratte zu Visionen vom Menschheitsuntergang und vom Äonenumbruch der traditionellen Apokalypsen, nur dass der »neue Himmel« und die »neue Erde« des Johannes (Off 21, 1) den Ratten gehören werden.

Das Jahr 1984, in dem *Die Rättin* spielt, ist im chinesischen Kalender das Jahr der Ratte, es ist das Jahr des 700. Jubiläums der Hamelner Rattenfängersage, und es ist das Jahr Orwells. *Butt, Kopfgeburten* und verschiedene Reden belegen eine intensive Auseinandersetzung mit diesem Schriftsteller zur Vorbereitung auf »Orwells Jahrzehnt« (Kg 10, 70), vgl. zwei Reden dieses Titels, 17, 5-18; 71-79). Zwei zentrale Aussagen des *Butt* erscheinen fast wörtlich bei Orwell: »[...] no historic change has ever meant more than a change in the name of their masters« (s. S. 160) und »the past is whatever the records and the memories agree upon« (Part II, 9, s. S. 158). Orwell hat auch in der *Rättin* starke Spuren hinterlassen: *Nineteen*

Eighty-Four ist einer der ersten Romane, die den atomaren Holokaust im ›Wettkampf der Systeme‹ denkbar machen (Part II, 9).
Orwells »newspeak« ist als »Neusprache« schon in die *Kopfgeburten*
eingegangen (10, 109), in der *Rättin* entstammen ihr all die Euphe-
mismen für »Interkontinentalraketen, die Friedensmacher, Völker-
freund und ähnlich hießen« (VII, 124), »das neue Maß [...] Mega-
tote« (VII, 126), die »Schonzonen« (VII, 153), um derentwillen die
Neutronenbombe »Freundin der Künste« (VII, 154) genannt wird.
Vor allem aber begegnet bei Orwell der Grundgedanke der »Rättin«, dass alles Schreiben sinnlos wird, wenn die totale Vernichtung
droht: »How could you make appeal to the future when not a trace
of you, not even an anonymous word scribbled on a piece of paper,
could physically survive?« (Part 1, 2) Grass stattet seinen Dank an
Orwell in einer verborgenen Hommage ab: Die Folterszene in Orwells berühmtem Roman, in der der im Stuhl angeschnallte Winston
sich nach dem Verrat an der Geliebten aus der Schöpfung heraus-
katapultiert fühlt, »into outer space, into the gulf between the Stars
– always away, away, away from the rats« (Part III, 5), benutzt Grass
fast wörtlich zur Schilderung der Situation, in der das erzählende
Ich seine Visionen aus der posthumanen Rattenzeit empfängt (11,
32f., 66 u.ö.; zu weiteren Einflüssen Orwells vgl. Stolz 1994, 328).

Eine eigentliche Handlung hat das Buch, das keine Gattungsbezeichnung trägt, nicht. Sein Organisationszentrum ist der Schreibtisch des Autor-Erzählers. An ihm entwirft er seine Film- und Video-
pläne für Oskar Matzerath; an ihm schreibt er seine Visionen auf,
»meine Tagträume, meine Nachtträume« (11, 9), die die »Rättin von
der mir träumt« (s. die Radierung dieses Titels, *In Kupfer, auf Stein*,
197, auf der eine Ratte den mit halboffenen Augen daliegenden Autor dominiert) ihm zuschickt. Die Menschen und mit ihnen alle
anderen Lebewesen sind im Atomkrieg vernichtet worden, nur die
Ratten haben mit der Technik des Eingrabens überlebt, mit der sie
am Anfang der Welt schon die Sintflut überstanden. Ihr »In Zukunft
nur Ratten noch« (11, 10) auf der vierten und dessen Wiederholung
auf der vorletzten Seite, »in Zukunft wir Ratten nur noch«, rahmen
das gesamte Buch (vgl. Scherf 1987, 396). Die Situation des Erzählers in einer »Raumkapsel [...], in der ich angeschnallt saß und
meiner Umlaufbahn folgen mußte« (11, 66), entspricht der apokalyptischen ›Entrückung‹ des Sehers in die Himmelswelt. Zugleich
wird darin ein weiteres Gattungsmotiv aufgenommen: Dem Seher
der Baruch-Apokalypse – einer der wichtigsten apokryphen Vertreter
der Gattung – wird wiederholt von Gott zugesichert, er werde allein
»aufbewahrt« oder ›bewahrt‹ »bis ans Ende der Zeiten, auf daß du
zur Stelle bist, um Zeugnis abzulegen« (Baruch 10, ähnlich Baruch

6). Entsprechend ist der Erzähler der Rättin in seiner Rolle als Empfänger der Visionen »aufgespart in der Raumkapsel« (11, 88), um Zeugnis vom Untergang der alten und von der Geburt der neuen Welt ablegen zu können.

Die zahlreichen von Noahs Arche bis zur Gegenwart reichenden geschichtlichen Exkurse in der *Rättin* dienen dazu, die uns bekannte Welt und Geschichte als radikal vom Bösen besessen zu schildern. Damit steigert Grass sein schon in den Geschichtsexkursen der *Blechtrommel* und im *Butt* gestaltetes pessimistisches Bild von der gefallenen Schöpfung zum »aion houtos« der Apokalypsen. Die »Zwei-Äonen-Lehre« mit ihrem radikalen »Dualismus« ist »der wesentlichste Grundzug der Apokalyptik«. Dieser Äon, unsere Welt, ist »trotz der Oberherrschaft Gottes vom Satan und seinen bösen Mächten beherrscht« und degeneriert zusehends (Vielhauer 1975, 491). Die Vernichtung »dieser Welt« (11, 73) (= *aion houtos*) des Bösen wird bei Grass an einem Sonntag stattfinden – »Sonntage waren an sich katastrophal. Dieser siebte Tag einer verpfuschten Schöpfung war von Anbeginn ausersehen, sie wieder aufzuheben« (11, 142; vgl. auch Tb 7, 121-125). Nie hat es für Gott einen Anlass gegeben, sich selbstzufrieden zurückzulehnen, um mit Mephistos Worten »selbst am Ende Bravo« zu sagen (1. Mos 1, 31) – in Wirklichkeit war nie alles gut (vgl. Neuhaus 1988).

Entsprechend lässt Grass in der *Rättin* »diesen Äon« nicht mit dem Paradies und dem Adam-Eva-Bund von 1. Mos 1, 28 beginnen, sondern mit der Sintflut und dem Noah-Bund. Nach dem Sündenfall »reute es« Gott, »daß er die Menschen gemacht hatte« (1. Mos 6, 6), deshalb will er »eine Sintflut mit Wasser kommen lassen auf Erden, zu verderben alles Fleisch, darin ein lebendiger Odem ist« (11, 11); nur Noah und die Seinen werden verschont. Nach der Sintflut aber garantiert Gott feierlich den Fortbestand der aus den Fluten aufgetauchten neuen Welt (1. Mos 8, 21f.). Diese Schöpfung aber, deren Vernichtung er selbst für alle Zukunft ausschließt, vertraut er gleichzeitig dem bösen Menschen an, der, »wie von Jugend an gewohnt, Böses bei sich« denkt (11, 12). Noahs »Söhne[n] Sem, Ham und Japhet, drei massige[n] Kerle[n]«, wird, »laut Weisung von oben, aufgetragen [...]: Seid fruchtbar und mehret euch und erfüllet die Erde« (11, 25). Das hat im Wortsinn zu apokalyptischen Folgen geführt: »›Die sterbenden Wälder, geschenkt, doch soll ich alle stinkenden Flüsse, nur noch schwer atmenden Meere, ins Grundwasser suppenden Gifte aufzählen? Alle die Luft beschwerenden Teilchen, die neuen Seuchen und auflebenden Altseuchen: Ipputsch und Chol! Soll ich den Zuwachs der Wüsten, den Schwund der Moore berechnen und von Müllbergen herab Ihr Räuber, Ausbeuter, Ihr Giftmischer rufen?!‹« (11, 179).

Waren den noch guten ersten Menschen im Paradies lediglich Kraut und Früchte als Nahrung angewiesen worden, so jetzt den ›bösen‹ auch ausdrücklich das Fleisch der Tiere (1. Mos 9, 3). Der Ausbeutung und Vergiftung der Erde korrespondiert das Gewalt- und Unterjochungsverhältnis des Menschen gegenüber seinen in »Furcht und Schrecken« (1. Mos 9, 2) vor ihm lebenden Mitgeschöpfen, und Grass exemplifiziert es am Beispiel der Ratten. Noah will sie gegen Gottes Gebot nicht in die Arche aufnehmen, von Sem, Ham und Japhet werden sie »von der Rampe geprügelt« (11, 25) – am Anfang der Menschheit steht so ein Auschwitz-Vorklang. Dieses Verhalten steht paradigmatisch für den bei Grass am Anfang der Welt stehenden ›Ur-Sprung‹ (s. S. 72): »Von Anbeginn Haß und der Wunsch, vertilgt zu sehen, was würgt und Brechreiz macht« (11, 11). Die Formulierung ist nicht zufällig so abstrakt; denn in erster Linie ekeln den Menschen andere Menschen, seinesgleichen und fremde, Völker, Rassen und Klassen, die er dann als »Rattenbrut« denunziert und auslöschen will (11, 117, ähnlich 57f., 69, 87, 103, 129f., 134f., 138).

Für diese Projektion des Ekels auf das Verhasste, das Auszugrenzende, Auszulöschende, zu Vernichtende steht der Begriff des »Rattigen« (11, 87), von dem es schon in den *Hundejahren* heißt, es sei »der Wesensraum aller Geschichte« (5, 398). Die von Anbeginn an zum Menschen gehörenden Hassprojektionen führen letztlich zu seiner Auslöschung. Deshalb steht in posthumaner Zeit im von den Ratten eingerichteten »Museum menschlicher Spätgeschichte« (11, 469) »als Zeugnis der Humangeschichte in modellhafter Nachbildung«, »jenes zwischen Haff und Ostsee gelegene Konzentrationslager, das Stutthof hieß und nur eines von über tausendsechshundert Lagern gewesen war, [...] nicht die Öfen, keine Baracke vergessen« (11, 470). Das Vernichtungslager, an dem in den *Hundejahren* der Begriff des »Rattigen« entwickelt wurde, überlebt die Menschheit als deren ›Modell‹.

Auch für dieses Ende des alten Äon der Gewalt und der systematischen Vernichtung, Ausrottung und Ausbeutung stellen die Apokalypsen mit dem Begriff der »apokalyptischen Wehen« das Vorbild bereit, unter denen der Äonenumbruch sich vollzieht (z.B. Mk 13, 8 und par; Rm 8, 22; 1. Thess 5, 3): Himmelszeichen, Stürme, Erdbeben und dergleichen. Grass kann sich bei der Schilderung der »Himmelszeichen« (11, 145, 146) und Katastrophen rund um den Weltuntergang voll auf die biblischen Apokalypsen stützen, die schon lange vor ihm als Weissagung eines atomaren Holokaust, als Apokalypse des Nuklearzeitalters gedeutet wurden.

Der Termin des Äonenumbruchs hängt in der Apokalyptik von der Gott allein bekannten »Fülle der Zeit« (Gal 4, 4) ab, er allein

weiß, wann »die Zeit [...] erfüllt« ist (Mk 1, 15, ähnlich Eph 1, 10).
Bei Grass klingt diese Auffassung schon 1956 im Gedicht »Hochwasser« an: »Doch wenn die Behälter überlaufen, das ererbte Maß
voll ist / werden wir beten müssen« (1, 15). In der Apokalypse der
Rättin ist es soweit, ohne dass Beten hilft. Oskar zieht das Resümee:

> »So läuft ab, was seit langem anlief. So geht in Erfüllung, was sich die Men-
> schen gegenseitig versprochen haben. Auf dieses Ereignis hin hat sich das
> Menschengeschlecht erzogen. So endet, was nie hätte beginnen dürfen. Oh,
> Vernunft! Oh, Unsterblichkeit! Zwar wurde nichts fertig, doch nun ist alles
> vollbracht« (11, 444).

Konsequent lässt Grass die apokalyptische Katastrophe vom Menschen herbeiführen – »kein von den Göttern oder dem einen Gott
verhängtes Strafgericht droht uns [...]. Kein Buch der ›Sieben Siegel‹
wird uns zum Orakel.« »Unsere nüchterne Offenbarung« sind die
»Berichte des ›Club of Rome‹« (16, 57). An die Stelle des göttlichen
Determinismus, für den in der Bibel der terminus technicus »dei = es
muß sein, es ist erforderlich« steht, tritt das von Menschen geschaffene, dann aber mit nicht mehr zu kontrollierender Eigenmacht aus-
gestattete »Programm« (zuerst in der Rede »Literatur und Mythos«
im Juni 1981, 16, 20). In der *Rättin* laufen die Programme »Frieden
machen« und »Völkerfriede« »unwiderruflich« ab, »weil man die al-
lerletzte Befehlsgewalt Großcomputern übertragen habe«(11, 133).
»Alles nehme, ohne daß höchster Einspruch wirksam werden könne,
seinen vorbedachten Verlauf« (11, 132), ist eine präzise Paraphrase
des apokalyptischen »dei« in seinem Vollsinn.

Dass Grass kein Apokalyptiker ist, der von einem Äonenumbruch
einen radikal neuen Anfang erhofft – was Thomas Kniesche 1991
u.a. zu seinem Begriff »Postapokalypse« führt –, wird daran deutlich, dass der »neue Äon«, der »kommende Äon«, der Ratte gehört.
Der Mensch hat seine Chance endgültig vertan; er hat das Diesseits
verspielt, und kein Jenseits wartet auf ihn. Nur unter der Herrschaft
der Ratten, in ihrem Äon, vollzieht sich die Neuschöpfung: »Leben
wird wieder umsichgreifen. Erneuern wird sich die alte Erde« (11,
332, ähnlich 267f., 327f.). Wie der neue Äon sich im christlichen
Verständnis in der Geburt Jesu – unserer »Zeitenwende«! – ankün-
digte (z.B. Lk 2, 10-14, Gal 4, 4), so bei Grass der neue Äon der
Ratte in der »Weihnachtsratte« (11, 9) »anstelle der Krippe mit dem
bekannten Personal« (11, 7).

Doch wie der alte Äon in den Wirren und Wehen der Neuschöpfung zu Ende geht, bricht der neue mit Nachwehen an (z.B.
1. Kor 15, 22-28). In der *Rättin* vollzieht sich dies in Auseinandersetzung mit den Reminiszenzen der Menschen in Glaubensge-

zänk und -Verfolgungen »nach Menschenart« (11, 296f.), in »Folte-
rungen« und »Kreuzigungen« (11, 322f.), schließlich gar in einem
Glaubenskrieg (11, 343) »es menschelte« (11, 297). Auf die schwers-
te Probe aber stellt die Ratten eine direkte Hinterlassenschaft des
Menschen, die Watsoncricks, genmanipulierte Rattenmenschen. Sie
kommen wie der Messias im Adventslied Taulers auf einem Schiff
in den Hafen, werden von den Ratten mit Glockengeläut als die
»Kommenden« (404, 405, 406, 407, 412; nach Hab 2, 3 und Heb
11, 37 ein messianischer Terminus technicus) begrüßt, bringen aber
statt des Heils nur Unheil. Mit ihrem »Ringelschwänzlein« weisen
sie »Anteile vom Hausschwein« auf (11, 414) – ein intertextueller
Bezug auf Orwells *Animal Farm*: Wie die Schweine dort reißen sie
die Herrschaft an sich, führen das Eigentum wieder ein, regieren
mit Terror – »abschreckend müssen Massenschlachtungen ange-
ordnet werden« (11, 484) – und beginnen, wie Orwells Schweine,
Bier zu brauen (11, 472). Vor allem aber wollen sie, wie einst der
Mensch, »Geschichte machen« (11, 412) und Daten setzen: Inmitten der generellen Zeitlosigkeit des neuen Äons der Ratten feiern
sie den »fünfundsiebzigste[n] Jahrestag« »des Großen Knalls« (11,
472). Um das Zeichen »Solidarnosc« geschart, nehmen die Ratten
endlich den Kampf mit den Eroberern, die »gleicher« sein wollen,
auf und vernichten sie.
    Und noch in einem letzten Zug nimmt Grass ein Motiv der
traditionellen Apokalyptik auf: Die beiden Äonen der Apokalypsen
unterscheiden sich auch im Zeitbegriff, in der Qualität der Zeit. Die
erwartete ›hämera‹, der »Tag des Herrn«, ist zugleich die ›hämera‹,
der »jüngste Tag‹, der den Tagesbegriff aufhebt, nach dem »hinfort
keine Zeit mehr sein soll« (Off 10, 6). Auch in Grass' Ratten-Äon
gilt diese neue Qualität der Zeit, sie »geht, als sei sie nie gezählt
und in Kalender gesperrt worden« (11, 29); sie ist »Traumzeit« (VII,
305), der man nicht »mit der Elle Zeit beikommen kann« (11, 32);
ihr Chronometer ist »die leblose Kuckucksuhr« (11, 352), denn
»überall findet sich vorrätig Zeit, unendlich viel Zeit« (11, 268).
Diese qualitativ andere Zeit folgt nicht linear auf die vom Menschen
in Kalender und Uhren gesperrte, sondern liegt neben und über ihr.
So kommt es zu dem die ganze *Rättin* beherrschenden scheinbaren
Paradox, dass die Vernichtung der Menschen und ihrer »Daten« (11,
10) auf der dritten Seite schon geschehen ist, sich in den Traumvisi-
onen ständig vollzieht und doch auf der achtletzten (11, 482) noch
bevorsteht. Es ist das Paradox, das Jesus in der lukanischen Überlieferung auf den einen Punkt gebracht hat:

»Da er aber gefragt ward von den Pharisäern: Wann kommt das Reich Gottes? antwortete er ihnen und sprach: Das Reich Gottes kommt nicht mit äußerlichen Gebärden; man wird auch nicht sagen: Siehe hier! oder: da ist es! Denn sehet, das Reich Gottes ist mitten unter euch« (Lk 17, 20f.).

So sagt Grass in der *Rättin*: Sehet, die Vernichtung ist mitten unter euch! Rainer Gruenter hat die Zeitrelationen der Apokalyptik so beschrieben, dass seine Worte gleichzeitig als Interpretation der *Rättin* gelten können: »Die prophetischen Raum-Metaphern ›nah‹ und ›fern‹ für ›bald‹ und ›später‹ entsprechen der räumlichen Struktur der Verkündigungszeit, die sich den Maßen der geschichtlichen Zeit entzieht. Vergangenheit, Gegenwart und Zukunft werden in der Verkündigungszeit zusammengezogen« (1991) – im Sinne Grass': Vernichtung ist unsere »Vergegenkunft« (s. S. 178). »Wer, wie der Christ, in der Verkündigungszeit lebt, nimmt nicht teil an einer Zeit, die pure Progression ist, fortschreitende Zeit, welche die philosophische Aufklärung für den Fortschritt, für eine zukünftige Glückseligkeit der Menschheit in Anspruch nimmt« (Gruenter 1991).

Grass ist spätestens Anfang der 80er Jahre »die fortschreitende Zeit [...] für eine zukünftige Glückseligkeit der Menschheit« endgültig abhanden gekommen. Lessing hatte in der in Anspielungen die *Rättin*« durchziehenden *Erziehung des Menschengeschlechts* im abschließenden § 100 »die ganze Ewigkeit« dafür angesetzt, und uns verrinnen unaufhaltsam bereits die Jahre; wie die Wirklichkeit für den Apokalyptiker ist auch die unsere eine »Wirklichkeit auf Abbruch« (Gruenter 1991); zur Gattung der jüdisch-christlichen Apokalyptik in Form und Inhalt bietet Vielhauer 1975, 487-492 eine knappe und präzise Zusammenfassung; zum Verhältnis der *Rättin* zu dieser Tradition vgl. Kniesche 1991 und Neuhaus 1992.

»Die Neue Ilsebill«

Das scheiternde »gegenan«-Erzählen (11, 9) des Autor-Erzählers vollzieht sich in mehreren Strängen; Organisationszentrum ist »der Tisch, auf dem sich zu viele Geschichten verzetteln«, daneben Rattenkäfig und Radio (11, 182). Wie dargelegt wurde, erwächst aus dem täglichen Zusammensein mit der Weihnachtsratte der apokalyptische Komplex, während das meist während der Arbeit laufende »Dritte Programm« als Leitmotiv im ganzen Buch für eine verflachte Aufklärung steht, die immer noch als »Schulfunk für alle: Kernspaltung kinderleicht gemacht« (11, 98) auf ihre Weise an »die Erziehung des Menschengeschlechts« glaubt. So zwischen Ratte und Radio platziert, arbeitet der Autor-Erzähler dort an seinem ursprünglichen Plan (vgl. 5Jz, 263): »Eigentlich wollte ich über die See, meine baltische Pfütze schreiben« (11, 7). Es ist der Handlungsstrang um »Die neue Ilsebill«, ein altes, mehrfach umgebautes Küstenmotorschiff, auf dem der Erzähler fünf Frauen seines Wohlgefallens – ursprünglich sollten es zwölf sein (11, 36; zu den realen Vorbildern s. *Die Box*, 180) – versammelt. Vordergründig gilt die Reise der statistischen Verwaltung, nicht der Erforschung der Ostsee-Verquallung als eines der zahllosen die Welt gefährdenden Umweltübel (11, 22f.), aber natürlich soll der Schiffsname »ein Programm verkörpern« (11, 21) – die Absage an die Hoffnungen auf das ›Weibliche‹, das »Dritte« im *Butt* (s. S. 166f.). Deshalb rät ihnen nun der Butt, mit Hilfe der alten Karte, die der Erzähler seiner Frau zu Weihnachten geschenkt hat (11, 9, 94f., 253), das versunkene Vineta aufzusuchen, wo »ihr Frauenreich greifbar« werden soll (11, 97). Doch der Erzähler, der damit seine einst und jetzt geliebten Frauen (11, 214), darunter Ehefrau »Damroka«, retten will, scheitert; er vermag sie nicht den Untergangsvisionen zu entziehen. Sie finden Vineta, das natürlich Danzig ist (11, 310, 314), von Ratten bevölkert, wagen aus »Abscheu« nicht den ›Sprung‹ ins Rattenreich der Zukunft und vergehen im atomaren Holokaust. Mit ihrem Schiff, das bezeichnenderweise »mit der Farbe« seinen programmatischen »Namen verloren« hat (11, 315), werden die von Tierversuchsgegnern in Visby befreiten Watsoncricks nach Danzig treiben. Unter ihnen darf einzig »Damroka« als Rattenmensch noch eine Zeitlang überleben (11, 463); zur »Neuen Ilsebill«-Handlung vgl. Garde 1988, 61-69, und Mayer-Iswandy 1991, 301-306.

Oskars Wiederkehr

Die zweite Geschichte, mit der der Erzähler den Untergangsvisionen »gegenan« redet (11, 9), ist das Fortleben Oskars nach seinem 30. Geburtstag, an dem *Die Blechtrommel* endet. Wie Amsel in den *Hundejahren* ist er »zum gewöhnlichen Steuerzahler und freien Unternehmer« (11, 28) geworden, setzt aber dabei als Videoproduzent die aufklärende Funktion seines Trommelns (s. S. 85f.) fort. »Als sich das Ende aller Humangeschichte immer absehbarer vorwegnehmen ließ‹« (11, 482) »ist abermals die Zeit für ihn reif« (11, 28). Sogleich mit seinem Wiederauftauchen wird er im Wortsinn zum Adressaten der Gegengeschichten gegen die von der Rättin geschickten apokalyptischen Visionen (11, 29f.).

Wie im *Butt* durch die Ineinssetzung von Autor-Erzähler mit dem unsterblichen Märchenhelden der einzelnen »Zeitweilen« fiktionalisiert sich der Autor-Erzähler der *Rättin* sehr früh dadurch, dass er Oskar wie eine reale Person auf seine Ebene holt bzw. sich persönlich auf Oskars fiktionale Ebene begibt, wenn er sich mit ihm zum »Arbeitsessen« trifft (11, 118ff.), ihn in seiner Oberkasseler Villa besucht (11, 161ff.) oder mit dem Literaturkritiker Hans Mayer und dem Regisseur Schlöndorff zu seinem Geburtstagsempfang geht (11, 473ff.). Andererseits betont er immer wieder Oskars Fiktionalität: Als er dem Erzähler die Unterschrift unter einem Produktionsvertrag verweigern will, droht der ihm damit, »im Nebensatz« sein »Visum« für die Polenreise »einfach verfallen zu lassen« (11, 122), und beim Geburtstagsempfang behandelt Oskar den Erzähler unfreundlich, weil er ihm sein Prostataleiden und damit »seinen Dauerkatheter verdankt« (11, 475). Oskar bleibt also auch als umworbener Produzent der Stoffe seines Autors von ihm abhängig – im Gegensatz zur Rättin, die der Autor nie zu kontrollieren vermag.

Wie er die Gegenfigur zur apokalyptischen Ratte ist, so ist auch sein Motto ihrem das Buch rahmenden »In Zukunft nur Ratten noch« (11, 10, 488) entgegengesetzt: »Wir stellen Zukunft her!«« (11, 41). So kommt es zur zentralen Engführung des Buches, in der die von der Rättin vertretene »Verkündigungszeit« Gruenters mit der von Oskar vertretenen »fortschreitenden Zeit, welche die philosophische Aufklärung für den Fortschritt, für eine zukünftige Glückseligkeit der Menschheit in Anspruch nimmt« (s. S. 190) zusammenprallt (11, 321f.): Im endgültigen Menschheits-Showdown des ›High Noon‹, sonntags um 12 Uhr mittags, ist der Äon des Menschen untergegangen, die Kuckucksuhr der Großmutter bleibt als letztes Zeugnis der Menschheitzeit für immer auf der »Endzeit fünf nach zwölf« (11, 342) stehen; doch während »die Rättin rückblickend sprach«, »kommentierte« Oskar im selben Satz »einen aufklärenden Videofilm, indem er mit Zeitangabe – fünf Minuten vor zwölf – die Vernunft beschwor.«

Doch Oskar stellt noch in einem andern Sinne »Zukunft her«: In seinem neuen »Programm [...] Post Futurum« (11, 303) filmt er Zukünftiges. Der Mensch ist so eindimensional geworden, so vollständig in seinem Konsum-, Wahl-, Sexual- und sonstigem Verhalten »an Rastersysteme verfüttert« (Kg 10, 70), dass »winzige Mikroprozessoren [...] alles speichern, was war, und ausspucken, was sein wird« (11, 306). Oskar demonstriert das anhand der Kassette, auf der er, von winzigen Abweichungen abgesehen (11, 317), den 107. Geburtstag seiner Großmutter exakt vorproduziert hat – nur dessen Ende in der Apokalypse nicht (11, 317f.). Oskar selbst parallelisiert diese Möglichkeit mit seinem Geschenk an die Kaschubenkinder, dem alle menschlichen Regungen und Tätigkeiten kopierenden Volk der Schlümpfe (11, 162, 348f.): »»Vorfabrizierte Schlümpfe sind wir, die in besonderer Anfertigung [...] auf Erwachsenenmaß gebracht wurden«« (11, 301f.). Es ist kein Zufall, dass die posthumanen Watsoncricks, die durch die Genmanipulationen vollständig »programmiert« (11, 414 u. ö.) sind, die Schlumpfsprache sprechen (11, 417f., 438, 447; zu Grass' Kritik an der Genmanipulation, die mit menschlicher Hybris den Ur-Sprung in der Welt (s. S. 72) beheben, »die Maus mit der Katze [...] paaren« und »Gott« »verbessern« will (11, 339f.), s. auch Kg 10, 131f., Zz, 17 und *Wenn wir von Europa sprechen*, 1989).

Grimms Wälder

Vor allem über zwei Filmprojekte verhandelt der Erzähler mit Oskar; ihm liegt besonders ein Film über das Waldsterben am Herzen, zu dem er Oskar förmlich erpressen muss (s.o.), während Oskar eine Rekonstruktion des Skandals um die seinerzeit großes Aufsehen erregenden Fälschungen des Malers Lothar Malskat Anfang der 50er besonders wichtig ist. Wie die Handlung um die »Neue Ilsebill« die mit den Frauen und der Entwicklung eines »Dritten« verbundene Hoffnung aus dem *Butt* ausdrücklich zurücknimmt, so negiert der Film über das Waldsterben die Kraft der Märchen, auf die *Der Butt* noch gesetzt hatte: »Da ist keine Hoffnung mehr. / Denn mit den Wäldern /[...] / sterben die Märchen aus« (11, 17). »Weil der Wald / an den Menschen stirbt, / fliehen die Märchen« (11, 48) und mit ihnen ein Projektionsraum für Phantasien, für Alternativen, mit ihnen geht das »Dritte« des *Butts* unter, von nun an »bleibt der dritte Wunsch ungesagt«, »es können sich Kinder- nicht mehr verlaufen. / Keine Zahl Sieben bedeutet mehr als sieben genau« (11, 48; zur Bedeutung des Märchens für Grass ausführlich Filz 1988).

Grimms Wälder soll »ein Stummfilm werden mit aller Gewalt« – »weil alles gesagt ist. Weil nur noch Abschied bleibt« (VII, 110). Wie Grass es mit Schlöndorff skizziert hatte und wie er es in den *Kopfgeburten* erprobt hatte, wird dieser Erzählstrang als Drehbuchentwurf gestaltet. Handlungsträger sind die Kinder eines Bundeskanzlers »von uns vertrauter Machart« (11, 49) – nach der Generalabrechnung mit Strauß in den *Kopfgeburten* hat Helmut Kohl das schwere Erbe angetreten, Grass' bevorzugte Zielscheibe zu sein, bis hin zur »regierenden Masse« in *Ein weites Feld* (passim) und zur »Last auf meinem Land./Versteinerter Brei, klebfest,/ nicht abzuwählen« in den *Fundsachen für Nichtleser* (1, 333).

Dem Kanzler sollen an der »Deutschen Märchenstraße« (11, 49) Potemkinsche Kulissen, den sterbenden und toten Wäldern vorgehängt, gezeigt werden. Seine Kinder entlaufen als Hänsel und Gretel und kommen zum »Waldgasthof« »Zum Knusperhäuschen« (11, 124), der innen »wie ein Museum eingerichtet« ist. Alle Märchen sind in ihrer Sammlung und Fixierung durch die Brüder Grimm festgelegt worden, der Prinz leidet unter Kusszwang, Rumpelstilzchen reißt sich ständig ein Bein aus usw. usw., Besen und Dreschflegel geben »auf ein Zeichen der Hexe« hin ihre Tanz- und Prügelnummer zum besten. »Ein wenig gelangweilt sehen die Märchengestalten diesem zu oft gezeigten Schaustück zu« (11, 129) – die Märchenfiguren sind so eindimensional geworden wie ihre modernen Nachfolger, die Schlümpfe, die Jacob Grimm, Bonner Umweltminister, heute sammelt. Und wenn er einst mit seinem Bruder Wilhelm den ganzen Reichtum der deutschen Sprache in einem Wörterbuch bergen wollte – die Taschenbuchausgabe erschien im Jahr der Ratte und der *Rättin* 1984 –, so untersucht er jetzt unter dem Titel »Schlumpfdeutsch« »am Beispiel der Kunststoffsprache massenhaft verbreiteter Schlümpfe, den allgemeinen Sprachverfall, ›die Verkrautung einst blühender Wortfelder‹ und den Niedergang des Schriftdeutsch« (11, 119). Grass nimmt dieses Thema in *Grimms Wörter. Eine Liebeserklärung* an den ganzen Reichtum der deutschen Sprache, wieder auf.

Walter Filz (1989, 267-279, dort auch eine ausführliche Inhaltsangabe der Märchenhandlung) hat gezeigt, dass Grass die Märchen an ihrer Festgelegtheit, ihrer schlumpfartigen Eindimensionalität zugrundegehen lässt. Ein von den Märchenfiguren inszenierter Aufstand glückt zunächst. Doch die »Zeit«, die die Märchen eröffnen, ist dem Menschen sowenig noch vergönnt wie die Zeit zur Erziehung des Menschengeschlechts. Die Märchengestalten werden mitsamt ihrem Reich – und dem Grimmschen Wörterbuch – von gewaltigen aggressiv-bösen »drachenähnlichen Spezialfahrzeugen niedergewalzt, zermanscht, kleingekriegt, hinter sich ausgespieen, planiert und allegemacht [...]« (11, 451). Hänsel und Gretel aber fahren mit den Grimmbrüdern in einer rückwärts rollenden Kutsche aus unserer märchenlosen Zeit, begleitet von »allerlei einfache[m] Volk« ins für ewig versunkene »Reich Es-war-einmal« (11, 454). Bei den Rattenvölkern aber werden »neue Märchen, in denen die alten wundersam überleben, [...] von Wurf zu Wurf erzählt« (11, 332).

Malskats Fälschungen

Oskar liegt vor allem der Stoff um die Fälschungen des Malers Lothar Malskat um 1950 in der Lübecker Marienkirche am Herzen, greift er doch sein eigenes Verfahren in der *Blechtrommel* auf: Wie er von 1952 bis 1954 trommelnd und schreibend über die Wirklichkeit

der von ihm miterlebten dreißig Jahre aufgeklärt hat, so soll jetzt
sein Autor kurz vor seinem 60. Geburtstag mit den frühen 50er
Jahren verfahren. Wie es schon im Gedicht »Kleine Aufforderung
zum großen Mundaufmachen – oder der Wasserspeier spricht« (1,
112) gestaltet wurde, muss jede Generation neu »jene Fäulnis, die
lange hinter der Zahnpasta lebte«, freilegen, benennen, »die dicken
Väter ausspeien«, »absetzen«. Auch die Auseinandersetzung mit den
Fehlern der Vergangenheit ist ein Stein, der nie liegen bleibt, den
Sisyphos Jahrzehnt um Jahrzehnt wälzen muss. Schon Oskar hatte vor dem falschen Biedermeier der Nachkriegszeit gewarnt (s. S.
70), in dem »The Great Pretender[s]«, die großen Vorspiegler und
Selbsttäuscher das Sagen haben werden (Bt 3, 449 und Rt 11, 30,
459). Jetzt soll sein Autor für ihn die Restauration als Fälschung entlarven, »als lasse sich durch Rückgriffe Zukunft herstellen« (11, 41).
»Der Fall Malskat erleuchte die trüben fünfziger Jahre« (11, 173).
Grass wendet sich darin wieder einmal gegen das falsche Bewusstsein, das den Krieg und die grauenhaften Verbrechen der Nazizeit
verdrängt, geistig mit dem ›Kahlschlag‹ in der ›Stunde Null‹ beginnt
und ökonomisch bei der »Währungsreform« (vgl. dazu das Gedicht
11, 371f.). Malskat, der von ihm geschaffene ›hochgotische‹ Fresken
als restaurierte Originale ausgab, wird von Grass mit Adenauer und
Ulbricht gleichgesetzt, »deren doppelte Fälschung [...] Zukunft für
sich« hatte. »Bald machten sie alle Welt glauben, es gehöre der eine,
der andere Staat ins eine, ins andere Siegerlager. So münzten sie
einen verlorenen Krieg in einen gewinnträchtigen Doppelsieg um:
zwei falsche Fuffziger zwar, doch klingende Münze« (11, 266). Die
Selbstanzeige, mit der Malskat seine echt gotischen Fälschungen auffliegen ließ, ist im Falle seiner Mitfälscher Adenauer und Ulbricht
ausgeblieben (11, 431); Oskars Video soll jetzt dem »Fälschertrium-
virat« (11, 41) endlich den Prozess machen. Für die Ökonomie des
Buches ist der Malskat-Fall der einzige heitere Strang: »Dem Ende,
falls es zu Ende gehen sollte, läuft die Posse voran ...« (11, 261).
   Grass' extreme lebenslange Frontstellung (s. etwa seinen »Nachruf
auf einen Gegner«, 14, 244-247 oder gar die maßlosen Verbalinjurien in *Beim Häuten der Zwiebel*: »Der Kanzler Adenauer wirkte
wie eine Maske, hinter der sich all das verbarg, was mir verhaßt
war: die sich christlich gebende Heuchelei, die Kehrreime lügenhaf-
ter Unschuldsbeteuerungen und der zur Schau getragene Biedersinn
einer verkappten Verbrecherbande« (19, 308))« gegen Adenauer hat
sicherlich viel damit zu tun, dass beide geopolitische Antipoden sind.
Grass ist Sohn einer Stadt, die in ihrer Geschichte Jahrhunderte zu
Polen gehörte, und Adenauer Sohn einer Stadt, die 20 entscheidende
Jahre lang französische Provinzstadt war und in dieser Zeit nicht

die Schrecken, aber alle Segnungen der Französischen Revolution
erfuhr, z.b. im Rechtssystem, und sie, auch in der folgenden preußischen Zeit, bleibend bewahrte. Die Westbindung des Urkölners und
Westeuropäers Adenauer war nicht »Schwindel« und »Fälschung«,
sondern genuin und selbstverständlich, während Grass nach Preeces
vorsichtiger Vermutung eventuell kein »Westeuropean at all« ist
(2008, 92), sondern Osteuropäer.

Die Rättin als Fabel

Das um Oskars Film- und Videoprojekte versammelte »gegenan«-
Reden (11, 9) des Autor-Erzählers scheitert. »Grimms Wälder« enden mitsamt dem Projektionsraum Märchen in einer Katastrophe;
angesichts des sich in der »Verkündigungszeit« (s. o.) vollziehenden
Äonenumbruchs bleibt das Stückchen mit dem Malskat-Skandal
verbundene Aufklärung folgenlos. Weder Oskar noch die geliebten
Frauen kann der Erzähler durch sein Erzählen vor den Untergangsvisionen retten, in denen sie mit der gesamten Menschheit unterge-
hen, während sie in der Realzeit aus Polen und von der Schiffsreise
zurückkehren. In der Todesstunde kriecht Oskar unter die Röcke
seiner Großmutter, »als habe er diesen Ort zeitlebens gesucht« (11,
319) – »Vergessen, Heimat, das endliche Nirwana« (Bt 3, 159, s.
auch S. 72f.). Oskars Schulstunden – er hat in seinem Büro eine
große Schultafel, auf der er, den »Zeigestock« (11, 381) in der Hand,
die Pläne seiner aufklärerischen und erzieherischen Videos entwirft
(z.B. 11, 41, 81, 83, 98,) – sind zuende; entgegen seiner Meinung
waren sie nicht »zukunftsträchtig« (11, 77).

Es bleibt einzig die Rättin, die den Seher-Erzähler von Anfang
an »in die Schule nimmt«, ihm »rattig geschichtsläufige Lektionen
erteilt« (11, 14) und im weiteren Verlauf seinen »Traum wie ein
Schulzimmer mit Tafel, Kreide und Zeigestock möbliert [...], als
wäre ihr die Schiefertafel in unseres Herrn Matzerath Chefetage
zum Vorbild geworden« (11, 180). Immer wieder nimmt sie ihn
»in die Schule« und demonstriert ihm am Vorbild der Ratten die
Fehler der Menschen, gibt ihm die »Reizwörter« zur »Erziehung des
Menschengeschlechts« (11, 7), die er sich von der Weihnachtsratte
erhofft hatte. Unsere einzige Chance ist, dass wir von dem bereits
»mitten unter uns« befindlichen neuen Äon, dem Reich der Ratte,
lernen, von den Ratten der Zukunft lernen, wie unsere nicht länger
verdrängte Vergangenheit unsere Gegenwart verändern und beide
unsere Zukunft retten können. Gruenters Zusammenfall der drei
Zeiten in der »Verkündigungszeit« ist nichts anderes als Grass' »vierte

Zeit, die Vergegenkunft« aus den »*Kopfgeburten*« (10, 106). »Apokalypse« heißt wörtlich ›Enthüllung‹, das Wegziehen einer Decke – kurz: Aufklärung. Die apokalyptischen Umzüge der Ratten, die vor der »dieser Welt« bevorstehenden »Dämmerung« warnen wollen (11 72), geschehen in »aufklärende [r] Absicht« (11, 82). Nur wenn uns die christlich-jüdische Gattung der Apokalypse zur aufklärerischen Gattung der Fabel wird und wir »so kurz vor Ultimo« (11, 183) aus dem neuen Äon der Ratte für den alten des Menschen das radikale Umdenken lernen, hat die Menschheit noch »Vergegenkunft« – sonst wird »hinfort keine Zeit mehr sein«.

Die einzelnen Handlungsstränge sind durch vielfältige Motive miteinander verwoben und werden immer wieder in ›Engführungen‹ gebündelt (z.B. 9, 61, 75, 98f., 103f., 138, 160, 213, 241, 407f., 409, 457). Für die epische Integration kommt der Handlung um Hameln, das 1984 die siebenhundertste Wiederkehr der Rattenfänger-Datierung feierte (11, 42, 397ff., 426ff.), eine besondere Bedeutung zu: Sie verbindet die Grimm-Märchen-Handlung – die Brüder Grimm haben die Rattenfänger-Sage in ihrer Sagensammlung präsentiert, die Protagonisten heißen Hans und Grete – mit den Punks und Aussteigern der Gegenwart (11, 80), der Rattenhandlung, insbesondere den »Watsoncricks« (explizit 11, 428; zum Hameln-Komplex vgl. Cepl-Kaufmann 1990, 59-61; der Aufsatz bietet eine einzelne Akzente anders setzende umfängliche Gesamtdeutung der *Rättin*; zur Rezeption der *Rättin* in den Feuilletons vgl. Graf von Nayhauss 1990 mit einer Bibliographie der Rezensionen).

17. *Zunge zeigen – Totes Holz – Brief aus Altdöbern*

Zunge zeigen

Nach Erscheinen der *Rättin* wird es exakt sechs Jahre dauern, bis Grass in den *Unkenrufen* (1992) wieder mit einem fiktionalen Werk, einer »Erzählung« vor das Publikum tritt. Noch vor Abschluss des *Rättin*-Manuskripts beginnt Grass mit den Vorbereitungen für einen einjährigen Aufenthalt in Calcutta, dessen Wurzeln bis zur im *Butt* gestalteten ersten Indien-Reise zurückgehen, die ihn bleibend »verstört« (16, 208, s. 8, 220-238): »Als er vor Jahren allein hier war und sich entsetzte über die Stadt, wollte er weg. Kaum weg, wollte er wieder hierher.« »Die entsetzliche Stadt, darin die schreckliche Göttin, ließ ihn nicht los« (Zz, 109). »Ich versprach mir, wiederhierherzukommen, länger zu bleiben, auszuhalten, genauer und geduldig hinzusehen und – wenn möglich – zu begreifen« (16, 208). Calcutta wird für Grass zur »eigentlichen Welthauptstadt« (5Jz, 237) und Kali zur Göttin unseres »Zeitalter[s]« (Butt 8, 222). In keiner anderen Stadt treffen der für Grass – und seinen Freund Willy Brandt – immer weltbeherrschender werdende Nord-Süd-Konflikt so unmittelbar aufeinander, »Hütten vor Palästen, Slums vor der Tür« (Zz, 102). Ein ganzes Jahr lang will er sich dem aussetzen, nicht im internationalen Hotel, nicht im diplomatischen Ghetto, sondern in Calcutta leben. Von August 1986 bis Januar 1987 hält sich das Ehepaar Grass in Indien auf, dann kehren sie wegen Ute Grass' besorgniserregenden Gesundheitszustands nach Europa zurück: »Es ist das Klima, das Elend, die Gleichgültigkeit, und weil ich nichts machen kann, sagte sie« (Zz, 109). Im alltäglichen Sinne kann auch Grass »nichts machen« – aber sehr viel tun: »Er schrieb und zeichnete, zeichnete und schrieb« (ebd.).

Aus den indischen Aufzeichnungen, den zahllosen Skizzen, den bereits in Indien und nach der Rückkehr daraus gestalteten ausgeführten Zeichnungen und einem »in erster Fassung« schon in Calcutta entstandenen »Gedicht in zwölf Teilen« (Zz, 60; das Gedicht auch in 1, 499-519) komponiert er das Buch *Zunge zeigen*, das im Herbst 1988 erscheint. In *Fünf Jahrzehnte. Ein Werkstattbericht* spricht Grass von der »neuen, alle meine Möglichkeiten versammelnden Form« von *Zunge zeigen* (5Jz, 296). S. Mayer (1992, 249f.) weist auf Vorformen in *Aus dem Tagebuch einer Schnecke*, im *Butt* und in der *Rättin* hin, bei denen jeweils »aus Prosa und Lyrik ein intertextueller Diskurs« entsteht, während die in derselben Arbeitsphase zu denselben Themen entstandenen künstlerischen Arbeiten »einen getrennten Subtext« bilden. In *Zunge zeigen* treten erstmals alle drei Formen in einem Buchganzen zusammen. »Die drei Teile dieses Bandes stehen nicht nebeneinander oder nacheinander, sie sprechen miteinander« (ebd.). Tagebuch- und Gedichtfragmente finden sich in den Zeichnungen, die aus dem Tagebuch hervorgegangene Reportage schildert immer wieder die Entstehung einzelner Zeichnungen, das Langgedicht verknappt und verdichtet Notizen aus dem Prosatext (Reproduktionen einzelner Seiten aus dem ursprünglichen »Indischen Tagebuch« in 5Jz, 297-308, 313-315).

Das Zeichnen bekommt dabei eine Ersatzfunktion, Grass greift zu Stift oder Pinsel, »wenn es mir – oft genug – die Sprache verschlug« (16, 208), dient aber auch als Korrektur: »Es ist, als müßte ich mir zeichnend ins Wort fallen« (Zz, 54). Bilder wie Sprache sollen hart an den Dingen bleiben: Den Bildern droht »aus Distanz« die »Idylle« (Zz, 68), die Sprache soll jede ästhetische Überhöhung vermeiden, durch »Verrat« »mißriet mir der Knabe / zum schrecklichen Engel« (Zz, 227). Dabei ist dem Gedicht eine Rilke-Absage als Programm vorangestellt: »Nicht mehr ach, weh und oh und Jeder / Engel ist schrecklich« (Zz, 209, vgl. S. Mayer 1992, 264f.).

Grass führt sich schon auf dem Hinflug mit einem Wort, das er in einem Buch Erwin Chargaffs findet, als »Mißvergnügungsreisenden« ein (Zz, 17); die noch in den *Kopfgeburten* bei der dortigen Goethe-Reise beschriebenen »gemischten Bedürfnisse« (10, 29) gibt es nicht mehr. Elend, Müll, Schmutz, Krankheit, Sterben und Tod dominieren den Bericht, Museumsbesuche und ähnliches werden schnell und lustlos durchgeführt und abgehandelt, eine Aufführung von Orffs *Carmina Burana* ist »ein verlorener, ein obszöner Abend« (Zz, 70). Das ausführlich beschriebene ›Lektüregepäck‹ zeigt zudem, dass Grass als Deutscher reist, was auch die eingelegten Rück- und Vor-Blicke nach Deutschland unterstreichen (z.B. Zz, 90f.). Der skeptische Realist Fontane begleitet ihn fast ständig, ebenso der kritische Aufklärer Lichtenberg und der Pessimist Schopenhauer (zum »intertextuellen Diskurs« im Buch vgl. S. Mayer 1992). Schon die im Februar 1975 in Neu-Delhi gehaltene Rede »Nach grober Schätzung« (15, 397-407) schloss mit dieser aufklärerischen Perspektive:

»Ist – so frage ich mich und Sie – das indische Elend schier unabänderlich, weil es als Fatum, Schicksal, Karma verhängt ist? Dann werde ich mit bitterer Erkenntnis heimkehren. Oder ist das indische Elend, wie anderes Elend auch, nur Ergebnis der Klassen- und Kastenherrschaft, der Mißwirtschaft und Korruption? Dann sollte es aufzuheben sein, dieses Elend, weil es Menschenwerk ist.«

Auch wenn die Perspektive einer ›Aufhebung‹ des Elends in *Zunge zeigen* fehlt, geht Grass mit der Klassenherrschaft (vgl. 64, 99, 100, 106) ebenso scharf ins Gericht wie mit der Kastenherrschaft. Grass ist ungeduldig mit der »gehörnte[n]« (Zz, 45) Geduld heiliger Kühe und der »ungehörnte [n] Geduld« der Menschen und dem beide zum »Geheimnis« (Zz, 213) verklärenden Lächeln »sanfter Indologe[n]« (Zz, 43). Aber Indien entzieht sich auch als »letzte Zuflucht bankrotter Vernunft« – »Was sollte sie hier sanieren?« (Zz, 100).

Für die im theoretischen Begleittext »Zum Beispiel Calcutta« dargelegte Mitverantwortung einer ungerechten Weltwirtschaftsordnung steht im Reisebericht die Chiffre »Deutsche Bank« (Zz, 35). Marktwirtschaft wie Marxismus, kommunistische Diktatoren wie Mao oder Stalin oder ein indischer ›Netaji=Führer‹ – die Auseinandersetzung mit dem in Bengalen offensichtlich hochverehrten Gegenspieler Gandhis, Subhas Chandra Bose, durchzieht den Text – versprechen keine Perspektiven, von der »ortsansässige[n] Dreieinigkeit« »Stalin, Kali, Bose« bleibt nur die Göttin, die Grass schon im *Butt* feierte, Kali, die »Schwarze«, »unsere verrückte Mutter, die nimmt und gibt, gibt und nimmt« (Zz, 59, 103), wie sie im Gebet angerufen wird, die »Schwarze Köchin« (s. S. 77f.) dieser »Jetztzeit-Letztzeit« (Zz, 34, 225, 56ff.).

Sie ist eine vernichtende Gottheit, deren Orgie der Gewalt einst beinahe auch ihren Gatten Shiva vernichtet hätte und die seitdem in indischer Körpersprache auf allen Abbildungen mit herausgestreckter Zunge dargestellt wird: »Zunge zeigen als Zeichen von Scham« (Zz, 33). Die Darstellung der strukturellen und der physischen Gewalt, die Hunderte von Millionen unserer Mitmenschen täglich erdulden, und die Artikulation der Scham im Angesicht dieser Schande fallen in Kali zusammen. Sie dominiert das Buch; der Umschlag trägt ihr Bild, ihre Porträts rahmen den Reisebericht, das Gedicht beginnt mit ihr und schließt mit einer apokalyptischen Vision und Audition des lyrischen Ich: »Zunge zeigen: ich bin. / Ich trete über die Ufer. / Ich hebe die Grenze auf. Ich mache / ein Ende. // Da vergingen wir (du und ich), wenngleich / noch immer die Zeitung kam« und – wie das Radio in der *Rättin* – vom fortwurstelnden Leben kündet (Zz, 231, zu apokalyptischen Zügen vgl. S. Mayer 1992, 251ff.). Das schreckliche Vernichtungskapitel »Vatertag« im *Butt* schließt mit dem schockierenden Satz: »Danach ging das Leben weiter« (8, 627), und in *Kopfgeburten* heißt es zu diesem auch an der *Rättin* nachgewiesenen Ineinander von Weltuntergang und Weltfortgang: »Lustig wurde mörderisch weitergelebt [...] Wir werden aussteigen wollen und uns fortpflanzen« (10, 123). Auch in Calcutta setzt Grass mit minimaler Hoffnung weiter auf das, worauf er seit den Anfängen seines politischen Engagements immer gesetzt hat: Er beschreibt das »Calcutta Social Project« des Ehepaars Karlekar, dem er das Buch widmet: Beide stammen »aus Brahmanenfamilien« und betreiben »gegen den Widerstand der Kommunistischen Partei« Schulen für die Unberührbaren in Slums und Müllbergen, »als könne Wissen Berge versetzen« (Zz, 33, zu Schule und Verweigerung von Schule vgl. 74f., 86f., 94). Er erzählt den Arbeiterinnen einer Tabakfabrik »von den Anfängen der Gewerkschaftsbewegung in Europa, von den Druckern und von den Zigarrenwicklern in Hamburg-Altona: Es war einmal...« (Zz, 99). Und er vertraut auch weiter auf die Kraft von Literatur, »allen Jammer dieser Welt« zu benennen (TiT 9, 147), wenn er »Premchands bittere Dorfgeschichten« lobt (Zz, 53) und seinem Freund und Kollegen Daud Haider angesichts eines Slums mit von Vertreibung bedrohten Flüchtlingen aus Bangladesh rät: »Daud, schreib darüber« (Zz, 89). »Vorsätze in schlafloser Nacht: zurück in Deutschland, alles, auch mich an Calcutta messen. Schwarz in schwarz am Thema bleiben« (Zz, 61). Zurück in Deutschland gründet Grass einen Förderkreis für die Slumschulen in Calcutta, der bis 2009 tätig ist; zur kritischen Rezeption vgl. Onderdelinden 1992, aus indischer Sicht und sehr kritisch zu Grass' Indienbild V. Ganeshan 1992; zu *Günter Grass in India & Bangladesh* insgesamt vgl. Kämpchen 2001).

Zugleich sind im Nachhinein bereits in *Zunge zeigen* die Grundlagen des acht Jahre später erscheinenden Romans *Ein weites Feld* erkennbar: In einem Wachtraum wird für ihn der ihm aus der Lektüre vertraute Fontane plötzlich zur lebendigen Gestalt. Zudem hat er ein Vorausexemplar von Joachim Schädlichs Roman *Tallhover* über einen ewigen Spitzel im Gepäck. Als Grass liest, wie Schädlich ihn in den 50er Jahren sterben lässt, ist er nicht einverstanden: »Ich werde Schädlich schreiben: nein, Tallhover kann nicht sterben« (Zz, 27) und spinnt die Gestalt weiter: »Tallhover, unsterblich, lebt nun im Westen [...] wird Rasterfahnder...« (Zz, 38) – seit 1987 standen mithin die Hauptpersonen des späteren *Weiten Feld* bereit.

Totes Holz. Ein Nachruf

Auch für seinen Nachruf auf die europäischen Wälder bedient sich Grass wieder der »neuen, alle meine Möglichkeiten versammelnden Form« (5Jz, 296). Nach dem atomaren Holokaust in *Die Rättin* und dem wachsenden Elend der ›Dritten Welt‹ in *Zunge zeigen* beschwört er darin die dritte den Fortbestand der Menschheit bedrohende Katastrophe, die globale Umweltzerstörung am Beispiel des Waldsterbens in Mitteleuropa. Schon der Handlungsstrang zu diesem Thema in der *Rättin* war als »Stummfilm« konzipiert – »weil alles gesagt ist« (11, 120). *Totes Holz* ist der »böse« Nachtrag, der hässlichere Schluss zu »Grimms Wäldern«, der in der *Rättin* am Ende dieses Strangs gleichsam angekündigt wird: »Wem aber der rückgewendete Schluß des stummen Films vom sterbenden Wald und vom Ende der Märchen zu verheißungsvoll, von Hoffnung geschönt und nicht böse genug ist, der möge, rät unser Herr Matzerath, die Zeitung aufschlagen und lesen, bis daß ihn Zorn überkommt, was des Kanzlers Experten zu sagen haben. Das Märchen von Hänsel und Gretel ist jedenfalls aus« (11, 455). Den Zeichnungen sterbender und toter Wälder »im Oberharz, Erzgebirge, in einem dänischen Mischwald und gleich hinterm Behlendorfer Haus, wo Wald dicht ansteht« (5Jz, 323) sind deshalb Zitate aus dem »Waldzustandsbericht des Bundesministeriums für Landwirtschaft und Forsten« von 1989 als Dokumentarsatire gegenübergestellt. Dem Autor Grass hat es die Sprache verschlagen: Von den vorgesehenen Gedichten wird nur eins fertig (ebd., 325); im Band selbst erscheint es aufgelöst in den aphoristisch knapp kommentierenden Untertiteln der Bilder. Das essayistische Nachwort »Die Wolke als Faust überm Wald« (auch 16, 283–288) gerät zum »Nachruf«, der mit einem eindrucksvollen Bild schließt: Als Grass von seiner Künstlerreise zurückkehrt, liegt im offenen Kamin des Behlendorfer Hauses eine verendete Eule, die in der abschließenden Arbeitsphase Eingang in die Zeichnungen findet. Die naheliegende Deutung wird nicht ausgesprochen: Das abendländische Denken ist an sein Ende gelangt; zur Zweckrationalität verkommen wird die Eule der Minerva zur »Wolke über dem Wald« und die Wolke zur »Faust überm Wald«, der Saure Regen die »Letzte Ausschüttung: Dividende«.

Wie der Film in der *Rättin* ist der Band zugleich »Jacob und Wilhelm Grimm nachgerufen« (so die Widmung). Bei einzelnen Zeichnungen heißt es dann »hier, genau hier haben sich Hansel und Gretel verlaufen«, »hier, genau hier riß sich Rumpelstilzchen sein Bein aus« – sie werden es nie mehr tun, diese nicht mehr vorhandenen Wälder werden nie wieder »König Drosselbarts Wälder« sein.

Brief aus Altdöbern

Grass' 1991 erschienener Beitrag zur dem Thema der künstlerisch-dichterischen Doppelbegabung gewidmeten bibliophilen Reihe »Signatur«, *Brief aus Altdöbern,* versammelt seine Wappentiere von den frühen Vögeln über den optimistischen SPD-Hahn und den Märchen-Butt bis zu den Weltuntergang verkündenden Ratten und zur toten Eule der Minerva in der Mondlandschaft der ausgekohlten Braunkohlegruben bei Altdöbern in der ehemaligen DDR. Der Tierreigen schließt mit der Schnecke, und das letzte Doppelblatt zeigt Kali mit einem männlichen Opfer vor einer Industriekulisse. Der eigentliche *Brief aus Altdöbern* ist skriptural über die einzelnen Zeichnungen verteilt und erscheint am Ende noch einmal im Ganzen als Faksimile (gedruckt in 5Jz, 333ff., auch 16, 289f.). Er schließt:

»Das war im Jahr vier der Normalisierung nach Tschernobyl, als es uns wirtschaftlich besser und besser ging. Doch immer noch wandern Ratten von rechts nach links, nun vor Landschaft in sandiger Lausitz, wo der VEB ›Schwarze Pumpe‹ gen Himmel, doch nun gesamtdeutsch [...] Zwischen Hoyerswerda und Senftenberg, nahe Altdöbern: Sie hat uns überrundet, die Schnecke auf ihrer Kriechsohle, uns, die Weltmeister im Hoch- wie Weitsprung überrundet. (Jetzt hecheln wir ihrer Spur hinterdrein.)«

18. *Unkenrufe*

Besondere Bedeutung für die Entwicklung der Grass'schen Theorie und Praxis historischen Erzählens kommt den *Unkenrufen* von 1992 zu. Seit dem Scheitern des auf die *Blechtrommel* folgenden epischen Großprojekts der *Kartoffelschalen*, das erst nach Zwischenschaltung von *Katz und Maus* zu den *Hundejahren* mutiert ausgeführt werden konnte, hat Grass die Praxis entwickelt, zwischen zwei Großwerke jeweils ein Nebenwerk einzuschalten, das als Etüde, als Fingerübung Geläufigkeit für das folgende Opus magnum erschreiben soll. Bei den *Unkenrufen* ist diese Funktion mit Händen zu greifen. Wie *Zunge zeigen* von 1988 belegt, nahmen die Hauptfiguren des nächsten Großprojektes *Ein weites Feld* schon in Indien Gestalt an: Schädlichs gegen den erklärten Willen seines Schöpfers weiterlebender Tallhover und ein für Ute und Günter Grass zur Person gewordener Theodor Fontane (s. S. 201). Der Mauerfall und die sich im Galopp vollziehende deutsche Einheit 1989/1990 stiftete völlig unvermutet die Handlung – das Buch war fertig: Ein unsterblicher Fontane und ein unsterblicher Tallhover erleben das Jahr von Mauerfall und Wiedervereinigung – es brauchte ›nur noch‹ geschrieben zu werden.

Um es aber schreiben zu können, bedurfte Grass der *Unkenrufe* als Etüde im archivalischen Erzählen und im historischen Erzählen aus der Gegenwart. Gegenstand ist die tragikomische Geschichte einer von einem Deutschen und einer Polin gegründeten deutsch-polnischen Friedhofsgesellschaft, die nach dem Untergang der Machtblöcke Vertriebenen die Beerdigung in der Heimaterde ermöglichen soll. Der Titel vermehrt Grass' sprechende Tiere von Schnecke, Katz und Maus bis zur Ratte um die Unke, der der Volksmund, die Märchen und die Dichter »Weisheit angedichtet« haben; »erst später, bedrängt vom immer schlimmeren Gang der Zeitläufte, wird ihr [...] die Rolle der Ruferin zugedacht, die kommendes Unheil einläutet« (12, 105).

Zugleich verbindet er damit die – zoologisch – verwandte Redewendung vom ›Kröten schlucken‹, das der Erzähler als Pennäler zur Bewunderung seiner Mitschüler höchst real praktiziert hat, einmal sogar an einer veritablen »Unke, Rotbauchunke« (12, 37). Beides fällt in der Erzählfiktion zusammen: Alexander Reschke, der Mitgründer der Gesellschaft, ist ein früherer Mitschüler des Ich-Erzählers und schickt ihm »seinen verschnürten Krempel« ins Haus – »dieser Stoß

Briefe, die gelochten Abrechnungen und datierten Fotos, seine mal als Tagebuch, dann wieder als Silo zeitraffender Spekulationen geführte Kladde, der Wust Zeitungsausschnitte, die Tonbandkassetten« (12, 13). Aus diesem Material – eine an Jean Pauls *Hundsposttage* gemahnende Erzählfiktion – soll er, der bekannte Schriftsteller, eine »Chronik«, »eine Würdigung der Deutsch-Polnischen Friedhofsgesellschaft zu Papier« bringen (12, 240): »Nur du kannst das. Dir hat es schon immer Spaß bereitet, tatsächlicher als alle Tatsachen zu sein ...« (12, 241). Wieder ist dieser Erzähler-Autor mit zahlreichen Grass-Biographica ausgestattet, seinen Schulen (12, 13), den Morgenfeiern der HJ (12, 85), der Zeit als Flakhelfer (12, 179), dem Kriegseinsatz als Panzerschütze, der Verwundung, dem »zufällig[en]« Überleben (12, 215f.); auch scheint er der Autor der *Blechtrommel* zu sein (12, 216). Der Empfang des von Reschke zugesandten Materials stellt ihn aber zugleich auf dessen Stufe und fiktionalisiert ihn – wie es in allen Erzähltexten seit *Aus dem Tagebuch einer Schnecke* stets der Fall ist.

Der Begleitbrief ist vom 19. Juni 1999 datiert (12, 14), als sei er aus der Zukunft abgeschickt. Und in der Tat oszillieren in den übersandten Materialien die Zeiten, greifen Ereignisse bisweilen weit über den geschilderten Zeitraum von 1989 bis 1991 hinaus. So schreibt der Erzähler zwangsläufig in der Grass eigenen vierten Zeit, der »Vergegenkunft«, wenn er am Schreibtisch Vergangenes wie Zukünftiges vergegenwärtigt. Die Vordatierung kann auf dem mehrfach erwähnten »Zeitsprung« (12, 217 u.ö.) der Science-Fiction beruhen, aber auch auf der Fähigkeit Reschkes, Zukunft visionär vorwegzunehmen: »Das konnte nur er! Nur du hast Weitblick bewiesen. Nur er war der Zeit voraus« (12, 228) – waren ihm doch schon als Schüler »etwa Mitte ›43« »erschreckend vorauseilende Kritzeleien gelungen«, in denen »die bis dahin heile Stadt unterm Bombenhagel mit allen Türmen in Flammen stand« (12, 105). Auf diese Weise entsteht ein ungewisser Zeitraum zwischen zwei und zwölf und mehr Jahren, in denen sich die hypertrophe Entwicklung der »Versöhnungsfriedhöfe« vollziehen kann.

Gegenstand der aus Aufzeichnungen, Dokumenten, Fotos, Ton- und Videokassetten rekonstruierten Erzählung ist die Geschichte einer »schöne[n] Idee und deren entsetzliche[r] Fleischwerdung« (12, 149), die der Erzähler allerdings von Anfang an als »Furzidee« (12, 45) beurteilt: Alexander Reschke, Kunsthistoriker und Spezialist für Danziger Grabplatten und ihre Heraldik, begegnet am Allerseelentag 1989 zufällig der polnischen Restauratorin Alexandra Piatkowska und begleitet sie ans Grab ihrer Eltern. Aus Wilno vertrieben, wären diese gerne in ihrer alten Heimat begraben worden, genau wie die

aus Danzig vertriebenen Eltern Reschkes. Das lässt in den beiden
die Idee keimen, für polnische wie für deutsche Heimatvertriebene
Beerdigungsmöglichkeiten in Wilno/Vilnius bzw. in Danzig/Gdansk
auf »Versöhnungsfriedhöfen« zu organisieren. Reschke, der »den hohen Ton gehobener Sprache« (12, 22) beherrscht, formuliert das so:
»Das Jahrhundert der Vertreibungen wird seinen Ausgang unter dem
Zeichen der Heimkehr finden. So, nur so darf sein Ende gefeiert
werden« (12, 71). Alexandra drückt das in ihrem recht geläufigen
Deutsch weniger pathetisch aus: »Auf Friedhof muß Schluß sein mit
Politik!« – »Ein Satz der Witwe, dem nur zuzustimmen ist«, befindet
der Erzähler. »Nun bin ich neugierig auf ihr Scheitern« (12, 45).

Natürlich muss »die Währung des westdeutschen Staates ihrer zum
Projekt gewordenen Idee das Fundament legen«: »›Mit Deutschmark
wird klappen‹« (12, 59). Aufgrund der »›ausgesprochene[n] und
latente[n] Beerdigungswilligkeit‹ ehemaliger Vertriebener« (12, 89)
klappt es nur allzu gut. Das Unternehmen »Polnisch-Deutsch-Litau-
ische Friedhofsgesellschaft«, das aufgrund der litauischen Weigerung,
selbst tote Polen ins Land zu lassen, zur »Deutsch-Polnischen Friedhofsgesellschaft« mutiert, griffig »DPFG« genannt, wird ein wirtschaftlicher Riesenerfolg, vor allem durch die »raumkonzentrierte
Zweitbestattungen« (12, 190) genannten Umbettungen, und zieht
bald Folgeinvestitionen nach sich: Kühlhallen für Leichen, Joint
ventures der Bestattungsunternehmen, eine eigene Aussegnungshal-
le, Steinmetzbetriebe, Hotelbauten, schließlich Seniorenheime und
letztlich Bungalowparks mit integrierten Golfplätzen für die Enkel
und Urenkel der »Kundschaft« (12, 205).

Die beiden Urheber des ursprünglichen Planes sowie fast alle
deutschen und polnischen Gründungsmitglieder, die »der neuen
deutschen Landnahme« (12, 199) zunehmend skeptisch gegenüberstehen, werden ausgebootet und durch deutsche wie polnische
Jungmanager ersetzt. Auf einem Foto kann ihnen der Erzähler nicht
ansehen,

»ob sie polnischer oder deutscher Nation sind: Relativ jung, strahlen sie wenig Profil, aber viel Nettigkeit aus, verbunden mit jenem lässigen Leistungs-
willen, der fortan zugunsten der Friedhofsgesellschaft Kasse machen wird«
(12, 223). »Hier wird, was durch Krieg verlorenging, mit Wirtschaftskraft
wieder eingeheimst. Gewiß, all das läuft friedlich ab. Keine Panzer, keine
Stukas sind diesmal im Einsatz. Kein Diktator, einzig die freie Marktwirtschaft herrscht« (12, 201).

Alexander und Alexandra, inzwischen verheiratet, machen ihre
Hochzeitsreise nach Italien. Sie will Neapel sehen und wird dann
sterben: Auf der Rückfahrt kommt das Auto von einer Bergstraße ab,

und beide verbrennen bis zur Unkenntlichkeit. (Dies ermöglicht die Lesart eines nur inszenierten Todes und eines radikalen Neuanfangs in einem neuen Leben des Paares. Darauf bezöge sich dann Alexandras »Wirst sehen, wird sein wie neugeboren‹« (12, 208; s.u.); dies erklärte auch die Sendung des Pakets aus der Zukunft.) Auf einem Dorffriedhof liegen sie in einem namenlosen Grab, das der Erzähler aufsucht: »Zwei Holzkreuze nur bezeichnen das Doppelgrab. Ich will nicht, daß sie umgebettet werden. Sie waren gegen Umbettung. Vom Dorffriedhof hat man einen weiten Blick übers Land. Ich glaubte das Meer zu sehen. Sie liegen gut da. Laßt sie da liegen« (12, 245).

»Weil ihre Geschichte auf Allerseelen begann« (12, 7), hat die Erzählung nicht nur in Form der DPFG mit dem Tod zu tun. Sie handelt, stärker noch als frühere Grass-Werke, generell vom Sterben, von der Ruhe der Toten und dem Frieden des Todes – und von der Störung der Totenruhe, nicht nur durch devisenbringende Umbettungen, sondern auch durch die Schändung jüdischer Friedhöfe durch die Deutschen, die von den Polen nie wiederhergestellt wurden, und die Planierung deutscher Friedhöfe durch die Polen, die so die Zeugnisse eines deutschen Danzig auslöschen wollte. Noch das Glockenspiel vom Danzig-Gdansker Rathausturm wiederholt stündlich die Lüge eines patriotischen Liedes, das Alexandra so übersetzt: »Wir lassen von Erde nicht, woher stammt unser Geschlecht« (12, 31). Das ›polnische‹ Gründungsmitglied Erna Brakup geborene Formella ist eine Deutsche, die nach 1945 geblieben ist und ihr Deutschtum »sprachlos« verleugnen musste – »es durfte keine Minderheit geben« (12, 107). Nun füllen Erna Brakups Erzählungen, die auf Tonkassetten konserviert sind, durch ›oral history‹ das »Loch« (12, 181), das das Ausradieren unerwünschter Geschichte in den neuen polnischen Landesteilen gelassen hat (12, 122-124). Die ausführliche Erzählung von ihrer letzten Krankheit, ihrem Sterbelager, ihrem Tod und ihrer Beerdigung – auf einem kaschubischen Friedhof – verstärkt das Todesthema im Buch.

»Eine Tonbandaufzeichnung, die [...] Erna Brakups Gebrabbel bewahrt, wärmt Erinnerungen auf. So sprachen Opa und Oma väterlicherseits. So maulten Nachbarn, Bierkutscher, Werftarbeiter, die Fischer in Brösen [...] mit gemildert sich breitmachendem Gemaule sogar Studienräte, Post- und Polizeibeamte und sonntags der Pastor von der Kanzel.« (12, 107). »Sie sprach eine aussterbende Sprache [...] ›Wenn sie, die bald Neunzigjährige, eines Tages zu Grabe getragen wird, wird mit ihr dieser übriggebliebene Zungenschlag unter die Erde kommen‹« (12, 108).

Zwei Gegenthemen sind dem Todesthema beigegeben: Als Leitmotiv (12, 196, 198, 200, 205) zieht sich »ein spätgotisch kniender En-

gel« durch das letzte Sechstel der Erzählung, der einst »das Signal«
(12, 208) zur Auferstehung geben sollte. Alexandra hat ihn neu zu
vergolden: »Immer wieder [...] verspricht sie sich und mir: ›Wirst
sehen, wird sein wie neugeboren‹« (ebd.). Wie die barocken Grabver-
se: »›Nach vollbrachter Mueh und Jammer / Ruh ich hier in meine
Kammer / bis ich eins werd Auferstehen / Und zur ewigen Freid
eingehen‹« (12, 252) verweist er als Zitat auf den alten Glauben.

Weltimmanentes Gegenstück zur »Friedhofsgesellschaft« ist der
Bengale Subhas Chandra Chatterjee, eine späte Frucht des Auf-
enthalts in Bangladesh, wo sich Grass 1985 schon seinen Namen
notierte: »Wie die Bengalen heißen: [...] Chatterjee [...] oder auch
[...] Bose, wie hoch zu Roß jener Subhas Chandra«, ein indischer
Parteigänger Hitlers (Zz, 77). Chatterjee ist väterlicherseits Bengale,
von der Mutter her entstammt er der Händlerkaste der Marvaris, die
als geschäftstüchtige Kaufleute und gute Manager in *Zunge zeigen*
vorgestellt werden (Zz, 771). Wie Grass' Freund Salman Rushdie
und dessen Erzähler in *Midnight's Children*, einem Roman, der zahlreiche intertextuelle Bezüge zur *Blechtrommel* aufweist (vgl. Bader
1984; Herd 1987; Ireland 1990; Engel 1997), wurde er geboren,
»als dem indischen Subkontinent Teilung widerfuhr« (12, 42); im
Ganzen stellt er nach Grass' eigenem Bekunden eine Hommage an
den von den islamischen Fundamentalisten Khomeinis bedrohten
Kollegen dar. Mit seinen Fahrradrikschas – »Marke Sparta« (12, 49)
– saniert er im unklaren Handlungszeitraum zwischen 1989 und der
Jahrtausendwende nicht nur die im Autoverkehr erstickten Innen-
städte der Welt – ein Lieblingsgedanke Grass' in diesen Jahren (Kg
10, 271f.; Zz, 72; 16, 212), – sondern auch die ehemalige Leninwerft, die zur zentralen Produktionsstätte wird. »Bildhaft bestätigt«
Chatterjee »Asiens lautlose Landnahme« (12, 41) und verkörpert die
Voraussage des Sisyphos-Reiseleiters aus den *Kopfgeburten*: »Nur keine Angst, Kinder. Die Leute sind fleißig und bescheiden. Die werden
uns Arbeit abnehmen. Die lernen schneller als wir. Und brauchen
nicht viel Platz« (10, 90).

Leitmotivisch durchziehen die titelgebenden Unkenrufe die
Erzählung, konkret als verfrühtes Naturphänomen, das auf den
Treibhauseffekt und die drohende Klimakatastrophe verweist; in
der durch Reschkes Brief aus der Zukunft unklaren Zeitspanne mu-
tiert das Klima so weit, dass man »im Werder Reis pflanzen, in der
Kaschubei Sojabohnen anbauen« will (12, 212f.). Von Reschke auf
Tonband aufgenommen, untermalen echte Unkenrufe die verhäng-
nisvolle Entwicklung der Friedhofsgesellschaft. Sie begleiten aber
auch Chatterjee als »Vorboten oder Quartiermacher der zukünftigen
Weltgesellschaft« (12, 40), die uns alle zwingen wird, ›spartanischer‹

zu leben: Die Klingeln seiner Rikschas sind nach dem Ruf der Un-
ken gestimmt. Im Hintergrund erscheinen die wichtigsten Daten
der sich »im Schweinsgalopp« (12, 14) vollziehenden deutschen Einigung, der Fall der Mauer (12, 74f.), »die Entvölkerung der zum
Anschluß freigegebenen Länder« (12, 81), die Währungsunion (12,
119), schließlich der »Tag der Einheit« (12, 129): »Nun steht die
Einheit auf dem Papier« (12, 140), und auch ihr gelten Unkenrufe (zu Grass' politischer Einschätzung der deutschen Einheit s. S.
151ff.). In den Medien laufen Kuweitkrise (12, 127) und Golfkrieg
und »was die Welt zu bieten hatte. Er sah in Hausschuhen zu, sie mit
Zigarettenspitze, als zeitweilig Sturmfluten, Brandfackeln und Kur-
den als Flüchtlinge für Meldungen gut waren« (12, 215). Grass' Bild
der Welt ist in den *Unkenrufen* nicht heiterer geworden, aber sein
Erzählen gelassener. Eine weitere Hoffnung muss er zu Grabe tragen:
Die Ratten hatte er noch im polnischen Zeichen der »Solidarnosc«
siegen lassen – die *Unkenrufe* bringen den Nachruf angesichts der
Kreuze vor der Leninwerft: »›Das war mal gewesen Solidarnosc‹« (12,
17). Die »inzwischen historisch gewordene [] Arbeiterbewegung«
lebt fort in der »Fahrradrikscha ›Solidarnosc‹ [...] Auch dieses Modell
lief mit traurig schönem Unkengeläut« (12, 175).

19. *Ein weites Feld*

Die Entstehung

Schon beim indischen Aufenthalt 1986/87 hatte Grass den Doppeleinfall eines unsterblichen Tallhover – nach Schädlichs Vorabexemplar – und eines zur lebendigen Gestalt gewordenen Fontane, der ein Zeitgenosse des Schädlich'schen Dauerspitzels war (s. S. 201). Der völlig überraschende Fall der Mauer und die sich überstürzt vollziehende Wiedervereinigung liefern den Stoff: Schädlichs unsterblicher Geheimagent, von »Tallhover« zu »Hoftaller« gewendet, und ein ebenso unsterblicher Fontane bzw. dessen Wiedergänger Theodor Wuttke genannt Fonty erleben als Stasi-Offizier und IM den Kollaps der DDR von Dezember 1989 bis Oktober 1991 – das ist die Handlung des Romans.

Natürlich hat Grass Schädlichs Erlaubnis eingeholt, seinen »Tallhover« als »Hoftaller« wiederzuverwenden. Schädlich hat ausführlich über diesen Vorgang berichtet, der letztlich die auf die deutsch-deutschen Dichterlesungen in Ostberlin Ende der 70er Jahre zurückgehende Freundschaft der beiden zerbrechen ließ. Schädlich nahm vor allem an Grass' aus seiner Sicht zu platten und zudem ungerechten Gleichsetzung der östlichen mit den westlichen Geheimdiensten Anstoß (Schädlich 2001).

Ende 1990 standen somit Personal und Inhalt für ein neues Großwerk auf Abruf bereit. Doch erst die *Unkenrufe* schaffen nach Grass' Werkstattgepflogenheiten als Fingerübung die Voraussetzungen für das Großwerk, das er unter dem Arbeitstitel »Treuhand« pünktlich zum Jahresanfang 1993 in Angriff nimmt. Zuvor hatte ihm noch ein anderes Thema förmlich auf den Nägeln gebrannt:

>»Zwischendurch, und angestoßen von Mord- und Brandanschlägen, [...] deren Opfer Ausländer waren (so auch in meiner Nachbarschaft, in dem idyllischen Städtchen Mölln), schrieb ich unter dem Titel »Novemberland« dreizehn Sonette [...].« Die »diffuse Gemengelage« aus latent bereiter Fremdenfeindlichkeit »und die regierungsamtliche Härte Asylsuchenden gegenüber [...] verlangte nach einer strengen Form« (5Jz, 355). Essayistischer Nebentext ist die »Rede vom Verlust« (16, 365-385).

Für das neue Großprojekt werden aus der Etüde der *Unkenrufe* sowohl das archivalische Erzählen wie die gleichsam oszillierende

zeitliche Erzähldistanz, das Schreiben aus der Zukunft, struktur-
bildend. Grass hat wiederholt, etwa für *Die Blechtrommel* und *Der
Butt*, darauf hingewiesen, wie wichtig für ihn der erste Satz eines
epischen Werkes ist, legt er doch damit ausnahmslos Perspektive
und Erzählton fest. So hatte er auch beim neuen Werk schon eine
ganze Zeit lang an einzelnen Teilen in erster Fassung gearbeitet, als
sich endlich der erste Satz einstellte: »Wir vom Archiv nannten ihn
Fonty« – die Erzähler stellen in sechs Wörtern sich, ihre Erzählweise
und ihr Objekt vor. Das »Archiv«, fiktionales Pendant zum realen
Potsdamer Fontane-Archiv, arbeitet und erzählt als DDR-Phänomen
im »Kollektiv« und spricht deshalb in der Regel von sich in der ersten Person Plural. Dann und wann erscheint ein Ich und gibt sich
als männlich (13, 302) oder (eher) weiblich (13, 775) oder katho-
lisch (297f.) zu erkennen. Einige Mitarbeiter sind schon seit den
50er Jahren dabei (13, 44); die deutlichste Ausdifferenzierung ergibt
sich bei einem Zitierspiel, bei dem sechs Mitarbeiter, mindestens
zwei davon weiblich, und ein Leiter erkennbar werden (456-458).
Diesem Erzählerkollektiv leiht Grass seinen unverwechselbaren Stil
– in der Stimmenvielfalt des Romans, von den Berolinismen von
Wuttkes Gattin Emmi über Hoftallers Amts- und Offiziersdeutsch
bis zu Fontys den Fontanebriefen und Friedrich Wilhelms III. eigen-
tümlichem Idiom in *Schach von Wuthenow* abgelauschter Kunstspra-
che sind es »Wir vom Archiv«, die sich unverstellt der Grass'schen
Sprachkunst bedienen. Ähnlich wie gelegentlich schon bei Oskar in
der *Blechtrommel* und vor allem bei Liebenau in den *Hundejahren* (s.
S. 107f.) sprengt das von ihnen Berichtete bei weitem das, was selbst
ein Kollektiv bei fast kriminalistischer Oberservation einer Person in
Erfahrung bringen könnte.

An der Genese der zur Fontane-Travestie »Fonty« mutierten Wie-
dererweckung des Dichters im 20. Jahrhundert – der Name fällt
im ganzen Buch nicht – wiederholt sich zugleich die Schreiberfahrung vom *Treffen in Telgte*, als Grass sich daran machte, aus Schönes Barock-Anthologie, aber auch aus Literaturgeschichten oder aus
Spezialstudien lebendige Gestalten zu formen, die essen und trinken,
lachen und leiden, lieben und trauern.

Die gängige Metonymie unserer Alltagssprache – ich lese Fontane, ich lerne von Fontane, Fontane begleitet Ute Grass nach Indien
– bewährt sich als gestalterisches Prinzip. Wie im Falle der barocken Kollegen wird Grass bei der Arbeit am *Weiten Feld* Fontane
aus Romanen, Balladen, Erzählungen. Tagebüchern, Kritiken, Briefen, Text- und Bildzeugnissen und Werken der Forschungsliteratur,
so von Charlotte Jolles und Hans-Heinrich Reuter, zur lebendigen
Gestalt. Grass legt diese Arbeit an Prätexten immer wieder offen,

am deutlichsten bei der Rekonstruktion von Fontane-Fontys Ausse-
hen, das er vor allem aus Max Liebermann berühmter Lithographie
aus der Zeitschrift *PAN* gewinnt, aber auch wenn er die Bilder und
Bücher in Fontys Treuhandbüro aufzählt (13, 534f.) – Grass' Quellen für *Ein weites Feld*. Selbst die stets für das Original in Unterscheidung von seinem Nachtreter Wuttke gebrauchte Bezeichnung
»der Unsterbliche« entstammt einem Text, Thomas Manns Essay
»Der alte Fontane«. Mann unterscheidet so den durch sein Werk
Verklärten vom »mangelhafteren« und »sterblichen« Menschen Fontane. Sogar die Handlung kann man nach Fontanes eigener und
von Fonty zitierter Charakteristik des Stechlin zusammenfassen:
»Zum Schluß stirbt ein Alter und zwei Junge heiraten sich; das ist
so ziemlich alles auf fünfhundert Seiten« (13, 295) – »Zwei nicht
mehr ganz Junge heiraten und zum Schluß verschwindet ein Alter.«
Unterstützung bei seinen Recherchen in Texten und in der Wirklichkeit findet Grass bei dem durch eine herausragende Dissertation
(Stolz 1994) ausgewiesenen jungen Grassforscher Dieter Stolz, der
zu seinem Verbindungsmann vor allem gegenüber der »Treuhand«
und dem Potsdamer Fontane-Archiv (zum realen Archiv vgl. Delf
von Wolzogen 2007) wird – notgedrungen als verdeckter Ermitt-
ler, da schon ein einziger Grass-Besuch bei der »Treuhand« die Vermutung ausgelöst hatte, er plane ein Werk über diese Institution.

Fonty und Hoftaller

Neben der rückhaltlosen Bewunderung für den »unsterblichen«
Schriftstellerkollegen reizt Grass an Fontane vor allem dessen
menschliche Gebrochenheit, dessen »Zweideutigkeiten« (13, 242)
einschließlich des von ihm proklamierten »Menschenrechts auf
Zweideutigkeiten« (13, 589). Menschlich zeigt es sich in zwei un-
ehelichen Kindern, eines davon aus der Zeit, als er bereits mit seiner
späteren Frau verlobt ist. Diese menschliche Schwäche erlaubt es
Grass einerseits, Details zu Fontanes Biographie mit Konjekturen zu
füllen und Theo Wuttke genannt Fonty zum mutmaßlichen veritablen Urenkel des Dichters zu machen, andererseits seinen Wuttke
aufgrund eines ähnlichen Abenteuers im Krieg mit einer liebreizen-
den französischen Enkelin zu versehen, mit der er am Ende in die
Cevennen entschwinden wird. Als Nathalie Aubron, die sich nach
ihrer sündigen Großmutter Madeleine nennt, kurz hinter der Buchmitte auftaucht, bereitet sie, wie Römhild 2007 gezeigt hat, den uto-
pischen Schluss vor. Ihrem so neutestamentlichen wie Proust'schen
Übernamen gemäß söhnt sie zum einen Fonty mit seiner vielfach

schuldigen Vergangenheit aus (zu den vielfältigen Konnotationen, vor allem den politischen, von »Lyon und die Folgen« (13, 478) mitsamt dem Barbie-Prozess von 1987 (13, 465) vgl. Preece 2008, 86ff.). Zum anderen führt sie Theo und seine Ehefrau Emmi wieder zusammen und ›hebt‹ so die durch die Familie laufenden deutsch-französischen Spannungen ›auf‹ (Römhild 2007, 50-52). Madeleines ständiges Epitheton »zartbitter« scheint dabei allerdings ihre Faszination auf ihren Großvater bis ins Inzestuöse zu steigern. Indem ein Teil von Fontys legitimen Kindern noch zu DDR-Zeiten in den Westen gegangen ist und seine verbliebene Tochter nach dem Mauerfall wie Fontanes Tochter einen Architekten einen westdeutschen Immobilienkaufmann heiratet, kommen dazu deutsch-deutsche Verwerfungen aller Art ins Spiel.

Politisch schwankte der junge Apotheker Fontane, der zeit seines Lebens unter seinem fehlenden gesellschaftlichen Status gelitten hat, im Vormärz zwischen Herwegh und Lenau, politischem Engagement und reiner Poesie, wird 1848 zum – schlechtbewaffneten – Barrikadenmann, geht dann im Dienste der reaktionären Regierung Manteuffel nach England mit dem dubiosen Auftrag, die Presse u.a. mit – zu geringen – Geldzuwendungen propreußisch zu stimmen. Danach tritt er lange Jahre in die Dienste der hochkonservativen Kreuzzeitung, schwankt zwischen opportunem Philo- und populistischem Antisemitismus, denkt liberal und drischt auf die Liberalen ein, verehrt und kritisiert das Junkertum in einem Atemzug und kokettiert mit dem vierten Stand. Auch in festen Stellungen nur mäßig besoldet, lebt er später als freier Schriftsteller mit wachsender Kinderschar schlecht und recht von seinen Einkünften als Journalist; erst der wachsende, aber letztlich immer nur bescheidene Erfolg als Romancier im letzten Jahrzehnt seines Lebens in den 1890er Jahren erlaubt ihm, gewisse Rücklagen zur Absicherung seiner Witwe zu bilden.

Mit Theo Wuttke erfindet Grass nun für den »Unsterblichen« einen Wiedergänger für das 20. Jahrhundert, der, exakt 100 Jahre später ebenfalls in Neuruppin geboren und wohl auch dessen Nachkomme, diese problematische Biographie als »durch und durch verkrachte Existenz« (13, 125 u.ö.) im niederen Gewande travestiert wiederholt. Er sieht nicht nur aus wie Fontane, sondern kleidet sich auch so; ist selbst natürlich kein Dichter von Fontanes Graden, sondern lediglich Experte für ihn und in seinen Werken dermaßen zuhaus, dass er in der glücklichsten Phase seines Lebens als Vortragsreisender in Sachen Fontane für den von Johannes R. Becher gegründeten »Kulturbund« seinen Lebensunterhalt bestreiten kann. Immerhin macht ihn diese Tätigkeit so bekannt und bedeutend, dass er persönliche Kontakte zu Bobrowski, Fühmann, Hermlin, Johnson, Kant, Seghers und Heiner Müller unterhält (13, 347) und schließlich sogar nach Stefan Heym, Christa Wolf, Heiner Müller und Christoph Hein bei der Großkundgebung am 4. November 1989 als Redner auftritt (13, 95).

Dass er darüber hinaus die Sprache seines verehrtes Vorbilds zu imitieren versucht und »seine eigene Biographie in Einklang mit den Zweideutigkeiten seines Vorbilds zu begreifen« (13, 242) beginnt, bis er sich schließlich restlos mit dem Urbild identifiziert, macht Fonty-Wuttke zum Augenzeugen von fast 150 Jahren deutscher Geschichte. Als literarische Vorbilder für diese Marotte können die von Thomas Mann in den »Geschichten Jaakobs« als überindividuelle »Kollektivpersönlichkeiten« gedeuteten Erzväter Abraham, Isaak und Jaakob genannt werden, aber auch der Erzähler von Erich Loests Roman *Völkerschlachtdenkmal*: Carl Friedrich Fürchtegott Vojciech Felix Alfred Linden, genannt Fredi, zwei Tage nach der Einweihung des Leipziger Denkmals geboren, hat nicht nur die Vornamen seiner Vorväter, sondern auch deren Erinnerungen bis zurück zur Völkerschlacht geerbt. So kommt es dazu dass Wuttke-Fonty – und hinter ihm Grass – ständig »mit zwei Spiegeln zugleich hantiert« (13, 228, vgl. Römhild 2007, 41-46).

Über den gesamten so erinnerten Zeitraum von über 140 Jahren hinweg stellt Grass seinem Fonty Schädlichs unsterblichen Spitzel »Tallhover« aus dem Roman von 1986 als »Tagundnachtschatten« Hoftaller an die Seite, eine Fortsetzung der vielen Doppelhelden bei Grass seit Krudewil und Pempelfort und Amsel und Matern (s. S. 110; zu den Parallelen zu Amsel/Matern vgl. Schurr 2001). Von Fontanes Mitgliedschaft im revolutionären Leipziger Herwegh-Club in der Vormärz-Zeit bis zur Erpressung Wuttkes durch Hoftaller über den Mauerfall hinaus sind die beiden in symbiotischer Beziehung verbunden – es ist das Verhältnis eines Stasi-Offiziers zum von ihm geführten IM. Lebenslang spioniert Wuttke für Hoftaller – erst in den Offizierskasinos, dann bei den örtlichen Kulturbundleitern, dann auf dem Prenzlauer Berg, und noch in den Paternoster-Kabinen im Haus der Ministerien spielt er ihm unbemerkt Akten zu. Dafür lässt Hoftaller dem Lebensuntüchtigen seine »Fürsorge« (13, 257 u.ö.) angedeihen, besorgt ihm seine Posten, vom Frontberichterstatter für die NS-Luftwaffe über den Vortragsreisenden beim DDR-Kulturbund bis zum Aktenboten im Haus der Ministerien, als der er dann als hauseigenes Faktotum von der »Treuhand« übernommen wird.

Neben vielen ähnlichen Paaren der Weltliteratur wie Don Quijote und Sancho Pansa, Diderots Jakob und seinen Herrn, de Costers

Ulenspiegel und Lamme Goedzak, Flauberts *Bouvard und Pécuchet*
zitiert das Tandem gerade in solcher »Fürsorge« eine weitere klassische Konfiguration herbei: Als Fonty vom Neuruppiner Denkmal
herab seine Brandrede hält, wird als seine Quelle ein Aufsatz Fontanes genannt, »der 1891 mit dem Titel ›Die gesellschaftliche Stellung
der Schriftsteller‹ unter dem Decknamen ›Torquato‹ im ›Magazin
für Litteratur‹ veröffentlicht worden war« (13, 591). Am Ende heißt
es: »Unten empfing Hoftaller einen zitternden Greis. So heftig auf
des Staates unsterbliche Fürsorge angesprochen, umarmte er den
Wankenden. Eine kurze Ewigkeit hielt er ihn in Umarmung« (13,
594). Die markierte Intertextualität verdeutlicht, dass es sich dabei
um das Schlussbild von Goethes *Torquato Tasso* handelt, wo Tasso
in die Arme Antonios sinkt: »Ich fasse dich mit beiden Armen an! /
So klammert sich der Schiffer endlich noch/Am Felsen fest, an dem
er scheitern sollte« – mit der ganzen Doppeldeutigkeit des »sollte«.
Der Deutschlehrer Starusch in *örtlich betäubt* bzw. im Drama *Davor*
erhoffte sich solche Fürsorge durch »die weltmännische Vernunft
des Antonio« schon 1969 vom Gericht für seinen irrenden Schüler
Tasso-Scherbaum (6, 203; 2, 482), Hoftaller leistet sie jetzt.

Grass nutzt diese Denkmalepisode zusätzlich für ein gedoppeltes
Spiel mit seinen Fiktionen: Als Fonty auf der Bank neben dem in
Bronze kopierten Original noch Platz nimmt und Hoftaller und ›die
vom Archiv‹ ihm dabei zuschauen, besucht ein Ehepaar das Denkmal – für den Leser unschwer als Ute und Günter Grass erkennbar:
Der Autor recherchiert für seinen zukünftigen Roman, weshalb seine
Frau für ihn das Denkmal fotografieren soll. Die fiktiven Gestalten beobachten sie dabei, während sie selbst unsichtbar sind. Danach gehen die beiden wieder, »ein ungleiches Paar, das einen ganz
anderen Roman lebte« 13,). Nach Fontys Rede kehren sie überraschend zurück, und er moniert: »›Irgendwas fehlt!‹« (13, 596) – beim
Schreiben wird er es dazuerfinden. »Wir vom Archiv« »aber haben
noch lange über Fiktion und Wirklichkeit nachdenken müssen, und
Fonty, der beispielhaft stillgehalten hatte, wird sich seinen Teil gedacht haben; auch er neigte dazu, was ihm nicht paßte, zu übersehen
und tatsächliche Lücken mit den Kindern seiner Laune aufzufüllen«
(13, 587). Das Fotomotiv wird später zum zentralen Aspekt für *Die
Box*, einen Wunderapparat, der das Reale ebenso ablichtet wie die
›Kinder der Laune‹, Gegenwärtiges wie Vergangenes und Zukünftiges – eine Kamera für die »Vergegenkunft«, mit der die Ute Grass
des Romans auch Fonty und Tallhover auf den Film gebannt hätte.

Die von Fontys diversen Lebensstufen gestiftete Kontinuität erlaubt es Grass zugleich, die Biographie eines Gebäudes – wie später
in *Im Krebsgang* die des Schiffes »Wilhelm Gustloff« – zu schreiben:

von Görings Reichsluftfahrtministerium über das DDR-»Haus der
Ministerien« bis zum Sitz der »Treuhand« (so der anfängliche Arbeitstitel des Projekts) – drei Epochen deutscher Geschichte, gespiegelt in einem Gebäude, gebrochen in einer Gestalt.

Geschichte – Gegengeschichte

Sir Walter Scott hat in seinen poetologischen Reflexionen zu seinen eigenen historischen Romanen sein Vorgehen als »Übersetzung«
(*translation*) bezeichnet. Wie beim Übersetzen wird den *signifiants*
des Originals, in diesem Fall den historischen Urkunden aller Art,
ein *signifié* ›Geschichte‹ entnommen und in neue *signifiants*, beim
Übersetzen die der Zielsprache, beim historischen Roman Gestalten
und Handlung, eingekleidet. Scott hat dabei in seiner Praxis der
translation das Prinzip für den historischen Roman der Weltliteratur
vorgegeben – Dokumente und Archivalien aller Art werden neu in
Gestalten, der Geschichte entnommene wie fiktive, eingekleidet. Auf
diesen Vorgang der Gestaltwerdung auf der Grundlage historischer
Dokumente bezieht sich auch ein von Grass in verhüllt markierter
Intertextualität herangezogener Bibelabschnitt: Der mehrfach als Kollege Fontanes und Dackel Fontys erwähnte Hesekiel ergibt zusammen mit den 37 Kapiteln des Buchs die Bibelstelle Hesekiel 37, wie
Stolz 1997 nachgewiesen hat. Sie handelt nach der Zwischenüber-
schrift der Lutherbibel von 1987 nicht nur von der »Wiedervereinigung Israels unter einem Hirten«, sondern stiftet weit über das auf
der Hand liegende Briest-Zitat am Schluss von Fontanes *Effi Briest*
hinaus den Titel für Grass' Werk:

»Des Herrn Hand [...] stellte mich mitten auf ein weites Feld; das lag voller Totengebein [...]. Und er sprach zu mir: Du Menschenkind, meinst du
wohl, daß diese Gebeine wieder lebendig werden? [...] So spricht der Herr
zu diesen Gebeinen: Siehe, ich will Odem in euch bringen, daß ihr wieder
lebendig werdet [...] So spricht Gott der Herr: Odem, komm herzu von den
vier Winden und blase diese Getöteten an, daß sie wieder lebendig werden!
Und ich weissagte, wie er mir befohlen hatte. Da kam der Odem in sie,
und sie wurden wieder lebendig und stellten sich auf ihre Füße, ein überaus
großes Heer« (Hes 37, 1, 4-6, 10).

Von Fontane geblieben sind dichterische Werke, Sachbücher, Erinnerungen, Briefe, Zeugnisse von Zeitgenossen, Bilddokumente –
verstaubte Papiere, »nur Fußnoten noch und Ödnis unbelebt. Leere,
wohin man griff, allenfalls sekundäres Geräusch« (13, 775), »dry as
dust«, wie Scott solche Dokumente kennzeichnet. Im Dienst am

toten Staub verzehren sich die »Fußnotensklaven« (13, 10 u.ö.) stoffhubernd und wortklaubend. Theo Wuttke alias Fonty gelingt die »Übersetzung«, er formt aus den Archivalien einen Menschen, indem »sein belebender staubaufwirbelnder Atem«, sein »guter Geist« den Staub beseelt und so »leibhaftig« werden lässt – natürlich eine überdeutliche Anspielung auf Hesekiel 37 wie auf den jahvistischen Bericht von der Erschaffung des Menschen 1. Mose 2, 7. In diesem Sinne ist bereits Fonty als Person Shaftesburys »Prometheus, a second maker under Jove«, verkörpert er gegenläufig zur für Grass herrschenden Tendenz den Triumph des Primären über das Sekundäre (vgl. dazu als Nebentext die während der Arbeit an *Ein weites Feld* 1994 entstandene Rede »Über das Sekundäre aus primärer Sicht«, 16, 412-418).

Sobald dieser »Fonty« am Ende des Buchs verschwindet, droht den Archivaren dieser Sinn wieder verlorenzugehen, und ihnen obliegt es nun, diese Gestalt ihrerseits wieder zum Leben zu erwecken, ihr Haut, Fleisch, Adern und Knochen zu geben. Schreibanlass sind der Verlust und der Mangel, wie stets bei Grass, denkt man an Danzig. Dieser Prozess der »Beschwörung« des Entschwundenen wird von Anfang an miterzählt, wenn er sich auch vom Ende her erschließt. Wie in der *Blechtrommel* und in den *Hundejahren* geht auch in *Ein weites Feld* der Schluss in den Anfang über, beginnt am Ende des Erlebens das Aufzeichnen des Erlebten – »une œuvre en somme qui raconte sa propre genèse et se construit sous nos yeux. Roman du roman« (Boursicaut 2001, 144).

Das letzte erzählte Ereignis ist das Eintreffen von Fontys, »wie wir nun wissen, letzte[r] Postkarte« »gegen Mitte Oktober« 1991 (13, 775), als die Mitarbeiter schon damit beschäftigt sind, sich »versuchsweise« einzuschreiben (13, 766). Im Herbst 1991 bricht mithin der Kontakt mit »Fonty« endgültig ab, als das Schreiben über ihn gerade beginnt. Bei dieser sehr klaren Chronologie fällt dann allerdings besonders auf, dass das Schreiben bisweilen eine übergroße zeitliche Distanz zum Berichteten herzustellen scheint, die an das zeitliche Oszillieren der Reschke'schen Archivalien in den *Unkenrufen* erinnert. Als Fonty und Hoftaller auf der dritten Seite den Mauerspechten zusehen, heißt es: »Hiermit ist gesagt, in welch zurückliegender Zeit wir Theo Wuttke, den alle Fonty nannten, aufleben lassen« (13, 11). Wenig später wird die Banane erläutert als »jene dazumal demonstrativ beliebte Südfrucht« (13, 19) und noch auf der vorletzten Seite ist von »finanziellen Sorgen« die Rede, »die damals das Archiv bedrückten« (13, 775).

Indem das Archiv Fonty und Hoftaller in der »zurückliegenden Zeit« von Mauerfall bis Oktober 1991 »aufleben« lässt, weitet sich die Beschwörung des Sonderlings zum Geschichtsroman von »dazumal« aus, als die Mauer fiel, das Westgeld kam und die Einigung vollzogen wurde. Indem sich einzelne Mitarbeiter bis in die 50er Jahre an Fonty erinnern können und seine und Hoftallers Erinnerungen bis in den Vormärz zurückreichen, eröffnen sich jenseits der Aktualität als Hallräume einhundertfünfzig Jahre deutscher Geschichte, wobei dem aktuellen Anlass gemäß vor allem die Einigungskriege der Bismarck-Fontane-Zeit und der mit ihnen beginnende deutsche Imperialismus in den Blick genommen werden. Man kann in diesem Erzählverfahren eine verdeckte Hommage an Johnsons im Text lobend genannte *Jahrestage* sehen (vgl. das sehr intensive Johnson-Porträt 13, 598–604): Wie dort im Rahmen der Tage eines Jahres die deutsche Geschichte fast eines Jahrhunderts erzählt wird, so hier im Rahmen der Fonty-Tallhover-Gespräche von Ende 1989 bis Oktober 1991 rund anderthalb Jahrhunderte.

Erzählt wird sie aufgrund von Archivalien und Augenzeugenberichten von einem Kollektiv aus der untergehenden DDR, und handelnde Personen sind zwei tief in die DDR-Geschichte Verstrickte, ein informeller Mitarbeiter und sein Stasi-Führungsoffizier. Sie artikulieren das, was der PDS-Vorsitzende Bisky nach einem großen Wahlerfolg seiner Partei kurz nach Erscheinen von *Ein weites Feld* die neue Gemeinsamkeit »einer Kultur-, Erfahrungs- und Erzählgemeinschaft« genannt hat. Der oppositionelle Schriftsteller Wolfgang Hilbig hat es ähnlich ausgedrückt: »Erst der Beitritt zur Bundesrepublik hat uns zu den DDR-Bürgern werden lassen, die wir nie gewesen sind.« Dieser »Erzählgemeinschaft« mit ihrem sozusagen postumen Gemeinschaftsgefühl verleiht Grass in *Ein weites Feld* Stimme. Auch darin bleibt er seinem Konzept des historischen Erzählens treu – »Siegen macht dumm« (13, 62), lohnend allein ist die ›Gegengeschichte‹, die Perspektive der Opfer, der Abgewickelten, der Übernommenen, der Angeschlossenen. Von Goethes Götz über Scotts Jacobiten bis zu Margret Mitchells *Gone with the Wind* sind es stets die von der Geschichte Überrollten und Niedergemachten, die der lange Atem des Schriftstellers belebt und auferstehen lässt. Dass deren Perspektive dann von der Kritik meist dem Autor Grass angelastet wurde, war ein schwer verstehbares handwerkliches Versagen nahezu aller Rezensenten – so als habe Goethe das Raubrittertum und Mitchell die Sklaverei wieder einführen wollen. Die mit dieser Rollenprosa aus der Sicht von Durchschnittsbürgern, die sich mit der DDR arrangiert und in der sozialistischen Gesellschaft ihre Nischen gefunden hatten, verbundenen vereinigungskritischen Töne haben die mediale Rezeption des Romans nahezu ausschließlich dominiert (vgl. Negt 1996), während sie in einer wissenschaftlichen Analyse aus heutiger Sicht als marginal erscheinen.

Das Geschichtsbild

Objektives Korrelat im objektiven Korrelat für Grass' Geschichtsbild ist der Paternoster im Gebäude der Treuhand. Steht das Gebäude selbst schon mit seinem Nacheinander von faschistischem Reichsluftfahrtministerium, sozialistischem Haus der Ministerien und Zentrale des Kapitalismus für das Auf und Ab der Geschichte, so erst recht der Paternoster in seinem Inneren – Kniesche spricht deshalb von »topos« und »mikrotopos« derselben »Allegorie« (2001, 205). Zugleich übernimmt diese Form des Personenaufzugs auch das mythische Bild von Sisyphos und seinem Stein mit ihrem paternosterhaft ewigen Auf und Ab. Fonty selbst weist in »seine[r] zur Denkschrift ausgearbeitete[n] Eingabe ›Zum Erhalt des Paternosters‹« sowohl auf das ›Symbol der ewigen Wiederkehr‹ hin, wie er auch »vergleichsweise Sisyphos ins Spiel brachte« (13, 521). Damit ist der Paternoster bewusst dem negativsten Bild des Buches entgegengesetzt, dem »Abgrund« bei Altdöbern, von dem man sich abwenden muss, wenn man weiterleben will. Fonty schreibt an seine Tochter Martha:

»›...wie ich dicht hinter meinem altvertrauten Kumpan, also gefährlich nah am Grubenrand stand und kaum wagte hinabzublicken, sah ich mich plötzlich versucht, all dem ein Ende zu bereiten und sozusagen jegliche Last, die mich seit Jahren bedrückt, abzuwerfen, einfach in den Orkus zu kippen, wo ohnehin bis tief unten Müll und Unrat lagen, sogar ein toter Gaul oder dessen verwesender Kopf. Dieser Gestank! Dieses Schreckensbild! Gewiß, nur eine Chimäre, und dennoch, du weißt ja, was alles mir zur Qual geworden ist‹« (13, 511).

Die Chimäre ist natürlich neben einer realen – »›ein halbes totes Pferd‹« in einer Braunkohlengrube (Unterwegs, 84) – eine intertextuelle, der verwesende Pferdekopf der des Aalfischers aus der *Blechtrommel*, und der »Abgrund« der, in den Agnes an jenem Karfreitag geblickt hat, »der wohl durch nichts [...] auszufüllen war«, weshalb Agnes nach dem Blick in den »Abgrund« mit »angeekeltem [...]von Krämpfen verwüstetem Gesicht« stirbt (Bt 3, 306, s. S. 76). Fonty hingegen »stand abgewendet. Er wollte nicht in den Abgrund schauen, wollte nicht in die Grube glotzen und mehr sehen, als zu sehen war« (13, 509). »Im Brief an Martha steht weiterhin: ›Wer sein Auge immer auf das Nichts richtet, der versteinert. Ich sage mir deshalb: Man kann nicht ewig am Abgrund stehn‹« (13, 512). Weiter leben

nach dem Blick auf das Haupt der Medusa, nach dem Blick in den
Abgrund, dem »Abgrund« stattdessen das ›unsterbliche‹ Werk entge-
gensetzen – das ist die Tapferkeit des Sisyphos.

Hieran ist auch die große, von Bonhoeffer-Rezeption bestimmte
Rede des katholischen Pfarrers Matull auf Metes Hochzeit (13, 299-
301) anzuschließen (s. das Zitat auf S. 81): Wie Gott selbst »nur im
Zweifel« zu existieren, »müde aller Anbetung«, im »Nein« dennoch
weiterzuleben, auch das ist Sisyphostapferkeit.

Ebenso versöhnlich erscheint der Schluss, an dem in Gestalt Fontys der Hugenottenspross Fontane aus dem multikulturellen Preußen
(s. dazu als Nebentext »Chodowiecki zum Beispiel«, 16, 313-320) in
die Heimat seiner Väter zurückkehrt: Er wird mehrfach vorbereitet
und in Parallelen vorweggenommen, nicht nur in der das gesamte
Werk durchziehenden Mahlzeitensymbolik (vgl. Römhild 2007),
sondern vor allem in einer Episode kurz vor Schluss. Anlässlich der
von Grass als nationaler Pomp gewerteten einstweilen letzten Be-
stattung von Friedrich II. von Preußen sehen Fonty, Madeleine und
Hoftaller im nach den Holländern, die die calvinistischen Fürsten
wie einst die Hugenotten in die »märkisch-lutherische Enge« geru-
fen hatten, benannten Holländischen Viertel Potsdams auf einem
in die Zukunft weisenden »Baugerüst« eine Pantomime. Aufgeführt
wird sie von Studenten aus dem jetzt polnischen Kostrzyn, und ihr
Inhalt ist die im früheren Küstrin angesiedelte Hinrichtung des Leut-
nants Katte vor den Augen seines kronprinzlichen Freundes – typisch preußisch und deshalb »so rechtes wie ungerecht« (13, 734).
Die polnische Pantomimenfassung dieser so urpreußischen Legende
überspringt wie zuvor Madeleines interkulturelle Musiktherapie an
ihrem Großvater (13, 713ff.) die nationalen Sprachbarrieren, und
wenn dann am Ende der Hugenottenspross mit seiner französisch-
deutsch-französischen Enkelin nach Frankreich »in die gastrono-
misch übernationalen Pilze« entschwindet (Römhild 2007, 53), ist
»dem Feld« der unglücklichen deutschen Nationalgeschichte seit
1871 »ein Ende« abzusehen – im endgültigen Aufgehen des schwie-
rigen Vaterlands Deutschland in Europa (13, 781).

20. Tagebuch und Jahrbuch: *Fundsachen für Nichtleser* und *Mein Jahrhundert*

Fundsachen für Nichtleser

Der Vernichtungswille, mit der *Ein weites Feld* als Geschichtspanorama vom Vormärz bis zur Zeit der Wiedervereinigung bei seinem Erscheinen von einer Mehrheit der Großkritiker begrüßt, die Häme, mit der es übergossen wurde, bis hin zur berüchtigten physischen Vernichtung durch Reich-Ranicki auf dem *Spiegel*-Cover (vgl. Negt 1996), mehr aber noch die Weigerung der Kritik, die handwerklich-künstlerischen Aspekte des Werks überhaupt zur Kenntnis zu nehmen, verletzten Grass tief. »Den Sportreportern, die meinten, am Boxring zu stehen, sei zugegeben: Ich war verletzt«, beschrieb Grass seinen Zustand in bewusster Boxmetaphorik (16, 451).

Angeschlagen und ausgezählt – nach Meinung der Gegner – zog er sich in den deutschen, ja schon germanischen Fluchtraum zurück, wie er selbst ironisch sagte, in den Wald. Der akademisch ausgebildete Grafiker und Bildhauer, den es nach 1959 zunehmend in die Literatur verschlagen hatte und dem der Wechsel der Töne und der Disziplinen immer schon Selbstbesinnung und Rekreation bedeutet hatte, entstaubte den professionellen Aquarellkasten seiner Düsseldorfer und Berliner Studentenzeit und begann, in den Wäldern der Ferieninsel Møn, später im Wald hinter dem eigenen Haus im holsteinischen Behlendorf zu aquarellieren. Baumstudien waren entsprechend die ersten Resultate dieses Medienwechsels.

Sobald Grass sich seiner neuen Technik so sicher ist, dass sie ihm wie sonst Zeichnen und Schreiben einfach von der Hand geht und zudem die schlimmsten Wunden vernarbt sind, verlässt er Wälder und Bäume und kehrt in den Alltag zurück. Die inzwischen erworbene Geläufigkeit im Aquarellieren erlaubt es ihm, ein malerisches Tagebuch zu führen, das alles festhält, den eigenen Tageslauf vom morgendlichen Einsetzen der Zahnprothese bis zum letzten nächtlichen Gang ums Haus, aber auch den Lauf des Jahres von den Frühjahrsblumen über Apfel- und Pilzernte bis zur Vogelspur im Schnee, zudem den erprobten eigenen Jahreslauf, das Frühjahr in Portugal und Behlendorf, den Sommer auf Møn, den portugiesischen Herbst und den Behlendorfer Winter. Zum sprechenden Motiv, das das Aquarell bannt, treten kurze lyrische Kommentare. »Aquadichte« nennt er die kleinen Gesamtkunstwerke auf einem der Blätter selbst,

mit einem sogenannten ›Kofferwort‹, entstanden durch Blending
oder Kontamination aus ›Aquarell‹ und ›Gedicht‹.

»Alles lag auf der Hand«, fasste Grass im Gespräch einmal die
Themen der Blätter zusammen. Das tagtäglich Gefundene addiert
sich zum Journal, rundet sich zum Jahreskreis und kann 1997 als Zyklus im Bilderbuch veröffentlicht werden. *Fundsachen für Nichtleser*
ist der spöttische Titel des großformatigen Bandes, so als ob heute
allein noch Bilder von der Größe eines kleinen Fernsehschirms zum
Lesen verführen könnten. »Es ist gut möglich, daß in den ›Fundsachen‹ Themen angeschlagen werden, die auch zu anderen Sachen
führen«, erklärte Grass nach Erscheinen des Buches. »Die Feststellung, daß ich ausgeschrieben bin, überlasse ich gerne anderen« (zu
Meyering 1997).

Mein Jahrhundert

In der Tat entwickelt sich mit großer innerer Konsequenz aus dem
Bilderbuch mit den Kurzversen ein bebildertes Lesebuch mit Kurz-
texten; das Tagebuch wird zum Jahresbuch mit 100 Aquarellen und
ebenso vielen Ich-Erzählungen zu jedem Jahr, von 1900 bis 1999.
Selbstverständlich wusste auch Grass, dass erst am 1. Januar 2001
das neue Jahrhundert bzw. Jahrtausend begann, aber die optische
Wirkung des numerisch-kalendarischen Umschlagens von 99 auf
00, von 1999 auf 2000 ist schlicht schlagender als das mathema-
tische Kalkül. Als Angehöriger des Jahrgangs 1927 hat Grass drei
Viertel dieses Säkulums selbst erlebt und kennt das fehlende Viertel
aus Erzählungen seiner Eltern, die beide unmittelbar vor der letzten
Jahrhundertwende geboren wurden. In diesem Sinne wird aus dem
20. Jahrhundert für Grass durchaus »Mein Jahrhundert«.

Bei der Titelgebung war es von Bedeutung, dass in der Polemik
um *Ein weites Feld* der Begriff »ein Jahrhundertroman« eine höchst
unglückliche Rolle gespielt hatte. Von Martin Lüdke nach der ersten
Lesung allein aufgrund des großen Erzählraumes in die Welt gesetzt,
verwendete die Werbung von »Zweitausendeins« ihn ein einziges Mal
doppeldeutig, was böswillige Kritiker dann eindeutig Grass und seinem Verleger Steidl anlasteten. Als nächstes erzählerisches Werk legt
Grass nun wortwörtlich und unbestreitbar ein ›Jahrhundertbuch‹ vor,
das zudem das unmittelbar vorangehende Werk konsequent fortsetzt:
Aus den alltäglichen Bildnotaten mit »Fundsachen« werden dabei
repräsentative Ikonen ganzer Jahre, aus den Kurzversen Kurztexte,
aus dem Jahreszyklus ein Jahrhundertzyklus, aus dem Tagebuch ein
Hundertjahrebuch, ein ›Centannone‹, wie bei Boccaccios Zehn-

tagebuch ›Decamerone‹ eine Sammlung von einhundert Prosatexten, deren Rahmen nicht zehn Tage, sondern einhundert Jahren bilden.

Einer der Kurzverse aus den *Fundsachen* heißt: »Ein Roman / den ich nicht schreiben werde, / könnte so beginnen: Als Maletzke abkürzend / den Weg durch den Wald nahm« (91). Darin ist durchaus ein poetologisches Programm des Epikers Grass zu sehen. Bis hin zum jüngsten Werk *Grimms Wörter* hat Grass von seinen Anfängen an ausschließlich Icherzählungen geschrieben. Grass nutzt in den einhundert Ich-Erzählungen des Bandes alle in fast einem halben Jahrhundert erworbene Schreiberfahrung, um alle Variationen, die dieses Genre von der Autobiografie bis zur Rollenprosa, vom Bericht eines Zuschauers bis zum Erlebnis des Protagonisten, vom Inneren Monolog bis zur Lebensrückschau und zum chronikalischen Bericht bietet, aus- und durchzuprobieren und noch zusätzlich die Spannung zwischen der Zeit, in der erzählt wird, zur Epoche, von der erzählt wird, gewinnbringend zu nutzen. »Beim Recherchieren des oft entlegenen Materials half mir diesmal ein arbeitssuchender Historiker, Olaf Mischer, der Jahr für Jahr meinen Vorgaben folgte« (5Jz, 391).

Wie stets bei Grass enthalten die Anfangssätze das Erzählkonzept in nuce: »Ich, ausgetauscht gegen mich, bin Jahr für Jahr dabeigewesen.« Der zweite Satz erweitert und präzisiert die Position der Erzähler und schlägt zugleich das dieses Jahrhundert – oder eigentlich alle Jahrhunderte? – dominierende Thema an: »Nicht immer in vorderster Linie, denn da alleweil Krieg war, zog sich unsereins gern in die Etappe zurück.« Am Ende des Blocks zum Zweiten Weltkrieg heißt es entsprechend: »Für unsereins hat der Krieg nie aufgehört« 17, 146), und Buch, Jahrhundert und Jahrtausend schließen mit den Worten: »Wenn nur nicht Krieg ist wieder ... Erst da unten und dann überall ...«. Dieses letzte Wort legt Grass seiner Mutter Helene in den Mund, die 1954 noch vor seinen ersten Erfolgen 56-jährig gestorben war und der er nun ein erfülltes Leben erschreibt, in dem sie stolz auf Sohn und Tochter, Enkel und Urenkel blicken kann.

Einige Komplexe des Jahrhunderts erscheinen auch im Buch als Einheit, werden durch den Verzicht auf Erzähler- und Perspektivenwechsel zu Blöcken zusammengefasst. Der Erste Weltkrieg wird zum Bericht einer jungen Schweizer Historikerin, der zugleich die mehrfache Schachtelung der Zeit in vielen Beiträgen veranschaulicht. Am Ende des Jahrhunderts erzählt sie von einem Treffen Mitte der 60er Jahre, bei dem sich Ernst Jünger und Erich Maria Remarque auf Einladung einer Schweizer Stiftung als Zeitzeugen zum Ersten Weltkrieg befragen lassen. Grass gestaltet damit die wichtige memoria-Funktion von Literatur. Ernst Jünger steht dabei für die Mythisierung des Kriegserlebnisses bei der Weimarer Rechten, Remarque für die

eher linke kriegskritische Sicht – der ganz junge Günter Grass hat
sie einst parallel gelesen, Jünger als offizielle Schullektüre auf dem
Gymnasium und den verbotenen Remarque gleichsam schwarz und
privat. Wenn die Zeitzeugen aussterben und die mündliche Tradie-
rung abreißt, tritt exemplarisch Literatur an die Stelle, und unser
Wissen von Gasgranaten und Grabenkampf, Stellungskrieg, Stachel-
draht und Sturmangriff, beruht auf den Werken Remarques, Jüngers
und ihrer Kollegen.

Den Zweiten Weltkrieg behandelt Grass anhand eines Wieder-
sehenstreffens ehemaliger Kriegsberichterstatter auf Sylt. Im Me-
dienzeitalter reduziert sich der Krieg weitestgehend auf das Me-
dienereignis, ein Thema, das Grass von den Sondermeldungen in
der *Blechtrommel* oder *Katz und Maus* bis zum Golfkrieg auf den
Fernsehapparaten Alexandras in *Unkenrufe* und Emmi Wuttkes in
Ein weites Feld immer wieder behandelt hat. Auch über die deutsch/
deutschen Autorentreffen in Ostberlin von 1975 bis 1977 wird en
bloc berichtet, hierbei fungiert Grass' Autor-Ich als Erzähler, das
auch noch 1927, 1937, 1953, 1959, 1965, 1987 bis 1990, 1996
und 1998 auftritt, was das Buch zu einer facettenreichen autobiografischen Quelle werden lässt.

Gelegentlich nimmt das »Ich, ausgetauscht gegen mich« auch
die Rolle einer historischen Person an, vom Schallplattenpionier
Rappaport (1907) über Kaiser Wilhelm II. (1911), den dubiosen V-
Mann Brüdigam (1922) oder den Kölner Karnevalisten Karl Berbuer
(1951) und den Kanzleramts-Spion Guillaume bis zur nicht nament-
lich genannten Treuhand- und Expochefin »Frau Jenny Treibel« alias
Birgit Breuel, die sich 1994 gegen den Autor wehren darf, der sie in
Ein weites Feld »niederschreiben will«.

Der für Grass' Gesamtwerk mit Ausnahme von *Beim Häuten der
Zwiebel* wichtige Komplex der Judenverfolgung durchzieht das Buch
wie ein immer wieder angeschlagenes Leitmotiv, ist das Werk doch
der »Erinnerung an Jakob Suhl« gewidmet, der im Text 1990 als
Überlebender aus dem Exil an die Stätten seiner Kindheit in Leipzig
zurückkehrt. Bei der Gestaltung des deutschjüdischen Schicksals im
20. Jahrhundert nutzt Grass für die Darstellung gerade nicht die Geschlossenheit, sondern die Vielfalt der Perspektiven. Er beginnt mit
dem Bericht eines KZ-Schergen über die Ermordung Erich Müh-
sams 1934. Über den Jerusalemer Prozess gegen Adolf Eichmann
berichtet ein aus Nürnberg entkommener Glaser, der bis auf einen
Bruder seine gesamte Verwandtschaft im Holokaust verloren und der
jetzt den Schutzkasten für den angeklagten »Transportleiter« gebaut
hat. In den Frankfurter Auschwitz-Prozess gerät durch Zufall eine
ahnungslose junge Deutsche, sieht sich mit dieser Hypothek deut-

scher Geschichte konfrontiert und fragt nach den Verstrickungen der
eigenen Angehörigen.

In diesen Komplex gehört auch einer der eindrucksvollsten Abschnitte des ganzen Buches: Willy Brandts Kniefall 1970 an der Ge-
denkstätte für das Warschauer Ghetto. Gestaltet wird dieses Ereignis
im Inneren Monolog eines journalistischen Brandt-Gegners und
zynischen Sozi-Fressers, der wider Willen seine Faszination verrät.
Dieses extreme Auseinanderfallen von Berichtendem und Bericht,
von Form und Inhalt nutzt Grass häufiger: Von der sogenannten
›Machtübernahme‹, Hitlers Ernennung zum Reichskanzler, und dem
spektakulären Fackelzug durchs Brandenburger Tor am Abend des
30. Januar 1933 berichtet ein homosexueller Galerist, der das Spek-
takel an der Seite Liebermanns vom Dach des Liebermann-Hauses
am Pariser Platz miterlebt. Die Olympiade von 1936 wird aus der
Perspektive von KZ-Häftlingen erzählt, und der deutsch-deutsche
Kanzleramts-Spion Günter Guillaume sieht in der Untersuchungs-
haft das legendäre Fußballspiel Deutschland gegen Deutschland im
Rahmen der Weltmeisterschaft 1974, in dem das eine Deutschland
über das andere siegt, das andere aber letztlich Weltmeister wird. Ein
Hausbesetzer aus der linken Szene geht seiner Oma zuliebe 1981
auf die Beerdigung von Großadmiral Dönitz; und des Todes von
Franz Josef Strauß gedenkt 1988 ein Kabarettistentreffen im Gasthof
»Adler« in Großholzleute, wo Grass einst 1958 aus der *Blechtrommel*
gelesen und den Preis der Gruppe 47 bekommen hat. Aber auch das
umgekehrte Verfahren bringt glänzende Texte hervor: 1931 nimmt
in einem Satzfetzengemisch aus Pathos und Archaik im weihevollen
Stil, den der spätere Reichspropagandaminister Dr. Joseph Goebbels
vorgegeben hatte, ein Nazitreffen in Braunschweig Gestalt an – ein
Kabinettstück für jede Rhetorikanalyse als Ideologiekritik.

Am wichtigen Datum der sogenannten ›Reichskristallnacht‹ 1938
lässt sich ein anderes wirkungsvolles Verfahren von Grass demons-
trieren: das Aufzeigen von Parallelen über die trennende Zeit hinweg, die von Cepl-Kaufmann so benannten »Strukturhomologien«
(s. S. 169): Vom 9. November 1989 wird der Bogen zum 9. November 1938 geschlagen und der Terror gegen jüdische Kinder mit der
Abschiebung eines kurdischen Mitschülers parallelisiert.

Wichtig für den Tenor des Buches ist der Eintrag zum Jahre
1928. Eine Mutter aus traditioneller SPD-Familie erinnert sich lange nach dem Zweiten Weltkrieg an ihre Söhne: Der Älteste ging in
der Weimarer Republik zur Polizei, der Zweite trat in die KPD und
den Rotfrontkämpferbund ein, der Jüngste wurde SA-Mann. Die
Ikone zum Jahr zeigt aufeinander eindreschende braune und rote
Horden, und sonntags bei der Mutter spiegeln sich die Spannungen

der späten Republik in der Wohnküche. Der Kommunist geht noch
vor 1933 als Arbeitsloser zur NSDAP; die beiden jüngeren fallen
später im Krieg, und nur der Älteste, der Gemäßigte, der Parteilose,
der, solange es noch ging, SPD gewählt und die Republik verteidigt
hat, überlebt. Gerade er aber kommt in einem der berüchtigten Po-
lizeibataillone in Russland und der Ukraine zum Einsatz und macht
»paar schlimme Sachen mit«. »Hat darüber nie gesprochen. Auch
nachem Krieg nicht« (17, 91).

Unter die Erzählungen von Schuld, Krieg und Verfolgung, von
Tat und Untat mischen sich durchaus auch heitere und freudige Ereignisse, und zu einem erinnerten Jahrhundert gehören auch Fußball
(1903, 1954, 1974) und Boxen (1930), Revuegirls (1927) und Kar-
neval (1951), Urlaub (1948) und deutsch/deutsche Rechtschreib-
reform (1949). Zusammen mit den hundert beklemmenden oder
bedrohlichen, heiteren oder ironischen Ikonen zu jedem Jahr runden
sie sich zur Chronik ›unseres‹ *Jahrhunderts.*

21. *Im Krebsgang*

Zur Entstehung

Grass' Plan eines Werks über die Versenkung der mit Flüchtlingen vollgestopften »Wilhelm Gustloff« am 30.1.1945 geht bis zur Jahrtausendwende zurück. Anlässlich der litauisch-deutsch-polnischen Gespräche über die ›Zukunft der Erinnerung‹ in Vilnius am 2. Oktober 2000 reflektierte Grass programmatisch unter dem Titel »Ich erinnere mich« die auch für die spätere Autobiographie *Beim Häuten der Zwiebel* zentralen Begriffe ›Erinnerung‹ und ›Gedächtnis‹ (s. S. 240f.). Danach geht der kurze Text auf sein eigenes Erinnern an seine verlorene Heimat ein, sodann auf das notwendige öffentliche Erinnern »an die verfolgten, emigrierten, ermordeten Juden in unfaßbar großer Zahl«, »an die Verschleppung und Ermordung Zehntausender Zigeuner«, »an das Schicksal Hunderttausender Zwangsarbeiter« (20, 89) und schließt:

»Merkwürdig und beunruhigend mutet dabei an, wie spät und immer noch zögerlich an die Leiden erinnert wird, die während des Krieges den Deutschen zugefügt wurden. Die Folgen des bedenkenlos begonnenen und verbrecherisch geführten Krieges, nämlich die Zerstörung deutscher Städte, der Tod Hunderttausender Zivilisten durch Flächenbombardierung und die Vertreibung, das Flüchtlingselend von zwölf Millionen Ostdeutschen, waren nur Thema im Hintergrund. Selbst in der Nachkriegsliteratur fand die Erinnerung an die vielen Toten der Bombennächte und Massenflucht nur wenig Raum« (20, 89).

Grass nimmt hier offensichtlich die von W.G. Sebald in seinem Essay »Luftkrieg und Literatur« 1999 aufgestellte These einer Verdrängung deutscher Leiden auf, deren Validität allerdings stark anzuzweifeln ist. Stolz nennt ein gutes Dutzend Namen von Schriftstellern, die dieses Thema behandelt haben, darunter so populäre wie Christa Wolf, Kurt Vonnegut, Arno Schmidt und Alexander Kluge (2005, 170). Völlig unhaltbar scheint die These Sebalds jedoch, wenn man bedenkt, dass die frühe Nachkriegsliteratur einstmals geradezu ›Trümmerliteratur‹ genannt wurde und im Frühwerk von Borchert und Böll ausschließlich die deutschen Leiden thematisiert wurden und Borcherts »Nachts schlafen die Ratten doch« über vierzig Jahre lang wohl die populärste Lesebuchgeschichte aller Zeiten war.

Dennoch bestimmte diese These zu Anfang des neuen Jahrtausends die deutschen Feuilletons; als Grass' Buch über den Untergang der »Wilhelm Gustloff« 2002 erschien, geschah dies sozusagen parallel zu Jörg Friedrichs Buch über den Bombenkrieg als alliiertes Kriegsverbrechen gegen die deutsche Bevölkerung, *Der Brand*. Zum ersten Mal schien Grass in Phase mit der generellen Welle der öffentlichen und der veröffentlichten Meinung zu schwingen. Dies mag dazu beigetragen haben, dass *Im Krebsgang* zu seinem größten Erfolg seit dem *Butt* wurde und selbst sein Erz- und Intimfeind Reich-Ranicki bei der Premiere seiner Sendung »Solo« am 5. Februar 2002 (Weyer 2007, 45) im Fernsehen bekannte, bei der Lektüre geweint zu haben, und das ›nicht unter seinem Niveau‹, wie er ausdrücklich betonte.

Grass hatte den Untergang der »Gustloff« als größte Schiffskatastrophe aller Zeiten zusammen mit der Versenkung der »Steuben« und vor allem der mit KZ-Häftlingen überfüllten »Cap Arcona« »am dritten Mai, fünf Tage vor Ende des« Krieges immer schon in seinen Büchern erwähnt und auch an den Dimensionen des Leids keinen Zweifel gelassen (so Rt 11, 442, auch 63-65 u. 19). Selbst in das von Grass mitgestaltete Drehbuch des *Blechtrommel*-Films hat die Katastrophe Eingang gefunden, wenn Gretchen Scheffler bei der Flucht aus Danzig ruft: »Die ›Gustloff‹ nimmt noch Leute mit!« (Grass/Schlöndorff 1979, 162). So wird für Grass die Rede »Ich erinnere mich«

»zum Anlaß, mich endlich einer ungestalteten Stoffmasse zuzuwenden, die mir seit Jahren querlag. Wie schon zu dem Geschichtenbuch »Mein Jahrhundert« bat ich den Historiker Olaf Mischer, den Untergang des KdF-Schiffes »Wilhelm Gustloff« und dessen Vorgeschichte zu recherchieren. Eine verschleppte, verdrängte, auch von mir lange ausgesparte Thematik – die Deutschen als Opfer des selbstverschuldeten Krieges – begann von mir Besitz zu ergreifen.« (5Jz, 417).

Grass hat in *Fünf Jahrzehnte* über die Entstehung der Novelle ausführlich berichtet und vor allem viel Arbeitsmaterial von ersten Notizen über Planskizzen bis zu drei Varianten der getippten Eingangsseite publiziert, die so einen guten Einblick in Grass' Arbeitsweise seit der *Blechtrommel* geben (5Jz, 413-435; s. S. 178). Der ursprüngliche Arbeitstitel hieß »Schiffe versenken«; den endgültigen Titel erläutert der Erzähler der Novelle selbst, wenn er sich zu Beginn fragt, »ob ich der Zeit eher schräglaufig in die Quere kommen muß, etwa nach Art der Krebse, die den Rückwärtsgang seitlich ausscherend vortäuschen, doch ziemlich schnell vorankommen« (18, 8; ähnlich 5Jz, 413). Auch die Versenkung der »Gustloff« durch das russische U-Boot unter Kapitän Marinesko am 30. Januar 1945 ist »wie jede deutsche Geschichte eine Geschichte mit Vergangenheit«, bei der man nur im scheinbaren »Rückwärtsgang« vorankommen kann. Anselm Weyer hat die reiche Vorgeschichte des Titels in Grass' Essays und Werken bis zur *Blechtrommel* zurückverfolgt (2007, 40-51) und zugleich eine weitere, musikalische Bedeutung erschlossen: Dort bezeichnet »der Begriff Krebsgang [...] nämlich ›das Verfahren, eine Melodie oder ein Satzgefüge auch in rückläufiger Lesung kompositorisch zu verwerten‹« (2007, 43). Somit nimmt bereits der Titel das Ende vorweg, das einen veritablen musikalischen ›Krebs‹ bildet: »Das hört nicht auf. Nie hört das auf.« (18, 205).

Die Erzählfiktion

Das von Olaf Mischer gelieferte Material »liegt [...] da und lockt mich«; aber Grass »zöger[t] noch [...], auch geschah nichts außer der Sichtung des Materials« (5Jz 417). Die Hauptquellen werden im Text selbst genannt: die lebenslangen Forschungen des Augenzeugen Heinz Schön, der »mit Hilfe seiner beratenden Assistenz gegen Ende der fünfziger Jahre« gedrehte »Film – ›Nacht fiel über Gotenhafen‹« (18, 58); ein Taschenbuch, das drei Engländer beim Ullstein-Verlag veröffentlicht hatten (18, 89; d.h. Christopher Dobson, John Miller, Ronald Payne: *Die Versenkung der Wilhelm Gustloff*. Ullstein, Berlin 1995). Doch »diese, wie ich einräumen muß, zwar ziemlich sachlich, aber zu unbeteiligt geschriebene Dokumentation der Schiffskatastrophe« packt Grass so wenig wie sein Geschöpf Tulla: »›Das is mir alles nech persönlich jenug erlebt. Das kommt nich von Härzen!‹« (18, 89).

Das Material beginnt erst zu leben und gewinnt den von Tulla vermissten ›human touch‹, als Grass in einer schlaflosen Nacht vom 1. auf den 2. Februar 2001 den Einfall hat, Tulla Pokriefke aus *Katz und Maus* und *Hundejahre* zur Überlebenden das Katastrophe zu machen (5Jz., 421) und ihren neu hinzu kommenden Sohn zum Erzähler. Noch in der *Rättin* hatte Oskar vermutet, Tulla sei »mit der ›Gustloff‹ von Danzig weg und draufgegangen« (11, 91); jetzt kann Grass anlässlich dieser Katastrophe den ihn wie Tulla lebenslang faszinierenden Todesdämon (vgl. Neuhaus 1971 und S. 117f.) und »bis heute gewärtige[n] Schrecken« (11, 91) auferstehen lassen und zur Zeugin der Katastrophe machen: In der Sekunde des Untergangs bringt die als elbisches Wesen bislang unfruchtbare Wasserfrau auf dem Schnellboot »Löwe«, das sie gerettet hat, einen Sohn Paul zur Welt und wird selbst, zum ewigen Zeugnis der Katastrophe, von einer Stunde auf die andere »schlohweiß« (18, 52). Paul, der spätere

Erzähler von *Im Krebsgang*, tritt also in dem Moment in die Welt,
in dem zahllose, nie gezählte Kinder sterben; »an die viereinhalb-
tausend Säuglinge, Kinder, Jugendliche« waren an Bord (18, 98),
die fast alle umkommen; Babies treiben kopfunter im Wasser, »in
die dicken Schwimmwülste mitte Beinchen nach oben raus« (18,
132); Pauls erster Schrei mischt sich in den Ur- und Endschrei aller
Apokalypsen:

> »[J]enen weithin tragenden und aus tausend Stimmen gemischten Schrei
> [...], diesen finalen Schrei, der von überall herkam: aus dem Inneren des
> absackenden Schiffsleibes, aus dem berstenden Promenadendeck, vom
> überspülten Sonnendeck, dem rasch schwindenden Heck und von der be-
> wegten Wasserfläche aufsteigend, in der Tausende lebend oder tot in ih-
> ren Schwimmwesten hingen. Aus halbvollen und überfüllten Booten, von
> engbesetzten Flößen, die von Wellen gehoben wurden, in Wellentälern ver-
> schwanden, von überall her stieg gebündelt der Schrei auf und steigerte sich
> mit dem plötzlich einsetzenden, dann jäh erstickten Heulen der Schiffssirene
> zu grauenhafter Zweistimmigkeit. Ein nie gehörter, ein kollektiver Endschrei
> [...]« (18, 138). »Gemessen an der Zahl von grobgeschätzt fünftausend er-
> trunkenen, erfrorenen, auf Schiffstreppen totgetretenen Kindern, fallen die
> vor und nach dem Unglück gemeldeten Geburten, darunter meine, kaum
> ins Gewicht; ich zähle nicht.« (18, 144).

Diesen wie Rushdies Erzähler Saleem Sinai in *Midnight's Children*,
Grass' Chatterjee, Loests Fredi Linden und Grass' Fonty an so be-
deutendem Datum Geborenen lässt Grass zu einem unbedeutenden
Journalisten werden – »fix mit Worten, bei einer Springer-Zeitung
volontiert, bald gekonnt die Kurve gekriegt, später für die *taz* Zeilen
gegen Springer geschunden, [...] dann als Söldner von Nachrich-
tenagenturen« (18, 7). Als im Grunde begabten Schreiber macht er
Paul Pokriefke dann noch zum fiktiven Teilnehmer eines vom realen
Günter Grass geleiteten Kurses in »creative writing« (18, 29) im Berlin der 60er Jahre. So haben der Autor und sein Geschöpf sich einst
kennengelernt und deshalb kann Grass ihn später mit der Erzählung
vom Untergang der »Gustloff« betrauen.

Grass greift hier nach fast vierzig Jahren auf die Erzählsituation
in der »Novelle« *Katz und Maus* zurück. Bereits in der Skizze in den
dann aufgegebenen *Kartoffelschalen* hatte der Erzähler hinzugefügt:
»Der Autor Grass hat sich vorbehalten, bei Gelegenheit Dittmanns
Geschichte in Form einer Novelle [...] zu erzählen«, und deren Erzähler Pilenz erwähnt dann ohne Namensnennung den, »der uns
erfand, von berufswegen« (4, 6; s. S. 93). Paul Pokriefke erzählt nun
von jemandem, »der nicht ich bin« (18, 7) und den er mit zahlreichen Grass-Merkmalen ausstattet, darunter mit der Autorschaft der
Hundejahre. »Der Alte« (18, 30 u.ö.), »der sich müdegeschrieben

hat,« glaubt, »in mir jemanden gefunden zu haben, der an seiner Stelle – »stellvertretend«, sagt er – gefordert sei, [...] zu berichten« (18, 93) Ihm

»sei diese Stoffmasse auferlegt worden«, doch habe er »gegen Mitte der sechziger Jahre die Vergangenheit sattgehabt [...] Nun sei es zu spät für ihn. Ersatzweise habe er mich zwar nicht erfunden, aber nach langer Sucherei auf den Listen der Überlebenden wie eine Fundsache entdeckt. Als Person von eher dürftigem Profil, sei ich dennoch prädestiniert: geboren, während das Schiff sank« (18, 73).

Der reale Autor Grass erfindet für seine fiktionale Tulla Pokriefke aus *Katz und Maus* und *Hundejahre* einen Sohn Paul als Erzähler für die Katastrophe der »Gustloff« und wird selbst im Gegenzug in dessen Erzählung zur fiktiven Gestalt. Selber »leergeschrieben« (18, 29) – ein Topos zahlloser Kritiken zum späten Grass – kontrolliert er den Schreibprozess des »als Ghostwriter in Dienst« (18, 29) Genommenen, u.a. bei regelmäßigen »Treffen, die er Arbeitsgespräche nennt« (18, 73). »Der Alte« übernimmt so die Rolle, die Amsel/Brauxel im Autorenkollektiv der *Hundejahre* innehatte (s. S. 105), und wie der Liebenau dringlich telegraphiert »schluß machen rechtzeitig«, so rät Pokriefke »jemand – er, in dessen Namen ich krebsend vorankam – dringlich [...], online zu gehen« und »per Mausklick ein passendes Schlußwort« zu suchen (18, 205); denn natürlich ist das wichtigste Rechercheinstrument für den routinierten Journalisten das Internet.

»Eine Novelle«

»Der Alte« ist es auch, der seinem Erzähler »sagt, mein Bericht habe das Zeug zur Novelle« (18, 117). Ähnlich wie die strenge Sonettform in *Novemberland* sich als die allein angemessene für eine lyrische Reflexion der Möllner Morde vom November 1992 erwiesen hatte (s. S. 210), so erschien jetzt gerade die strenge Novellenform passend für die epische Gestaltung der größten Schiffskatastrophe aller Zeiten. *Im Krebsgang* stellt sich damit in die Tradition der großen deutschen Katastrophen-Novellen von Kleists *Erdbeben von Chili* bis zu Storms *Der Schimmelreiter.*

Wie schon in *Katz und Maus* versammelt Grass wieder die wichtigsten Erträge der Novellendiskussion des 19. Jahrhunderts und kompiliert sie. Erschien in *Katz und Maus* der Rahmen als Schreibebene des älteren Pilenz im Kolpinghaus vergleichsweise schwach ausgeprägt, so bilden die Recherchen Paul Pokriefkes eine Gegenwartsebene, die von Ende 1996 bis Ende 1998 reicht und von der

aus er zwei Recherchen, im Wesentlichen im Internet, durchführt:
die nach dem Untergang der »Wilhelm Gustloff« und dessen Vorgeschichte und die nach dem eigenen, ihm abhanden gekommenen
›Verlorenen Sohn‹ Konrad.

Gegenstand seines novellistischen Erzählens ist damit das Schicksal der »Gustloff« und die mit ihrem Untergang eng verwobene Geschichte von drei Generationen Pokriefke: der Mutter Tulla, des im
Moment des Untergangs am 30. Januar 1945 um 22.18 Uhr geborenen Sohnes Paul und des von der Großmutter zum Erben und
Künder ihres Schicksals erzogenen Enkels Konrad, benannt nach
ihrem ertrunkenen Bruder (18, 196), über dessen Tod sie selbst zum
Todesdämon geworden ist (vgl. Neuhaus 1971 u. IK 18, 183).

Ähnlich wie in *Katz und Maus* (s. S. 88ff.) wird Goethes Definition der Novelle im Gespräch mit Eckermann fast wörtlich aufgenommen – »eine sich ereignete, unerhörte (d.h. zuvor nie gehörte)
Begebenheit«: »Das Herkommen meiner verkorksten Existenz sei ein
einmaliges Ereignis, exemplarisch und deshalb erzählenswert« (18,
29). Natürlich bildet die damit gemeinte größte Schiffskatastrophe
aller Zeiten auch die vom Propagator der Novelle Paul Heyse gefor-
derte »starke Silhouette«, »das Spezifische, das diese Geschichte von
tausend anderen unterscheidet« (Heyse 1969, 74f.), seinen berühmten »Falken«, wie Heyse diese Eigenschaft der typischen Novelle
nennt, »in wenigen Worten vorgetragen«, sich »dem Gedächtnis tief«
einzuprägen (s. S. 89). Paaß (2009, 432f.) nennt als weiteres Novel-
lenmerkmal ein – allerdings nicht mit Heyses ›Falken‹ zu verwech-
selndes – »Dingsymbol«, Tullas »Fuchsfell von der Eismeerfront« (Hj
5, 378; vgl. IK 18, 167f.), das sie einst von einem Fronturlauber
geschenkt bekam und das den Schlussteil der Novelle durchzieht wie
die eingeschweißte Leberwurst die *Kopfgeburten* (s. S. 178f.).

Prägend für das novellistische Erzählen von *Im Krebsgang* sind
die ›Wendepunkte‹, an denen die Handlung jeweils vom Erzähler
auf einen Kulminationspunkt geführt wird, um dann abzustürzen.
Dieses Verfahren verbindet sich mit dem Erzählen »im Krebsgang«
– um progressiv vom Untergang des einstigen Vergnügungsdampfers
erzählen zu können, muss man weit zurückkrebsen. Die dabei aufgefundenen ›Wendepunkte‹ symbolisieren jeweils Heyses »einzelnen
Konflikt«, dem gegenüber »die Beziehungen der darin handelnden
Menschen zu dem großen Ganzen des Weltlebens« – in diesem Fall
zu ›Drittem Reich‹ und Zweitem Weltkrieg – »nur in andeutender
Abbreviatur durchschimmern« (Heyse 1969, 73; vgl. S. 89). Der wegen seiner Lungenkrankheit in Davos lebende und für die parteiliche
Organisation der Deutschen in der Schweiz zuständige kleine Funk-
tionär Wilhelm Gustloff geriet nur deshalb in die Geschichtsbücher

und wurde nur dadurch zum Namenspatron eines Luxusdampfers, weil er am 4.2.1936 von David Frankfurter erschossen wurde und der wiederholt erklärte: »Ich habe geschossen, weil ich Jude bin« (18, 27). Der weltweit bekannte Sachbuchautor Emil Ludwig sah in seinem im selben Jahr in einem Exilverlag erschienenen Buch *Der Mord in Davos* darin den »›Kampf Davids gegen Goliath‹« (18, 27), während die Gegenseite »das organisierte Weltjudentum«. als »Drahtzieher« und »Auftraggeber ›der feigen Mordtat‹« ausfindig macht (18, 33). Der so zum »›Blutzeugen‹« (18, 8 u.ö.) gemachte Wilhelm Gustloff erlebt seine Auferstehung als die »Wilhelm Gustloff«, um mit dem Stapellauf am 5. Mai 1937 (18, 48–50) – gleichsam ein Nebenwendepunkt – fortan wie stets bei Grass (s. S. 56f.) seinem »Untergang« (18, 50) entgegenzudampfen.

Dieser dritte und schlechthin entscheidende Wendepunkt nach Mord und Auferstehung, gleichermaßen Goethes »unerhörte Begebenheit« wie Heyses »Falke«, vollzieht sich »am fatalen 30. Januar« (18, 136) und damit an einem novellengerechten Schicksalstag. Es ist nicht nur der 50. Geburtstag Gustloffs, sondern auch der zwölfte und letzte Jahrestag der ›Machtübernahme‹ der Nazis; Hitlers alljährliche Rundfunkansprache zu diesem Anlass wird zu seiner letzten öffentlichen Rede überhaupt, und ausgerechnet sie ist unmittelbar vor dem Untergang »›auf allen Decks des todgeweihten Schiffes‹« (18, 112) zu hören. Das lässt den »bloße[n] Zufall« »in überirdische[n] Zusammenhänge[n]« erscheinen. Die Kumulation der Daten setzt nicht nur »ein Zeichen des allgemeinen Untergangs« (18, 11), sondern weist auch diese Grass'sche Novelle in ihrem Verlauf wieder als Storms »Schwester des Dramas« (s. S. 89f.) aus: »Das verfluchte Datum, mit dem alles begann, sich mordsmäßig steigerte, zum Höhepunkt kam, zu Ende ging« (18, 11). Das beim Bildhauer Grass besonders ausgeprägte Gefühl für Proportionen hat den Untergang und den ihn begleitenden »nie gehörte[n] [...] kollektive[n] Endschrei« (18, 138) nahezu exakt in den Goldenen Schnitt des Buches gelegt: Der auf die Katastrophe folgende Teil verhält sich zum sie vorbereitenden wie dieser Teil zur Gesamtlänge der Novelle.

Denn die Geschichte geht weiter zum vierten und einstweilen letzten Wendepunkt: Indem der am 30.1.1945 in der Sekunde des Untergangs geborene Paul Pokriefke als Zeuge und Chronist der Katastrophe versagt – so wie »der Alte« hinter ihm auch – und die lebenslange Klage seiner Mutter nicht aufschreibt und weitergibt, entsteht ein Vakuum, das von der folgenden Generation gefüllt wird. Der nach dem ertrunkenen Bruder Tullas benannte Konrad wird von seiner Großmutter zum Künder des Leids aufgebaut und treibt auf einer Website namens »blutzeuge.de« seinen Heroenkult um Gustloff

und die »Gustloff«, während ein anderer Vertreter der Enkelgenerati-
on sich mit den jüdischen Opfern des ›Dritten Reichs‹ identifiziert.
Auch Konrads Altersgenosse Wolfgang Stremplin, ein Einzelgänger
wie Konrad – »womöglich ein Idealist, der weißnichtwas dachte«
(18, 190) mutmaßt der Erzähler – erfährt von den Eltern nichts
über die Katastrophe. Des Vaters »relativ kühle Betrachtungsweise
der nationalsozialistischen Herrschaftsperiode« (18, 175) stößt ihn
ab, er nimmt den Vornamen David an und steigert »sich wegen der,
weiß Gott, sattsam bekannten Kriegsverbrechen und Massentötun-
gen derart in Sühnegedanken [...], dass ihm schließlich alles Jüdische
irgendwie heilig gewesen sei« (18, 175). Der Wahljude versteigt sich
seinerseits in einen Kult um den Gustloff-Attentäter David Frankfurter und wird ebenfalls zum Spezialisten für die »Gustloff«-Ka-
tastrophe (18, 163): Im Chatroom stoßen Konrad und Wolfgang
aufeinander, nennen sich selbst »Wilhelm« und »David« und einander »Itzig« und »geklontes Nazischwein« (18, 46). Der eine wet-
tert gegen »das Weltjudentum, das uns Deutsche für alle Zeit und
Ewigkeit an den Pranger ketten will« (18, 69), der andere nennt
Frankfurters Mord »eine in Anbetracht der Leiden des jüdischen Volkes [...] notwendige und weitsichtige Tat« und greift Emil Ludwigs
Formulierung auf, als er »die Versenkung des großen Schiffes durch
ein kleines U-Boot als die Fortsetzung des ›ewigen Kampfes Davids
gegen Goliath‹ zu feiern begann« (18, 142). So chatten sie lange
Zeit hin und her, als spielten sie Tischtennis miteinander (18, 60),
aber aus Konrads Frage, ob David wieder auf ihn schießen würde
und Davids flapsiger Antwort »Nein, nächstes Mal darfst du mich
abknallen« (18, 47) wird blutiger Ernst: Beim ersten Treffen der beiden erschießt an Hitlers Geburtstag am 20.4.1997 – »das besondere
Datum hatte David schweigend akzeptiert« (18, 163) – in Schwerin
am abgeräumten Mahnmal für Wilhelm Gustloff ›Wilhelm‹ ›David‹
und erklärt: »›Ich habe geschossen, weil ich Deutscher bin – und
weil aus David der ewige Jude sprach‹« (18, 179). »Später legte mein
Sohn Wert darauf, genauso oft getroffen zu haben wie einst in Davos
der Jude Frankfurter« (18, 165).
   Bei allen drei mörderischen Wendepunkten wendet Grass dasselbe Erzählverfahren an: Um von ›David‹ und ›Wilhelm‹ erzählen zu
können, muss er »im Krebsgang« zuvor von der »Wilhelm Gustloff«
und dem russischen U-Boot und seinem Kapitän Marinesko erzählt
haben, um von denen erzählen zu können, muss er wiederum zunächst von Wilhelm Gustloff und David Frankfurter erzählen. Dies
geschieht dann progressiv und zwar so, dass die getrennten Lebensläufe des »Trios« (18, 13) Gustloff/»Gustloff« – Frankfurter – Marinesko zwar getrennt, aber in ständigen Parallelen erzählt werden,

nach dem Muster: »als David Frankfurter schon im Churer Senn-
hof-Gefängnis einsaß und in Hamburg die Sektflasche in Scherben
ging, befand sich Alexander Marinesko [...]« (18, 50, ähnlich 21,
43, 65, 68, 76, 81f. u.ö.). So scheinen die Lebensläufe zwanghaft
auf die zukünftige Begegnung zuzuführen, die von Frankfurter
und Gustloff in Davos beim Mord am 4.2.1936, die von Marinesko und der »Gustloff« bei der Versenkung auf der Stolpebank am
30.1.1945, die von ›Wilhelm‹ und ›David‹ beim neuerlichen Mord
am 20.4.1996 in Schwerin, wo mit der Geburt des »Blutzeugen«
einst alles angefangen hat. Es ist, als wolle Grass seinen Satz aus
der Rättin illustrieren: »Das komme nun schicksalhaft aufeinander
zu« (11, 133). Mit dieser rein erzähltechnisch arrangierten Aura
von Unausweichlichkeit, wie sie Grass für den für ihn kontingenten
Geschichtsverlauf leugnet, inszeniert Grass ironisch eine ›Schicksal-
haftigkeit‹, wie sie der Novelle von einer traditionellen Germanistik
zugeschrieben wird.

Schuld und Versagen

Dieses nur symbolisch zu verstehende Paar verkörpert Grass' Frage anlässlich der Möllner Türkenmorde vom 23.11.1992: »Ist dem
deutschen Hang zur Rückfälligkeit kein heilsames Kraut gewachsen?
Ist uns die Wiederholungstat in Runenschrift vorgeschrieben?« (16,
371) – Fragen, die schon die dreizehn Sonette von *Novemberland*
(1, 285-297; s. S. 210), die als Prä- und Nebentext der Novelle gelten können, reflektiert hatten. Täter und Opfer stehen für Grass
stellvertretend für »mein vom Fremdenhaß und dessen Exzessen ge-
zeichnetes Land« (16, 465). Nicht zufällig lässt Grass Konrad nach
der Trennung der Eltern in Mölln aufwachsen, an dessen traurige
Berühmtheit ausführlich erinnert wird (18, 70). Konny nähert sich
der dortigen Skinheadszene. Nachdem Mölln durch die Morde vom
23.11.1992 in den Blickpunkt des Staatsschutzes gerückt wird, verlegt er seine Aktivitäten nach Schwerin, wo seit Kriegsende seine
Großmutter und »Gustloff«-Fanatikerin Tulla lebt. Dort gerät er
noch mehr unter ihren Einfluss und folgt ihrem Auftrag zum »Zeugnis ablegen« (18, 18), auf das sie ein Anrecht hat, dem der Sohn
sich aber lebenslang verweigert hatte. Noch beim Prozess spricht
der Enkel die anwesende Großmutter an, »in deren Namen ich hier
und heute Zeugnis ablege« (18, 181). Um dieses Zeugnisses willen
gründet Konrad in Gustloffs Geburtsort Schwerin sogar eine » lokale
Zusammenrottung ›Kameradschaft Wilhelm Gustloff‹ genannt« (18,
77).

Paul Pokriefkes Suche nach dem verlorenen Sohn endet letztlich
beim versagenden Vater, einem zentralen Thema bei Grass von der
Vätergeneration in *Katz und Maus* (s. S. 99f.) bis zu den Lehrern
in *örtlich betäubt*, wo es mit dem Propheten Jeremias hieß: »Ach,
wie ist das Gold so gar verdunkelt [...] Die jungen Kinder heischen
Brot und ist niemand, der es ihnen breche« (s. S. 133). So räumt
der Erzähler ein,

»daß der eine Gutachter, der sich als Psychologe aufs desolate Familienleben
spezialisiert hatte, nicht ganz danebenlag, als er Konnys, wie es bei ihm
hieß, ›einsame Tat eines Verzweifelten‹ auf des Angeklagten Jugend ohne
Vater zurückführte und dabei ursächlich mein vaterloses Herkommen und
Aufwachsen an den Haaren herbeizog. [...]. Am Ende war immer der Vater
schuld« (18, 283). »Oder könnte es sein, daß der Verteidiger gar nicht falsch
lag, als er die durch Mutter verursachte Fixierung auf Wilhelm Gustloff zur
Suche nach einem Vaterersatz umdeutete? [...] Dem suchenden Konrad Pokriefke habe sich somit eine virtuell aufzufüllende Lücke geboten.« In der Tat
hat der »nur in ihm [s]ein Vorbild gesehen [...] Dem Blutzeugen verdanke
ich meine innere Haltung. Ihn zu rächen war mir heilige Pflicht!« (18, 185).

Indem Väter und Lehrer als Vorbilder versagen und sich weder mit
der deutschen Schuld (Vater Zemplin) noch mit dem von ihr bedingten deutschen Leid (Vater Pokriefke) angemessen auseinander-
setzen, werden ihre Sünden nun heimgesucht an den Kindern, die
im Vakuum zu fehlgeleisteten »Idealisten« (18, 190) des Leids oder
der Schuld werden und sich neu verstricken.

»Das nagt an dem Alten. Eigentlich, sagt er, wäre es Aufgabe seiner Generation gewesen, dem Elend der ostpreußischen Flüchtlinge Ausdruck zu
geben: den winterlichen Trecks gen Westen, dem Tod in Schneewehen, dem
Verrecken am Straßenrand und in Eislöchern, sobald das gefrorene Frische
Haff nach Bombenabwürfen und unter der Last der Pferdewagen zu bre-
chen begann, und trotzdem von Heiligenbeil aus immer mehr Menschen
aus Furcht vor russischer Rache über endlose Schneeflächen…Flucht…Der
weiße Tod…Niemals, sagt er, hätte man über so viel Leid, nur weil die eigene
Schuld übermächtig und bekennende Reue in all den Jahren vordringlich
gewesen sei, schweigen, das gemiedene Thema den Rechtsgestrickten überlassen dürfen. Dieses Versäumnis sei bodenlos« (18, 93).

Bei aller grundlegenden Skepsis gegenüber Lessings *Erziehung des
Menschengeschlechts* ist es Grass' einzige Hoffnung, dass die Menschheit doch imstande ist, wie ein Individuum aus Erfahrungen zu lernen, wenn so grundlegende wie etwa die der Weltkriege oder des
›Dritten Reichs‹ an die folgenden Generationen weitergegeben werden.

Geschichte und Schuld

Im Sonderfall der »Gustloff« und den verwandten Fällen der »Cap Arcona« und der »Steuben« geht es nicht um Grass' generelles Konzept der »Gegengeschichte« (s. S. 164); hier ist es der mit Hilfe Olaf Mischers möglichst genau und detailliert erfasste geschichtliche Vorgang selbst, der gegen Schweigen und Entstellung anerzählt wird. Aus der Versenkung der »Gustloff« kann man »kein Kriegsverbrechen konstruieren« (18, 97): Sie war »weder ein Rotkreuztransporter noch ein ausschließlich mit Flüchtlingen beladener Großfrachter [...], sondern ein der Kriegsmarine unterstelltes, bewaffnetes Passagierschiff, in das unterschiedlichste Fracht gepfercht wurde« (18, 97); und »aus der Sicht der Russen« war noch das »namenlos sinkende Schiff vollbeladen mit Nazis gewesen, die [ihr] Heimatland überfallen und beim Rückzug nur verbrannte Erde hinterlassen hatten« (18, 91f.). »Der Wunsch nach einem ungetrübten Feindbild« (18, 98), das »Bedürfnis nach einer sauberen Opferbilanz« (18, 97) kann auf beiden Seiten nicht bedient werden.

Wie schon beim Treuhandgebäude in *Ein weites Feld* schildert Grass im Lebenslauf der »Gustloff« ein typisch deutsches Schicksal aus dem 20. Jahrhundert, in dem Unrecht und guter Wille, fehlgeleiteter Idealismus und Verbrechen, Schuld und Verstrickungen letztlich ein Knäuel ergeben, das niemand entwirren kann. Mit Hilfe zweckentfremdeter Gewerkschaftsgelder wird für die Organisation »Kraft durch Freude« ein erstklassiger Luxusdampfer gebaut, der selbst klassenlos ist und so den »nationalen Sozialismus« verkörpert, wie sein später Fan Konrad zu betonen nicht müde wird (18, 180 u.ö.). Im heiteren Dasein des Kreuzfahrtschiffs mit dem ehrenvollen Namen eines ›Blutzeugen der Bewegung‹ gibt es irgendwann eine unschöne Unterbrechung, wenn die »Gustloff« als Truppentransporter für die Legion Condor Hilfsdienste im Spanischen Bürgerkrieg leistet. Danach geht das so fröhliche wie nützliche Leben als Vergnügungsdampfer weiter, bis das Schiff 1939 zur Marine einberufen und während des Krieges unterschiedlichen militärischen Verwendungen zugeführt wird. Im Untergang wird das der Marine unterstellte bewaffnete Passagierschiff dann zum Mythos, zum »verfluchten, auf den Blutzeugen getauften, vom Stapel gelassenen, einst weißglänzenden, beliebten, kraftdurchfreudefördernden, klassenlosen, dreimal vermaledeiten, überladenen, kriegsgrauen, getroffenen, immerfort sinkenden Schiff« (18, 139).

Bei dieser Gemengelage ist kein Schuldiger an der Katastrophe auszumachen, selbst Konny klagt am Ende nicht mehr den Kommandanten des russischen U-Boots, sondern nur noch Dönitz als

»Verbrecher« an; denn »der Großadmiral« habe »zugelassen, daß außer den Flüchtlingen eine Masse Militärpersonal eingeschifft wurde«
(18, 182). Ebenso schwer fällt eine Schuldzuweisung beim Mord
›Wilhelms‹ an ›David‹, wie sie auf den Schlussseiten der Novelle ausführlich erörtert wird. Das beginnt mit den hilflosen Offiziellen des
Prozesses, von denen es heißt, dass

> »Anklage und Verteidigung, die [...] Gutachter und auch der Richter samt
> Beisitzern und Schöffen hilflos auf der Suche nach dem Tatmotiv herumirr-
> ten, wobei sie Gott und Freud als Wegweiser bemühten. Ständig strengten
> sie sich an, den, wie der Verteidiger sagte, ›armen Jungen‹ zum Opfer gesell-
> schaftlicher Verhältnisse, einer gescheiterten Ehe, schulisch einseitig orien-
> tierter Lernziele und einer gottlosen Welt zu machen, schließlich sogar, wie
> meine Ehemalige sich erkühnte, ›die von der Großmutter über den Sohn an
> Konrad weitergereichten Gene‹ schuldig zu sprechen« (18, 186).

Auch der hilflose Rekurs der Mutter auf die »Gene« fällt in moderner
Begrifflichkeit auf die Erklärung zurück, die alle geben, die Konny kennen. »Das ist das Böse, das rauswill«, sagt Tullas lebenslange
Feind-Freundin Jenny und Großmutter Tulla »gab ihrer Freundin
Jenny, die wieder mal den richtigen Riecher gehabt hatte, recht: ›Was
in ons drinsteckt im Kopp ond ieberall, das Beese muß raus...‹« (18,
200f.). Wenn Konnys Freundin dagegen erklärt, sie »werde immer
an das Gute in Konny glauben« muss sie »das Böse« anderswohin
auslagern: »›Nicht er, die Welt ist böse‹« (18, 203). Letzte Erklärung
bleibt so ein nicht mehr hinterfragbares ›malum‹, das in jüdisch-
christlicher Tradition darauf zurückgeführt wird, dass Adam und Eva
einst von der verbotenen Frucht gegessen haben; von den mittelalterlichen Auslegern wurde sie deshalb als ›mallum‹, als Apfel gedeutet.
    Und so heißt es betont von Konnys Auslassungen zu seiner Tat:
»Natürlich fing er bei Adam und Eva an« (18, 179), und deren Söhne hießen bekanntlich Kain und Abel. Wieder klingt so das für Grass
zentrale Thema der Erbsünde an – »wie angeblich alles mit der Geschichte von Eva und der Schlange begonnen hat« und »was davon,
rein erbsündemäßig, die Folge ist«, wie es zwei Jahre später in *Die
Box* heißt (52f.). Tulla sagt ziemlich zu Anfang von der Gustloff-
Katastrophe: »›Das heert nie auf‹« (18, 54), und der Erzähler fragt
gegen Ende: »Hört das nicht auf?«, um sich selbst, als er im Internet auf eine nun wieder die Mordtat seines Sohnes feiernde Website
stößt, im ›Krebs‹ der letzten Sätze die Antwort zu geben: »Das hört
nicht auf. Nie hört das auf.«
    So hat *Im Krebsgang* den pessimistischsten aller Grass-Schlüsse
seit Oskars Todesvision und Mahlkes finalem Untertauchen, wie
die Novelle auch die drastischste Formulierung des Grass'schen Ge-

schichtsbildes bietet. Wo sonst vom ›Stein des Sisyphos‹, der »Tretmühle der Vernunft« oder dem ›Paternoster der Geschichte‹ die Rede
war, heißt es jetzt: »Die Geschichte, genauer, die von uns angerührte
Geschichte ist ein verstopftes Klo. Wir spülen und spülen, die Scheiße kommt dennoch hoch« (18, 109).

22. Drei autobiographische Texte

Beim Häuten der Zwiebel

Grass hat selbst den tiefen Pessimismus seiner Novelle *Im Krebsgang* empfunden und notiert in seinem »Werkstattbericht« *Fünf Jahrzehnte*: »Als Gegengewicht zum düsteren und ausweglosen ›Krebsgang‹ taugten heitere Bewegungen« (5JZ 435); »spielerisch« findet er »ein neues Thema«: In Tonfiguren, Zeichnungen, Lithographien und letztlich auch Gedichten gestaltet er – melancholisch genug – *Letzte Tänze* und äußert »Zuletzt drei Wünsche«: »Komm, tanz mit mir [...] Komm, lieg bei mir [...], Komm, sieh mir zu, ob ich den Kopfstand schaffe [...]«. Sie schließen selbstironisch »Komm tanz, lieg bei, sieh und staune,/ was mir noch möglich ist bei Gunst und Laune« (1, 377). Die Gedichte, die »einige altersbedingt melancholische Einsichten leichtfüßig auflösen« (5JZ 435), erscheinen 2003 als großformatiger Band mit Kreide- und Rötelzeichnungen hingegeben tanzender und leidenschaftlich kopulierender Paare sowie einsamer Kopfständler.

Sie bilden offensichtlich den Zwischentext, den Grass nach seinem inzwischen fest etablierten Handwerksbrauch benötigt, bevor er sich an das nächste Projekt, seine Lebensbeschreibung, setzt. Die Konturen stiftet dem Lebensbericht wie bei Goethes *Dichtung und Wahrheit* und Fontanes autobiographischen Werken das Ende der Kindheit einerseits und das Ende der ersten Jugend andererseits. Grass beginnt mit dem Ausbruch des Zweiten Weltkriegs wenige Wochen vor seinem 12. Geburtstag und endet mit den späten 50er Jahren, als der Erfolg der *Blechtrommel* sich abzeichnet. Wie schon *Im Krebsgang* haben auch die Lebenserinnerungen ihre Wurzeln in den litauisch-deutsch-polnischen Gesprächen über die ›Zukunft der Erinnerung‹ in Vilnius am 2. Oktober 2000 – Grass' »Zukunft« bis 2010 wird in der Tat von der »Erinnerung« bestimmt werden. Unter dem Titel »Ich erinnere mich« reflektiert Grass programmatisch die auch für die Lebenserinnerungen, an denen er ab 2003 arbeitet, zentralen Begriffe ›Erinnerung‹ und ›Gedächtnis‹:

»Erinnerung ist – so verschwommen und lückenhaft sie erscheint – mehr als das auf Genauigkeit zu schulende Gedächtnis. Erinnerung darf schummeln, schönfärben, vortäuschen, das Gedächtnis hingegen tritt gerne als unbestechlicher Buchhalter auf. Doch wissen wir, daß mit dem Alter das Gedächtnis abnimmt, während in der Erinnerung all das, was lange verschüttet war – die Kindheit –, nun nahe gerückt erscheint, oft zu Glücksmomenten verdichtet. Mich, der ich immer noch gern in die Pilze gehe, überfällt gelegentlich die Erinnerung an jenen Augenblick, in dem ich als Kind in den Wäldern der Kaschubei plötzlich vor einem vereinzelten Steinpilz stehe. Er ist größer und herrlicher von Gestalt, als ich ihn später jemals gefunden habe. Also werde ich weiterhin suchen. Die Erinnerung hat mir ein Maß gesetzt« (20, 87).

Diese Unterscheidung von »Gedächtnis« und »Erinnerung« aus der Rede von 2000 durchzieht das ganze Buch von seiner zweiten Seite an. Grass erzählt so die fragwürdigen Bedingungen jeder möglichen Selbsterfahrung von vornherein mit:

»Die Erinnerung liebt das Versteckspiel der Kinder. Sie verkriecht sich. Zum Schönreden neigt sie und schmückt gerne, oft ohne Not. Sie widerspricht dem Gedächtnis, das sich pedantisch gibt und zänkisch rechthaben will.« (19, 8). »[O]ft gibt die Lüge oder deren kleine Schwester, die Schummelei, den haltbarsten Teil der Erinnerung ab« (19, 9). »[D]ie fragwürdigste aller Zeuginnen, die Dame Erinnerung, [...] eine launische, oft unter Migräne leidende Erscheinung, der zudem der Ruf anhängt, je nach Marktlage käuflich zu sein« (19, 59). »Das Gedächtnis beruft sich gerne auf Lücken« (19, 167).

Grass hat *Beim Häuten der Zwiebel* ohne Gattungsbezeichnung gelassen und den Text ausdrücklich nicht als ›Autobiographie‹ etikettiert. Im Gespräch mit Frank Schirrmacher, das den Teildruck der Erinnerungen in einer Tiefdruckbeilage der *FAZ* am 12.8.2006 einleitete, hat er von seinen »grundsätzlichen Einwänden gegen Autobiographien« gesprochen, u.a. gegen ihre Apodiktik, »eine Sache sei so und nicht anders gewesen« (Kölbel 2007, 28). In Nebentexten wie beispielsweise Interviews hat er jedoch die Bezeichnung zugelassen (Wickert, Kölbel 2007, 81) oder gar selbst gebraucht (gegenüber Sigried Wesener, 8.3.2010, Deutschlandradio Kultur, »Fazit am Abend«). Auf jeden Fall erfüllt der Text alle Bedingungen, die für Philip Lejeune (1994) »den autobiographischen Pakt« zwischen Autor und Leser ausmachen: Ein mit dem empirischen, auf dem Titelblatt genannten Autor auch namentlich identisches Ich erzählt, meist entlang seiner Lebenschronologie, Ereignisse, bei denen es selbst im Mittelpunkt stand.

Dass es darüber hinaus Verfahren gibt, die den Pakt von Autorseite modifizieren, ist bekannt. Um nur die berühmtesten zu nennen: Goethe gab dem Jugendteil des Gesamtprojekts *Aus meinem Leben* bewusst den Titel *Dichtung und Wahrheit* – einmal durchaus ein generelles ›caveat lector‹, vor allem aber ein Hinweis auf die Tendenz, unter dem Rubrum »Dichtung« der Darstellung seines Lebenswegs eine innere Konsequenz zu geben. Des Menschen Leben sei nur insofern etwas wert, als es eine innere Folgerichtigkeit habe, schreibt er im Alter; für Goethe ist es der Sinn des Lebens, »Resultate« zu geben. Der Grass ebenfalls bestens bekannte Fontane gab seinen Erinnerungen *Meine Kinderjahre* demonstrativ den Untertitel »Autobiographischer Roman«, einerseits um nicht »auf die Echtheitsfrage hin interpellirt« zu werden, andererseits um die Darstellung der »Kindheitsgeschichte als eine Lebensgeschichte« gelten zu lassen, denn schon im ersten Lebensjahr »stecke der ganze Mensch« – Grass zitiert den Satz fast wörtlich in *Ein weites Feld* (13, 228). Hinck (2008, 3, 8) nennt Grass' Text geradezu einen »autobiographischen Roman«, »das gemeinsame Werk des Autobiographen und des fabulierenden Erzählers Grass«, in dem sich »Dichtung und Wahrheit« »durchdringen« (ebd., 9) und weist darauf hin, dass Grass der Erzählung vom literarischen Durchbruch bei der Gruppe 47 (19, 416-425) sogar bewusst die Form des Märchens gegeben hat (ebd., 4f.).

Alle diese Probleme greift Grass in dem von ihm gewählten Titel *Beim Häuten der Zwiebel* auf, dessen vielfache Bedeutungsschichten im Buch selbst immer wieder entfaltet werden.

»Die Zwiebel hat viele Häute. Es gibt sie in Mehrzahl. Kaum gehäutet, erneuert sie sich. Gehackt treibt sie Tränen. Erst beim Häuten spricht sie wahr. Was vor und nach dem Ende meiner Kindheit geschah, klopft mit Tatsachen an und verlief schlimmer als gewollt, will mal so, mal so erzählt werden und verführt zu Lügengeschichten« (19, 9).

Diese vielfältige Aufladung mit heterogenen Bedeutungen mag der Grund sein, dass Christa Wolf den von Grass gewählten Titel ein »im Text nicht immer stimmiges Bild« nennt (Wolf 2007, 31). Zum einen ist Erinnern als Zwiebelhäuten ein tränentreibender Prozess, weil Schuld und Scham zum Vorschein kommen – ein Motiv, das in der berühmten »Zwiebelkeller«-Episode der *Blechtrommel* bereits allegorisiert wurde (19, 337; s. S. 70). Der sich erinnernde Grass gehört allerdings wie »Oskar zu den wenigen Glücklichen, die noch ohne Zwiebel zu Tränen kommen konnten«; er bedarf nur, wie einst Oskar, »weniger, ganz bestimmter Takte«, um durch Erinnerung zu Scham und Tränen zu kommen (Bt 3, 699).

Diese Tränen sind es dann, die den sonst vielleicht scharfen Blick trüben, denn »beim Häuten der Zwiebel beginnen die Augen zu schwimmen« (19, 205, ähnlich 276). Dies impliziert der Titel ebenso wie zum dritten den nicht endenden Prozess: Schicht auf Schicht wird die Zwiebel abgetragen, und jeder Haut kann sich etwas anderes eingeschrieben finden, bis sich zu guter Letzt jegliche Substanz aufgelöst zu haben scheint. Der der Originalausgabe in Form von elf

Rötelzeichnungen beigegebene Nebentext verdeutlicht diesen Auflösungsprozess bis hin zum Verschwinden, der der Progressivform »beim Häuten« im Titel entspricht.

Die zweite Erinnerungsmetapher, die das Buch durchzieht, ist die vom Bernstein:

»Wann immer mein anderes Hilfsmittel, die imaginierte Zwiebel, nichts ausplaudern will oder ihre Nachrichten mit kaum zu entschlüsselnden Lineaturen auf feuchter Haut verrätselt, greife ich ins Fach überm Stehpult meiner Behlendorfer Werkstatt und wähle unter den dort lagernden Stücken, gleich ob gekauft oder gefunden« (19, 67).

»Bernstein« steht mit seinen Einschlüssen für alles, »Was sich verkapselt hat« – so die Überschrift des zweiten Kapitels (19, 33), »schamvoll Verschlucktes, Heimlichkeiten in wechselnder Verkleidung. Was wie die Nissen der Läuse im Sackhaar nistet. Wortreich gemiedene Wörter. Gedankensplitter. Was wehtut. Immer noch...« (19, 67). Wenn die Zwiebel die dynamische Erinnerungsarbeit samt ihren Trübungen, Täuschungen und Ausweichmanövern in immer tiefere Schichten mitsamt einer letzten Ungreifbarkeit bedeuten soll, so steht der Bernstein für das, was die Gestaltpsychologie unser ›gestalthaftes Erinnern‹ nennt. In ihm sind Sommer heiß und endlos, Winter kalt und schneereich, Gewitter schwarz, laut, grell und drohend. Damit ist auch das »Verkapselte« nicht zuverlässiger, sondern lediglich statisch.

Auf eine dritte Erinnerungsmetapher hat Walter Hinck (2008, 8) hingewiesen, den Film. Das Ich imaginiert Filmszenen wie das Eheleben der Eltern als Teil seiner Wirklichkeit (19, 72), sieht sich selbst wie in einem Film, »der in ferner Zukunft spielte« (19, 169) und erlebt sich in vor einem inneren Auge ablaufenden Filmszenen (19, 324f.). Wiederholt wird die Erinnerung zum »immer wieder gestückelte[n] Film« (19, 128), der »mal in Zeitlupe, dann überschnell abläuft, mal rück-, mal vorwärtsgespult, immer wieder reißt« (19, 126) und nur »Bildsalat« (19, 127) bietet. »Hier meldet sich ein Echo auf jenen Zweifel an der Kontinuität und Identität des Ich, am Vermögen des Bewusstseins, das ›Wimmelnde‹ der Welt in eine Ordnung zu bringen« (Hinck 2008, 8).

Dieser Zweifel war bereits in einer weiteren Bedeutungsebene dem Bild der »Zwiebel« intertextuell eingeschrieben: Sowohl Goethes Konzept einer »geprägten Form, die lebend sich entwickelt«, wie es in einem der »Urworte orphisch« heißt, wie auch Fontanes Vorstellung von einem »ganzen Menschen«, der als Kern schon im Kind stecke, ist für Grass nicht länger gültig. Dies zeigt für das »Häuten der Zwiebel« der markierte Bezug auf Ibsens *Peer Gynt* gegen Ende seiner Erinnerungen. Schon seine Mutter hatte »ihr vielversprechendes Söhnchen« gern ›Peer Gynt‹ genannt. Schicht um Schicht zerlegt der Titelheld von Ibsens Dramas am Ende seines Lebens eine Zwiebel auf der Suche nach einem innersten »Kern« und findet doch »bis ins innerste Innern nichts als Schichten«. Grass zitiert Gynt geradezu, wenn er schreibt, seine »Lebenszwiebel« berge »am Ende, nachdem Haut auf Haut geschält war, keinen sinnstiftenden Kern« (19, 394; vgl. Stolz 2009, 107).

Was an die Stelle eines solchen »Kerns« tritt, zeigt die letzte der gezeichneten Zwiebeln im Bildzitat: Inmitten der abgeschälten Häute ist als zuletzt Verbleibendes ein weibliches Genital zu erkennen, mit dessen überlebensgroßer Abbildung einst der Gedichtband *Ausgefragt* abschloss – »der Spalt, der offen blieb, als die Aussicht vernagelt wurde«, wie das Gedicht »Schöne Aussicht« schließt (1, 172). Der Zeichnung gegenüber steht in *Ausgefragt* der Schluss des Gedichts »März«: »Ich hab genug. Komm. Zieh dich aus« – der schiere, nicht hinterfragte und nicht zu hinterfragende sinnliche Genuss ist für Grass immer schon ein Sinn des Lebens gewesen. Der Schüler der Existenzialisten Sartre und Camus kann ›Sinn‹ im Leben bestenfalls im einzelnen Akt und nachträglich im Gesamt des Lebensvollzugs finden.

Grass will Sartres Maxime »faire et en faisant se faire« nicht dadurch verfälschen, dass er ein nur progressiv zu findendes »se« bereits auf seine Anfänge zurückprojiziert. An die Stelle eines Ziels, eines ›telos‹ für die Goethe'sche Entelechie, tritt für Grass ein Mangel: So entspringt nicht nur Grass' Kunst, sondern auch sein Leben dem Verlust und dem Mangel. Grass strukturiert seinen Lebensbericht durch einen dreifachen Hunger. Der erste wortwörtliche wird ihm in der Kriegsgefangenschaft geradezu zum Existenzbeweis: »Wir atmeten in einer Luftblase. Und was sich soeben noch als Tatsache behauptet hatte, existierte nur ungefähr. Gewiß war einzig: mich hungerte« (19, 165). Fast genau zur selben Zeit setzt der zweite Hunger ein, »weil ich von früh bis spät und bis in die Träume hinein hungrig nach Mädchen gierte. Dieser andere Hunger [...] hielt länger als der nagende an« (19, 171). Das siebte Kapitel trägt dann die Überschrift »Der dritte Hunger« (19, 253-297), und das vorangehende schließt bedeutungsvoll: »Mühsam kam ich voran, als ich mich auf den Weg machte, um – gierig nach Kunst – meinen dritten Hunger zu stillen« (19, 252). Den ersten Hunger befriedigte der leidenschaftliche Koch Grass lebenslang mit bodenständigen Gerichten, der zweite führte nicht minder lebenslang zur »Liebe samt ihrer Fallsucht«; der dritte »zur Mühsal der nicht ausgehenden Wörter«, zum »Buch das dem Buch das dem Buch folgt«, wie Grass in einer Kurzbiographie in den *Kopfgeburten* schreibt (10, 84) – auch auf diesem Weg befindet sich Grass heute noch. Das Buch endet, als die drei existenziellen Formen seines Hungers nach Essen, Liebe und Schönheit erstmals gestillt zu sein scheinen: Der materielle Erfolg der *Blechtrommel* ist überwältigend, Grass ist – einstweilen – glücklich verheiratet, und auch den ästhetischen Qualitäten seines epischen Erstlings wurde reichlich Anerkennung zuteil.

Im gänzlich immateriellen Kochkurs eines südosteuropäischen Meisterkochs vor den hungernden Kriegsgefangenen (19, 179-206), der in anderer Form schon in *örtlich betäubt* Eingang gefunden hat (6, 96-99), verbinden sich der erste und der dritte Hunger zu einer der eindrücklichsten Gestaltungen der Grass'schen Poetik als Beschwörung einer creatio e nihilo:

»Und dank des Kochkurses ohne Zubehör – sofern von der Schultafel und ihren Kreidespuren abgesehen wird – kann ich mir dringlich Gewünschtes, sogar das Unerreichbare samt Geruch und Nebengeräusch vorstellen.[...] Sobald Zutaten günstig im Angebot waren, standen Luftsuppen, Wolkenklöße, Windhühner auf meinem Küchenzettel« (19, 206).

So wie Oskars Absage an den Entwicklungsroman zum Rückgriff auf den Pikaroroman führte, antwortet auch Grass auf das Ende der klassischen Autobiographie als Bildungsgang mit einem »pikaresken Lebensentwurf« (Durzak 2009, 9). Hinck (2008, 8) hat auf die zahlreichen Parallelen zum wichtigsten deutschen Pikaroroman, Grimmelshausens im Buch ausdrücklich erwähnten *Simplicius Simplicissimus*, hingewiesen; sogar ein »Herzbruder« hilft beiden jungen Soldaten in den Wirren des Krieges. In diese Gattungstradition gehört auch das Episodische, in das sich Grass' Erzählen häufig auflöst, und im engeren Sinne das Schwankhafte vieler pikarischer Aventiuren, vom Pissen in den Kaffee der SS-Ausbilder (19, 118-120) über das Weiden der Ziege seiner Steinmetzmeistersgattin (19, 270-273) bis zur Jam-Session mit Louis Armstrong (19, 338f.) oder dem Würfeln mit dem jungen erzkatholischen Bayern um die Frage, wer Papst wird und wer Schriftsteller (19, 382 u.ö.). Vor allem die generelle pikareske Detailbesessenheit ist es auch, die das Buch zu einer unerschöpflichen Fundgrube für zahllose stoffliche Motive macht, die später in Grass' Werke Eingang gefunden haben. »In keiner zeitgenössischen Autobiographie wird eine vergleichbare Vernetzung von Lebens- und Dichtungselementen sichtbar« (Hinck 2008, 7).

Grass' zweiter Hunger ist es, der die erotischen Bruchstücke in der pikarischen Fragmentenkette stiftet. Das beginnt mit der romantischen Erzählung »meines ersten, viel zu hastigen Versuches, zu zweit ein Fleisch zu sein; man nennt dieses Bemühen auch Liebe«

(19, 219), »im Frühsommer bei annäherndem Vollmond« (19, 215) im Heu auf einer Hunsrückwiese.

»Das werde wohl ich gewesen sein, der sich schon nach dem ersten Mal wie geübt nicht umgesehen hat. Was war, lag hinter mir. ›Dreht euch nicht um‹, rät ein Kinderlied und heißt ein Gedicht, das ich später, viel später schrieb« (19, 218).

Erst durch diese Maxime kommt es zur erotischen Aventiurenkette. Sie spannt sich von der burlesk trunkenen Hochzeitsnacht zu viert (19, 239f.), die später in die *Hundejahre* Eingang gefunden hat (5, 490ff.) über die große Liebe zu »Annerose« und deren jähes Ende, als die Mutter Grass als mit seinem Spezialwerkzeug mordenden Steinmetz verdächtigt (19, 320-325), bis zum Hafen der Ehe, der dann doch nur Ankerplatz sein sollte. Grass gestaltet seine erste Ehe, wie schon in *Mein Jahrhundert* im Eintrag zum *Blechtrommel*-Jahr 1959, als Verschmelzen des von Natur aus hochbegabten und von Kind an geübten Gesellschaftstänzers Günter mit der Ballerina Anna im gemeinsamen Tanz:

»Wenn hier gesagt wird, wir tanzten, sagt das wenig. Wir fanden uns im Tanz, kommt der Sache näher. Eigentlich müßte ich im Rückblick auf die sechzehn Jahre unserer Ehe bekennen: Richtig nahe, bis daß wir eins waren und wie geschaffen, ein Paar zu sein, ist mir Anna nur beim Tanzen gewesen, so sehr wir uns sonst liebevoll um Annäherung bemüht haben. Zu oft sahen wir aneinander vorbei, streunten anderswo, suchten, was es nicht oder nur als Phantom gab. Und dann, als wir Eltern wurden – an Pflichten gebunden – und doch einander verlorengingen, standen uns nur noch die Kinder nah, Bruno zuletzt, der nicht wußte, wo bleiben« (19, 370).

Dem Thema ›Eltern, Kinder, Pflichten‹ wird der nächste Band der Erinnerungstrilogie, *Die Box*, nahezu exklusiv gewidmet sein. Dass das Ehepaar Grass allerdings dank der Fürsorge der Schweizer Schwiegereltern Schwarz immer über eine klassische Kinderschwester zur Betreuung des Nachwuchses verfügen konnte, passt nicht zum »pikaresken Lebensentwurf« und wird deshalb von Grass meist verschwiegen.

Im Gegensatz zu den Konventionen des Entwicklungsromans oder den ganz ähnlichen der Autobiographie einer bürgerlichen Persönlichkeit schenkt pikarisches Erzählen inneren Vorgängen wenig Aufmerksamkeit. Dies gilt bei Grass auch für den Punkt, der die stärkste Beachtung aller Rezensenten gefunden hat, den SS-Eintritt und die Folgen. Der Sturm der Entrüstung tobte zwar eine Zeitlang so, als hätte man Grass als ehemaligen Kommandanten von Majdanek enttarnt, wie ein Journalist bemerkte, aber der entscheidende

Punkt wurde trotzdem übersehen: Der 17-jährige Grass war, ohne äußerlich gerade ein Mustergermane zu sein, für eine der »Junkerschulen« genannten Eliteförderungsanstalten der SS auserkoren (19, 181f.). Dennoch erfahren wir inhaltlich nichts von der NS-Ideologie, die er damals vor seinen Ausbildern so eindrucksvoll vertreten haben muss. Sie wird lediglich als »Wirrnis in Köpfen unter kurzgehaltenem Haar« »Verführte[r] undVerblendete[r]« (19, 97), als »Ausmaß meiner Dummheit« (19, 168) rubriziert. Selbst bei dem eindrucksvollen Akt des Widerstands – dem einzigen, den Grass erlebt hat –, der Weigerung des jungen Kameraden beim Arbeitsdienst, aus religiösen Gründen eine Waffe auch nur anzufassen, bleibt es bei der Negation. »Wirtunsowasnicht«, wie der junge Mann nach seiner ständig wiederholten Erklärung genannt wird, erfährt massive kollektive Ablehnung; jedoch wird nicht erzählt, gegen welchen Ehrenkodex der Junge verstößt. Durzak (2009, 12) schreibt, »man hätte gern gewusst, aus welchen Bestandteilen dieser ideologische Sud sich bei ihm zusammensetzte und worin für ihn dessen Verführungskraft bestand«. Der ganz junge Grass erlag ja derselben Verführung wie seine sehr viel älteren Dichterkollegen Hamsun, Pound und Céline oder sein Malerkollege de Chirico – von dieser intellektuell faszinierenden Seite des Faschismus hätte man gern mehr erfahren.

Dies gilt aber generell für den intellektuellen Bereich. Auch die Gespräche mit den vom Steinmetzpraktikanten Grass beeindruckten Franziskanern im Düsseldorfer Lehrlingsheim, von deren Prägekraft Grass oft berichtet hat, reduzieren sich im Lebensbericht letztlich auf ein Schwankmotiv: Ausgerechnet dem nimmersatten Frauenhelden wird vom Prior Pater Fulgentius »im zentralen Kloster des Franziskanerordens« Stelle und Zelle des »hochbetagt« verstorbenen »Bruders Bildhauer, Pater Lukas« angeboten (19, 295). Darüber hinaus erfahren wir vom Glauben der Franziskaner so wenig wie von den stundenlangen Pariser Unterredungen mit Paul Celan oder Grass' intellektueller Auseinandersetzung mit Camus und Sartre und deren Streit.

Den unvorstellbaren Sturm der Entrüstung, den Grass' Enthüllung seiner SS-Mitgliedschaft im publizistischen Sommerloch 2006 auslöste, dokumentiert Kölbel 2007. Schon bald reduzierte sich die Empörung auf die Frage nach den Gründen für Grass' fast lebenslanges Schweigen, worauf der Autor nur antworten konnte, dass man einen solchen Zeitpunkt wohl selbst bestimmen dürfe. Die Häme und die Schadenfreude über das Straucheln des Klassenprimus ausgerechnet in der Betragensnote, die sich oft bis zum Vernichtungswillen steigerten, verletzten Grass tief. Er floh wieder einmal in die Kunst. Der schreckliche Monat August 2006 mit dem Pressewirbel, der ihn um sein gesamtes moralisches und politisches, ja, in Extremfällen auch um sein künstlerisches Lebenswerk, sogar um den Nobelpreis bringen wollte (vgl. dazu das Gedicht »Nach fünf Jahrzehnten oder elf Runden«, 1, 398), wurde zum Band *Dummer August* (2007) mit spontan entstandenen Gedichten und großformatigen Kohlezeichnungen.

Die Box. Dunkelkammergeschichten

Im letzten Absatz von *Beim Häuten der Zwiebel* fasst Grass sein Leben nach den späten 50er Jahren lapidar zusammen: »So lebte ich von Seite zu Seite und zwischen Buch und Buch. Dabei blieb ich inwendig reich an Figuren«, fügt aber gleich hinzu: »Doch davon zu erzählen, fehlt es mir an Zwiebeln und an Lust.« In der Tat beendet Grass mit dem ersten Erinnerungsband den so bemühten wie tränentreibenden und mitunter schmerzhaften Prozess des Häutens seiner selbst wie einer Zwiebel und wechselt für die »Fortsetzung [s]eines autobiografischen Schreibens« (Wesener 2010) die Genres. In *Die Box* wählt er die Märchenform und für deren Ergänzung, *Grimms Wörter*, eine Mischform aus Essay und Bericht unter Einschluss märchenhafter Elemente. Inhaltlich handelt *Die Box* vom Leben »von Seite zu Seite«, d.h. von Grass' Werken ab 1959, und vom Leben »zwischen Buch und Buch«, ohne das es die Kinder nicht gäbe. *Grimms Wörter* werden dann, eingebettet in eine umfassende »Liebeserklärung« – so der Untertitel – an die deutsche Sprache und ihren Grimm'schen Thesaurus, die Erinnerungen an das politische Wirken nachtragen.

Der erste Absatz von *Die Box* entfaltet die gesamte Erzählsituation:

»Es war einmal ein Vater, der rief, weil alt geworden, seine Söhne und Töchter zusammen – vier, fünf, sechs, acht an der Zahl –, bis sie sich nach längerem Zögern seinem Wunsch fügten. Um einen Tisch sitzen sie nun und beginnen sogleich zu plaudern: jeder für sich, alle durcheinander, zwar ausgedacht vom Vater und nach seinen Worten, doch eigensinnig und ohne ihn, bei aller Liebe, schonen zu wollen« (Box, 7).

Grass hat nie den illusionistischen oder gar abschätzigen Märchenbegriff der Alltagssprache akzeptiert. Wie vor allem das Kapitel »Glaube Hoffnung Liebe« aus der *Blechtrommel*, das »Schlußmärchen« des zweiten Buchs der *Hundejahre*, *Der Butt* und wesentliche Teile der *Rättin* zeigen, ist die Märchenform für Grass stets eine besonders herausgehobene Form, die »den Realitätsgehalt des wirklichen Geschehens noch erhöhen und verdeutlichen« kann (Kesting 2008).

Inhalt des Märchens sind vom Vater erdachte Gespräche der Kinder über ihren Vater, die vom Tontechnikersohn »Jorsch« mit einem Tischmikrofon aufgenommen werden. »Der Vater« – Grass, dessen Name niemals fällt – bedient sich also des Tricks des fiktiv fremden Blicks und zeichnet ein Selbstporträt aus der verfremdeten Perspektive seiner Kinder.

In der Realität des Entstehungsprozesses wurde die zweite Manuskriptfassung allen acht Kindern zugeschickt: Raoul, Franz, Laura und Bruno aus der Ehe mit Anna, den außerehelichen Töchtern Lene und Nele sowie Malte und Hans Grunert, den Söhnen der zweiten Frau Ute aus deren erster Ehe. Deren zum Teil heftige Proteste fanden dann in der dritten und vierten Fassung Berücksichtigung. »Nach Vaters Regie« versammeln sich »in neun Treffen, die sind von mir rein erfunden« (Kesting 2008) alle acht Kinder unter leicht verfremdeten Namen in fast menuettmäßiger Abfolge zu selbst gekochten Essen: Beim ersten Treffen lädt der Vater alle acht ein, beim zweiten bis vierten, zu denen reihum die drei Söhne einladen, bleiben die Kinder aus der Ehe mit Anna unter sich. Beim fünften – Gastgeber ist die eheliche Tochter »Lara« – kommen die beiden außerehelichen Töchter »Lena« und »Nana« dazu. Beim sechsten fehlen die Zwillinge und Nana, beim siebten bis neunten Treffen sind alle acht dann vollständig.

Gegenstand ihrer Gespräche ist das jeweilige Erleben einer zerbrechenden, einer zerbrochenen und einer dann wieder »zusammengestückelten Familie«, das Herantreten von außen wie das Fremdwerden von innen, Hineinwachsen und Auseinanderleben bis zur Wohlstandsverwahrlosung, und über all dem der überwiegend abwesende, weil nur »von Seite zu Seite« lebende Vater. In seinem Märchen erhofft und erschreibt sich »der Vater« Absolution von den Kindern für ihnen zugefügtes »frühes Leid« (Box, 121). Zugleich gewinnt Grass so die Möglichkeit, die zutiefst schmerzlichen Krisen von 1969 bis 1979, das Scheitern der ersten Ehe, die beiderseitige Neuorientierung, das Scheitern der Beziehung zu Veronika Schröter, der »Ilsebill« des Butt, die zeitweilige rechtliche oder emotionale Beziehung zu mindestens vier Frauen gleichzeitig, aus der Sicht der Kinder ohne »Schuldzuweisungen« und ohne »abzurechnen« (Kesting 2008) zu erzählen. »Auch das ist wie ein Märchen aus meiner Sicht, dass diese acht Kinder, von verschiedenen Müttern, mit verschiedenem Herkommen, doch eine große Familie geworden sind«, mit »dem Vater« als »Patriarchen« (Kesting 2008).

Mit der von den Kindern erzählten Entstehung der Werke von *Katz und Maus* bis zu *Ein weites Feld* eng verknüpft ist die titelgebende Agfa-Box von Maria Rama (1911-1997), der Freundin,

Betreuerin und Vermehrerin von Grass' Foto-Archiv seit den 50er Jahren – die Widmung lautet »In Erinnerung an Maria Rama« (vgl. auch das Gedicht »Mariazuehren«, 1, 209-211). Der Untertitel *Dunkelkammergeschichten* bezieht sich auf Bilder, die Maria Rama mit einer Agfa-Box knipst und dann in ihrer Dunkelkammer von Hand entwickelt. Die Box hat als einzige den Brand des Ateliers im Krieg überlebt, den Lederkasten »angekokelt«, aber seitdem mit märchenhaften Eigenschaften begabt, wie Maria erläutert:

»›Meine Box macht Bilder, die gibt's nicht. Und Sachen sieht die, die vorher nicht da waren. Oder zeigt Dinge, die möchten euch nicht im Traum einfallen. Ist allsichtig, meine Box. Muß ihr beim Brand passiert sein. Spielt verrückt seitdem.‹« (Box, 19) »›Meine Box ist wie der liebe Gott: sieht alles, was ist, was war und was sein wird: Die kann keiner beschummeln. Hat einfach den Durchblick‹« (Box, 56).

Diese Box, »Wunder genug«, »heilig sogar« (Box, 55), wird im gesamten Text als weiteres Bild der Grass'schen Poetik breit entfaltet. War der Koch im Kriegsgefangenenlager eine Verkörperung der Kunst als göttlicher creatio e nihilo, so repräsentiert diese spezielle Kamera, die Vergangenheit und Zukunft, Erdachtes und Gewünschtes mitfotografiert und zu »virtuelle[n] Szenen« (Box, 157) verdichtet, nicht nur Grass' epische Zeit der »Vergegenkunft« (s. S. 178), sondern auch die Fähigkeit der Kunst, die Dinge des Alltags zu steigern, für Grass typisches »gefundenes Zeug [...], Muscheln, [...] kaputte Puppen, krumme Nägel, ne unverputzte Mauer, Schneckenhäuser, Spinne im Netz, plattgefahrene Frösche« (Box, 16). Maria fotografiert für Grass die Motive seiner Werke, damit sich der, »was früher war, genau vorstellen« kann. »[W]as eigentlich nicht existierte«, kam »wie echt gelebt aus der Dunkelkammer« (Box, 41). Von Oskars Reflexionen über die Fotografie und seinen Versuchen, mittels Collage und Montage »neue, und wie wir hofften, glücklichere Geschöpfe zu erschaffen« (Bt 3, 60) im *Blechtrommel*-Kapitel »Das Fotoalbum« bis zur knipsenden Ute in *Ein weites Feld* benutzt Grass immer wieder das Motiv des Fotografierens zur Illustration seines epischen Konzepts (vgl. Römhild 2008) – für dieses Thema ist *Die Box* eine unerschöpfliche Fundgrube.

Grimms Wörter. Eine Liebeserklärung

Erzählt *Die Box* aus der verfremdeten Sicht der Kinder vom »Kuddelmuddel« (Box, 73-96) der Liebe und von den Kindern als deren natürlicher Folge einerseits und von den Raum und Zeit, Realität und Banalität übersteigenden Kunstwerken andererseits, so war eine Darstellung von Grass' ebenso langjährigem wie vielfältigem politischem Engagement aus dieser Perspektive nicht möglich. Er entwickelt deshalb in seinem »wahrscheinlich letzte[n] Buch« (GW, 268) einen Doppeleinfall und verbindet »Eine Liebeserklärung« an die deutsche Sprache mit Rückblicken auf sein politisches Wirken. Für beides stehen die Brüder Jacob und Wilhelm Grimm mit dem von ihnen konzipierten und begonnenen *Deutschen Wörterbuch* einerseits und ihrem politischen Wirken andererseits: 1837 waren sie die Prominentesten unter den »Göttinger Sieben«, die gegen den Hannoverschen Verfassungsbruch von oben protestierten, und Jacob Grimm gehörte 1848/49 sogar dem Frankfurter Paulskirchen-Parlament an. Ihr vom empirischen Autor Grass verfasster Lebensbericht bildet den Rahmen des Buches.

Grass hatte die Brüder Grimm in dieser Doppelrolle schon früher in seinen Werken behandelt; im sechsten Kapitel des *Butt* treten sie als romantische Märchensammler auf (s. S. 158), und in der Fortschreibung in der *Rättin* begegnen sie dem Leser als Minister und Staatssekretär im Bundesumweltministerium (s. S. 194); zudem spielt die 1984 im Handlungsjahr der *Rättin* erschienene Taschenbuchausgabe ihres Wörterbuchs in diesem Text eine wichtige Rolle. Lebenslanger Dienst am Wort, lustvoller »Oralverkehr mit Vokalen« (GW, 350) einerseits und »andererseits meine aus Bürgersinn nicht enden wollende Tätigkeit in der politisch betriebenen Tretmühle« (GW, 35) verbinden Grass mit den Grimms: »Ich aber sehe sie als Doppelgespann lebenslänglich vor den stets überladenen Bücherkarren gespannt« (GW, 11). »So, über Wortbrücken sind wir verbunden« (GW, 13); auch er ist, »was sie zeitlebens waren, wortversessen« (GW, 349). Wie schon im *Treffen in Telgte* und in *Ein weites Feld* erwachsen aus dem Quellenstudium lebendige Gestalten; es kommt immer wieder zu fiktiven Begegnungen, ohne jedoch den Rahmen eines Essays zu sprengen und zur ›fiction‹ zu werden. Ein Unterschied zwischen Grass und den Grimms scheint darin zu liegen, dass die Grimms sich lebenslang »ein möglichst windstilles Daheim« (GW, 139) sichern wollten, was bei Grass stets für den unerlaubten Rückzug aus der Gesellschaft steht. Oder hätte auch Grass wie die Grimms sich sein Leben gelegentlich »windstiller« gewünscht, hätten die Zeitläufe dies zugelassen?

»Das wahrscheinlich letzte Buch« (GW, 268) nimmt zugleich das erste in einem formalen Zug bewusst wieder auf: Dieter Stolz hat gezeigt, dass *Die Blechtrommel* gegenläufig von »Z« nach »a« erzählt war – »Zugegeben« war ihr erstes und »ja« ist ihr letztes Wort –, und weist weitere Beispiele für die »Vorliebe des Autors für bisweilen strukturbildende Buchstabenspiele« nach (1994, 291f.). *Grimms Wörter* führen nun ebenso bewusst von »A wie Anfang bis Z wie Zettelkram«, wie es eingangs heißt, während das Inhaltsverzeichnis neun Kapitel aufweist, deren erste sechs von den noch von den Grimms persönlich behandelten Buchstaben A bis F dominiert werden – über dem Artikel »frucht« ist Jacob 1863 vier Jahre nach seinem Bruder Wilhelm gestorben. Von »Im Asyl« bis »Am Ziel« erzählt Grass das Leben der Grimmbrüder und das Schicksal ihres Wörterbuchs; »vom Adamsapfel bis zur Zwangsausweisung« (GW, 23) spannt sich ihr und unser aller Leben; und der alphabetische Aufbau erlaubt es Grass, wie einst in der *Blechtrommel*, »der bis dahin ängstlich zurückgepfiffenen Sprache Auslauf zu schaffen« (15, 329). Immer wieder bricht der Autor zu alliterierenden Wortkaskaden auf, zum Buchstaben A etwa S. 28ff.; zitiert sei das Spiel mit dem E:

»Jacob erachtete ihn als gering. Mir aber will in seiner Vielfalt der Buchstabe E schön klingen. Gern sage ich Elritze, ergehe mich unter Eschen und Eichen, erinnere mich beim Entenessen an einst gegessene Enten, ecke Buchseiten Eselsohren, gieße eingelegten Heringen Essig nach, bin des Bernsteins Einschluß, entfliehe der Enge, hänge am Euter, erzeuge, erzähle, pfeife auf Ehre, verlache, was sich erhaben gibt, habe es mit dem neutralen es, sage: es tagt, es nachtet, treibt, zieht, tobt, dunkelt, beschämt, verwundert, zerstreut mich, es hat sich was, es will so sein, es ist wie es ist, es war ein König in Thule, es blies ein Jäger wohl in sein Horn, es zogen zwei Grenadiere, es ist ein Ros entsprungen, ›es war‹, wie Goethe sagt, ›ein herzig veilchen‹, und bei Johannes steht: ›es ist vollbracht‹« (GW, 171f.).

Solche Wortkaskaden verdichten sich dann wieder zu von einzelnen Buchstaben dominierten Gedichten, von »Ach, alter Adam!« (GW, 25) bis zu »Zog mich aus, lag aus Wollust dem W bei,/träumte danach vom V, einer vornehmen Dame,/erwachte jedoch neben der Hure X,/die mir ein U vormachte [...]« (GW, 353).

In seinen »Oralverkehr mit Vokalen« legt der Autor dann, ebenfalls alphabetisch nach Stichwörtern, Erinnerungen an seine politischen Aktivitäten ein, unter B etwa an seine Offenen Briefe an Anna Seghers oder Kiesinger, an seine politischen Briefwechsel mit Pavel Kohout oder Kenzaburô Ôe, aber auch an die politische Zusammenarbeit mit Heinrich Böll bei der Zeitschrift *L 76/ L80* (GW, 51) oder an seinen politischen Mentor Willy Brandt (GW, 79-83). Das E gewährt, angehängt an ›Elend‹, ebenso Raum für das von ihm mit herausgegebene Armutsbuch *In einem reichen Land* (Grass/ Dahn/Strasser 2002) wie es Anlass für eine Schilderung seines Ausflugs in die Entwicklungshilfe bietet (GW, 196ff.). Jacob Grimms letzte große Rede vor der Berliner Akademie der Wissenschaften,

»Über das Alter«, 1860 liefert die Stichworte zu sehr persönlichen
Betrachtungen des Autors über Alter und Tod und das Märchenwort
»Rapunzel, Rapunzel, laß mir dein Haar herunter« zu solchen über
die Liebe, »denn lebenslang habe ich mich zu ihr, wie immer anders
sie hieß, hochgehangelt« (GW, 284).

»Wo alles wüst lag, glänzten einzig die Wörter« hatte es pro-
grammatisch im *Treffen in Telgte* (9, 21) geheißen. In der Wüste
der Welt bleiben dem Bürger Grass nur die politisch dreinredenden
Wörter und dem Dichter Grass deren poetischer Glanz. Auf dieses
Bild kommt Grass als Resümee seines politischen Wirkens »in der
Rolle des Wüstenpredigers« (GW, 336) zurück:

»Verschrien als Rechthaber, Besserwisser, Moralapostel sehe ich mich, be-
spuckt und verhöhnt und mißachtet, wie vormals der biblische Sünden-
bock, der belastet mit der Menschenkinder schuldhaftem Tun in die Wüste
geschickt wurde, wo gut predigen ist.
Also [...] die Wüstenstille suchen. Oder mit Gottfried Keller – ›arbeit ist das
wärmste hemde, frischer quell im wüstensand‹ – nur noch Wörter setzen,
und sei es die der Klage: Weh, Wehruf, Wehgeschrei« (GW, 337).

So sieht sich Grass im Schlussbild des Buches »mit Jacob und Wilhelm in einem Boot [...], damit wir von A wie Abschiednehmen bis
Z nah ans Ziel kommen und noch einmal die Vokale feiern« (GW,
357). Die politischen Stichworte sind stets etwas Vorläufiges und
Vorletztes, als Letztes bleiben nach den Worten des Musikers Schütz
im *Treffen in Telgte* nur die »geschriebenen Wörter [...], welche nach
Maßen der Kunst zu setzen einzig die Dichter begnadet seien.« Allein sie vermögen »der Ohnmacht – er kenne sie wohl – ein leises
›dennoch‹ abzunötigen« (9, 79). Nach so vielen Gedichten, Dramen, Novellen, Erzählungen und Romanen schließt Grass sein Werk
einstweilen mit *Grimms Wörter. Eine Liebeserklärung*. Sie gilt »dem
gewichtigsten aller Wörter, dem Wort« (GW, 352).

Kurzbiographie

1927	16.10. geboren in Danzig-Langfuhr, wo die Familie ein Lebensmittelgeschäft betrieb.
1933-1944	Besuch der Volksschule und des Gymnasiums Conradinum sowie nach Schulverweisen der St. Petri-Oberschule und dann des Gymnasiums St. Johann; erste schriftstellerische und bildhauerische Versuche; Mitglied des Jungvolkes und der Hitlerjugend, ab 1942 Luftwaffenhelfer, dann Einberufung zum Arbeitsdienst.
1944-1945	Kriegsteilnahme als Panzerschütze bei der SS-Division Jörg von Frundsberg: »Ich selbst habe bis ganz zum Schluß 1945 gedacht, daß unser Krieg richtig war« (*Time*, 13.4.1970, S. 74).
1945	Verwundung bei Cottbus, Lazarettaufenthalt in Marienbad; Amerikanische Kriegsgefangenschaft in Bayern.
1946-1947	Entlassung aus der Kriegsgefangenschaft; Verzicht auf Nachholen des Abiturs; Arbeit als Koppeljunge in einem Kalibergwerk bei Hildesheim.
1947-52	Steinmetzlehre in Düsseldorf, danach Studium an der Kunstakademie, Bildhauerei bei Sepp Mages und Graphik bei Otto Pankok; Mitglied einer Jazzband – Grass am Waschbrett – mit Horst Geldmacher und Gerhard Scholl.
1951	Italienreise bis Sizilien; 1952 Frankreichreise.
1953	Übersiedlung nach Berlin, um das Studium der Bildhauerei an der Hochschule für bildende Künste bei Karl Hartung fortzusetzen.
1954	Heirat mit Anna Schwarz aus Lenzburg in der Schweiz.
1955	Dritter Preis im Lyrikwettbewerb des Süddeutschen Rundfunks (den ersten und zweiten Preis erhielten Christine Busta und Wieland Schmied); Einladung zur Lesung auf der Tagung der Gruppe 47 in Berlin; Beginn der Freundschaft mit Walter Höllerer.
1956	*Die Vorzüge der Windhühner*.
1956-1959	Aufenthalt in Paris; Freundschaft mit Paul Celan.
1957	Geburt der Zwillinge Franz und Raoul.
1958	Tagung der Gruppe 47 in Großholzleute im Allgäu; Grass liest aus dem Manuskript der *Blechtrommel* vor und erhält den Preis der Gruppe 47; Literarischer Förderpreis des Kulturkreises im Bundesverband der Deutschen Industrie e.V.; Uraufführung von *Onkel, Onkel*; Reise nach Polen, um am Schauplatz des Romans zu recherchieren.
1959	Erscheinen der *Blechtrommel*; Beginn der Arbeit am Komplex von *Katz und Maus* und *Hundejahren* unter dem Arbeitstitel *Kartoffelschalen* (Vorabdruck daraus in: *Akzente* 8, 1961, auch in Neuhaus Hj 2010); Grass wird von der Jury der Bremer Literatur-Preis zuerkannt, aber der Senat verweigert seine Zustimmung (der Vorgang ist dokumentiert in Arnold/Görtz 1971, 263-281); Aufgabe der bildhauerischen Arbeit bis 1981; zweite Polenreise.

1960	Übersiedlung nach Berlin; Erscheinen des Gedichtbands *Gleisdreieck*; Berliner Kritikerpreis; dritte Polenreise; Grass trägt auf der Tagung der Gruppe 47 Teile aus den *Kartoffelschalen* vor.
1961	*Katz und Maus* scheidet aus dem Komplex *Kartoffelschalen* aus und erscheint separat als *Eine Novelle*; Uraufführung von *Die bösen Köche*; Geburt der Tochter Laura; erste politische Arbeiten für Willy Brandt: »Anreden, Arbeiten redigieren, Texte erfinden«.
1962	Französischer Literaturpreis für *Die Blechtrommel* als ›Le meilleur livre étranger‹.
1963	*Hundejahre*; Aufnahme in die Berliner Akademie der Künste. *Mystisch, barbarisch, gelangweilt*, das dramatisierte Kapitel aus der *Blechtrommel*, wird in den Düsseldorfer Kammerspielen uraufgeführt.
1964	Reise in die USA; Rede zum 400. Geburtstag Shakespeares: »Vor- und Nachgeschichte der Tragödie des Coriolanus von Livius und Plutarch über Shakespeare bis zu Brecht und mir« (14, 58-84).
1965	Ehrenpromotion des Kenyon College, USA; selbst verantwortete und organisierte Wahlreise für die SPD mit 52 Veranstaltungen in der ganzen Bundesrepublik; Georg-Büchner-Preis; Geburt des Sohnes Bruno Thaddäus.
1966	Uraufführung von *Die Plebejer proben den Aufstand*; Reisen in die USA, die ČSSR und nach Ungarn.
1967	Gedichtband *Ausgefragt*; Reise nach Israel; Uraufführung des Films *Katz und Maus* in Berlin (Produzent: Hansjürgen Pohland).
1968	Carl von Ossietzky-Medaille des Kuratoriums der Internationalen Liga für Menschenrechte (Sektion Berlin)
1969	Theodor-Heuss-Preis; Uraufführung von *Davor*; Erscheinen von *örtlich betäubt*; Reisen nach Rumänien, Jugoslawien, Ungarn und in die ČSSR; Bundestagswahlkampf für die SPD mit 190 Veranstaltungen.
1970	Reise in die UdSSR; Grass begleitet Bundeskanzler Brandt zur Unterzeichnung des Deutsch-Polnischen Vertrages nach Warschau; Uraufführung des Balletts *Die Vogelscheuchen* nach der Vorlage in den *Hundejahren* (Musik: Aribert Reimann, Choreographie: Marcel Luipart).
1971	Rede in Nürnberg zum Dürer-Jahr *Vom Stillstand im Fortschritt – Variationen zu Albrecht Dürers Kupferstich ›Melencolia I‹* (Entstehungsgeschichte und Abdruck in *Aus dem Tagebuch einer Schnecke*).
1972	Bundestagswahlkampf für die SPD mit 129 Veranstaltungen; Erwerb eines Hauses in Wewelsfleth, Schleswig-Holstein; *Aus dem Tagebuch einer Schnecke*.
1972-1977	Arbeit am *Butt*, zunächst mit Gedichten, Zeichnungen und kurzen Erzählpassagen.
1973	*Mariazuehren* (Gedichte und Fotos von Maria Rama zur künstlerischen Arbeit); USA-Reise aus Anlass des Erscheinens der Übersetzung von *Aus dem Tagebuch einer Schnecke*; Israel-Reise mit Willy Brandt.
1974	*Liebe geprüft* (Mappe mit Radierungen und Gedichten zu Motiven des späteren *Butt*); Geburt von Helene Grass, dem Kind in *Der Butt*, dem auch das Buch gewidmet ist; 23.4. Austritt aus der katholischen Kirche.
1974-1980	Deutsch-deutsche Autorentreffen in wechselnden Ostberliner Privatwohnungen ostdeutscher Schriftsteller.

1975   Erste Indien-Reise (in den *Butt* eingegangen).

1976   *Mit Sophie in die Pilze gegangen* (Lithographien und Gedichte zu The-
            men aus *Der Butt*); Ehrenpromotion der Harvard University, USA;
            Mitbegründer und -herausgeber der Zeitschrift *L 76* (mit Carola
            Stern und Heinrich Böll).

1977   *Der Butt*; *Als vom Butt noch die Gräte geblieben war* (Radierungen und
            Gedichte zu *Der Butt*); Mondello-Preis.

1978   Reise nach Japan, Indonesien, Thailand, Hongkong, Indien, Kenia
            (vgl. den Essay »Im Wettlauf mit den Utopien«, *Die Zeit* Nr. 25,
            1978); Premio Letterario Viareggio; Alexander-Majkowski-Medaille,
            Danzig; Stiftung des »Alfred-Döblin-Preises«; Verfilmung der *Blech-
            trommel* unter der Regie von Volker Schlöndorff.

1979   *Das Treffen in Telgte*; Der Film *Die Blechtrommel* erhält die ›Goldene
            Schale‹ des Bundesfilmpreises.

1980   Der Film *Die Blechtrommel* erhält den ›Academy Award‹ (»Oscar«)
            für den besten fremdsprachigen Film; *Kopfgeburten oder die Deutschen
            sterben aus*; Teilnahme am offiziellen Schriftstellertreffen in Ostberlin;
            Neuerscheinen von *L 76* als *L 80* (bis 1988).

1982   Teilnahme am Haager Schriftstellertreffen; Reise nach Nicaragua;
            Erscheinen von *Zeichnen und Schreiben I* (Zeichnungen und Texte
            1954-1977) und der Mappe *Vatertag* mit 22 Lithographien; Feltri-
            nelli-Preis, Rom; Eintritt in die SPD aus Anlass des konstruktiven
            Misstrauensvotums gegen Helmut Schmidt.

1983   Wahl zum Präsidenten der Berliner Akademie der Künste (bis 1986);
            Ach Butt, dein Märchen geht böse aus; Teilnahme am Westberliner
            Schriftstellertreffen.

1984   *Zeichnen und Schreiben II* (Radierungen und Texte 1972-1982).

1985   Schenkung des Hauses in Wewelsfleth an das Land Berlin; das »Al-
            fred-Döblin-Haus« wird von Schriftstellern zu Arbeitsaufenthalten
            genutzt.

1986   *Die Rättin*; Erwerb eines Hauses in Behlendorf, Schleswig-Holstein;
            *In Kupfer, auf Stein. Werkverzeichnis der Radierungen und Lithographi-
            en*; August 1986 bis Januar 1987 Aufenthalt in Calcutta mit Reisen
            in Indien und Bangladesh.

1987   Zum 60. Geburtstag erscheint eine 10-bändige Werkausgabe; Er-
            scheinen von *Es war einmal ein Land* (2 Langspielplatten): Grass liest
            aus *Blechtrommel* und *Rättin*, begleitet vom Dresdner Schlagzeuger
            Günter ›Baby‹ Sommer.

1988   *Zunge zeigen* erscheint, desgleichen *Calcutta*, eine Mappe mit Radie-
            rungen; Austritt aus der Berliner Akademie der Künste wegen deren
            mangelnder Solidarisierung mit Salman Rushdie.

1989   *Skizzenbuch*; Rede vor dem Club of Rome: »Zum Beispiel Calcutta«.

1990   *Totes Holz, Deutscher Lastenausgleich, Deutschland, einig Vaterland?*,
            Schreiben nach Auschwitz (Grass' Vortrag im Rahmen der Frankfurter
            Poetik-Dozentur); *Ein Schnäppchen namens DDR*; Lithographiemap-
            pe *Kahlschlag in unsern Köpfen*; Ehrendoktor der Universität Poznan;
            öffentliche Lesung der gesamten *Blechtrommel* im Deutschen Theater
            in Göttingen.

1991   *Vier Jahrzehnte. Ein Werkstattbericht, Brief aus Altdöbern*; die von
            Grass gelesene *Blechtrommel* erscheint auf Kassetten.

1992	*Unkenrufe*; Grass erhält die Plakette der Freien Akademie der Künste in Hamburg, die für herausragende Verdienste und in Anerkennung eines Lebenswerks vergeben wird; 18.12. Austritt aus der SPD wegen Differenzen in der Zuwanderungspolitik.
1993	*Novemberland. 13 Sonette.*
1995	*Ein weites Feld* erscheint mit größtenteils geradezu vernichtendem Medienecho.
1996	Auszeichnung mit dem Sonning-Preis, der höchsten kulturellen Auszeichnung Dänemarks; Hans-Fallada-Preis der Stadt Neumünster; Thomas-Mann-Preis der Stadt Lübeck.
1997	*Fundsachen für Nichtleser* (Aquarelle und Gedichte).
1998	Wiederaufnahme in die Berliner Akademie der Künste
1999	*Mein Jahrhundert* (Textausgabe und großformatige Ausgabe mit aquarellierten Jahres-Icons); *Auf einem anderen Blatt* (Zeichnungen); Prinz von Asturien-Preis, Spanien; Nobelpreis für Literatur.
2001	*Mit Wasserfarben* (Aquarelle).
2002	*Im Krebsgang. Eine Novelle. Gebrannte Erde* (Plastiken); Eröffnung des »Günter Grass-Hauses« in Lübeck als Forum für Literatur und Bildende Kunst.
2003	*Letzte Tänze* (Gedichte und Zeichnungen).
2004	*Lyrische Beute* (ausgewählte Gedichte und Zeichnungen); *Der Schatten. Hans Christian Andersens Märchen – gesehen von Günter Grass*; *Fünf Jahrzehnte – Ein Werkstattbericht.*
2005	Hans-Christian-Andersen-Preis der Stadt Odense.
2006	*Beim Häuten der Zwiebel.*
2007	*Dummer August* (Gedichte und Zeichnungen).
2008	*Die Box. Dunkelkammergeschichten.*
2009	*Unterwegs von Deutschland nach Deutschland – Tagebuch 1990.*
2010	*Grimms Wörter.*

Literaturverzeichnis

1. Werke von Günter Grass

Werkausgabe in 20 Bänden. Göttingen 2007. Nach dieser Ausgabe wird unter Angabe der Bandnummer mit nachgestellter Seitenangabe zitiert, in Zweifelsfällen unter Hinzufügung der beigefügte Sigle: (Bt 3, 613).

Band 1: Gedichte und Kurzprosa
Band 2: Theaterspiele
Band 3. Die Blechtrommel (Bt)
Band 4: Katz und Maus (KuM)
Band 5: Hundejahre (Hj)
Band 6. örtlich betäubt (öb)
Band 7: Aus dem Tagebuch einer Schnecke (Tb)
Band 8: Der Butt (Butt)
Band 9: Das Treffen in Telgte (TiT)
Band 10: Kopfgeburten oder Die Deutschen sterben aus (Kg)
Band 11: Die Rättin (Rt)
Band 12: Unkenrufe (U)
Band 13: Ein weites Feld (WF)
Band 14: Essays und Reden I
Band 15: Essays und Reden II
Band 16: Essays und Reden III
Band 17: Mein Jahrhundert (MJ)
Band 18: Im Krebsgang (IK)
Band 19: Beim Häuten der Zwiebel (Zwiebel)
Band 20: Essays und Reden IV

Werkausgabe in zehn Bänden. Hg. von Volker Neuhaus. Darmstadt, Neuwied 1987. Kritisch durchgesehen, kommentiert und mit Nachworten versehen; ausgestattet mit Karten von Danzig, Langfuhr und dem Freistaat (in II), einer Tabelle zur Geschichte Danzigs (in V), einer Bibliographie von Grass' publizistischen Arbeiten (in IX) und einer Grass-Vita in Selbstaussagen (in X).

Buchveröffentlichungen außerhalb der Werkausgabe

D. Hermes (Hg.): Günter Grass/Helen Wolff Briefe 1959-1994. Göttingen 2003.
Alfred Döblin. Das Lesebuch. Hg. von Günter Grass. Ausgewählt und zusammengestellt unter Mitarbeit von Dieter Stolz. Frankfurt/M. 2009.
G. Grass/D. Dahn/J. Strasser (Hg.): In einem reichen Land. Zeugnisse alltäglichen Leidens an der Gesellschaft. Göttingen 2002.
»Die Blechtrommel« als Film (Mit Volker Schlöndorff). Frankfurt/M. 1979.

Zunge zeigen. Ein Tagebuch in Zeichnungen, Prosa und einem Gedicht. Darmstadt 1988 (Zz).
Totes Holz. Ein Nachruf. Göttingen 1990 (TH).
Brief aus Altdöbern. Remagen 1991.
Fundsachen für Nichtleser. Göttingen 1997.
Fünf Jahrzehnte. Ein Werkstattbericht. Hg. von G. Fritze Margull. Göttingen 2004 (5Jz).
Die Box. Dunkelkammergeschichten. Göttingen 2008 (Box).
Unterwegs von Deutschland nach Deutschland. Tagebuch 1990. Göttingen 2009 (Unterwegs).
Grimms Wörter. Eine Liebeserklärung. Göttingen 2010 (GW).

Politische Schriften

Briefe über die Grenze. Versuch eines Ost-West-Dialogs. (Mit Pavel Kohout). Hamburg 1968.
H.L. Arnold und F.J. Görtz (Hg.).: Günter Grass – Dokumente zur politischen Wirkung. Edition Text + Kritik 1971.
Wenn wir von Europa sprechen. Ein Dialog mit Françoise Giroux. Frankfurt/M. 1989.
Deutschland, einig Vaterland? Streitgespräch mit Rudolf Augstein. Göttingen 1990.
Günter Grass und Kenzaburô Ôe: Gestern, vor fünfzig Jahren. Ein deutsch-japanischer Briefwechsel. Göttingen 1995.

Schriften zur Literatur

Diskussionsbeiträge zur Podiumsdiskussion Lyrik heute. In: Akzente 8, 1961, 38ff.
Stockholm: der Literaturnobelpreis für Günter Grass. Ein Tagebuch. (Zusammen mit Gerhard Steidl). Göttingen 2000.

Das künstlerische Werk

Zeichnungen und Texte 1954-1977. Zeichnen und Schreiben I. Hg. von Anselm Dreher. Darmstadt, Neuwied 1982.
Radierungen und Texte 1972-1982. Zeichnen und Schreiben II. Hg. von Anselm Dreher. Darmstadt, Neuwied 1984.
In Kupfer, auf Stein. Die Radierungen und Lithographien 1972-1986. Göttingen 1986.
Mit Sophie in die Pilze gegangen. Gedichte und Lithographien. Göttingen 1987.
Skizzenbuch. Göttingen 1989.
Ohne die Feder zu wechseln. Zeichnungen, Druckgraphiken, Aquarelle, Skulpturen. Göttingen 1997.
Gebrannte Erde. Göttingen 2002.

2. Interviews

Gespräche mit Günter Grass. Hg. von Klaus Stallbaum. Band X der Werkausgabe in zehn Bänden 1987.

H.L. Arnold: Gespräche mit Günter Grass. In: Arnold (Hg.) 1978, 1-39.

H.L. Arnold: Gespräch mit Günter Grass. In: H.L. Arnold: Gespräche mit Schriftstellern. München 1975, 74-108 (die Werkausgabe bietet eine gekürzte Version).

M. Bourree: Das Okular des Günter Grass. In: Durzak (Hg.) 1985, 196-202.

T.K. Brown: »Die Plebejer« and Brecht: An interview with Günter Grass. In: Monatshefte 65, 1973, 5-13.

N. Casanova: Günter Grass, Atelier des metamorphoses. Entretiens avec Nicole Casanova, traduits de l'allemand et annotés. Paris 1979.

G. Hartlaub: Wir, die wir übrig geblieben sind... In: Durzak (Hg.) 1985, 211-216.

F. v. Ingen und G. Labroisse (Redaktion): Gespräch mit G. Grass. In: Deutsche Bücher 1976. Amsterdam 1976, 251-276.

H. Kesting. Gespräch mit Günter Grass über »Die Box«. In: Neue Gesellschaft/ Frankfurter Hefte Nr. 10. 2008, 73-76.

E. Leiser: Gespräch über Deutschland. In: Durzak (Hg.) 1985, 207-211.

H. Loetscher: Günter Grass. In: Durzak (Hg.) 1985, 190-196.

R. Meyering: Interview mit Günter Grass. In: Verlagsprospekt Steidl zu »Fundsachen für Nichtleser«. Göttingen 1997.

F. Raddatz: Heute lüge ich lieber gedruckt. Zeit-Gespräch über den »Butt« mit Günter Grass. In: Die Zeit Nr. 34, 12. August 1977.

E. Rudolph: Günter Grass. In: E. Rudolph (Hg.): Protokolle zur Person. München 1971.

W.J. Schwarz: Auf Wahlreise mit Günter Grass (1969). In: Brady/McFarland/White (Hg.) 1990, 151-166.

H. Vormweg: Der Berühmte. In: Durzak (Hg.) 1985, 202-207.

S. Wesener: Günter Grass im Gespräch mit S. Wesener. 8. März 2010, Deutschlandradio Kultur.

H. Zimmermann. Vom Abenteuer der Aufklärung. Werkstattgespräche. Göttingen 1999.

3. Sekundärliteratur

Sammelbände

H.L. Arnold (Hg.): Günter Grass. Text + Kritik. H. 1/1a. 5. Auflage 1978.

H.L. Arnold (Hg.): Günter Grass. Text + Kritik. H. 1/la. 6. Auflage: Neufassung 1988.

H.L. Arnold (Hg.): Günter Grass. Text + Kritik. H. 1/1a, 7. Auflage 1997.

K. Beck (Hg.): »Schlagt der Äbtissin ein Schnippchen, wählt SPD!« Günter Grass und die Sozialdemokratie. Berlin 2007.

G. Bauer Pickar (Hg.): Adventures of a Flounder: Critical Essays on Günter Grass' »Der Butt«. München 1982.

Ph. Brady/T. McFarland/J.J. White (Hg.): Günter Grass's »Der Butt«. Sexual Politics and the Male Myth of History. Oxford 1990.

M. Brandt/M. Jaroszewski/M. Ossowski (Hg.): Günter Grass. Literatur Kunst Politik. Dokumentation der internationalen Konferenz 4.-6.10.2007 in Danzig. Gdansk 2008.

M. Durzak (Hg.): Zu Günter Grass. Geschichte auf dem poetischen Prüfstand. Stuttgart 1985.

R. Geißler (Hg.): Günter Grass. Ein Materialienbuch. Nachwort des Herausgebers. Darmstadt, Neuwied 1976, 170-178.

Germanica Wratislaviensia LXXXI: Günter-Grass-Konferenz Karpacz: Der Mensch wird an seiner Dummheit sterben. Wroclaw 1990.

F.J. Görtz (Hg.): »Die Blechtrommel«. Attraktion und Ärgernis. Ein Kapitel deutscher Literaturkritik. Darmstadt, Neuwied 1984.

D. Hermes/V. Neuhaus (Hg.): Günter Grass im Ausland. Texte, Daten, Bilder zur Rezeption. Frankfurt/M. 1990.

N. Honsza/I. Swiatlowska (Hg.): Günter Grass. Bürger und Schriftsteller. Wroclaw, Dresden 2008.

M. Jurgensen (Hg.): Kritik, Thesen, Analysen. Mit einem Vorwort des Herausgebers. 5. Auflage. Bern 1973.

M. Kämpchen (Hg.): My Broken Love. Günter Grass in India and Bangladesh. New Delhi 2001.

H. Kesting (Hg.): Die Medien und Günter Grass. Köln 2008.

G. Labroisse/D. v. Stekelenburg (Hg.): Günter Grass: Ein europäischer Autor? Amsterdamer Beiträge zur neueren Germanistik. Bd. 35. Amsterdam, Atlanta 1992.

F. Lartillot (Hg.): Günter Gras. »Ein weites Feld«. Aspects politiques, historiques et littéraires. Nancy 2001.

G. Loschütz (Hg.): Von Buch zu Buch. Günter Grass in der Kritik. Eine Dokumentation. Neuwied, Berlin 1968.

S. Mews (Hg.): The Fisherman and his Wife. Günter Grass's »The Flounder« in Critical Perspective. New York 1983.

V. Neuhaus/D. Hermes (Hg.): Die »Danziger Trilogie« von Günter Grass. Texte, Daten, Bilder. Frankfurt/M. 1991.

V. Neuhaus/A.Weyer (Hg.): Küchenzettel. Essen und Trinken im Werk von Günter Grass. Frankfurt/M. u.a. 2007.

M.-H. Quéval (Hg.): Lectures d'une œuvre »Ein weites Feld«. Paris 2001.

M. Shafi (Hg.): Approaches to Teaching Grass's »The Tin Drum«. New York 2008.

J.-Ph. Thomsa (Hg.): Ein Buch schreibt Geschichte. 50 Jahre »Die Blechtrommel«. Lübeck 2009

Ph. Wellnitz (Hg.): Günter Grass. »Ein weites Feld/Toute une histoire«. Strasbourg 2001.

J. Wertheimer (Hg.): Wort und Bild. Tübinger Poetik Vorlesung & Materialien. 2. Aufl. Tübingen 1999.

S. Wiech/J.-Ph. Thomsa (Hg.): Ein Bürger für Brandt. Der politische Grass. Lübeck 2008.

H. Wißkirchen (Hg.): Die Vorträge des 1. Internationalen Günter Grass Kolloquiums im Rathaus zu Lübeck. Lübeck 2002.

R. Wolff (Hg.): Günter Grass. Werk und Wirkung. Bonn 1985.

Einzeluntersuchungen

D. v. Abbé: Metamorphoses of ›Unbewältigte Vergangenheit‹ in »Die Blechtrommel«. In: German Life and Letters 23, 1969/70, 152-160.

S. Abbott: Günter Grass' »Hundejahre« – a realistic novel about myth. In: The German Quarterly 1982, H. 2, 212-220.

S. Abbot: The Raw and the Cooked. Claude Lévi-Strauss und Günter Grass. In: Mews (Hg.) 1983, 107-120.

M. Amelung: Fünf Grass'sche Jahreszeiten. »Von dem Mädchen, das immer so leicht errötete«. Hg. von M.E. Berger. München 2007.

Th. Angenendt: Wenn Wörter Schatten werfen. Untersuchungen zum Prosastil von Günter Grass. Frankfurt/M., Bern, New York 1993.

D. Arker: »Nichts ist vorbei, alles kommt wieder«. Untersuchungen zu Günter Grass' »Blechtrommel«. Heidelberg 1989.

H.L. Arnold: Graphiker Grass. In: Arnold (Hg.) 1978, 101-106.

H.L. Arnold: Großes Ja und kleines Nein. Fragen zur politischen Wirkung des Günter Grass. In: Jurgensen (Hg.) 1973, 87-96.

H.L. Arnold: Die unpädagogische Provinz des Günter Grass. In: Arnold (Hg.) 1978, 13-16.

H.L. Arnold: »Zorn Ärger Wut«. Anmerkungen zu den politischen Gedichten in »Ausgefragt«. In: Jurgensen (Hg.) 1973, 103-106).

R. Bader: Indian Tin Drum. In: International Fiction Review II/2, 1984, 75-83.

L. Baier: Weder ganz noch gar. Günter Grass und das Laborgedicht. In: Text + Kritik 1/1 a. 4. Auflage 1971, 67-71.

A.F. Bance: The Enigma of Oskar in Grass's »Blechtrommel«. In: Seminar 3, 1967, 147-156.

B. Bastiansen: Vom Roman zum Film: Eine Analyse von Volker Schlöndorffs Blechtrommel-Verfilmung. Bergen 1990.

K. Batt: Berichte. Anmerkungen zu »Hundejahre« von Günter Grass und »Herr Meister« von Walter Jens. In: K. Batt: Revolte intern. Leipzig 1975, 41-50.

G. Bauer Pickar: Intentional ambiguity in Günter Grass' »Katz und Maus«. In: Orbis litterarum 26, 1971, 233-245.

G. Bauer Pickar: The aspect of colour in Günter Grass's »Katz und Maus«. In: German Life and Letters 23, 1970, 304-309.

G. Bauer Pickar: Spielfreiheit und Selbstbefangenheit – Das Porträt eines Versagers. Zu Günter Grass' »örtlich betäubt«. In: Durzak (Hg.) 1985, 96-114.

G. Bauer Pickar: Starusch im Felde mit den Frauen. Zum Frauenbild in Grass' »örtlich betäubt«. In: Colloquia Germanica Bd. 22, 1989, 260-282.

R. Baumgart: Deutsche Gesellschaft in deutschen Romanen. In: R. Baumgart: Literatur für Zeitgenossen. Essays. Frankfurt/M. 1966, 37-58.

R. Baumgart: Plebejer-Spätlese. In: Loschütz (Hg.) 1968, 149-153.

J.E. Behrendt: Die Ausweglosigkeit der menschlichen Natur. Eine Interpretation von Günter Grass' »Katz und Maus«. In: Geißler (Hg.) 1976, 115-135.

J.E. Behrendt: Auf der Suche nach dem Adamsapfel. Der Erzähler Pilenz in Günter Grass' Novelle »Katz und Maus«. In: Germanisch-Romanische Monatsschrift NF XIX, 1969, 313-326.

W.V. Blomster: The Documentation of a Novel: Otto Weininger and »Hundejahre« by Günter Grass. In: Monatshefte LXI No. I, 1969, 122-138.

B. Böschenstein: Günter Grass als Nachfolger Jean Pauls und Döblins. In: Jahrbuch der Jean-Paul-Gesellschaft 6, 1971, 86-101.

H. Boursicaut: Tallhover/Hoftaller/Revolat/Offtalère: réédition(s). De Hans Joachim Schädlich à Günter Grass, de »Tallhover« à »Toute une histoire«. In: Quéval (Hg.) 2001, 124-146.

Ph. Brady: »Aus einer Kürbishütte gesehen«: The Poems. In: Brady/McFarland/White (Hg.) 1990, 203-225.

U. Brandes: Günter Grass. Berlin 1998.

H. Brode: Von Danzig zur Bundesrepublik. Grass' Bücher »örtlich betäubt« und »Aus dem Tagebuch einer Schnecke«. In: Arnold (Hg.) 1978, 74-87.

H. Brode: Die Zeitgeschichte in der »Blechtrommel« von Günter Grass. Entwurf eines textinternen Kommunikationsmodells. In: Geißler (Hg.) 1976, 86-114.

J.C. Bruce: The Equivocating Narrator in Günter Grass's »Katz und Maus«. In: Monatshefte 58, 1966, 139-149.

H. Büscher: Günter Grass. In: D. Weber (Hg.): Deutsche Literatur seit 1945 in Einzeldarstellungen. Stuttgart 1968, 455-483.

G. Cepl-Kaufmann: Günter Grass. Eine Analyse des Gesamtwerks unter dem Aspekt von Literatur und Politik. Kronberg/Ts. 1975.

G. Cepl-Kaufmann: Günter Grass. »Die Rättin«. In: Germanica-Wratislaviensia 1990, 49-70.

G. Cepl-Kaufmann: Leiden an Deutschland. Günter Grass und die Deutschen. In: Labroisse/Stekelenburg (Hg.) 1992, 267-289.

J. Crick: Future Imperfect: Time and the Flounder. In: Brady/McFarland/White (Hg.) 1990, 33-49.

W.G. Cunliffe: Günter Grass. New York 1969.

H. Delf von Wolzogen: »Wir vom Archiv« – oder die Politisierung einer literarischen Figur. In: Brandt/Jaroszewski/Ossowski (Hg.) 2008, 289-296.

R. Diederichs: Strukturen des Schelmischen im modernen deutschen Roman. Eine Untersuchung an den Romanen von Thomas Mann »Bekenntnisse des Hochstaplers Felix Krull« und Günter Grass »Die Blechtrommel«. Diss. Zürich 1971.

E. Diller: A Mythic Journey. Günter Grass's »Tin Drum«. Lexington 1974.

E. Diller: Raw and Cooked, Myth and Märchen. In: Mews (Hg.) 1983, 91-106.

C.K. Dixon: Ernst Barlach: Die Sündflut und Günter Grass: Hochwasser. Ein Beitrag zum Vergleich. In: The German Quarterly 44, 1971, 360-371.

B. Donahue: The Alternative to Goethe: Markus and Fajngold in »Die Blechtrommel«. In: The Germanic Revue 58, 1983, H. 3, 115-120.

F. Drautzburg: Günter Grass auf Tournee. In: Beck (Hg.) 2007, 71-108.

D. Droste: Gruppenarbeit als Mittel der Erschließung umfangreicher Romane: Grimmelshausen »Abenteuerlicher Simplicius Simplicissimus« und Grass »Die Blechtrommel«. In: Der Deutschunterricht 21, 1969, H. 6, 101ff.

M. Durzak: Arno Holz, Alfred Döblin, Günter Grass. Zur Tradition von politischer Dichtung in Deutschland. In: Moderna Sprak 13, 1972, 1-21.

M. Durzak: Es war einmal. Zur Märchen-Struktur des Erzählens bei Günter Grass. In: Durzak (Hg.) 1985, 166-177.

M. Durzak: Fiktion und Gesellschaftsanalyse. Die Romane von Günter Grass. In: M. Durzak: Der deutsche Roman der Gegenwart. Stuttgart 1971, 108-173.

M. Durzak: Freiwillig zur SS. Eine literarische Spurensuche bei Günter Grass, Hans Egon Holthusen und Uwe Timm. In: Zblizenia Interkulturowe/Interkulturelle Annäherungen. Lodz 6, 2009, 7-14.

M. Durzak: Plädoyer für eine Rezeptionsästhetik. Anmerkungen zur deutschen und amerikanischen Literaturkritik am Beispiel von Günter Grass »örtlich betäubt«. In: Akzente 18, 1971. 487-504.

M. Durzak: Die Zirkelschlüsse der Literaturkritik. Überlegungen zur Rezeption von Günter Grass' Roman »Der Butt«. In: Bauer Pickar (Hg.) 1982, 63-80.

C.O. Enderstein: Zahnsymbolik und ihre Bedeutung in Günter Grass' Werken. In: Amsterdamer Beiträge zur neueren Germanistik Bd. 34, 1974/75, 135-155. Auch: Monatshefte 66, 1974.

H.D.K. Engel: Die Prosa von Günter Grass in Beziehung zur englischsprachigen Literatur. Rezeption, Wirkungen und Rückwirkungen bei Salman Rushdie, John Irving, Bernard Malamud. Frankfurt/M. u.a. 1997.

D.J. Enright: Always New Pains. Günter Grass's »Local Anaesthetic«. In: D.J. Enright: Man is an onion. London 1972, 96-102.

M. Esslin: Günter Grass. In: M. Esslin: Das Theater des Absurden. Frankfurt/M. 1964, 215f.

C. Eykman: Geschichtspessimismus in der deutschen Literatur des zwanzigsten Jahrhunderts. Bern 1970 (darin: Absurde Mechanik. Die verunglimpfte Geschichte in den Romanen von Günter Grass, 112-124).

L. Ferguson: »Die Blechtrommel« von Günter Grass. Versuch einer Interpretation. Bern 1976.

K.F. Fickert: The Use of Ambiguity in »Cat and Mouse«. In: The German Quarterly 44, 1971, 372-378.

W. Filz: Dann leben sie noch heute? Zur Rolle des Märchens in »Butt« und »Rättin«. In: Arnold (Hg.) 1988, 93-100.

W. Filz: Es war einmal? Elemente des Märchens in der deutschen Literatur der siebziger Jahre. Frankfurt/M., New York, Paris 1989.

A. Fischer: Inszenierte Naivität. Zur ästhetischen Simulation von Geschichte bei Günter Grass, Albert Drach und Walter Kempowski. München 1992.

L. Forster: Kirschen. Zerstreute Gedanken. In: H. Domin (Hg.): Doppelinterpretationen. Das zeitgenössische deutsche Gedicht zwischen Autor und Leser. Frankfurt/M., Bonn 1966, 278-280.

L. Forster: An Unsystematic Approach to »Der Butt«. In: A. Obermayer (Hg.): Festschrift for E.W. Herd. New Zealand 1980, 55-77.

E.M. Friedrichsmeyer: Aspects of Myth, Parody and Obscenity in Grass' »Die Blechtrommel« and »Katz und Maus«. In: The Germanic Review 1965, 240-252.

W. Frizen: Anna Bronskis Röcke – »Die Blechtrommel« in »ursprünglicher Gestalt«. In: Neuhaus/Hermes (Hg.) 1991, 144-169.

W. Frizen: Blechmusik: Oskar Matzeraths Erzählkunst. In: Études germaniques Bd. 42, 1987, 25-46.

W. Frizen: »Die Blechtrommel« – ein schwarzer Roman: Grass und die Literatur des Absurden. In: arcadia Bd. 21, 1986, 166-189.

W. Frizen: Günter Grass. Gedichte und Kurzprosa. Kommentar und Materialien, Göttingen 2010.

W. Frizen: »... weil wir Deutschen die Aufklärung verschleppten« – Metaphysikkritik in Günter Grass' früher Lyrik. In: Labroisse/Stekelenburg (Hg.) 1992, 3-44.

W. Frizen: Matzeraths Wohnung. Raum und Weltraum in Günter Grass' »Die Blechtrommel«. In: Text & Kontext Bd. 15, 1987, 145-174.

V. Ganeshan: Günter Grass und Indien – ein Katz-und-Maus-Spiel. In: Labroisse/Stekelenburg (Hg.) 1992, 229-244).

B. Garde: »Selbst wenn die Welt unterginge, würden deine Weibergeschichten nicht aufhören.« Zwischen »Butt« und »Rättin« – Frauen und Frauenbewegung bei Günter Grass. Frankfurt/M. u.a. 1988.

H. Gockel: Günter Grass' Blechtrommel. München 2001.

A. Goetze: Pression und Deformation. Zehn Thesen zum Roman »Hundejahre« von Günter Graß [!]. Göttingen 1972.

F.J. Görtz: Günter Grass – Zur Pathogenese eines Markenbildes. Die Literaturkritik der Massenmedien 1959-1969. Eine Untersuchung mit Hilfe datenverarbeitender Methoden. Meisenheim 1978.

F.J. Görtz: Der Provokateur als Wahlhelfer. Kritisches zur Grass-Kritik. In: Arnold (Hg.) 1978, 162-174.

F.J. Görtz/R.L. Jones/A.F. Keele (Hg.): Wortindex zur »Blechtrommel« von Günter Grass. Frankfurt/M. 1990.

D. Grathoff: Dichtung versus Politik: Brechts ›Coriolan‹ aus Günter Grassens Sicht. In: Brecht heute – Brecht today. Jb. der Internationalen Brecht-Gesellschaft 1, 1971, 168-187.

D. Grathoff: Schnittpunkte von Literatur und Politik: Günter Grass und die neuere deutsche Grass-Rezeption. In: Basis I, 1970, 134-152.

P.J. Graves: Günter Grass's »Die Blechtrommel« and »örtlich betäubt«: The Pain of Polarities. In: Forum for Modern Language Studies IX, 1973, 132-142.

R. Grimm: Spiel und Wirklichkeit in Revolutionsdramen. In: Basis I, 1970, 66-68.

R. Gruenter: Wenn die Zeichen sich mehren. Von der Konjunktur des Schreckens. In: Bilder und Zeiten. Wochenendbeilage der Frankfurter Allgemeinen Zeitung, 9.2.1991.

K. Haberkamm: »Mit allen Weisheiten Saturns geschlagen«. Glosse zu einem Aspekt der Gelnhausen-Figur in Günter Grass' »Treffen in Telgte«. In: Simpliciana. Schriften der Grimmelshausen-Gesellschaft I, 1979, 67-78.

M. Hamburger: Moralist and Jester: The Poetry of Günter Grass. In: M. Hamburger: Art as Second Nature, 1975, 134-149. In deutscher Übersetzung als: Moralist mit Narrenkappe. Die Lyrik des Günter Grass. In: Arnold (Hg.) 1978, 107-117.

H. Hanke/U. Heukenkamp/G. Irrlitz/H. Kaufmann/K.R. Scherpe/F. Schorlemmer: »Deutscher Lastenausgleich: Wider das dumpfe Einheitsgebot« von Günter Grass. In: Weimarer Beiträge Bd. 36, 1990, H. 9, 1381-1406.

M. Harscheidt: Günter Grass. Wort – Zahl – Gott bei Günter Grass. Der ›phantastische Realismus‹ in den »Hundejahren«. Diss. Köln 1975.

A. Haslinger: Günter Grass und das Barock. In: Wolff (Hg.) 1985, 75-86.

H. Hatfield: Günter Grass. The Artist as Satirist. In: R.R. Heitner (Hg.): The Contemporary Novel in German. A Symposium. Austin/London 1967, 115-134.

D. Head: Volker Schlöndorff's »Die Blechtrommel« and the »Literaturverfilmung« Debate. In: German Life and Letters 36, 1983, H. 4, 347-367.

I. Heilmann: Günter Grass und John Irving. Eine transatlantische Intertextualitätsstudie. Frankfurt/M. u.a. 1998.

D. Hensing: Günter Grass und die Geschichte – Camus, Sisyphos und die Aufklärung. In: Labroisse/van Stekelenburg 1992, 85-121.

E.W. Herd: Blechtrommel und indische Flöte. Günter Grass' Einfluß auf Salman Rushdie. In: P.M. Lützeler (Hg.): Zeitgenossenschaft. Zur deutschsprachigen Literatur im 20. Jahrhundert. Festschrift für Egon Schwarz zum 65. Geburtstag. Frankfurt/M. 1987, 224-240.

D. Hermes: »Weil dieses vergeblich anmutende Steinewälzen zum Menschen gehört.« Nachwort zu Günter Grass: Werkausgabe Bd. IX: Essays, Reden, Briefe, Kommentare. Darmstadt 1987, 936-942.

D. Hermes: »Was mit Katz und Maus begann« – ein Kabinettstück Grassscher Prosakunst. In: Neuhaus/Hermes (Hg.) 1991, 170-180.

P. Heyse: Beiträge zur Novellentheorie. In: K. Pörnbacher (Hg.): L'Arrabbiata. Das Mädchen von Treppi. Stuttgart 1969, 65-85.

W. Hildesheimer: Butt und die Welt. Geburtstagsbrief an Günter Grass. In: Merkur 353, 1977, H. 10, 966-972.

A. Hille-Sandvoss: Überlegungen zur Bildlichkeit im Werk von Günter Grass. Stuttgart 1987.

H. Hillmann: Günter Grass' »Blechtrommel«. Beispiele und Überlegungen zum Verfahren der Konfrontation von Literatur und Sozialwissenschaften. In: M. Brauneck (Hg.): Der deutsche Roman im 20. Jahrhundert. Bd. II. Analysen und Materialien zur Theorie und Soziologie des Romans. Bamberg 1976, 7-30.

W. Hinck: Der Autobiograph und der fabulierende Erzähler Günter Grass. »Beim Häuten der Zwiebel« auf dem Hintergrund zeitgenössischer Selbstbiographien. In: literatur für leser H.1 2008, 1-11.

W. Hinderer: Ein schlüssiges Exempel. In: Frankfurter Allgemeine Zeitung, 22. Oktober 1978 (Interpretation des Gedichtes »König Lear«).

W. Hinderer: Sprache und Methode: Bemerkungen zur politischen Lyrik der 60er Jahre. In: W. Paulsen (Hg.): Revolte und Experiment. Die Literatur der 60er Jahre in Ost und West. Heidelberg 1972, 98-143.

I. Hoesterey: Verschlungene Schriftzeichen. Intertextualität von Literatur und Kunst in der Moderne/Postmoderne. Frankfurt/M. 1988.

W. Hoffmeister: Dach, Distel und die Dichter: Günter Grass' »Das Treffen in Telgte«. In: Zeitschrift für Deutsche Philologie Bd. 100, 1981, 274-287.

H.E. Holthusen: Günter Grass als politischer Autor. In: Der Monat 276. September 1966, 66-81.

I. Elsner Hunt: Mütter und Muttermythos in Günter Grass Roman »Der Butt«. Frankfurt/M., Bern, New York 1983.

I. Elsner Hunt: Vom Märchenwald zum toten Wald: ökologische Bewußtmachung aus global-ökonomischer Bewußtheit. Eine Übersicht über das Grass-Werk der siebziger und achtziger Jahre. In: Labroisse/Stekelenburg (Hg.) 1992, 141-168.

H. Ide: Dialektisches Denken im Werk von Günter Grass. In: Studium Generale 1968, 608-622.

K.R. Ireland: Doing very dangerous things: »Die Blechtrommel« and »Midnight's Children«. In: Comparative Literature 42, 1990, 335-361.

J. Irving: König der Spielzeughändler. In: Hermes/Neuhaus (Hg.) 1990, 136-147.

M. Jäger: Der politische Günter Grass. In: Geißler (Hg.) 1976, 154-169.

M. Jäger: Politischer Kleinkram? Günter Grass, ein Publizist mit Praxis. In: Arnold (Hg.) 1978, 133-150.

J. Jahnke: Günter Grass als Stückeschreiber. In: Text + Kritik 1. 1. Auflage 1961, 25-28.

S. Jendrowiak: Günter Grass und die »Hybris« des Kleinbürgers. »Die Blechtrommel« – Bruch mit der Tradition einer irrationalistischen Kunst- und Wirklichkeitsinterpretation. Heidelberg 1979.

D. Jenkinson: Conceptions of History. In: Jurgensen (Hg.) 1973, 51-68.

H.G. Jung: Lästerungen bei Günter Grass. In: Jurgensen (Hg.) 1973, 75-86.

M. Jurgensen: Diarische Formfiktionen in der zeitgenössischen deutschen Literatur. In: D. Papenfuss/J. Söring (Hg.): Rezeption der deutschen Gegenwartsliteratur im Ausland. Internationale Forschungen zur neueren deutschen Literatur. Stuttgart u.a. 1976, 385-395.

M. Jurgensen: Über Günter Grass. Untersuchungen zur sprachlichen Rollenfunktion. Bern 1974.

M. Jurgensen: Die gegenständliche Muse: Der Inhalt als Widerstand. In: Jurgensen (Hg.) 1973, 159-210.

M. Jürgs: Bürger Grass. Biografie eines deutschen Dichters. München 2002.

G. Just: Die Appellstruktur der »Blechtrommel«. In: Jurgensen (Hg.) 1973, 31-44.

G. Just: Darstellung und Appell in der »Blechtrommel« von Günter Grass. Darstellungsästhetik versus Wirkungsästhetik. Frankfurt/M. 1972.

G. Kaiser: Günter Grass. »Katz und Maus«. München 1971.

J. Kaiser: Die Theaterstücke des Günther Grass. In: Arnold (Hg.) 1978, 118-132.

U. Karthaus: »Katz und Maus« von Günter Grass – eine politische Dichtung. In: Der Deutschunterricht Nr. 1, 1971, 74-85.

R. Kellermann: Günter Grass und Alfred Döblin. In: Jurgensen (Hg.) 1973, 107-150.

M. Kesting: Günter Grass. In: M. Kesting: Panorama des zeitgenössischen Theaters. 50 literarische Porträts. München 1962, 253-255.

V. Klotz: Ein deutsches Trauerspiel. In: Loschütz (Hg.) 1968, 132-135.

Th.W. Kniesche: Die Genealogie der Post-Apokalypse – Günter Grass' »Die Rättin«. Wien 1991.

H. Koopmann: Günter Grass. Der Faschismus als Kleinbürgertum und was daraus wurde. In: H. Wagener (Hg.): Gegenwartsliteratur und Drittes Reich. Stuttgart 1977, 163-182.

M. Kremer: Günter Grass, »Die Blechtrommel« und die pikarische Tradition. In: The German Quarterly 46, 1973, 381-392.

K. Krolow: Günter Grass in seinen Gedichten. In: Jurgensen (Hg.) 1973, 11-20.

H. Krüger: Günter Grass. »Aus dem Tagebuch einer Schnecke«. In: Neue Rundschau 83, 1972, 741-746.

J. Kuczynski: Günter Grass: »Die Plebejer proben den Aufstand«. In: J. Kuczynski: Gestalten und Werke. Berlin, Weimar 1969, 341-349.

M. Kux: Moderne Dichterdramen. Dichter, Dichtung und Politik in Theaterstücken von Günter Grass, Tankred Dorst, Peter Weiss und Gaston Salvatore. Köln, Wien 1980.

G. Labroisse: Günter Grass' Konzept eines zweiteiligen Deutschland – Überlegungen in einem »europäischen« Kontext? In: Labroisse/Stekelenburg (Hg.) 1992, 291-314.

H. Laufhütte: Die Gruppe 1647 – Erinnerung an Jüngstvergangenes im Spiegel der Historie. Günter Grass: ›Das Treffen in Telgte‹. In: H. Laufhütte (Hg.): Literaturgeschichte als Profession. Festschrift für D. Jöns, Tübingen 1993, 359-384.

J. Lebeau: Individu et Société ou la Métamorphose de Günter Grass. In: Recherches Germaniques 1/2, 1971/72, 68-93.

Ph. Lejeune: Der autobiographische Pakt. In: Ph. Lejeune: Der autobiographische Pakt. Frankfurt/M. 1986, 13-51.

I. Leonard: Günter Grass. Edinburgh 1974.

R. Leroy: »Die Blechtrommel« von Günter Grass. Eine Interpretation. Paris 1973.

H. Lücke: Günter Grass' Novelle »Katz und Maus« im Unterricht. In: Der Deutschunterricht Nr. 2, 1969, 86-95.

E. Mannack: Die Auseinandersetzung mit literarischen Mustern – Günter Grass: »Die Blechtrommel«. In: E. Mannack: Zwei deutsche Literaturen. Kronberg/Ts. 1977, 66-83.

A.L. Mason: The Artist and Politics in Günter Grass' »Aus dem Tagebuch einer Schnecke«. In: The Germanic Review 51.2, 1976, 105-120.

A.L. Mason: The Skeptical Muse: A Study of Günter Grass' Conception of the Artist. Bern, Frankfurt/M. 1974.

C. Mayer: Von »Unterbrechungen« und »Engführungen«. Lyrik und Prosa in »Butt« und »Rättin«. In: Arnold (Hg.) 1988, 84-92.

G. Mayer: Zum deutschen Antibildungsroman. In: Jahrbuch der Raabe-Gesellschaft 1974, 55-64.

H. Mayer: Felix Krull und Oskar Matzerath. Aspekte eines Romans. In: H.L. Arnold/Th. Buck (Hg.): Positionen des Erzählens. München 1976, 49-67.

H. Mayer: Günter Grass und seine Tiere. In: Arnold (Hg.) 1988, 76-83.

S. Mayer: »Der Butt«: Lyrische und graphische Quellen. In: Wolff (Hg.) 1985, 16-23.

S. Mayer: Grüne Jahre für Grass: Die Rezeption in den Vereinigten Staaten. In: Arnold (Hg.) 1978, 151-161.

S. Mayer: Günter Grass in Calcutta: Der intertextuelle Diskurs in »Zunge zeigen«. In: Arnold (Hg.) 1978, 245-266.

C. Mayer-Iswandy: »Vom Glück der Zwitter«. Geschlechterrolle und Geschlechterverhältnis bei Günter Grass. Frankfurt/M., Bern, New York 1991.

C. Mayer-Iswandy: Günter Grass. München 2002.

Th. McFarland: The Transformation of Historical Material: The Case of Dorothea von Montau. In: Brady/McFarland/White (Hg.) 1990, 69-96.

A. Menne-Haritz: Der Westfälische Friede und die Gruppe 47. Elemente zu einer Interpretation von Günter Grass: »Das Treffen in Telgte«. In: Literatur für Leser 1981, H. 4, 237-245.

E. Metzger-Hirt: Günter Grass. »Askese«: Eine Interpretation. In: Monatshefte Nr. 6, 1965, 283-290.

S. Mews: Der Butt als Germanist: Zur Rolle der Literatur in Günter Grass' Roman. In: Bauer Pickar (Hg.) 1982, 24-31.

S. Mews: Günter Grass and his Critics. From »The Tin Drum« to »Crabwalk«. Rochester, NY 2008.

P. Michelsen: Oskar oder Das Monstrum. Reflexionen über »Die Blechtrommel« von Günter Grass. In: Neue Rundschau 83, 1972, 722-740.

M. Minden: Implications of the Narrative Technique in »Der Butt«. In: Brady/McFarland/White (Hg.) 1990, 187-202.

S. Moser: Günter Grass. Romane und Erzählungen. Berlin 2000.

S. Moser: ›Dieses Volk, unter dem es zu leiden galt‹. Die deutsche Frage bei Günter Grass. 2002.

S. Moser: »Du bildest dir wieder was ein«: Die Imagination historischer »Realitäten« in »Ein weites Feld«. In: Quéval (Hg.) 2001, 63-77.

U. Müller: Frauen aus dem Mittelalter, Frauen im mittleren Alter. Günter Grass: »Der Butt«. In: Wolff (Hg.) 1985, 111-135.

H.C. Graf v. Nayhauss: Günter Grass' »Rättin« im Spiegel von Rezensionen. In: Germania Wratislavensia 1990, 81-115.

V. Neuhaus: »Auschwitz als Zäsur und unheilbarer Bruch der Zivilisationsgeschichte«. In: N.O. Eke/H. Steinecke (Hg.): Shoah in der deutschsprachigen Literatur, Berlin 2006, 226-236.

V. Neuhaus: Belle Tulla sans merci. In: arcadia 5, 1970, H.3, 278-295.

V. Neuhaus: »Das biedermeierliche Babel« – Günter Grass und Düsseldorf. In: Neuhaus/Hermes (Hg.) 1991, 133-143.

V. Neuhaus: Die Blechtrommel. 4. Aufl. München 2000.

V. Neuhaus: Das Chaos hoffnungsvoll leben... Zu Günter Grass' lyrischem Werk. In: Durzak (Hg.) 1985, 20-45.

V. Neuhaus: Das christliche Erbe bei Günter Grass. In: Arnold (Hg.) 1988, 108-119.

V. Neuhaus: Günter Grass. Die Blechtrommel. Kommentar und Materialien. Göttingen 2010.

V. Neuhaus: Günter Grass. Hundejahre. Kommentar und Materialien. Göttingen 2010.

V. Neuhaus: Günter Grass. Katz und Maus Kommentar und Materialien. Göttingen 2010.

V. Neuhaus: Günter Grass' »Die Rättin« und die jüdisch-christliche Gattung der Apokalypse. In: Labroisse/Stekelenburg (Hg.) 1992, 123-139.

V. Neuhaus: Das Motiv der Ratte im Werk von Günter Grass. In: D. Römhild (Hg.): Die Zoologie der Träume. Opladen, Wiesbaden 1999, 170-184.

V. Neuhaus: »In letzter Stunde das Raum-Zeit-Problem gelöst« – Raum und Zeit bei Einstein, Durrell und Grass. In: Phrasis. Studies in Language and Literature 52.1 (erscheint 2011).

V. Neuhaus: Nachwort zu »Mit Sophie in die Pilze gegangen«. München 1995.

V. Neuhaus: Die Nobelpreis-Urkunde – Würdigung einer Würdigung. In: Wißkirchen (Hg.) 2002, 34-42.

V. Neuhaus: »Der Roman meiner Epoche, verkleidet in die Geschichte eines hochprekären und sündigen Künstlerlebens« – Fünfzig Jahre »Die Blechtrommel«. In: Thomsa (Hg.) 2009, 65-82.

V. Neuhaus: Schreiben gegen die verstreichende Zeit. Zu Leben und Werk von Günter Grass. München 1998.

V. Neuhaus: »So wucherte, was langsam wachsen sollte.« Günter Grass' Kritik an der Wiedervereinigung. In: Wiech/Thomsa (Hg.) 2008, 43-49.

V. Neuhaus. Typen multiperspektivischen Erzählens. Köln 1971.

J.B. Neveux: Günter Grass le Vistulien. In: Études Germaniques 21, 1966, 527-550.

P. Ohrgaard: Günter Grass. Wien 2005.

S. Onderdelinden: »Zunge zeigen« in den Zeitungen. In: Labroisse/Stekelenburg (Hg.) 1992, 205-228.

P. O'Neill: Musical Form and the Pauline Message in a Key Chapter of Grass's »Blechtrommel«. In: Seminar 10, 1974, 298-307.

P. O'Neill: The Scheherazade Syndrome: Günter Grass' Meganovel »Der Butt«. In: Bauer Pickar (Hg.) 1982, 1-15.

M. Paaß: Kulturelles Gedächtnis als epische Reflexion. Zum Werk von Günter Grass. Bielefeld 2009.

Ch. Perels: Über den Butt. In: Arnold (Hg.) 1978, 88-90.

E. Pflanz: Sexualität und Sexualideologie des Ich-Erzählers in Günter Grass' Roman »Die Blechtrommel«. Diss. München 1975.

A. Phelan: Rabelais's Sister: Food, Writing, and Power. In: Brady/McFarland/White (Hg.) 1990, 133-152.

T.N. Pietsch: »Wer hört noch zu?« Günter Grass als politischer Redner und Essayist. Essen 2006.

H. Piontek: Männer, die Gedichte machen. Zur Lyrik. Hamburg 1970. Zu Günter Grass 179-202.

H. Plard: Über die »Blechtrommel«. In: Arnold (Hg.) 1978, 40-50.

H. Plard: Sur le film »Die Blechtrommel« de Grass à Schlöndorff. In: Études Germaniques 1980, H. 1, 69-84.

J. Preece: ›According to his inner geography, the Spree flowed into the Rhône‹: Too Far afield and France. In: Braun/Brunssen 2008, 81-93.

W. Preisendanz: Zum Vorrang des Komischen bei der Darstellung von Geschichtserfahrung in deutschen Romanen unserer Zeit. In: W. Preisendanz/R. Warning (Hg.): Poetik und Hermeneutik II: Das Komische. München 1976, 153-164.

P. Prochnik: Male and Female Violence in »Der Butt«. In: Brady/McFarland/White (Hg.) 1990, 152-167.

F.J. Raddatz: »Der Butt« von Günter Grass. Eine erste Annäherung. In: Merkur 352, 1977, H. 9, 892-901.

F.J. Raddatz: Der Weltgeist als berittene Schnecke. Günter Grass' kleine Hoffnung aus großer Melancholie. In: Jurgensen (Hg.) 1973, 191-198.

J. Reddick: Action and Impotence: Günter Grass's »örtlich betäubt«. In: The Modern Language Review 67, 1972, 563-578.

J. Reddick: The »Danzig Trilogy« of Günter Grass. London 1975.

J. Reddick: Günter Grass's »Der Butt« and the »Vatertag« chapter. In: Oxford German Studies 14, 1983, 143-158.

J. Reddick: Vom Pferdekopf zur Schnecke. Die Prosawerke von Günter Grass zwischen Beinahe-Verzweiflung und zweifelnder Hoffnung. In: H.L. Arnold u.a. (Hg.): Positionen des deutschen Romans der 60er Jahre. München 1974, 39-54.

J. Reddick: Eine epische Trilogie des Leidens? Die »Blechtrommel«, »Katz und Maus«, »Hundejahre«. In: Arnold (Hg.) 1978, 60-73.

F. Richter: Die zerschlagene Wirklichkeit. Überlegungen zur Form der Danzig-Trilogie von Günter Grass. Bonn 1977.

L.A. Rickels: »Die Blechtrommel« zwischen Schelmen- und Bildungsroman. In: G. Hoffmeister (Hg.): Der moderne deutsche Schelmenroman: Interpretationen. Amsterdam 1986, 109-132.

K. Riha: Moritat, Song, Bänkelsang. Göttingen 1965 (über »Annabel Lee«, 159ff.).

A. Ritter (Hg.): Erläuterungen und Dokumente zu Günter Grass' »Katz und Maus«. Stuttgart 1977.

D. Roberts: Aspects of Psychology and Mythology – »Die Blechtrommel«. A Study of the Symbolic Function of the Hero Oskar. In: Jurgensen (Hg.) 1973, 45-74.

D. Roberts: The cult of the hero. An Interpretation of »Katz und Maus«. In: German Life and Letters 29, 1975/76, 307-322.

K. Roehler/R. Nitsche (Hg.): Das Wahlkontor deutscher Schriftsteller in Berlin 1965. Versuch einer Parteinahme. Berlin 1990.

J. Rohlfs: Erzählungen aus unzuverlässiger Sicht. Zur Erzählstruktur bei Günter Grass. In: Arnold (Hg.) 1978, 51-59.

H. Rölleke: Der wahre Butt. Die wundersamen Wandlungen des Märchens vom Fischer und seiner Frau. Düsseldorf, Köln 1978.

D. Römhild: »Annähernd schottisch«, »Berliner Spezialitäten«, typisch französisch. Kulinarische Finessen in »Ein weites Feld«. In: Neuhaus/Weyer (Hg.) 2007, 35-53.

D. Römhild: Nicht nur »der Hund steht zentral«. Zu Tiermotiven im Werk von Günter Grass. In: Brandt/Jaroszewski/Ossowski (Hg.) 2007, 141-149.

D. Römhild: »Was auf dieser Welt, welcher Roman hätte die epische Breite eines Photoalbums?« – Aspekte von Epik und Photographie vom 19. Jahrhundert bis zur Gegenwart. In: Humanities Research Institute. Sungshin Women's University Seoul, Korea. H. 27 (4/2008), 59-88.

J. Rothenberg: Günter Grass. Das Chaos in verbesserter Ausführung. Geschichte als Thema und Aufgabe des Prosawerks. Heidelberg 1976.

J. Rothenberg: Großes »Nein« und kleines »Ja«: »Aus dem Tagebuch einer Schnecke.« In: Geißler (Hg.) 1976, 136-153.

P. Rühmkorf: Die Jahre, die ihr kennt. Reinbek bei Hamburg 1972 (zur Lyrik von Günter Grass, 106-109).

J. Sandford: Men, Women, and the »Third Way«. In: Brady/McFarland/White (Hg.) 1990, 169-186.

R.E. Schade: Poet and Artist – Iconography in Grass' »Treffen in Telgte«. In: The German Quarterly 1982, H. 2, 200-211.

R. Scherf: Günter Grass: »Die Rättin« und der Tod der Literatur. In: Wirkendes Wort 1987, H. 6, 382-398.

U. Scheub: Das falsche Leben - Eine Vatersuche. München 2006.

V. Schlöndorff: »Die Blechtrommel«. Tagebuch einer Verfilmung. Neuwied 1979.

G. Schmid Noerr: Über den »Butt«. In: Arnold (Hg.) 1978, 90-93.

G. Schneider: Die bösen Köche. In: Neuhaus/Weyer (Hg.) 2007, 55-73.

W. Schultheis: Vom Schaukelpferd zum Zahnarztstuhl. Günter Grass und sein Drama der Verhinderung. In: Wissen aus Erfahrungen. Festschrift für Hermann Meyer. Tübingen 1976, 881-902.

M.E. Schurr: Ein Doppelportrait – Symbiotische Beziehungen in Grass' »Hundejahre« und »Ein weites Feld«. In: Quéval (Hg.) 2001, 243-252.

H. Schwab-Felisch: Günter Grass und der 17. Juni. In: Geißler (Hg.) 1976, 74-79.

W.J. Schwarz: Der Erzähler Günter Grass. Bern, München 1969.

W.J. Schwarz: Günter Grass. In: B. von Wiese (Hg.): Deutsche Dichter der Gegenwart. Berlin 1973, 560-572.

B.-M. Schweizer: Sprachspiel mit Idiomen. Eine Untersuchung am Prosawerk von Günter Grass. Zürich 1978.

P. Spycher: »Die bösen Köche« von Günter Grass – ein absurdes Drama? In: Geißler (Hg.) 1976, 33-73.

K. Stallbaum: Kunst und Künstlerexistenz im Frühwerk von Günter Grass. Köln 1989.

K. Stallbaum: Literatur als Stellungnahme. »Die Blechtrommel« oder Ein aufgeräumter Schreibtisch. In: Arnold (Hg.) 1988, 37-47.

F.K. Stanzel: Typische Formen des Romans. Göttingen 1964.

G. Steiner: Anmerkung zu Günter Grass. In: G. Steiner: Sprache und Schweigen. Essays über Sprache, Literatur und das Unmenschliche. Frankfurt/M. 1969, 147-155.

D. v. Stekelenburg: Der Ritt auf dem Jaguar – Günter Grass im Kontext der Revolution. In: Labroisse/Stekelenburg 1992, 169-203.

D. Stolz: »Deutschland – ein literarischer Begriff«. Günter Grass and the German Question. In: A. Williams/S. Parkes/R. Smith (Hg.): German Literature at a Time of Change 1989-1991. German Unity and German Identity in Literary Perspective. Frankfurt/M. u.a. 1991, 207-224.

D. Stolz: Günter Grass der Schriftsteller. Eine Einführung. Göttingen 2005.

D. Stolz: Günter Grass. Theaterspiele. Kommentar und Materialien, Göttingen 2010.

D. Stolz: Beim Häuten der Zwiebel oder »Ich erinnere mich...«. In: Brand/Jaroszewski/Ossowski (Hg.) 2009, 103-113.

D. Stolz: Nomen est Omen – »Ein weites Feld« von Günter Grass. In: Zeitschrift für Germanistik 7 (1997), Heft 2, 321-335.

D. Stolz: Vom privaten Motivkomplex zum poetischen Weltentwurf. Konstanten und Entwicklungen im literarischen Werk von Günter Grass (1956-1986). Würzburg 1994.

E. Stutz: Studien Über Herr und Hund. (Marie von Ebner-Eschenbach – Thomas Mann – Günter Grass). In: U. Schwab (Hg.): Das Tier in der Dichtung. Heidelberg 1970, 200-233.

K.L. Tank: Deutsche Politik im literarischen Werk von Günter Grass. In: Jurgensen (Hg.) 1973, 167-190).

K L. Tank: Günter Grass. 5., erg. und überarb. Auflage. Berlin 1974.

N.L. Thomas: An Analysis of Günter Grass' »Katz und Maus«. In: German Life and Letters 26, 1972/73, 227-238.

N.L. Thomas: Simon Dach and Günter Grass' »Das Treffen in Telgte. In: New German Studies Bd. 8, 1980, H. 2, 91-108.

I. Tiesler: Günter Grass. »Katz und Maus«. München 1971.

J.-M. Valentin: Les orgies de Raspoutine. G. Grass, lecteur de R. Fülop-Miller. In: Revue d'Allemagne 1982, 683-702.

Th. Verweyen/G. Witting: Polyhistors neues Glück. Zu Günter Grass' Erzählung »Das Treffen in Telgte« und ihrer Kritik. In: Germanisch-Romanische Monatsschrift 1980, H. 61, 451-465.

Ph. Vielhauer: Geschichte der urchristlichen Literatur. Einleitung in das Neue Testament, die Apokryphen und die Apostolischen Väter. Berlin, New York 1975.

H. Vormweg: Günter Grass. Hamburg 2002.

K. Wagenbach: Günter Grass. In: K. Nonnemann (Hg.): Schriftsteller der Gegenwart. 53 Porträts. Ölten, Freiburg 1963, 118-126.

J.P. Wallmann: Günter Grass. »Das Treffen in Telgte«. In: Neue deutsche Hefte 26, 1979, 370f.

A. Weber: Günter Grass's Use of Baroque Literature. London 1995.

A. Weber: Johann Matthias Schneuber: Der Ich-Erzähler in Günter Grass' »Das Treffen in Telgte«. Entschlüsselungsversuch eines poetisch-emblematischen Rätsels. In: Daphnis Bd. 15, 1986, H. 1, 95-122.

G. Weydt: »Rathsstübel Plutonis« und »Das Treffen in Telgte«. Gesprächsspiele bei Grimmelshausen und Grass. In: N. Honsza/H.-G. Roloff (Hg.): Daß eine Nation die andere verstehen möge. Festschrift für Marian Szyrocki zu seinem 60. Geburtstag. Amsterdam 1988, 785-790.

A. Weyer: Günter Grass und die Musik. Frankfurt/M. u.a. 2007.

A. Weyer: Grass' Lehrer Willy Brandt – Der Einfluss des Politikers auf die Literatur. In: Zblizenia Interkulturowe. Interkulturelle Annäherungen. Hg. v. N. Honsza et al., 2, 2007.

A. Weyer: Über den Hunter, wie er beschrieben und schriftlich verbreitet wurde. In: Neuhaus/Weyer (Hg.) 2007, 123-134.

J.J. White: »Wir hängen nicht vom Gehänge ab«: The Body as Battleground in »Der Butt«. In: Brady/McFarland/White (Hg.) 1990, 109-131.

A. Wierlacher: Die Mahlzeit auf dem Acker und die Schwarze Köchin. Zum Rahmenmotiv des Essens in Grass' »Die Blechtrommel«. In: Germanica Vratislaviensia 1990, 25-36.

Th. Wieser (Hg.): Günter Grass. Porträt und Poesie. Einleitung. Neuwied, Berlin 1968, 7-51.

W. van der Will: Pikaro heute. Metamorphosen des Schelms bei Thomas Mann, Döblin, Brecht, Grass. Stuttgart 1967.

A.L. Willson: The Grotesque Everyman in Günter Grass's »Die Blechtrommel«. In: Monatshefte LVIII, 1966, 31-138.

R. Wimmer: »Ich jederzeit«. Zur Gestaltung der Perspektiven in Günter Grass' »Treffen in Telgte«. In: Simpliciana. Schriften der Grimmelshausen-Gesellschaft VI/VII, 1985, 139-150.

H. Zimmermann: Günter Grass unter den Deutschen. Chronik eines Verhältnisses. Göttingen 2006.

H.D. Zimmermann: Spielzeughändler Markus, Lehrer Zweifel und die Vogelscheuchen. Die Verfolgung der Juden im Werk von Günter Grass. In: H.A. Strauss/ Ch. Hoffmann (Hg.): Juden und Judentum in der Literatur. München 1985, 295-306.

W. Zimmermann: Günter Grass »Katz und Maus«. In: W. Zimmermann: Deutsche Prosadichtungen unseres Jahrhunderts. Interpretationen für Lehrende und Lernende. Bd. 2. Düsseldorf 1969, 267-300.

Th. Ziolkowski: The Telltale Teeth: Psychodontia to Sociodontia. In: PMLA 91, 1976, 9-22.

Personenregister

Sachregister

Sammlung Metzler

Printed in the United States
By Bookmasters